Collection
Le Patrimoine des
Communes de France

F L O H I C
— EDITIONS —

Le Patrimoine
des Communes
de la Guadeloupe

Dans la même collection :

COLLECTION DIRIGÉE PAR
Jean-Luc Flohic

RESPONSABLE ÉDITORIALE
Muriel Vandeventer

RESPONSABLE DE L'ÉDITION
Sophie-Dorothée Delesalle

RESPONSABLE DE LA CHAÎNE GRAPHIQUE ET MULTIMÉDIA
Christian Olles

SUIVI ÉDITORIAL
Anne-Élisabeth Revel-Mouroz

COORDINATION RÉDACTIONNELLE
Raphaële Vidaling
En collaboration avec Corinne Botella, David Gabillet, Matthieu Lebreton,
Olivier Madelain et Sophie Michiels

SECRÉTARIAT D'ÉDITION
Cécile Allemand et Florence Ollivier
Avec l'aide de Anne Berthéllemy et Constance Petrelli

CONTRÔLE ICONOGRAPHIQUE
Anne Silve

INFOGRAPHIE ET MAQUETTE PAO
Anne-Marie Bretagne, Steve Colas, Richard Hoareau, Myriam Hossain, Christophe Petit
Avec la participation de Céline Boury et Christiane Charlot

COLLABORATION RÉDACTIONNELLE ET PHOTOGRAPHIE

LES ABYMES
Catherine Debedde-Georgel,
ainsi que Marilyn Jalton

ANSE-BERTRAND
Danielle Bégot, ainsi qu'André Delpuech

BAIE-MAHAULT
Michèle-Baj Strobel, Denise et Jean Parisis,
ainsi que Catherine Debedde-Georgel
et Laurence Verrand

BAILLIF
Denise et Jean Parisis, Gérard Richard,
ainsi que Laurence Verrand

BASSE-TERRE
Jean-Michel Guibert, Xavier Rousseau, ainsi
que Gérard Lafleur et Laurence Verrand

BOUILLANTE
Gérard Lafleur

CAPESTERRE-BELLE-EAU
Catherine Debedde-Georgel, ainsi qu'André
Delpuech et Denise et Jean Parisis

CAPESTERRE-MARIE-GALANTE
Yolande Vragar, ainsi qu'André Delpuech
et Xavier Rousseau

DESHAIES
Catherine Debedde-Georgel

LA DÉSIRADE
Marie Abraham, ainsi qu'André Delpuech
et Laurence Verrand

LE GOSIER
André Delpuech, Claude Hotton,
Denise et Jean Parisis

GOURBEYRE
Gérard Lafleur

GOYAVE
Daniel Marie-Sainte, Denise et Jean Parisis

GRAND-BOURG
Pierre Cafournet, André Delpuech, Christian
Montbrun, ainsi qu'Henry Petitjean-Roget
et Laurence Verrand

LAMENTIN
Denise et Jean Parisis, Michèle-Baj Stobel

MORNE-À-L'EAU
Catherine Debedde

LE MOULE
Danielle Bégot, André Delpuech, Henry
Petitjean-Roget, Didier Sinapah
et Laurence Verrand

PETIT-BOURG
Michèle-Baj Strobel

PETIT-CANAL
   Raymond Boutin

POINTE-À-PITRE
   Sylvie Tersen, ainsi que Laurence Verrand

POINTE-NOIRE
   Catherine Debedde-Georgel, Denise
   et Jean Parisis

PORT-LOUIS
   Roland Edwige, ainsi que Laurence Verrand

SAINT-BARTHÉLEMY
   Nicole et Roland Gréaux

SAINT-CLAUDE
   Gérard Lafleur, Denise et Jean Parisis

SAINT-FRANÇOIS
   Danielle Bégot, André Delpuech,
   ainsi que Laurence Verrand

SAINT-LOUIS
   Siméone Gervelas, Michel Grandguillotte

SAINT-MARTIN
   Christophe Hénocq, Denise et Jean Parisis,
   Élodie Sissler

SAINTE-ANNE
   Jacques Kancel, Denise et Jean Parisis
   et Laurence Verrand

SAINTE-ROSE
   Denise et Jean Parisis, Richard Yacou

TERRE-DE-BAS
   Denise et Jean Parisis, Michèle-Baj Strobel,
   ainsi que Laurence Verrand

TERRE-DE-HAUT
   Patrick Peron

TROIS-RIVIÈRES
   Catherine Debedde-Georgel

VIEUX-FORT
   Gérard Richard

VIEUX-HABITANTS
   Gérard Richard

RELECTURE
   Danielle Bégot
   Alain Buffon
   André Delpuech
   Gérard Lafleur
   Xavier Rousseau

PHOTOGRAPHIE
   Stéphane Gasser, Bruno Sternberger, ainsi
   que François Doury, Christian Geber et
   Jean-François Pélégry

NOUS REMERCIONS POUR LEUR COLLABORATION

Le conseil régional de la Guadeloupe

Les entreprises partenaires :
Auto Guadeloupe,
BNP Guadeloupe,
GAMA,
Renault,
Damoiseau Frères,
Groupe Bernard Hayot,
Groupe Loret,
Marché Conseil,
Soguadia.

M. Éric de Lucy de Fossarieu,
M. Thierry Thibault.

AVANT-PROPOS

Le patrimoine de la Guadeloupe prend la mesure d'une spécificité insulaire née d'influences multiples.

Aux Antilles, le patrimoine en garde la mémoire, dans sa diversité ou dans ses tentatives de syncrétisme. Un objet usuel comme la jarre d'Aubagne est devenue un élément propre à la culture antillaise, rebaptisée sous le terme *dobann*, et voué à des usages plus proches des réalités locales que du conditionnement originel de l'huile d'olive. Lors d'une éruption de la Soufrière ou d'un cyclone violent, par exemple, les propriétaires se hâtaient de remplir une *dobann* de leurs biens les plus précieux et de l'enterrer dans leur jardin.

Ainsi, le patrimoine véhicule des petites histoires ou des grands débats qui marquent l'avancée d'une civilisation. À l'heure du cent cinquantième annniversaire de l'abolition de l'esclavage, la neutralité objective des édifices qui organisent le territoire d'une commune offre un autre témoignage de l'évolution de ces lieux, par une lecture des faits.

Avec *Le Patrimoine des Communes de la Guadeloupe*, les éditions Flohic proposent au chercheur érudit comme au simple curieux de redécouvrir un département aux richesses méconnues, grâce à un recensement systématique de l'environnement patrimonial. Archéologique, religieux, militaire, civil, le patrimoine représente une trace humaine à préserver pour une meilleure compréhension des ruptures politiques, sociales ou économiques.

Partager cette prise de conscience s'inscrit comme une ambition de la collection sur le patrimoine des communes de France. Cet ouvrage sur la Guadeloupe et son archipel espère donc susciter une vaste réflexion sur les enjeux du patrimoine.

SOMMAIRE

Les textes et illustrations portent un code propre aux Éditions Flohic et
composé à partir du numéro du département, 971.

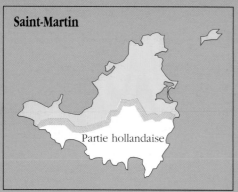

Saint-Martin

Partie hollandaise

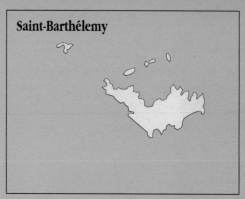

Saint-Barthélemy

Grand Cul-de-sac marin

Port-I

Sainte-Rose

Deshaies

Lamentin

Baie-Mahault

Poin
Pitre

Petit Cul-de-sac

Pointe-Noire

Petit-Bourg

Goyave

BASSE-TERRE

Bouillante

MER DES CARAÏBES

R. de la Capesterre

Vieux-Habitants

Soufrière

Capesterre-
Belle-Eau

Bailif

Saint-Claude

La Guadeloupe

Basse-
Terre

Gourbeyre

Trois-Rivières

Vieux-Fort

ARRONDISSEMENTS

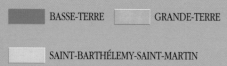

BASSE-TERRE   GRANDE-TERRE

SAINT-BARTHÉLEMY-SAINT-MARTIN

Terre-de-Bas

Terre-de-H

LES SAINTES

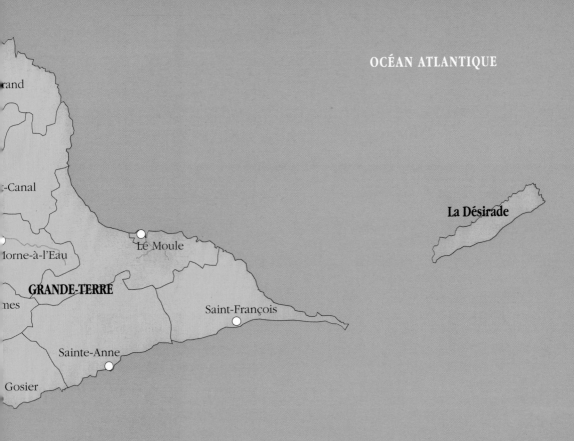

OCÉAN ATLANTIQUE

rand

-Canal

Le Moule

Morne-à-l'Eau

GRANDE-TERRE

nes

Saint-François

Sainte-Anne

Gosier

La Désirade

Saint-Louis

MARIE-GALANTE

Capesterre-de-
Marie-Galante

Grand-Bourg

LES AMÉRINDIENS
À LA GUADELOUPE :
HISTOIRE ET MODE DE VIE

LE PEUPLEMENT
PRÉCOLOMBIEN DES ANTILLES

Présents sur le continent américain depuis vingt ou trente millénaires, les premiers chasseurs-cueilleurs paléoindiens gagnent, il y a environ 10 000 ans, les aires tropicales de l'Amérique du Sud et pénètrent dans la forêt amazonienne. Les premières migrations vers la mer des Caraïbes débutent entre 3 000 et 2 000 ans avant notre ère. Exploitant les ressources du milieu marin, des groupes de pêcheurs-cueilleurs naviguent d'île en île et découvrent l'archipel antillais. Les traces de ces Mésoindiens remontent, à la Grande-Terre ou à Saint-Martin, aux environs de 1500 av. J.-C.

Près d'un millénaire avant J.-C., la présence de céramiques dans divers sites du bassin de l'Orénoque accompagne l'apparition d'une tradition agricole fondée sur la culture des tubercules, dont le manioc. Dans les derniers siècles avant l'ère chrétienne, ces premiers horticulteurs gagnent les îles de l'arc antillais. On les retrouve ainsi à Morel (Le Moule) à la Grande-Terre, ou encore à Hope Estate à Saint-Martin, vers 400 av. J.-C. Leurs poteries appartiennent au style de la Hueca, rattaché par certains auteurs à la série Huecan Saladoïde. Parallèlement, sans que le lien entre les deux styles ne soit encore clairement établi, des céramiques de la série Cedrosan Saladoïde se répandent dans l'arc caraïbe jusqu'à l'est de la République dominicaine. De nouvelles traditions se développent alors, relevant à la fois de l'horticulture et de la pêche-cueillette.

Vers les VIIIe-IXe siècles de notre ère, d'importantes modifications apparaissent dans le style des poteries, qui semblent résulter de réels changements culturels. Cette période charnière correspond à la formalisation des principales cultures antillaises. S'épanouissent alors les particularismes insulaires. Dans les Petites Antilles, on

ADORNO ZOOMORPHE
Huecan saladoïde, 400 av. J.-C. - 200 ap. J.-C.
Musée Edgar-Clerc, Le Moule

parle ainsi du style Troumassoïde avec les séries Troumassan, Mamoran puis Suazan.

En l'état actuel des recherches, la culture matérielle des Caraïbes insulaires n'est pas connue archéologiquement. Aucun site n'a pu être identifié formellement comme appartenant à ce groupe ethnique. Ne pouvant s'en tenir aux seules épopées mythiques de héros caraïbes chassant les Arawaks, relatées par les chroniqueurs, les archéologues en sont réduits à des hypothèses. Certains voient dans les céramiques de la sous-série Suazan, datées du XIIe au XVe siècle, la marque des Caraïbes. D'autres études récentes tendent à attribuer les poteries du style « Cayo », découvertes à Saint-Vincent, à une migration caraïbe venant des Guyanes. Le débat reste ouvert. On ignore donc la date d'arrivée de ces groupes guerriers rencontrés par Christophe Colomb en 1493, lors de son deuxième voyage.

LA MER DES CARAÏBES

L'espace insulaire des Antilles doit son unité à la mer des Caraïbes, qui s'étend du golfe du Mexique à l'estuaire de l'Orénoque. Véritables peuples de la mer, les premiers Antillais ont sans cesse sillonné ces eaux intérieures en quête de nouvelles terres, pour la pêche,

VASE DÉCORÉ AVEC ANSE ET ADORNO
Cedrosan saladoïde, 300-600 ap. J.-C.
Musée Edgar-Clerc, Le Moule

le commerce ou la guerre. La géographie a facilité une navigation à vue, d'une île à l'autre, à bord de pirogues pouvant mesurer jusqu'à 18 mètres de long et transporter une soixantaine de personnes. Les Amérindiens se sont trouvés confrontés à une grande diversité géographique et écologique : bandes côtières continentales et îles de taille très variable, mangroves et falaises, grandes vallées alluviales et bords des rivières torrentielles, du niveau de la mer à plus de 1 000 mètres d'altitude, de milieux presque désertiques aux forêts tropicales humides... Ils ont souvent installé leurs villages le long des côtes, à l'arrière des plages de sable, ou, dans un but défensif, au sommet d'escarpements.

Sur les côtes basses et marécageuses, se développe la mangrove. Cette forêt inondée est le domaine des palétuviers rouges et noirs. D'une richesse exceptionnelle en poissons, crabes, crustacés, oiseaux ou mammifères marins, cet écosystème a très tôt attiré les hommes, qui en ont exploité les ressources. Les Indiens des Antilles maîtrisaient parfaitement les techniques de pêche : à la nasse, au filet, à l'épuisette, à la ligne, à l'arc ou au flambeau, la nuit.

De nombreux coquillages étaient récoltés : casques, burgots, porcelaines, littorines, huîtres de palétuviers ou palourdes. Le lambi était un véritable don de la mer : outre son apport en protéines, ce gros coquillage s'est avéré une matière première exceptionnelle pour la fabrication d'outils - haches, gouges - et la confection de superbes joyaux d'art précolombien - parures, colliers, amulettes, incrustations...

ÎLES TROPICALES

Après plusieurs millénaires d'exploration du milieu tropical, les Amérindiens en avaient découvert les innombrables richesses. Fruits comme la goyave ou le corossol ; bois comme les gommiers, gaïacs et courbarils

COQUILLAGE DÉCORÉ ET PERFORÉ
Cedrosan saladoïde, 400-600 ap. J.-C.
DRAC de la Guadeloupe, Basse-Terre

pour fabriquer les pirogues ou les armes ; feuilles de latanier et de balisier pour couvrir les habitations ; roseaux pour confectionner les flèches ou pour la vannerie ; calebasses comme récipients naturels ; plantes médicinales ; génipa et roucou employés pour les teintures noires et rouges ; palmistes fournissant une huile pour les cheveux et le corps ; jusqu'au mancenillier, dont la sève corrosive servait à empoisonner les pointes des flèches ; sans parler des substances hallucinogènes comme la cohoba pour entrer en contact avec les esprits : indiscutablement les Amérindiens possèdent un génie unique et irremplaçable du monde végétal.

À la luxuriance du monde végétal s'oppose une relative pauvreté de la faune insulaire. Oiseaux, reptiles et petits mammifères étaient le gibier des chasseurs à l'arc. Ramiers, tourterelles, perroquets, canards et pélicans fournissaient, outre leur chair, des plumes multicolores pour les parures. Les iguanes et les petits mammifères comme l'agouti étaient capturés au moyen d'un nœud coulant fixé au bout d'une perche, de pièges ou de bâtons. Le monde animal jouait un rôle essentiel dans la mythologie amérindienne. Des représentations se retrouvent couramment sur le bord des poteries et sur des amulettes en pierre ou en coquillage.

PENDENTIF ZOOMORPHE
Cedrosan saladoïde, 400-600 ap. J.-C.
DRAC de la Guadeloupe, Basse-Terre

DANS LES JARDINS AMÉRINDIENS

Pendant deux millénaires, les petites communautés amérindiennes des Antilles ont ouvert par brûlis des jardins itinérants dans les forêts insulaires. Ils y pratiquaient une culture intensive de tubercules fournissant une grande part de leur nourriture. Ces horticulteurs avaient apporté avec eux du continent américain nombre de plantes alors inconnues dans l'Ancien Monde : manioc, patate douce, ananas, giromon, haricot... Le piment était le condiment par excellence.

PIERRE À TROIS-POINTES DÉCORÉE D'UN OISEAU
Cedrosan saladoïde, 0-600 ap. J.-C.
Sainte-Marguerite, Le Moule
Collection particulière

Fait inégalé ailleurs, les Amérindiens de l'aire amazonienne ont promu une substance vénéneuse comme le manioc au rang d'aliment de base. Contenant un jus toxique, le manioc amer devait subir un long traitement avant d'être consommé. Le tubercule était pelé puis râpé. La bouillie était pressée dans un tube de vannerie, appelé *matapi* ou couleuvre à manioc, que l'on étirait pour extirper le liquide empoisonné. La farine obtenue était tamisée, puis cuite en galette sur de larges platines circulaires en céramique. La cassave était alors prête à être consommée, souvent relevée de sauces pimentées. Se conservant longtemps, ces galettes servaient de provision lors des déplacements en mer. Fabriquée à partir de galette, une boisson fermentée, le *ouïcou*, était bue lors des cérémonies et des fêtes. Cueillette, filage et tissage du coton occupaient les Amérindiens qui fabriquaient des parures, des filets, des linceuls et des hamacs. L'île de Marie-Galante portait le nom d'Aulinagan, qui signifie terre à coton.

HABITAT ET ARTISANAT

La construction des habitations alliait une maîtrise des techniques de charpente avec une grande habileté dans la confection des toits en roseaux, en feuilles de latanier ou de palmiste. À côté des ajoupas, petits abris temporaires, et des cases familiales plus modestes, les carbets, ou maisons des hommes, pouvaient atteindre 30 mètres de long sur 10 mètres de large.

Sièges bas, petites tables carrées ou rondes et hamacs en coton en constituaient le principal mobilier.

Le fruit du calebassier, arbre très courant dans la forêt sèche, est fréquemment employé comme ustensile de cuisine. Coupée en deux ou simplement percée, évidée, souvent décorée de motifs géométriques, la calebasse était un récipient idéal pour tous les usages quotidiens. Certains groupes conservaient même les ossements de leurs ancêtres ou de leurs ennemis dans des calebasses suspendues aux poutres des maisons. Le travail de vannerie, la fabrication des cordages et des filets ainsi que la construction des habitations étaient, chez les Caraïbes insulaires, réservés aux hommes. Ces derniers fabriquaient aussi bien des coffres, des corbeilles, des valises que des *catolis*, hottes servant à transporter racines, fruits et produits de la pêche, ou des couleuvres et tamis pour le manioc. Aroman, cachibou, roseau, latanier constituaient les matériaux de base du vannier.

Avec l'argile, les femmes amérindiennes réalisaient des poteries, fabriquées selon la technique dite du colombin – avec des boudins d'argile – puis cuites au feu de bois.

PERSONNAGE FÉMININ
Roches gravées
Anse des Galets, Trois-Rivières

On distingue des poteries utilitaires, peu ou pas décorées : platines à manioc, vases pour la bière de patate ou de manioc... D'autres céramiques de formes variées, d'un usage sans doute plus rituel, étaient ornées de motifs incisés ou peints en rouge, blanc, noir. Les Amérindiennes modelaient souvent sur les bords de leurs poteries de petites représentations animales que les archéologues appellent des adornos. Ces figurines sont parfois d'un grand réalisme et faciles à identifier : visages humains, agoutis, serpents, tortues, grenouilles, chauves-souris, lamentins, chiens, oiseaux, jaguars... D'autres représentations sont plus complexes et mystérieuses. Une signification religieuse et mythique est cachée derrière ces décors géométriques ou ces adornos, chez des peuples imprégnés de mysticisme.

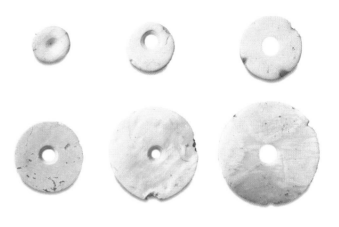

PERLES ET ÉBAUCHE DE PERLES
Troumassoïde, 1000-1500 ap. J.-C.
DRAC de la Guadeloupe, Basse-Terre

LA FIN DES INDIENS CARAÏBES

L'irruption, à la fin du XVe siècle, des Européens dans ce Nouveau Monde met une fin brutale à cet équilibre, et détruit rapidement ces sociétés amérindiennes de marins, de jardiniers et de guerriers.

Durant tout le XVIe siècle, les ports naturels des Petites Antilles servent d'escale à la plupart des navires se dirigeant vers les Indes occidentales. Les Caraïbes s'opposent violemment aux Espagnols, résistant aux tentatives de colonisation. Cependant, avec la prise de possession effective des îles des Petites Antilles par les Français et

les Anglais, à partir des années 1625-1635, le processus d'éviction des Indiens caraïbes entre dans une phase décisive. Très vite, et de manière inéluctable, la logique coloniale s'impose. Inexorablement refoulés vers les terres les plus ingrates, les Amérindiens trop confiants, moins bien armés et affaiblis par les maladies importées de l'Ancien Monde, subissent de terribles pertes démographiques.

Les derniers Caraïbes voient leur territoire propre réduit aux îles de la Dominique et de Saint-Vincent par le traité de 1660, signé au fort Saint-Charles de Basse-Terre. Quelques rares petits groupes survivront à la Guadeloupe, dans les confins de la Grande-Terre, jusqu'au XIXe siècle. Dans l'île voisine de la Dominique, seule la création d'une petite « réserve » en 1903 par le gouvernement anglais stoppera ce processus d'élimination. Aujourd'hui, 3 000 habitants vivent sur ce qui est devenu le « Territoire caraïbe » de la Dominique. Ce sont les derniers Amérindiens des Antilles.

PIERRE À TROIS POINTES
Cedrosan saladoïde, 400-600 ap. J.-C.
DRAC de la Guadeloupe, Basse-Terre

André DELPUECH
Conservateur régional
de l'archéologie de la Guadeloupe

LES CHRONIQUEURS,
UNE VISION DE LA NATURE
ET DES HOMMES

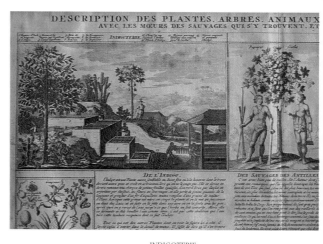

INDIGOTERIE
Girendeville – 1720
D'après les planches gravées par Le Clerc pour illustrer la seconde édition de
l'*Histoire générale des îsles de Saint Christophe* du père Du Tertre
Musée Edgar-Clerc, Le Moule

Les relations des premiers voyages effectués aux Antilles ont engendré une vision exotique de ces îles. Colomb le premier les décrit. Sa navigation le conduit à toucher en octobre 1492 les Bahamas, les « Lucayes » dans la langue des habitants. Il longe ensuite « Cuba », qui a conservé son nom aborigène, avant de toucher « Haïti », Hispaniola, la Petite Espagne. En janvier 1493, persuadé d'être aux abords de la Chine ou du Japon, il revient en Espagne. L'amiral repart le 25 septembre 1493 pour un deuxième voyage. Il décide de descendre plus au sud, avant de remonter vers Hispaniola. Le lundi 4 novembre, il découvre la Guadeloupe, dont le nom amérindien est *Karucaera*, ce qui signifie l'île couverte de forêts. Des hommes descendus à terre se perdent et Colomb, en les attendant, explore des villages sans habitant. Le récit *La Vie de l'Amiral Christophe Colomb* par son fils Hernando nous renseigne sur ce séjour forcé à la Guadeloupe. Le docteur Chanca, médecin de l'expédition, relate la découverte de restes humains conservés dans des cases. Les Espagnols rencontrent des femmes captives. Les hommes « Caribes », indiquent-elles, sont partis pour une expédition de guerre. La découverte des preuves de la pratique d'une forme d'anthropophagie révulse les Européens et engendre une vision négative du « Caribe ». Le cliché du guerrier caribe, sauvage cannibale – mot qui n'est autre que la déformation du mot « Kalina », véritable nom des Caraïbes –, perdure encore.

Au début du XVIe siècle se forme en Europe une vision exotique de l'Amérique. Les Français, écartés des Antilles par les Espagnols, essayent dès 1504 de s'implanter au Brésil, découvert par Cabral quatre ans plus tôt. La colonie protestante française qui s'installe dans la région de Rio en 1555, sous la conduite de Villegaignon, échoue l'année suivante. C'est à cette époque que des mots de la langue tupi guarani du Brésil passent, par les navigateurs, aux Antilles. *Carbet*, une maison ; *ravet*, un insecte ; *manioc*, une racine comestible ; *coui*, une calebasse coupée en deux ; *agouti*, un rongeur, viennent, comme le mot *Caraïbe* même, de cet idiome. Dans la première moitié du XVIe siècle, les récits de voyages de Français au Brésil, tels que *Les Singularitéz de la France antarctique* (1558), du cordelier André Thevet, ou le récit du pasteur Jean de Léry, *Histoire d'un voyage faict en la terre du Brésil*, ont jeté les fondements du mythe du bon sauvage. La publication en 1557 de la *Véritable histoire et description d'un pays habité par des hommes sauvages nus féroces et anthropophages...*, récit de la captivité de l'Allemand Hans Staden entre 1549 et 1554 chez les Tupinambas, connaît un succès considérable. La littérature française du XVIe siècle conserve la trace de cet exotisme naissant, que l'on retrouve chez les chroniqueurs français des XVIIe et XVIIIe siècles.

Tous les premiers voyages correspondent à un besoin d'évasion et à une volonté d'effectuer des missions de reconnaissance. Les Français prennent durablement pied en Amérique sous Louis XIII, à l'initiative de Richelieu, qui fonde en 1627 la Compagnie des Indes d'Amérique. En 1635, Richelieu constitue, avec l'accord papal, la compagnie de Saint-Christophe, qui a pour but d'établir et de maintenir la religion catholique. Le 25 juin 1635, L'Olive et Du Plessis prennent possession de la Martinique au nom du roi de France. Des Caraïbes assistent à la cérémonie. Dix-sept ans avant cet événement, le capitaine Fleury et son équipage ont fait naufrage à la Martinique. La relation anonyme de ce séjour de dix-huit mois chez les Caraïbes a été trouvée parmi les manuscrits conservés à la bibliothèque Inguibertine à Carpentras, en France. Les missionnaires arrivent en même temps que les premiers émigrants. Jésuites, capucins, dominicains ou laïcs, comme le pasteur César de Rochefort ou le sieur de La Borde, écrivent leurs relations en gardant présent à l'esprit un désir de satisfaire le besoin d'exotisme du public français. Leurs récits doivent aussi servir de guide pour l'émigrant. Ces auteurs décrivent les paysages, les animaux, les mœurs et les coutumes des « Sauvages », dont la connaissance facilitera la conversion par leurs successeurs.

Les chroniques françaises ont toutes été écrites entre 1618 pour l'anonyme de Carpentras et 1762 pour celle du dominicain Jean-Baptiste Labat. L'une d'entre elles, datée de 1664, *De Wilde ou les Sauvages Caribes insulaires d'Amérique. Histoire nouvelle par M. Caillé de Castres cy devant employé aux Affaires d'une compagnie royale en Afrique et en Amérique*, conservée dans une collection privée, est toujours inédite. Le père Du Tertre publie la première édition de son *Histoire générale des Antilles* en 1654. Ces relations s'inspirent souvent les unes des autres. Elles rassemblent un trésor d'informations sur les premiers

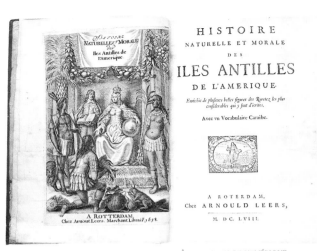

HISTOIRE NATURELLE ET MORALE DES ÎLES ANTILLES DE L'AMÉRIQUE
César de Rochefort – 1658 – Musée Schœlcher, Pointe-à-Pitre

temps de la colonisation des îles et livrent la vision de l'époque, des paysages, des ressources du pays ou d'une culture qui a disparu. Le père Du Tertre décrit par exemple le perroquet de la Guadeloupe, dont l'espèce, chassée par les colons, s'est éteinte. Jean-Baptiste Labat, truculent personnage avide de bonne chère, conteur hors pair, arrive à la Martinique en 1693. Il en repart en 1705. Il raconte dans son *Voyage aux Îles de l'Amérique*, publié en 1772, les souvenirs de son séjour dans les îles. À propos d'une chasse aux oiseaux nommés « diables », conduite sur les flancs de la Soufrière de Guadeloupe, il explique que « la difficulté de leur chasse en conserve l'espèce, qui serait détruite entièrement depuis fort longtemps, selon la mauvaise habitude des Français, s'ils ne se retiraient pas dans les lieux qui ne sont pas accessibles à tout le monde ».

Les vestiges archéologiques n'attirent pas l'attention des chroniqueurs. Seul Raymond Breton, un dominicain qui passe près de vingt ans chez les Caraïbes de la Guadeloupe et de la Dominique à partir de 1635, signale l'existence de roches gravées à l'embouchure de la rivière du Carbet à la Guadeloupe. Il écrit : « [...] on a trouvé, et nous l'avons vu, une pierre grande comme trois tonneaux en la grande rivière de la Cabesterre à sept ou huit cents pas de la mer, sur laquelle sont gravées plusieurs représentations d'hommes, de femmes et d'enfants [...] » Les Caraïbes ont été exterminés. Les perroquets, les diables et les lamentins ont tous disparu. Les chroniques anciennes nous permettent de mesurer l'ampleur des changements survenus depuis le XVIIe siècle : elles démontrent la nécessité d'un recensement de cet héritage mobilier et immobilier.

LES OISEAUX
Histoire naturelle et morale des Îles Antilles de l'Amérique
César de Rochefort – 1658
Musée Schœlcher, Pointe-à-Pitre

Henry PETITJEAN-ROGET
Conservateur en chef du patrimoine,
musée Schœlcher, Pointe-à-Pitre,
musée Edgar-Clerc, Le Moule

LE PATRIMOINE SUCRIER

ALAMBIC
XVIIIe siècle – Musée de Marigot, Saint-Martin

Inséparable de l'histoire d'une grande partie de l'archipel guadeloupéen, puisqu'elle s'est développée grâce à la main-d'œuvre qui lui a été fournie par la traite négrière, l'industrie sucrière n'est plus aujourd'hui que la survivance d'un passé marqué à la fois par la modernité (les usines, qui se mettent en place à partir de 1844) et par l'ombre de l'esclavage (jusqu'à l'abolition de 1848, les habitations-sucreries ne vivent que du travail servile). Ces vingt dernières années ont vu disparaître la plupart des « centrales » qui par leurs activités structuraient les campagnes guadeloupéennes, rythmaient le calendrier agricole et constituaient la clef de voûte de l'économie et de la société insulaires : des treize unités qui fonctionnaient en 1960, elles-mêmes reliquat des vingt usines créées entre 1844 et 1881, il ne reste plus en activité aujourd'hui que Gardel à la Grande-Terre et Grande-Anse à Marie-Galante. La réduction des superficies cultivées, la transformation des terres agricoles et particulièrement des anciens champs de canne en zones habitables, la chute continue du tonnage de cannes broyées, et par conséquent de la production de sucre, augurent mal des années à venir, et posent évidemment le problème de la requalification d'un outil devenu sans objet. À ces sites désormais sans emploi s'ajoutent les vestiges des 464 sucreries en fonctionnement à la fin du XIXe siècle, elles-même héritières d'un passé plus ancien, celui où l'énergie traditionnelle n'avait pas été relayée par la vapeur. C'est dire si ce secteur économique a pu compter dans un pays qui découvre son importance patrimoniale au moment même où sa réalité tend à s'effacer des paysages et des mémoires.

Si les habitations-sucreries d'autrefois se repéraient, en période de roulaison, à leurs cheminées fumantes, elles ne se signalent plus guère aujourd'hui que par ce qui reste des moulins. Le moulin à bêtes, majoritairement en usage au XVIIIe siècle (270 sur l'ensemble de l'archipel en 1750), n'a conservé de présence marquante qu'à Saint-Martin, et dans quelques sites comme Murat à Marie-Galante. En revanche, le moulin à eau, très répandu sur ce qu'on appelle aujourd'hui improprement la « Basse-Terre » la plus arrosée, a pu susciter des aménagements importants, notamment avec les aqueducs (La Ramée à Sainte-Rose, Clairefontaine à Baillif, La Rose à Goyave). Mais ce sont incontestablement les moulins à vent qui s'identifient le mieux avec le passé sucrier – non par ce qu'ils ont réussi à sauver de leur équipement ancien (ailes et coiffes ont disparu, les mécanismes ont été vendus ou ont beaucoup souffert), mais par leur nombre (252 en 1829, contre 143 à eau) et dans la mémoire collective, par les récits et les légendes qui s'y attachent. Dans certaines

SUCRERIE MURAT
XIXe siècle – Grand-Bourg

communes, à Marie-Galante en particulier, mais aussi à Saint-François et dans une moindre mesure à Sainte-Anne, ces moulins ont été signés et datés par le maçon qui les a construits.

Les bâtiments où se fabriquait le sucre, la sucrerie proprement dite avec ses chaudières de cuivre, de fonte ou de potin, la purgerie où séchait le sucre cristallisé, l'étuve, où par chauffage lent s'affinait le sucre terré, seul sucre raffiné dont la fabrication ait été tolérée dans la colonie, et encore jusqu'au début du XIXe siècle, sont comparativement moins présents. Beaucoup, d'ailleurs, ont été complètement détruits, et ce qui a résisté n'est pas forcément d'un abord immédiat – ne serait-ce que parce qu'il s'agit souvent de propriétés privées, ou bien de lieux rendus inaccessibles par les broussailles. Des sites comme La Mahaudière à Anse-Bertrand, ou Château Murat à Marie-Galante, en ont d'autant plus d'intérêt, soit par ce qu'ils permettent d'entrevoir de l'importance de ces habitations, soit parce qu'ils en font comprendre le fonctionnement.

MACHINE À VAPEUR
1934 – Usine Gardel, Le Moule

fonte que l'on peut encore voir sur de nombreux moulins mettent en lumière l'importance de constructeurs français comme Derosne et Cail, Nilus, la compagnie Fives-Lille, ou bien de maisons anglaises comme Fletcher. Toute la révolution industrielle, aux Antilles, est en effet venue de l'extérieur, ce qui a d'autant accru la situation de dépendance des colonies. Si le passage à la vapeur s'effectue lentement à partir de 1817-1818, puisqu'on ne compte en 1830 que dix moulins de ce type dans toute l'île, il se généralise avec l'apparition des usines, qui recourent à la machine à vapeur pour actionner leurs batteries de moulins et pour mener désormais sous vide les différentes étapes de la transformation du jus de canne en sucre. C'est d'ailleurs le générateur de vapeur (la chaudière à tube d'eau Babcock et Wilcox, en particulier, qui, sous toute la IIIe République, allait équiper la Guadeloupe) qui, beaucoup plus que le moulin, devient le symbole des nouveaux centres industriels.

En contraste avec le côté brut et peu avenant que présentent aujourd'hui ces friches industrielles, il n'est pas inutile de rappeler qu'à leur création, dans la seconde moitié du XIXe siècle, ces établissements étaient perçus comme l'incarnation absolue du progrès, de son triomphe et de sa beauté. Mais ce monde de la machine, de la vapeur et du chemin de fer a aussi vu la naissance d'une classe ouvrière, c'est-à-dire d'une Guadeloupe moderne.

PIERRE GRAVÉE
1826 – Moulin de Bien-Désiré, Saint-François

Un pan entier du patrimoine industriel de la Guadeloupe n'a fait qu'une entrée très récente et encore bien partielle dans ce musée imaginaire, celui qui a trait à l'histoire des usines, et plus largement à l'histoire des techniques. Les difficultés de la production sucrière amènent les planteurs, après les deux événements majeurs que sont le tremblement de terre de 1843 et l'abolition de l'esclavage en 1848, à essayer d'améliorer le mode traditionnel de fabrication du sucre. Les transformations du mécanisme de broyage, le lent abandon du système des trois cylindres verticaux en bois puis en fer et son remplacement dans la seconde moitié du XIXe siècle par les trois cylindres en

Danielle BÉGOT
Maître de conférence en histoire contemporaine,
Faculté Antilles-Guyane

L'ABOLITION DE L'ESCLAVAGE À LA GUADELOUPE

1848-1998 : cent cinquante ans qui nous placent devant un incontournable devoir de mémoire. L'abolition de l'esclavage à la Guadeloupe, proclamée le 27 mai 1848, doit être remémorée en tant que partie intégrante de notre patrimoine historique. Nous pouvons aujourd'hui mieux l'apprécier comme événement en soi et constater qu'il est lié, certes, à des noms d'hommes forts comme Schœlcher, les abbés Grégoire et Raynald, le comte de Broglie, mais aussi à de nombreux contextes libéraux européens, africains, américains, caraïbéens et guadeloupéens. Nous avons affaire ici à un phénomène bien contemporain, car imbriqué dans un monde ouvert. En outre, l'abolition de l'esclavage à la Guadeloupe est l'un des épisodes d'un phénomène abolitionniste beaucoup plus vaste, et qui concerne toute l'aire de l'Amérique des plantations au XIXᵉ siècle.

ALLÉGORIE DE L'ABOLITION DE L'ESCLAVAGE
XVIIIᵉ siècle
Musée régional d'Histoire et d'Ethnographie
Fort-de-France, Martinique

Cette nouvelle éthique philosophique et politique s'applique au domaine économique pour lequel l'ère du capitalisme industriel et libéral rend caduque l'utilisation de la main-d'œuvre servile, dont l'exploitation avait favorisé cette même révolution industrielle. L'ouverture de nouveaux espaces sucriers dans le monde provoque une concurrence et une surproduction qui occasionnent la ruine de nombreux planteurs guadeloupéens dès les années 1840.

En France, la politique libérale de la monarchie de Juillet se manifeste par une réforme de l'esclavage à partir des années 1830, qui marquent une étape importante dans le processus de transformation de la société guadeloupéenne. Cette réforme aboutit à une régularisation des « libertés de savane » et à une augmentation des affranchissements. La condition de vie de l'esclave est censée s'améliorer, en particulier par la christianisation et le mariage. L'esclave a le droit de plainte contre son maître, il peut aussi posséder un bien. Une équipe de « patronage » est mise en place pour contrôler la réforme et veiller à l'application de la loi.

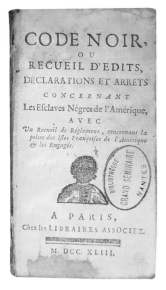

LE CODE NOIR
1763
Musée régional d'Histoire et d'Ethnographie
Fort-de-France, Martinique

Bien en amont de ce vaste mouvement libérateur, les racines de la transformation se situent dans la philosophie des Lumières. Celle-ci instaure une nouvelle conception de l'homme dans la société : une nouvelle éthique qui privilégie la liberté sur tous les plans, les droits naturels de l'homme et le droit des masses à participer au bien-être matériel et moral, au progrès.

Les rapports sur le patronage des esclaves de la Guadeloupe révèlent justement qu'un certain ombre d'« anomalies » étaient déjà installées dans l'ordre esclavagiste bien avant les lois réformistes : le travail salarié des esclaves, les libertés « de fait », les propriétés d'esclaves, la prise en charge par l'esclave d'une grande partie de son entretien. Bref, à côté de la résistance ouverte au système, l'esclave avait trouvé un moyen d'évoluer dans le système oppressif.

MÉDAILLON ANTI-ESCLAVAGISTE
1788 – Musée Schœlcher, Pointe-à-Pitre

LA RÉPUBLIQUE LIBÈRE L'ESCLAVE
1904 – Musée Schœlcher, Pointe-à-Pitre

Ainsi, bien avant 1848, une dynamique émancipatrice se développe, qui engendre déjà une désorganisation de l'ordre social esclavagiste. Mais deux forces contraires se manifestent : d'un côté, les colons se font plus réticents aux réformes ; de l'autre, l'agitation des esclaves se fait plus marquée. Les colons se regroupent derrière un « front esclavagiste », et développent diverses stratégies pour freiner le mouvement abolitionniste sinon l'empêcher : départ avec les esclaves dans les colonies voisines encore esclavagistes, comme Porto Rico, durcissement des ségrégations et discriminations raciales, aggravation des sévices contre les esclaves et répression sévère des différentes formes de résistance. Chez les esclaves, la résistance s'accentue : refus de travail, fuites collectives, incendies, agressions et crimes sur la personne du maître.

Cette situation explosive conjuguée à la peur de la condamnation de la révolte des esclaves de la Martinique du 22 mai 1848 provoque le vote d'un décret abolitionniste à la Guadeloupe, le 27 mai 1848, bien avant la connaissance du décret métropolitain du 27 avril 1848 qui abolissait aussi l'esclavage.

On peut noter que contrairement à la Martinique, où l'escalade de la tension entre les deux forces contraires que nous avons notées débouche sur la révolte des esclaves du 22 mai, à la Guadeloupe le « front esclavagiste » mené par le Conseil colonial a su opérer un revirement et se rallier enfin à l'abolition, contre dédommagement certes. L'adhésion des planteurs guadeloupéens au mouvement d'émancipation a sûrement contribué à désamorcer ici l'atmosphère de violence.

MARCHES DE L'ESCLAVAGE
XIXe siècle – Petit-Canal

La convergence d'événements vers plusieurs décrets abolitionnistes pris pratiquement simultanément en France après la révolution de février 1848, à la Martinique avec la révolte des esclaves de mai 1848, et à la Guadeloupe le 27 mai, prouve bien qu'on était arrivé au mûrissement de la situation et à un terme.

Après la première abolition de 1794 appliquée partiellement à la Guadeloupe par Victor Hugues et relayée en 1802 par son rétablissement vigoureux sous Richepance, la révolte de Delgrès et son suicide au Matouba avec ses hommes fait partie du contexte qui a abouti à 1848. L'émancipation des esclaves de la Guadeloupe apparaît comme inévitable, un fait inscrit dans la logique historique et dans la longue durée, un patrimoine forgé par des acteurs locaux mais qui ouvre aussi la Guadeloupe au monde, l'origine de la mutation se trouvant dans un vaste mouvement libéral, et qui l'intègre donc au patrimoine de l'humanité.

BUSTE DE VICTOR SCHŒLCHER
XXe siècle – Sainte-Anne

Josette FALLOPE
Historienne,
directrice du service du Patrimoine
de la ville de Basse-Terre

ALI TUR

Le 12 septembre 1928, la Guadeloupe est frappée par un cyclone. Le pays est dévasté, et le patrimoine immobilier, tant domestique qu'officiel, est à reconstituer. L'approche des cérémonies du tricentenaire du rattachement de la Guadeloupe à la France, en 1935, renforce la nécessité de reconstruction de l'île, qui se doit d'offrir un autre visage.

À l'origine, il est question de construire ou de reconstruire des bâtiments gouvernementaux comme le palais du gouverneur, des tribunaux et des justices de paix. La Guadeloupe est alors sous l'autorité du gouverneur Tellier, qui a fait la connaissance

ÉGLISE SAINT-JEAN-BAPTISTE
1933 – Baie-Mahault

de l'architecte Ali Tur avant 1929, à l'époque où celui-ci est attaché au cabinet du ministre des Colonies.

Architecte diplômé par le gouvernement, Ali Tur est nommé, à l'issue de la Première Guerre mondiale, expert chargé de vérifier les demandes de remboursements de dommages immobiliers présentés par les sinistrés de guerre. Il ouvre par la suite une agence d'architecture dans le quartier des Batignolles, et assure des travaux d'entretien, des aménagements et des constructions de bâtiments privés. C'est en 1925 qu'il intègre la liste des dix architectes du ministère des Colonies.

En quittant la France, l'architecte ne connaît pas encore précisément le contenu exact de l'ensemble des travaux qui lui seront confiés.

MISE EN ŒUVRE

Un contrat est établi, le 1er avril 1929, entre Ali Tur et l'État français, représenté par le gouverneur Tellier, « pour la réalisation de divers bâtiments gouvernementaux ». Les délais de réalisation sont estimés à quatre ans, et le contrat stipule que le concepteur devra maintenir une agence à la Guadeloupe. Il pourra intervenir pour le compte des communes selon les mêmes modalités que celles fixées dans son contrat avec l'État français. Cette clause permet d'augmenter sensiblement la commande en l'ouvrant aux communes qui obtiendront des financements du Crédit foncier en 1931.

Après la défaite de l'Allemagne à la fin de la Première Guerre mondiale, ce pays est soumis à ce que l'on appelle le « régime des prestations en nature », c'est-à-dire la fourniture à la France de produits transformés. Le gouvernement français propose donc à la colonie de bénéficier de ces livraisons avec la possibilité d'en rembourser le montant sur trente ans.

ENTREPRISES
ET
MAIN-D'ŒUVRE

Le cadre bâti de cette époque est mixte. Les matériaux généralement utilisés sont le bois et la pierre, les habitudes constructives penchant vers un système ou l'autre en fonction des catastrophes naturelles, tremblements de terre ou cyclones.

Ali Tur choisit comme procédé de construction les structures à poteaux poutres en béton armé, avec remplissage en aggloméré et enduits au mortier de ciment, afin de lutter efficacement contre les cyclones.

Les problèmes d'exécution qui se présentent tiennent à la structure des entreprises et au savoir-faire local de l'époque. Dans ce cadre, et dans le but de favoriser la formation de la main-d'œuvre locale d'une part, pour des raisons d'économie d'autre part, l'architecte préconise l'ouverture de ces marchés à des entreprises métropolitaines. L'administration française favorise l'installation dans le pays de plusieurs établissements de travaux publics, comme Diligenti, qui réalise entre autres le palais du conseil général et le palais du gouverneur (actuelle préfecture) de Pointe-à-Pitre. Par ailleurs, des cadres et des techniciens viennent de métropole dans le but de former la main-d'œuvre locale.

L'ARCHITECTURE D'ALI TUR
ENTRE TRADITION ET MODERNITÉ

Pour tenter de comprendre l'œuvre d'Ali Tur à la Guadeloupe, il convient de se pencher sur ses référents. Ali Tur s'appuierait-il sur des traditions ? Lesquelles ?

PATIO
Années 1930 – Palais de justice, Basse-Terre

À aucun moment, Ali Tur ne dit se référer à l'architectonique existante. Tous les éléments de son art sont, selon ses écrits, des réponses à des problèmes d'environnement physique. Les questions climatiques sont prédominantes. Ainsi écrit-il à propos de la ventilation et de l'ensoleillement : « Ces deux nécessités ont conditionné en grande partie l'architecture de la Guadeloupe renaissante. D'une part, j'eus toujours soin d'orienter tous mes bâtiments de manière à ce qu'ils puissent être traversés de part en part par la brise : je n'eus jamais que des pièces ouvertes sur leurs deux faces vers l'extérieur, j'eus soin de remplacer les panneaux des portes, les vitres de fenêtres et même certaines parties de cloison intérieures par des lames de persiennes orientables suivant les besoins. D'autre part je construisis, autant que le permirent les crédits disponibles, des galeries couvertes ou des auvents qui abritent les façades ou les baies des rayons directs du soleil. »

En réalité, la représentation « aliturienne » démontre le bien-fondé de pratiques traditionnelles façonnées par des siècles d'histoire. En substituant à la stylistique existante son propre vocabulaire, Ali Tur confère à l'architecture traditionnelle une certaine légitimité scientifique et

HALLES À LA VIANDE ET AU POISSON
Vers 1930 – Saint-François

technique. La légitimité culturelle et identitaire viendra, des années plus tard, des travaux de Jacques Berthelot. La tradition est le point central du travail de ces deux architectes que tout sépare.

Les qualités sculpturales d'Ali Tur sont indéniables. Son propre style rejoint celui d'une certaine école, celle d'Auguste Perret et de Tony Garnier. En somme, Ali Tur s'établit entre deux traditions, dans le cadre qu'il s'est fixé, et, avec une grande rigueur, il conjugue son propre vocabulaire classique.

IMPACT

Cette notion comprend ici deux aspects : l'idée du heurt, et aussi celle de la trace laissée. L'étrange alchimie qui s'est produite au cours du temps, faisant de l'œuvre d'Ali Tur un élément incontournable et reconnu du patrimoine architectural guadeloupéen, tendrait-elle à montrer que les fondements scientifiques de la tradition sont les conditions de sa survie ? La réponse est affirmative, à condition de se situer dans une approche pragmatique, rationaliste et fonctionnaliste de la question. La modernité, comme démarche, doit chaque fois aller à l'essentiel afin d'y puiser ses bases.

Néanmoins, l'architecture d'Ali Tur ne laisse jamais de place au « placage », comme on peut le constater autour de certaines productions récentes qui ne s'appuient que sur une réduction formelle d'éléments de stylistique traditionnelle. Il ne s'agit pas de copier l'architecture d'Ali Tur, car elle ne correspond plus aux aspirations d'aujourd'hui, ni de la déformer par le jeu d'extensions mal raisonnées. Il ne s'agit pas plus de la fossiliser et de déclarer monuments historiques tous les édifices de cette vaste opération de reconstruction, mais de bien la connaître et la reconnaître dans toutes ses dimensions, afin de lever les hypothèses sur l'avenir d'une production architecturale guadeloupéenne signifiante.

Christian GALPIN
Architecte

Les Abymes

Les Abymes

Canton des Abymes
Arrondissement de Pointe-à-Pitre
Superficie : 8 125 ha
Population 1990 : 62 865 hab.
Habitants : les Abymiens
Cours d'eau : le Canal Belle-Plaine
et le Canal Perrin

Origine du nom : selon le père Labat, de la brume formée par l'évaporation au niveau du sol marécageux, que l'on appelait « drap mortuaire des savanes ».

Blason : la champagne ondulée symbolise la mer, les monts évoquent les mornes et le palétuvier, la mangrove. L'activité humaine est marquée par le vol stylisé qui rappelle l'aéroport, et les cannes à sucre qui représentent la principale culture de la commune.
A971010b

HISTORIQUE

Le premier bourg, situé à quelques kilomètres du centre de l'agglomération actuelle, est fondé en 1691. Il est composé de quelques maisons et connaît un léger développement grâce aux cultures de canne, de cacao et de café. Les Abymes sont érigés en paroisse en 1726. Dès le milieu du XVIIIᵉ siècle, l'essor rapide de Pointe-à-Pitre, devenu principal centre commercial de la Guadeloupe, entrave le développement du quartier des Abymes, tout proche. La nouvelle paroisse, créée en 1846, compte 4 400 habitants, dont 4 300 esclaves environ. Six ans plus tard, le bourg est déplacé à 5 kilomètres de Pointe-à-Pitre, afin de satisfaire un accord foncier entre la société Souques, le maire et la compagnie Darboussier. Cette décision permet le rassemblement de grands champs de canne qui ceinturent le bourg, et confirme la prépondérance de cette culture dans la vie de la commune. Ces grands domaines accentuent la concentration d'ouvriers agricoles, population particulièrement sensible aux crises

que connaît l'activité sucrière à partir de la fin du XIXᵉ siècle. À quatre reprises, en 1895, 1910, 1956 et 1962, de violentes grèves secouent la commune, opposant les ouvriers et la puissante usine Darboussier, construite à Pointe-à-Pitre en 1869. La situation de la commune se modifie sensiblement depuis la fin des années 1950. Sa population quadruple entre 1950 et 1990. L'extension urbaine de Pointe-à-Pitre y impose l'implantation de grands ensembles, la construction d'un aéroport international et la densification du réseau routier. Cette réduction de la superficie des terres cultivables affaiblit la culture sucrière, victime en outre de la fermeture de l'usine Darboussier en 1980.

CHAUDIÈRE
XVIIIᵉ-XIXᵉ siècle
Fonte
Bibliothèque   *A9710111*

Après le pressage de la canne au moulin, le jus obtenu est purifié par cuissons successives dans plusieurs chaudières alignées. Au cours de l'opération, le jus de canne est débarrassé de ses écumes noires, puis le *vesou* est purgé et réduit avant de se transformer en sirop.

ÉGLISE
DE L'IMMACULÉE-CONCEPTION
1846-1930-1931
Architecte :
Ali Tur
Béton armé
A9710103
Les bas-côtés de cet édifice ont été ajoutés en 1930 au bâtiment initial, lui conférant une architecture symétrique très proche de celle de l'église de Sainte-Anne. Il comprend un escalier métallique en colimaçon, élément exceptionnel hérité de l'architecture industrielle du XIXᵉ siècle, qui permet l'accès aux tribunes. De nombreuses statues, dont celles de saint Joachim et de saint Stéphane, garnissaient les tribunes et les bas-côtés du sanctuaire primitif, doté en outre d'une Vierge à l'Enfant en bois doré.

VOÛTE
1846-1930-1931
Architecte : Ali Tur
Bois et métal
Église de l'Immaculée-Conception
                              A9710104

L'église des Abymes est le seul édifice religieux de la Guadeloupe comprenant des éléments métalliques issus au XIXe siècle des nouvelles techniques de construction industrielle. Lors de sa construction en 1846, l'église ne possède pas de bas-côtés pouvant assumer la fonction d'arc-boutant. Des tirants métalliques, qui traversent la voûte dans sa partie basse, sont donc fichés dans les parois latérales afin de compenser l'écartement des murs, inhérent au poids de la charpente.

CHAPELLE NOTRE-DAME-DE-LA-GUADELOUPE-DU-MEXIQUE
1856
Pierre
Morne-du-Calvaire   *A9710101*

Ce sanctuaire est édifié sous l'impulsion du père Poujade, qui la dédie à Marie Immaculée. Mais en 1862, la dédicace est modifiée par Mgr Blourger. Très fréquentée par les fidèles à ses débuts, la chapelle du Calvaire est ensuite délaissée avant de redevenir un lieu de pèlerinage, particulièrement fréquenté le vendredi saint et dont l'un des attraits est une statue en marbre de la Vierge à l'Enfant.

BILLET DE BANQUE
Seconde moitié du XIXe siècle
Papier (7,5 × 10 cm)
Collection particulière   *A9710131*

Ce billet est surnommé *tounblack*, en créole déteint en noir, car son encre de médiocre qualité s'efface à l'usage. Uniface, il a sans doute été imprimé dans l'urgence, afin de rémunérer la main-d'œuvre récemment émancipée. L'abolition de l'esclavage a un autre retentissement financier : une partie de l'indemnité destinée à dédommager les propriétaires d'esclaves sert à constituer le capital de la Banque de la Guadeloupe, inaugurée en 1853. Institut d'émission et organisme de crédit agricole, elle effectue aussi des opérations de change.

BILLET DE BANQUE
1875
Papier (23,8 × 13,5 cm)
Collection particulière   *A9710129*

Les dimensions de ce billet uniface le pénalisent dès son émission et il est rapidement retiré de la circulation. La signature, réalisée par Damoiseau, Gascon et Ruiller, s'inspire de la mythologie classique et reprend la symbolique usuelle de l'exotisme. Mercure, à droite, fait face à une allégorie de la Sagesse sur un fond exubérant de feuillages et d'oiseaux illustrant la richesse florale et animale de l'île.

CHARRETTE À BŒUFS
1900
Bois et fer
Section Dothémare　　　*A9710122*

Jusqu'au début du XXᵉ siècle, la charrette à bœufs constituait le moyen de transport le plus répandu pour acheminer la canne à l'usine centrale. Tiré par deux bœufs, ce véhicule subsiste dans les campagnes à la fin du XXᵉ siècle.

MAISON
Première moitié du XXᵉ siècle
Bois et fer
Rue Général-de-Lacroix　　*A9710125*

Cette maison, dite « haut et bas », illustre l'évolution de la case en milieu urbain. L'étroitesse des parcelles interdisant à la construction de se développer vers la rue ou d'empiéter sur l'espace vital de l'arrière-cour, le bâtiment se développe donc en hauteur. Un balcon en fer forgé pare très fréquemment ce type d'habitation dotée, en outre, de chiens-assis qui permettent l'éclairage des combles et favorisent la ventilation.

PRESBYTÈRE
1930-1931
Architecte : Ali Tur
Béton armé
Place de l'Église　　　*A9710107*

Ce bâtiment présente quelques traits caractéristiques de l'architecture d'Ali Tur, soucieux de concevoir un habitat adapté aux conditions climatiques tropicales : les claustras, qui ajourent la façade, favorisent une bonne ventilation et la galerie empêche les rayons du soleil de pénétrer à l'intérieur du bâtiment. Ces emprunts à l'architecture antillaise traditionnelle sont associés au béton, matériau d'emploi très récent à l'époque de la construction de ce bâtiment.

INSTITUT PASTEUR
Première moitié du XXᵉ siècle
Béton　　*A9710142*

MARCHÉ COUVERT
1930-1931
Architecte : Ali Tur
Béton armé
Rue Maurice-Flory   *A9710115*
Certaines zones semi-rurales persistent sur le territoire des Abymes, autorisant la culture maraîchère et l'élevage de quelques animaux de basse-cour. Certains produits sont destinés à être vendus sur ce marché.

MAISON MORTUAIRE
1930-1931
Architecte : Ali Tur
Béton armé
Rue Maurice-Flory   *A9710108*

La maison mortuaire servait à exposer les défunts lors de la veillée funèbre. Cette coutume locale est tombée en désuétude depuis le milieu du XXᵉ siècle.

ANCIENNE MAIRIE
1930-1985
Architecte : Ali Tur
Béton armé
Rue Achille-René-Boisneuf   *A9710114*
Ce bâtiment officiel a abrité la seconde mairie de la commune, après la destruction du précédent hôtel de ville, dévasté par le cyclone de 1928.

COLLÈGE DAMPROBE-CONDE (détail)
1930-1931
Architecte : Ali Tur
Béton armé   *A9710116*
Ce collège est contemporain de la décision d'attribuer un lieu spécifique à l'enseignement des cours complémentaires, distinct de l'école primaire. La mixité étant prohibée à l'époque de sa construction, ce bâtiment fut à l'origine réservé aux jeunes filles.

Engagé par le gouverneur Tellier pour reconstruire en priorité les édifices administratifs de l'État, Ali Tur est aussi mis à la disposition des communes qui le sollicitent en nombre. L'architecte du gouvernement conçoit donc certains équipements municipaux, notamment les mairies de plus d'une dizaine de bourgs.

MONUMENT AUX MORTS
1930
Béton et mosaïque
Place de la Liberté   A9710117

Ce monument aux morts, dédié aux victimes de la Première Guerre mondiale, se distingue par sa représentation des Antillais, qui remplace la traditionnelle figure du poilu.

BILLET DE BANQUE
1934
Papier
Collection particulière   A9710128

Surnommé «mouchoir de poche» en raison de sa taille, ce billet est l'un des plus aboutis de ceux émis par la Banque de la Guadeloupe. Son recto, gravé par H. Dange, présente l'allégorie de la République se détachant d'un fond de mer, sur lequel croise un navire figurant les échanges entre la métropole et la colonie. Le verso, rouge monochrome, figure une nature tropicale. Sur les deux faces, le portrait de Colbert, initiateur de l'Exclusif colonial, se révèle en filigrane. En 1944, l'émission des billets revient à la Caisse centrale de la France d'outre-mer. Celle-ci régule le système monétaire d'une zone commune à la Guadeloupe, la Martinique et la Guyane, jusqu'au 1er janvier 1975, date à partir de laquelle les billets émis par la Banque de France ont cours aux Antilles.

LOLO
1940
Bois et tôle
Quartier Nérée   A9710120
Le *lolo* désigne l'épicerie antillaise

TAMBOUR DE MAYOLEUR
Années 1940
Bois et peau
Collection de l'Office régional
du patrimoine guadeloupéen   A9710136
Ce *tanbou de mayolé* se compose d'un fût en planche ou en bois-fouillé (une seule pièce de bois évidée), et d'une membrane en peau de chèvre, tendue par des cordes et des clefs en bois. Il a appartenu à Maugran, un célèbre mayoleur originaire du Moule. Du Brésil et aux Petites Antilles, les mayoleurs pratiquent une danse de lutte, issue d'un syncrétisme de coutumes africaines et de joutes d'épées. Deux tambours rythmiques et un tambour soliste accompagnent deux protagonistes, équipés de bâtons, qui tentent de se toucher mutuellement selon des règles précises. Autrefois, cette danse, typique de la façade atlantique de la Grande-Terre, pouvait être suivie, après minuit, du *mayolé san*. La chorégraphie s'effaçait alors devant le combat qui pouvait être mené jusqu'à effusion de sang.

traditionnelle, véritable espace social de rencontre qui attire autant les femmes que les hommes, ou les enfants. La case en bois fait office de débit de boissons et abrite aussi des produits très variés, mais tous de première utilité : du riz, des pois rouges, de la lessive, des bougies, du pétrole.

SIYAC DE QUADRILLE
Années 1950
Bambou
Collection de l'Office régional
du patrimoine guadeloupéen A9710137
Le *siyac*, tube sur lequel sont incisées des stries, se joue avec deux baguettes : l'une donne le rythme, l'autre assure l'exécution du solo. Outre cet instrument, l'orchestre de quadrille s'accompagne d'un tambour *di bass*, d'un triangle, d'un chacha et d'un accordéon. Des couples dansent plusieurs figures, dont celles du Pantalon, de l'Été, de la Poule et de la Pastourelle. Le quadrille, importé aux Antilles vers le milieu du XIXe siècle, a été immédiatement adopté et enrichi de rythmes de calenda et de biguine.

TANBOU DI BASS
Années 1950
Bois et peau
Collection
de l'Office régional
du patrimoine
guadeloupéen A9710134
Ce tambour fait partie d'un lot d'instruments ayant appartenu à Carno, musicien de *Gwo Ka*. Ce *tanbou di bass* fait partie de l'ensemble instrumental du quadrille. Posé perpendiculairement sur la cuisse, il se joue des deux côtés, la basse à l'intérieur et les soli à l'extérieur. Les musicologues antillais le tiennent pour une version créole du tambour basque.

TANBOU A MASS A VIEUX-FORT
Années 1980
Bois et fer
Collection de l'Office régional
du patrimoine guadeloupéen A9710135
Ce *tanbou di bass* et ce *gwo tanbou bass* reproduisent des instruments datant du début du XXe siècle. Le premier est d'une facture classique, hormis les boulons et les attaches en fer qui remplacent respectivement la clef et les cordes traditionnelles. Le second, doté d'un fût métallique, présente la particularité d'être le seul tambour à deux peaux qui se joue effectivement sur les deux faces. Il est frappé par une mailloche qui scande les basses et une baguette qui assure le solo. Les *mass a Vieux-Fort*, comme les *mass a Saint-Jean*, sont des groupes carnavaliers organisés, avec leurs propres rythmes et leurs propres chants. Ils sont souvent déguisés avec des petits miroirs accrochés à leurs vêtements. Cette tradition est perpétuée par le groupe Vokoum.

TANBOU A MASS A SAINT-JEAN
Années 1960
Fer
Collection de l'Office régional
du patrimoine guadeloupéen A9710133
Les tambours *mass a Saint-Jean* se caractérisent par leur structure métallique et leurs deux faces en peau de lapin qui donnent un son sec. *Mass* désigne le masque et, par extension, le déguisement qui l'accompagne. Par glissement sémantique, il renvoie aussi à un groupe de carnavaliers. Les *mass a Saint-Jean* défilent dans les communes en suivant des rythmes propres, sur des thèmes renouvelés chaque année. À l'origine, ils étaient composés de garçons-bouchers provenant des faubourgs de Pointe-à-Pitre. Trois tambours, portés en bandoulière, règlent la marche. L'ensemble se compose toujours d'un tambour grave, et de deux tambours de chant et de contre-chant qui donnent la ligne mélodique.

HÔPITAL RICOU
Seconde moitié du XXᵉ siècle
Béton   *A9710140*
D'une capacité de plus d'un millier de lits, l'hôpital Ricou est le principal établissement hospitalier de la Guadeloupe. Il couvre tout le territoire de la Grande-Terre ainsi que la plaine de Basse-Terre. À l'instar du complexe éducatif de Baimbridge, l'hôpital a été conçu conformément à un plan d'urbanisme centralisateur qui favorise le gigantisme des équipements collectifs.

AÉROPORT (détail)
1950-1996
Cité-Jardin du Raizet   *A9710127*
En 1946, à la suite de l'abandon, au bout de dix ans, de la desserte de la Guadeloupe par la Pan American, le gouvernement français prend la décision de doter le nouveau département français d'un aérodrome. Six ans plus tard, la petite aérogare en bois fait place à un ouvrage en béton. Dès lors, l'aéroport ne cesse de se développer, la piste du Raizet étant régulièrement rallongée. En 1970, l'Aéroport international est le second de France, après Orly, à recevoir les gros porteurs. L'année suivante, une vaste aérogare est inaugurée par le ministre d'État chargé des DOM-TOM. Elle est totalement reconstruite de l'autre côté de la piste en 1996 et l'aéroport reçoit le nom d'aéroport international de Guadeloupe Pôle-Caraïbe.

BILLET DE BATEAU
Années 1950   *A9710132*
Avant le début des années 1970, la liaison maritime entre la métropole et les Antilles était la plus fréquentée. Elle était assurée par la Compagnie générale transatlantique, créée en 1861, qui ouvre ses bureaux à Pointe-à-Pitre dès le début du XXᵉ siècle. Après la Seconde Guerre mondiale, les bateaux *San Mateo*, *Gascogne*, *Flandres* et *Antilles* assurent une traversée en sept à dix jours. En 1973, la « Transat » et Messageries Maritimes, compagnie de transport de marchandises, opèrent une fusion qui donne naissance à la Compagnie générale maritime, spécialisée dans le fret.

IMMEUBLES D'HABITATION
1954
Béton
Cité-Jardin du Raizet   *A9710124*
Construite sur une zone marécageuse, la cité du Raizet fait partie des grands ensembles de logements collectifs, qui proposent une réponse à la crise du logement générée par l'exode rural. Construit après les cyclones des années 1950-1960, au plus fort du déploiement de la départementalisation, ce type d'habitat, qui se rencontre à la périphérie de Pointe-à-Pitre, reproduit fidèlement le système de plan urbain des grands ensembles de la région parisienne, sans aucun souci d'adaptation aux conditions climatiques locales.

Anse-Bertrand

ANSE-BERTRAND

Port-Louis

Petit-Canal

Anse-Bertrand

Canton d'Anse-Bertrand
Arrondissement de Pointe-à-Pitre
Superficie : 5 380 ha
Population 1990 : 4 800 hab.
Habitants : les Ansois

Origine du nom : de la dénomination de l'Anse Saint-Bertrand, où s'est implanté le bourg.

HISTORIQUE

Dans la colonisation tardive des marges septentrionales de la Grande-Terre, Anse-Bertrand se caractérise par la lenteur de son érection en quartier, qui se détache de celui de Port-Louis Pointe d'Antigue au milieu du XVIIIe siècle. Dans ces terres sèches, si la culture de la canne est présente dès les débuts, celle du coton reste pendant longtemps importante, puisqu'en 1790 on compte douze cotonneries pour vingt et une sucreries. Le XIXe siècle est en revanche celui du sucre, avec comme première conséquence la diminution de la population blanche, qui entre 1790 et 1822 passe de 10 % à 2 %. Vingt-cinq habitations-sucreries sont dénombrées en 1818 et vingt-quatre moulins à vent, si bien qu'en 1835 73 % des superficies cultivées sont dévolues à la canne, qui touche pourtant ici à la limite de ses possibilités pédologiques et climatiques. Sous le second Empire, le rendement en sucre est deux fois moindre qu'à Port-Louis, et certaines des habitations-sucreries d'Anse-Bertrand ont le rendement le plus bas de tout le nord de la Grande-Terre. Dès 1864 et 1865, une partie d'entre elles font broyer leurs cannes par les usines de Bellevue et de Beauport, situées dans la commune voisine, Port-Louis. À la fin du XIXe siècle, Beauport rachète successivement presque toutes les terres sucrières, et domine l'histoire d'Anse-Bertrand, jusqu'à sa cessation d'activité en 1990.

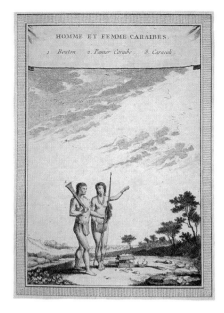

HOMME ET FEMME CARAIBES.

1. Bouton. 2. Panier Caraibe. 3. Caracoli.

GRAVURE
XVIIe-XVIIIe siècle
Collection particulière A9710225

En 1660, lors du traité de Basse-Terre, le gouverneur Houël aurait abandonné aux Caraïbes de Guadeloupe les terres les moins fertiles et les plus éloignées de la Basse-Terre. Situés entre la Pointe de la Grande Vigie et la Pointe des Châteaux, au nord-est de la Grande-Terre, ces territoires sont peu à peu occupés, aux XVIIIe et XIXe siècles, par les champs de canne à sucre. En 1730, soixante-seize « sauvages et sauvagesses et leurs enfants » sont dénombrés. En 1825 est signalée l'existence de sept ou huit familles caraïbes, à l'Anse du Petit Portland, sur la côte est de la Grande-Terre. Un article de 1855 évoque « des derniers sauvages » réfugiés à Anse-Bertrand, à la Pointe des Châteaux et près du port du Moule. En 1882, un groupe de quinze personnes et leurs familles, descendants des Caraïbes d'Anse-Bertrand, revendiquent 200 hectares à l'extrême nord de la Grande-Terre. Leur pétition envoyée aux autorités est le dernier acte de revendication des Amérindiens.

MOULIN À VENT DE LA MAHAUDIÈRE
Fin du XVIIIe-début du XIXe siècle
Moellon calcaire
Section Campêche A9710217

Ce moulin à vent est sans doute l'une des parties les plus anciennes de l'habitation-sucrerie La Mahaudière, dite aussi « Lahaut ». Il est postérieur à 1764, date à laquelle cet important domaine de quelque 450 hectares est déjà présent sur la carte des ingénieurs du roi. Mais l'habitation-sucrerie La Mahaudière est surtout connue pour avoir été le cadre d'une affaire judiciaire particulièrement célèbre en son temps. En 1840, alors que de vives tensions agitent la société créole, qui sent venir l'abolition de l'esclavage, Jean Baptiste Douillard Mahaudière est accusé d'avoir torturé et enchaîné dans un cachot, vingt-deux mois durant, l'esclave Lucile, soupçonnée d'avoir empoisonné son épouse. Son avocat exploite habilement les silences de la loi sur les châtiments que le maître peut infliger à ses esclaves, et, au terme d'un procès passionnément suivi dans la colonie, Douillard Mahaudière est acquitté, au grand scandale des abolitionnistes. Le cas de Lucile embarrasse les autorités, qui la font vendre à l'encan avec son jeune garçon, puis, pour qu'elle ne soit pas rachetée par son ancien maître, la détiennent un temps à la geôle de Basse-Terre, en attendant que le ministre des Colonies décide de son sort, en 1843.

CHEMINÉE DE LA MAHAUDIÈRE
XIXᵉ siècle
Moellon calcaire et brique
Section Campêche
A9710218

En 1846, Jean-Baptiste Douillard Mahaudière vend l'habitation à ses enfants pour 500 000 francs. En 1865, des dissensions entre les héritiers entraînent une nouvelle vente, conclue à 150 000 francs. Son importante superficie ne doit en effet pas faire illusion : sur les 465 hectares dont elle est créditée, 137 seulement portent de la canne, 251 sont en savanes et halliers. En 1865, l'habitation fonctionne encore, sans la vapeur, suivant l'ancien système. Le broyage des cannes est effectué par le moulin à vent, avec, signe d'archaïsme, des engrenages en bois. La sucrerie possède un équipage de quatre

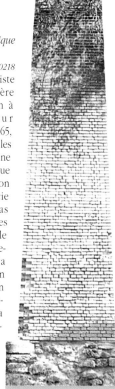

chaudières. C'est après cette date que s'opère le passage à la vapeur. En 1881, l'habitation est vendue à Olive Antonin Guyot, de Pointe-à-Pitre. Dans l'entre-deux-guerres, elle n'est plus connue que comme distillerie agricole, propriété des Guyot, puis d'Henri Lignières et Cⁱᵉ. Avec un contingent de rhum de 365,82 hectolitres en 1926, il s'agit alors d'une entreprise de moyenne importance. Vestige de l'ancienne sucrerie, la cheminée de brique jaune semble appartenir à deux époques distinctes, sans doute séparées par le tremblement de terre de 1843. La base en gros moellons lui est sans doute antérieure, tandis que le fût en brique rappelle les réalisations d'architecture industrielle des années 1850-1860.

PUITS DE LA MAHAUDIÈRE
Fin du XIXᵉ-début du XXᵉ siècle
Moellon calcaire, mortier, bois et tôle
Section Campêche
A9710219

La question de l'eau a toujours été capitale dans le nord de la Grande-Terre, d'où l'importance des mares, installées dans ce que les géographes appellent des dolines, et de tout ce qui peut retenir l'eau. À Anse-Bertrand, la seconde moitié du XIXᵉ siècle correspond à une série d'années de grande sécheresse. Si des puits existent au bourg, à La Mahaudière on ne peut compter que sur la mare voisine. Or le passage à la vapeur impose un approvisionnement régulier et important. Ce puits alimenté par une pompe à vapeur a permis à l'habitation-sucrerie

puis à la distillerie, à la fin du XIXᵉ ou au début du XXᵉ siècle, de disposer de réserves d'eau qui n'étaient plus soumises aux variations climatiques.

MOULIN À VENT LE MERCIER
Fin du XVIIIᵉ-début du XIXᵉ siècle
Moellon calcaire
Le Mercier
A9710221

L'habitation-sucrerie Le Mercier, mentionnée sous le nom de Ducler dans une carte de 1764-1768, prend son nom actuel sous la monarchie de Juillet, après le mariage de Reine Perrine Sidonie Duclère et de Jules Lemercier. La propriété fabrique du sucre au moins depuis 1764, avec à l'origine un moulin à bêtes pour broyer les cannes. Le moulin à vent a dû être construit à la fin du XVIIIᵉ ou au début du XIXᵉ siècle. Souci de modernisation, ou volonté, dans cette région pauvre en eau et en fourrage, de ne pas trop dépendre du bétail, Anse-Bertrand ne compte plus au recensement de 1818 que quatre moulins à bêtes contre vingt-quatre à vent. Dans les années 1860, ce sont au contraire les propriétés qui ne sont pas passées à la vapeur qui apparaissent comme archaïques. Pour résoudre ses problèmes, l'habitation Le Mercier pense trouver avec les immigrants une main-d'œuvre capable de remplacer les anciens esclaves : l'installation de cinquante Africains est demandée en 1860. En 1881, faute d'avoir pu redresser la situation financière, Sidonie Lemercier vend l'habitation de 136 hectares à la Société sucrière de Port-Louis, pour 60 000 francs ; elle en valait 500 000 en 1830. Devenus inutiles, puisque le broyage de la canne et la fabrication du sucre se font dorénavant à l'usine de Beauport, que contrôle la Société, les bâtiments d'exploitation sont laissés à l'abandon.

MOULIN À VENT GRANDFOND
Fin du XVIIIe-début du XIXe siècle
Moellon calcaire   A9710222

Le plan d'arpentage de la Pointe d'Antigue de 1732 mentionne déjà une concession d'environ 91 hectares, dénommée Grandfond. En 1764, l'habitation Dupat, qui s'est constituée sur son emplacement, produit du sucre, mais ne possède pas encore ce moulin à vent, peut-être construit par Étienne Douillard Grandfond. Il a en commun avec ses homologues l'utilisation de moellons calcaires montés au mortier et recouverts d'un enduit, tandis que les endroits les plus fragiles, piédroits et arcs des baies, sont en pierre taillée. Le recours presque systématique au moulin à vent dans le quartier, au moins à partir du début du XIXe siècle, est justifié par la présence de forts vents d'est, qui balaient cette partie de l'île sans rencontrer d'obstacle. Bien que la coiffe et les accessoires aient disparu, le moulin a continué à jouer un rôle dans la vie locale, mais dans un tout autre domaine : avant le cyclone Hugo, en 1989, une statue de la Vierge, placée à l'intérieur, recevait prières et bougies votives de la part de nombreux fidèles.

MOULIN À VENT BUDAN
Fin du XVIIIe-début du XIXe siècle
Moellon calcaire   A9710223

L'originalité d'Anse-Bertrand est d'avoir conservé jusqu'au début du XIXe siècle une petite communauté de Caraïbes, refoulés par les colons sur les terres arides de l'extrême nord de la Grande-Terre. 141 hectares leur étaient abandonnés à l'ouest de l'Anse Pistolet. Un siècle plus tard, seules quelques familles survivent, dépouillées de leurs terres par les habitants-sucriers, qui entendaient compenser les rendements aléatoires de cette région pauvre en eau en augmentant leur surface cultivable. L'habitation Pistolet en a particulièrement profité. Propriété de Jacques Arnoul Roujol en 1764, elle passe à la fin du XVIIIe siècle par mariage à la famille Budan. Ce moulin à vent est le seul vestige de ce domaine de 381 hectares, sur lequel travaillent cent trente et une personnes en 1796. Il a remplacé le manège à bêtes répertorié sur le site en 1764. Moulin le plus septentrional de la commune, il se dresse comme de coutume sur une petite éminence de 50 mètres de haut. Les très bas rendements en sucre de l'habitation dans la seconde moitié du XIXe siècle, conjugués à des problèmes de succession et aux difficultés financières consécutives à l'abolition de l'esclavage, contribuent à son abandon progressif et à son adjudication finale par la Société sucrière de Port-Louis en 1881. Le peintre Armand Budan, également grand dessinateur des paysages de son île et l'un de ses premiers photographes, naît sur cette habitation en 1827.

PORTE DE L'ANCIENNE PRISON
Milieu du XIXe siècle
Moellon et enduit   A9710215

Jusqu'en 1848, aux Antilles, seuls les hommes libres peuvent aller en prison. Les esclaves n'y sont détenus que s'ils sont repris lors de tentatives de fuite, et encore sont-ils alors regroupés dans les geôles de Pointe-à-Pitre et de Basse-Terre. Les autres dépendent uniquement de la justice privée du maître, seulement tenu, à partir de 1844, de remplacer le cachot par une « salle de police ». Après l'abolition de l'esclavage, tous les citoyens relèvent de la justice publique.

L'ancienne prison d'Anse-Bertrand, située en bord de mer, est composée de deux longs bâtiments parallèles, conçus pour une population carcérale réduite. Elle existait dès 1854, puisque la *Gazette officielle de la Guadeloupe* informe ses lecteurs que « le concierge de la geôle de l'Anse-Bertrand, né à Basse-Terre, coupable d'avoir par négligence laissé un condamné s'échapper », est condamné à payer 25 francs d'amende.

ÉGLISE SAINT-DENIS
Seconde moitié du XIXᵉ siècle-1995

A9710202

Bon exemple de la fragilité des monuments face aux catastrophes naturelles sous les tropiques, l'église paroissiale d'Anse-Bertrand a connu plusieurs reconstructions totales ou partielles : le tremblement de terre de 1843 la rase, le cyclone de 1899 détruit le presbytère, le toit de l'église et le clocher, celui de 1902 lézarde tout l'édifice, enfin le cyclone de 1928 abat de nouveau le clocher, reconstruit en 1937 et emporté à son tour par l'ouragan de 1989. Aussi l'apparence du bâtiment est-elle chaque fois modifiée de manière importante. En 1853, pour parer aux risques cycloniques, le clocher rond, surmonté d'une flèche en bois, est séparé du sanctuaire, suivant un mode de construction répandu dans l'île depuis le XVIIᵉ siècle.

Après 1899, le choix se porte sur un clocher intégré, reconduit en 1937 dans la version de Gérard-Michel Corbin, en référence aux réalisations contemporaines d'Ali Tur. L'ouvrage, qui par décrochements successifs s'élevait à 27 mètres au-dessus du porche, ne résiste pas aux rafales du cyclone Hugo. La double signature de l'architecte et de l'entrepreneur Nubret, apposée sur une plaque, est aujourd'hui tout ce qui en reste. La reconstruction de 1995 a pris le parti d'abaisser les volumes, et de rendre le clocher à nouveau indépendant de l'église, pour laisser moins de prise au vent. À l'intérieur, une charpente lambrissée rappelle l'importance du bois dans la construction traditionnelle guadeloupéenne.

TABERNACLE
1961
Église Saint-Denis

A9710203

La pauvreté ornementale des églises est générale en Guadeloupe, conséquence en particulier des trop fréquentes destructions subies par les bâtiments. C'est en 1961 que cette tête de balise est donnée au père Sanner, alors curé d'Anse-Bertrand, et, au prix de certains aménagements, elle est transformée en tabernacle. Des mains pieuses ont par la suite habillé le cuivre d'origine d'une couche de peinture imitant les pierres de taille, et, attachement au paysage d'Anse-Bertrand ou acte de foi dans l'activité sucrière, qui, à l'époque, paraissait assurer l'avenir de la région, lui ont donné l'allure d'un moulin à vent.

TOMBE DE LOUISE ÉLÉONOR GUERRY
1822
Marbre
Cimetière communal

A9710204

Cette simple dalle de marbre, qui recouvre la sépulture de Louise Éléonor Guerry, morte en 1822 à l'âge de 18 ans, peut se lire de plusieurs manières. Par son emplacement, elle signale que les familles de colons pouvaient se faire enterrer soit dans le cimetière familial de l'habitation, soit dans le cimetière paroissial. Par l'utilisation d'une épitaphe à l'horizontale, elle signe son appartenance culturelle au XVIIIᵉ siècle français, même si Jean Pierre Guerry et Claudine Éléonor Garcin, les parents de la défunte, sont originaires de la Guadeloupe. Quant aux images convenues du style élégiaque, elles ne sauraient masquer ni la douleur de ceux à qui elle fut arrachée le jour de ses noces, ni la fonction sociale du

mariage dans le milieu des Blancs créoles, qui confortent la cohésion du groupe en y multipliant les alliances. Les Guerry sont connus comme habitants-sucriers et cotonniers d'Anse-Bertrand, où ils résident de la seconde moitié du XVIIIᵉ siècle jusqu'au milieu du XIXᵉ siècle.

TOMBE DOUILLARD GRANDFOND
1843
Pierre, brique et fonte
Cimetière communal

A9710205

Étienne Douillard Grandfond, issu d'une famille implantée aux îles depuis les débuts de la colonisation française, naît à Anse-Bertrand ou à Morne-à-l'Eau vers 1772 d'Étienne Douillard Grandfond, capitaine de dragons aux Abymes, et d'Anne Angélique Mamiel. En 1833, il est propriétaire de deux sucreries, Montrésor et Ma Caille. Il meurt à 71 ans dans sa résidence principale, le lendemain du tremblement de terre du 8 février 1843, qui ravage la Guadeloupe. L'épitaphe, exceptionnellement rédigée en latin, offre deux interprétations possibles : le défunt aurait été enterré, par les soins de sa seconde épouse, soit avec sa première femme et leur fils mort-né, soit avec sa propre mère. Les deux épouses, elles aussi filles de planteur, sont nées à Anse-Bertrand, elles s'y marient et y achèvent leur vie : dans ces alliances strictement locales se lit une sorte de rétrécissement du monde des Blancs créoles dans ce quartier, qui, après la Révolution, s'enfonce dans un marasme préludant à son effacement à la fin du XIXᵉ siècle. L'origine du monument est très vraisemblablement métropolitaine. Le goût

néo-classique y est à l'honneur, comme l'attestent sur la dalle l'allégorie des deux flambeaux renversés, traités en bas relief, et la grille en fonte ornementale, avec ses fines colonnettes striées surmontées de chapiteaux corinthiens. Avec sa stèle verticale consacrée à l'épitaphe et la dalle horizontale, cette sépulture marque l'avènement de ces tombes complexes du XIXᵉ siècle, qui intègrent deux styles funéraires jusqu'alors bien séparés.

TOMBE DES PAPIN RUILLIER BEAUFOND LABAZORDIÈRE
Années 1880-1890
Marbre, bronze et ferronnerie
Cimetière communal A9710207

Cette tombe de notable d'une facture peu ordinaire pour un cimetière de bourg tranche par son souci de l'hommage sur la modestie des sépultures voisines. Le buste n'est pas identifié, mais il s'agit probablement de Louis-Luce Papin Labazordière, fils d'Étienne et d'Anne Ursule Ruillier, né à Anse-Bertrand le 13 janvier 1810, et devenu Louis-Luce-Jean-Baptiste Papin Ruillier Beaufond par testament de son oncle maternel Jean-Baptiste Louis Ruillier Beaufond, qui l'adopte en 1818 à condition que son neveu prenne ses noms et prénoms, comme le signale en 1836 la *Gazette officielle de la Guadeloupe*. Nommé maire d'Anse-Bertrand en 1844, propriétaire de l'habitation Beauvallon, Louis-Luce exerce la fonction d'adjoint en 1847 et 1849. Peu après l'abolition de l'esclavage, il fait partie des officiers d'état civil chargés de fournir des patronymes aux anciens esclaves devenus « nouveaux citoyens » en se rendant sur les différentes habitations. Conseiller municipal sous le second Empire, il acquiert en 1873 l'habitation Beaufond, toujours à Anse-Bertrand, et dirige l'usine de Bellevue, à Port-Louis. Son action lors de la grande épidémie de choléra qui touche la Guadeloupe en 1865-1866 lui vaut la reconnaissance officielle, en 1870, d'une mention honorable. Il meurt à Anse-Bertrand le 15 juin 1881.

MAISON
XXᵉ siècle
Bois
Avenue Vital-Borifax A9710210

Avec ses deux niveaux, sa galerie ouverte en rez-de-chaussée et ses portes-fenêtres à jalousies mobiles, cette demeure appartient au type des maisons de bourg, avec une façade sur rue, une cour et un jardin sur l'arrière. Il s'agit là, toutefois, de constructions relativement récentes. Sur un dessin d'Anse-Bertrand réalisé par Armand Budan en 1863, les maisons, à un ou deux niveaux, sont représentées sans galerie, plus massives, mais avec le même type d'ouverture à l'étage. Dans ce renouvellement du bâti urbain, les catastrophes naturelles jouent un rôle important. À Anse-Bertrand, le cyclone Hugo détruit ainsi, dans la nuit du 16 au 17 septembre 1989, 35 % des logements. C'est donc tout un patrimoine qui se perd irrémédiablement, surtout quand il y a rupture dans les modes de construction.

MONUMENT AUX MORTS
Entre-deux-guerres A9710209

Si la mobilisation générale atteint la Guadeloupe, par le câble, le lundi 3 août 1914, ce n'est qu'en mai 1915 que les premiers soldats ou réservistes s'embarquent pour la France. Comme dans pratiquement chaque commune française, le monument aux morts est là pour rappeler l'ampleur du sacrifice, suivant des normes contrôlées par le ministère de l'Intérieur. Sur celui-ci, on retrouve le personnage du soldat debout, l'arme au pied, fermement campé pour attendre l'ennemi, que les monuments érigés en France après la guerre de 1870 avaient déjà popularisé. Aux pieds du poilu, l'inscription « À nos morts » surmonte un bas-relief qui se détache d'une sorte d'autel. L'analogie n'est pas fortuite, puisqu'en dépit des consignes ministérielles l'iconographie du deuil chrétien revient en force, dans une douleur que l'on veut d'autant plus profane que la séparation de l'Église et de l'État est encore toute récente.

L'origine de la statue et du bas-relief est métropolitaine.

CASE RURALE
Seconde moitié du XXᵉ siècle
Bois, tôle et zinc
Section Massioux   A9710212

Ce type d'habitat rural conserve un souvenir des formes les plus anciennes de
la case, et en particulier de la case de la
Grande-Terre : un bloc ramassé sur lui-
même, avec une charpente en bois et
des murs en planches. Il a remplacé la
case en gaulettes, couverte en paille de
canne, au sol en terre battue, qui était
encore visible au lendemain de la
Seconde Guerre mondiale. Autre modi-
fication au schéma traditionnel, le soubassement en maçonnerie prolongé par
un petit glacis a remplacé le calage de
la maison sur de simples pierres. Mais le
but recherché est le même : éviter le
pourrissement du bois à cause de l'humidité. L'usage de la tôle, apparu à la
Guadeloupe après le tremblement de
terre de 1843, s'est diffusé beaucoup
plus tard dans les campagnes. Le placage en zinc de la façade exposée à la
pluie sert lui aussi à protéger le bois.

CASE
Seconde moitié du XXᵉ siècle
Bois et maçonnerie
Section Massioux   A9710213

Ce modèle plus recherché de case, bien
que se trouvant à la campagne, s'apparente plutôt aux réalisations urbaines par
sa galerie ouverte, donnant sur la rue.
En bois, sauf pour la galerie, qui offre
une structure mixte, et à un seul niveau,
cette case présente un toit à deux pentes

prolongé par un auvent. La bonne ventilation de la galerie est capitale pour le
confort de ce qui constitue une pièce
essentielle de la maison. Aussi la maçonnerie est-elle percée de trous qui facili-
tent la ventilation. L'élégance des
arabesques qui agrémentent la partie
supérieure de la galerie perpétue la tradition des charpentiers consistant à
habiller la structure portante d'un ornement qui protège également du soleil.

CHAMBRANLE (détail)
Seconde moitié du XXᵉ siècle
Bois
Section Massioux   A9710214

Dans le travail traditionnel du bois, en
Guadeloupe, l'art du décor revêt une
importance toute particulière, sans que
l'origine des motifs, ici géométriques,
jouant sur les vides et les pleins, soit
toujours clairement discernable. Dans la
région d'Anse-Bertrand, qui ne
témoigne pas d'une tradition particulière
en ce domaine, on a beaucoup utilisé
ce matériau dans les constructions
rurales, à l'exception des moulins à vent
et des sucreries, et en particulier dans

les maisons de maître. Sur les habitations, la présence des charpentiers était
d'ailleurs systématique. En 1796, par
exemple, l'habitation-sucrerie Grandfond en comptait cinq, plus le tonnelier,
sur cent vingt-six travailleurs,
tandis qu'elle
n'avait aucun
maçon ; l'habi-
tation-cotonnerie
Guerry comptait
un maçon et
deux charpentiers
sur un atelier de
cinquante-cinq
personnes.

CASE RURALE
Seconde moitié du XXᵉ siècle
Bois et zinc
Section Campêche   A9710224

Variante de la case-bloc à deux pièces,
avec une ouverture sur chaque côté,
cette case en bois avec son revêtement
de zinc témoigne d'une évolution qui a
porté sur l'allongement de la façade sur
rue et sur le nombre d'ouvertures pratiquées. Si les fenêtres sont toujours
absentes, les portes à jalousies mobiles
protégées par des volets pleins n'ont
pas besoin d'être ouvertes pour ventiler
et éclairer l'intérieur. Les deux portes les
plus rapprochées ouvrent traditionnellement sur le salon.

TABERNACLE
1961
Église Saint-Denis
Anse-Bertrand

Baie-Mahault

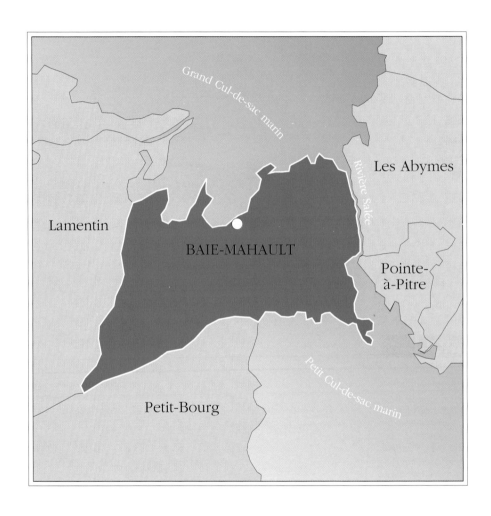

Grand Cul-de-sac marin

Les Abymes

Rivière Salée

Lamentin

BAIE-MAHAULT

Pointe-
à-Pitre

Petit Cul-de-sac marin

Petit-Bourg

Baie-Mahault

Canton de Baie-Mahault
Arrondissement de Basse-Terre
Superficie : 4 400 ha
Population 1996 : 19 593 hab.
Habitants : les Baie-Mahaultiens
Cours d'eau : la Rivière Salée
et la Rivière Sans Nom

Origine du nom : selon le révérend père Fabre, de mahotou mahault, variété de palétuvier abondante dans la région, ou d'une famille protestante qui, dès le XVIIe siècle, possédait des terres à l'emplacement du bourg et du port.

Blason : les éclairs blancs et la roue dentée évoquent respectivement l'ancienne centrale électrique et la roue à eau d'une distillerie. Les branches de canne rappellent la vocation agricole de la commune. Sur l'écu, deux fleurs de mahot renvoient à l'étymologie du nom de la commune, les trois fleurs de lis représentent le royaume de France ainsi que les armes de la famille Houël ; enfin, l'agneau pascal symbolise saint Jean-Baptiste, patron de la paroisse.
A971030b

HISTORIQUE

Cette zone est une importante réserve de pêche et de chasse des Amérindiens puis des premiers colons mais n'est que tardivement habitée. En 1659, lors du partage des terres de la Compagnie des Isles, Charles Houël, l'un des co-seigneurs de la Guadeloupe, s'attribue cette région. Elle est érigée en marquisat par le roi en 1660, d'où son nom de Houëlbourg. Au XVIIIe siècle, l'économie de plantation s'impose. Le premier bourg est bâti vers 1737 en même temps qu'est fondée la paroisse. Le nom de Baie-Mahault se substitue à celui de Houëlbourg vers 1770. Lors de la période révolutionnaire, les Anglais, appuyés par les royalistes, se retranchent avec deux batteries sur une rive de la Rivière Salée. Ils sont alors encerclés et décimés par les troupes de Victor Hugues, commissaire de la Convention, qui fait de Baie-Mahault

le point de départ de la reconquête de la Guadeloupe, de juin à décembre 1794. Baie-Mahault devient une commune en 1837. À cette époque, la paroisse compte une quinzaine d'habitations-sucreries importantes, cultivant chacune au moins une centaine de carrés de canne et qui sont dotées d'autant de moulins de tous types. Elle comprend en outre de nombreuses caféières, et une grande quantité de manioc comme de bananes sont cultivés pour l'alimentation locale. En 1885, Baie-Mahault exploite 950 hectares de canne répartis entre dix-neuf habitations-sucreries dont quatre avec usine. La crise sucrière de la fin du XIXe siècle entraîne des troubles sociaux qui perdurent jusqu'aux premières décennies du XXe siècle. Le cyclone de 1928 détruit en partie le bourg, l'église et le presbytère, qui ne sont reconstruits qu'en 1933. Après la Seconde Guerre mondiale, les activités industrielles et le développement économique progressent.

PLAN DU NOUVEAU CHEMIN DE LA RIVIÈRE SALÉE
1766
Auteur : Thévenet, ingénieur géographe
Aquarelle (48,7 × 95 cm). 1/7415
Atlas Moreau de Saint-Méry
Cote : F3 288/64
Centre d'archives d'outre-mer
Aix-en-Provence, Bouches-du-Rhône
A9710312
Ce plan représente la première route terrestre raccordant la Guadeloupe à la

Grande-Terre. Elle est construite sur une levée de terre, et le passage de la Rivière Salée s'effectue sur une gabarre, chaloupe pouvant contenir plusieurs chevaux et leurs cavaliers. Plus sûr, plus rapide, praticable par tous les temps et moins coûteux, ce chemin évite la traversée en mer et s'inscrit dans le cadre du plan d'établissement de la « Nouvelle Ville », à savoir Pointe-à-Pitre. Des ouvrages militaires sont prévus, figurés en jaune pour le retranchement de la troupe et des habitants de la Grande-Terre.

MAISON WONCH
Milieu du XIXe siècle
Bois A9710310
Cette maison de maître traditionnelle suit un plan carré avec galerie tout autour du bâtiment. Elle abrite les propriétaires éponymes d'une habitation qui couvre de vastes terres dans les hauteurs, vers les sections actuelles de Dorville et Calvaire. Le 31 décembre 1840, M. Wonch, ou Wounch, devient maire de Baie-Mahault et succède au comte d'Estrelan, premier maire de la commune.

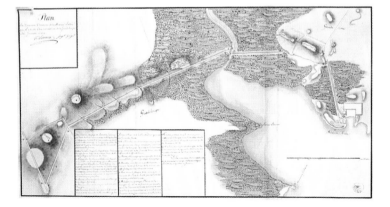

MAISON DESCAMPS
Milieu du XIXᵉ siècle
Bois
Habitation Birmingham
A9710308

Cette demeure est bâtie selon les plans traditionnels des maisons de maître à un étage. Gaston Descamps s'est associé avec trois de ses frères pour créer une société au capital constitué de l'habitation Birmingham et de l'usine de La Retraite. Il est par ailleurs maire de la commune à de nombreuses reprises entre 1848 et 1871.

CHEMINÉE
Vers 1860
Pierre et brique
Pointe Pasquereau
A9710305

Cette cheminée témoigne de la modernisation de la sucrerie d'Auguste Nouy, effectuée vers 1860 et accompagnée de l'arrivée d'une machine à vapeur. La sucrerie, établie vers 1820 sur une terre déjà cultivée, est durement touchée par l'épidémie de choléra de 1865 qui emporte soixante-dix des cent soixante travailleurs de la propriété. À partir de 1870, après qu'un bail est passé avec la société Souques, les cannes partent par chalands vers l'usine Darbousier à Pointe-à-Pitre, et ne sont plus traitées sur place.

TOMBE
Début du XXᵉ siècle
Pierre et marbre
A9710318

Cette tombe de style néo-classique abrite les restes des familles Bidlet de La Quintinie et de Rozière, propriétaires de La Retraite. Jusqu'au début du XXᵉ siècle, les habitants s'octroient le droit de se faire enterrer sur leurs terres.

ÉGLISE SAINT-JEAN-BAPTISTE
Début du XXᵉ siècle-1933
Architecte : Ali Tur
Béton armé
A9710301

Cette église est située sur l'emplacement du sanctuaire précédent, ravagé par le cyclone de 1928 qui n'épargne que la base de l'autel et un bas-côté. La façade, qui mêle volumes pleins et arrondis, rappelle certaines églises fortifiées du sud-ouest de la France métropolitaine avec ses tours symétriques de part et d'autre du clocher médian. Le porche, en saillie, ainsi que le clocher sont percés de claustras qui confèrent une certaine légèreté à l'édifice et permettent le filtrage de la lumière.

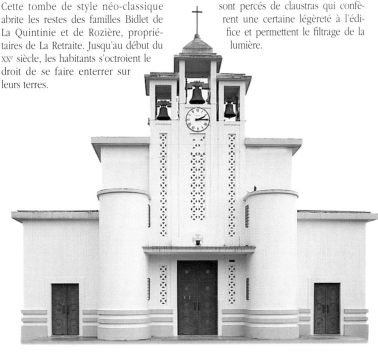

MAÎTRE-AUTEL
Début du XXᵉ siècle-1933
Bois
Église Saint-Jean-Baptiste
                                   A9710302

Construit en même temps que
l'église, le maître-autel, aux lignes
allongées et à l'effet vitrail, est
inspiré du style Art déco.

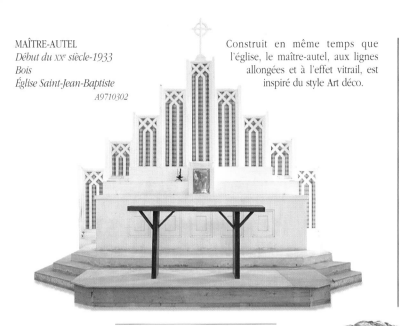

ANNEAUX ET GOURMETTE
1940
Or
Collection particulière   A9710314

La gourmette, d'un modèle européen,
provient comme les anneaux créoles de
l'atelier d'un bijoutier de Saint-Claude
de la Basse-Terre. Les grands anneaux
sont façonnés à partir de plusieurs fils
d'or torsadés. Ces bijoux, travaillés
manuellement et constitués de feuilles
d'or épaisses d'au moins 0,2 gramme, se
transmettent de mère en fille et accompagnent la tenue du dimanche et des
jours de fête. Ils se portent alors avec le
madras, carré de tissus noué autour des
cheveux, qui peut être garni de
broches.

COLLIERS
Début du XXᵉ siècle
Or et corail
Collection particulière   A9710316

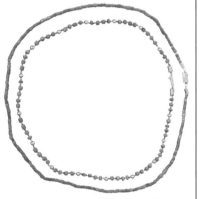

Ces colliers sont des bijoux qui évoluent
tout au long de la vie et en fonction de
la prospérité de leur propriétaire. Des
grains de corail sont progressivement
offerts à la petite fille afin qu'elle
obtienne un collier, monté sur une
chaîne en or. Par la suite, la jeune fille
puis la femme peuvent ajouter des
perles, des grains d'or et lui adjoindre
un barillet plus important. Le collier
idéal doit faire au moins deux tours de
cou, voire trois, et peut se mêler à
d'autres colliers. Il complète la tenue
ancienne de « matador », corsage à plis
et jupe à traîne. Le barillet de ce collier
parsemé de grains d'or est décoré de
petites fleurs en émail encadrant les
mots « fidèle, amitié, estime ».

COLLIERS TRADITIONNELS
Début du XXᵉ siècle
Or
Collection particulière   A9710315

Le premier collier est du modèle dit de
« grains d'or ». Le grain d'or, assemblage
de deux coquilles façonnées à la main,
est lisse et tend à imiter les perles à la
mode dans la joaillerie du XVIIIᵉ
siècle, au cours duquel ce
modèle apparaît. La tradition veut que ce soit le
maître qui offre les grains
aux esclaves méritantes
et aux mères de famille
nombreuses. Le ba-
rillet, ou fermoir, peut
être travaillé au point
d'être porté devant par
les élégantes. Le second
collier est de type forçat,
très répandu dans la
bijouterie traditionnelle.
Son barillet est d'un
modèle particulier, appelé

« pomme-cannelle » et sa maille, légèrement aplatie, fait appel à une technique
proche de celle pratiquée pour le collier
dit « de la marchande de sirop ». Au XIXᵉ
siècle, les bijoux deviennent des valeurs
refuges et la plupart ne sont faits que sur
commande.

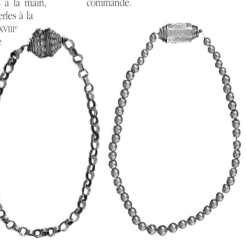

ANCIENNE USINE
ÉLECTRIQUE
Vers 1950
Béton armé
Ancienne centrale
électrique
de Baie-Mahault
A9710303
Ce bâtiment a été édi-
fié après la Seconde
Guerre mondiale afin de
renforcer la production

d'électricité de la première centrale.
L'électrification de la Guadeloupe
débute vers 1914 par l'installation de
deux groupes électrogènes, à Basse-
Terre et à Pointe-à-Pitre. La première
centrale à vapeur de 2 750 kilowatts est
construite en 1934 dans la commune
de Baie-Mahault et inaugurée en 1936.
Après 1946, cette première usine est
complétée par la construction d'une
centrale Diesel d'une puissance de trois
fois 600 kilowatts.

MÉDAILLE
1952
Graveur : R. Delamare
Bronze doré
Collection particulière *A9710317*
Ces deux faces appartiennent à la même
médaille, qui célèbrent la mise en service du paquebot *Antilles*, en 1953 au
Havre (Seine-Maritine), et son entrée
officielle sur les lignes de la French
Lines. Lancé à Brest (Finistère) le
26 avril 1951, ce navire de la Compagnie générale transatlantique illustre la
dernière époque des voyages maritimes
entre la Guadeloupe, la Martinique et la
métropole. L'*Antilles* est le dernier des
grands hôtels flottants luxueusement
aménagés. Il rallie Pointe-à-Pitre
au Havre (Seine-Maritime) en sept jours
à la vitesse de 23 nœuds et transporte
jusqu'à sept cent soixante-dix-sept passagers répartis en trois classes. Un
incendie provoqué par son échouage
sur un récif des Grenadines achève bru-
talement sa carrière en 1971.

MAISON DUPUY
Vers 1940
Bois *A9710309*
Cette maison créole, construite à l'identique d'après un plan du milieu du XIXe
siècle, est située sur un morne face à
l'alizé, et appartient à l'habitation-sucrerie du même nom. De nombreuses
portes-fenêtres et des lucarnes en
chien-assis permettent une
bonne ventilation.

GÉNÉRATEURS ÉLECTRIQUES DIESEL
1950-1955
Ancienne centrale
électrique
de Baie-Mahault
A9710304

Ces générateurs
électriques marquent
le développement
de la distribution
d'électricité après
1946, année de la
départementalisation
de la Guadeloupe.
L'électrification
rurale s'étend mal-
gré le retard précé-
demment accumulé
et les intempéries qui ralentissent le
projet.

MAÎTRE-AUTEL
Début du XXᵉ siècle-1933
Bois
Église Saint-Jean-Baptiste
Baie-Mahault

Baillif

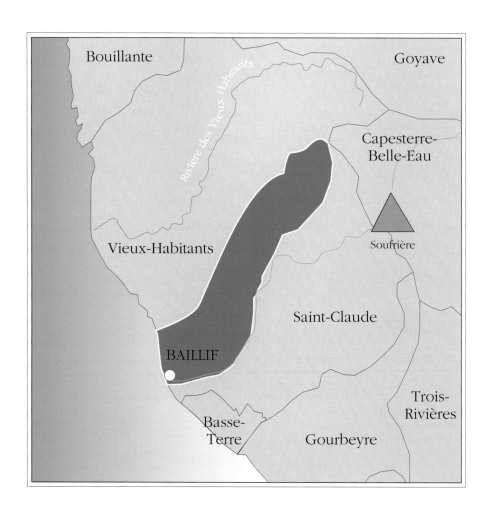

Baillif

Canton de Vieux-Habitants
Arrondissement de Basse-Terre
Superficie : 2 430 ha
Population 1990 : 6 018 hab.
Habitants : les Baillifiens
Cours d'eau : la Rivière du Plessis,
la Rivière du Baillif, ou Petite Rivière,
et la Rivière des Pères

Origine du nom : de Philippe Longvillers
du Poincy, bailli de l'ordre de Malte, qui
s'arrête à Baillif le 17 janvier 1639 en se
rendant à Saint-Christophe pour prendre les
fonctions de lieutenant général du roi sur
toutes les îles ; ou du nom d'un des premiers habitants du quartier, Robert Baillif,
qui y tient commerce de 1650 à 1700.

Blason : l'association de l'outillage, des
grains de café et d'un bananier symbolise la vocation agricole de la commune.
L'écusson central est lui-même encadré
par deux tiges de canne en fleur.
A971040b

HISTORIQUE

*Un site de roches gravées, dans le lit de
la Rivière du Plessis, sur les hauteurs de
Saint-Robert, témoigne d'une occupation amérindienne du territoire ; on a
également découvert, à l'embouchure de
la Rivière du Baillif, des traces d'occupation arawak, dite « saladoïde » datées
de 400 à 500 ans ap. J.-C. Les premiers
Européens à s'installer sont des pères
dominicains, auxquels le gouverneur
Charles de L'Olive concède, le 26 janvier
1637, afin d'obtenir leur grâce, une por-
tion de terre qui s'étend de la Rivière des
Pères à celle du Baillif. L'histoire de
Baillif est fortement marquée par la
rivalité opposant dans le partage de la
colonie Charles Houël à son beau-frère,
Boisseret, puis à ses deux neveux, d'Her-
blay et Théméricourt. Boisseret et ses
héritiers choisissent Baillif comme
demeure principale en réalisant, vers
1650, une imposante forteresse sur la
montagne de la Madeleine. Dans le
même temps, Charles Houël se fait*

*construire une maison forte à Basse-
Terre, à l'emplacement de l'actuel fort
Delgrès. Baillif connaît une période florissante aux premiers moments de la
colonisation. Les montagnes de Saint-
Robert et de Saint-Louis sont, durant la
seconde moitié du XVIIe siècle, la première zone sucrière de la Guadeloupe.
Ces deux montagnes sont défrichées
jusqu'à 300 mètres d'altitude, et de
nombreuses sucreries y sont installées.
Mais la fin du XVIIe et le début du XVIIIe
siècle marquent une période désas-
treuse pour cette ville en pleine croissance. Deux attaques anglaises, en
1691 puis en 1703, ont raison du fort
et de la ville basse, qui sont incendiés.
Peu après, plusieurs crues des rivières
encadrant le bourg achèvent leur destruction. Baillif perd ainsi l'occasion de
se développer facilement, et Charles
Houël peut faire de Basse-Terre le chef-
lieu de la Guadeloupe. Au XXe siècle, la
situation suburbaine de Baillif permet
l'essor d'une importante zone artisanale
et commerciale, entre le bourg et la
Rivière des Pères.*

PÉTROGLYPHE
Ier-VIIIe siècle
Roche volcanique
Rivière du Plessis
Saint-Robert   *A9710401*
La commune de Baillif partage avec
celle de Vieux-Habitants le site de
roches gravées amérindiennes de la
Rivière du Plessis. Parmi celles-ci figure
cette gravure, qui représente vraisemblablement le visage d'un cacique, chef
coutumier amérindien, marqué par des
peintures et des scarifications. Il est affu-
blé d'oreilles démesurées, qui pourraient
être les attributs de la chauve-souris, être
mythique chez les Amérindiens, lien

entre le jour et la nuit, le bien et le mal.
Ce site est probablement à l'origine un
lieu de culte qu'il faut rattacher au village amérindien découvert à l'embouchure de la Rivière du Baillif.

POLISSOIR PRÉCOLOMBIEN
Ve-VIIe siècle
Roche volcanique
Rivière du Baillif   *A9710433*
Ce polissoir est mis au jour par le
cyclone Marylin en 1995, en même
temps que des traces d'occupation amérindienne à l'embouchure de la Rivière
du Baillif. Les cuvettes visibles sur ce
bloc sont les marques de fabrication,
par frottement répété, d'outils en pierre
polie tels que des haches ou des hermi-
nettes. Véritables ateliers de fabrication,
ces polissoirs se trouvent généralement à proximité à la fois des villages et de la
rivière, qui fournit l'eau nécessaire au
nettoyage de l'outil en cours de fabrication et de la roche-polissoir. Ces vestiges sont probablement contemporains
des traces d'occupation découvertes un
peu plus loin.

PLAN DU FORT DE LA MAGDELAINE

1682

Auteur : Payen

Encre et aquarelle
(64 × 78 cm). 1/2670

Cote : DFC Guadeloupe
10PFB/14

Centre d'archives
d'outre-mer
Aix-en-Provence,
Bouches-du-Rhône

A9710402

Ce document est l'un des tout premiers plans géographiques de l'établissement français en Guadeloupe. Le « Bourg Saint-Louis » et le « Bourg Baillif » sont défendus par le fort de la Magdelaine. De plan médiéval, celui-ci est érigé vers 1650 et détruit en 1690.

TOUR DU PÈRE LABAT

XVIIIᵉ siècle

Architecte : Jean-Baptiste Labat

Roche volcanique   A9710403

Jean-Baptiste Labat (1663-1738), père dominicain, devient dès sa jeunesse, grâce à ses dons exceptionnels, l'architecte, l'arpenteur et le mathématicien de l'ordre. En 1703, il est appelé par le gouverneur Auger pour mettre en place un système de défense contre les attaques anglaises. Le père Labat fait construire en Guadeloupe fortifications, contrescarpes et parapets, ainsi que cette tour de défense, proche de l'habitation Marigot, propriété des dominicains. La tour est comblée jusqu'à mi-hauteur de pierres et de sable formant une plate-forme sur laquelle une pièce de douze est placée. Une barrière naturelle de cactus, dits « raquettes », autour de la tour freine l'approche des éventuels assaillants.
(I. M. H. 1979)

CARTE DES PRINCIPALES POSITIONS DE DÉFENSE DE BASSE-TERRE

1764-1768

Auteurs : ingénieurs du roi

Service historique de l'armée de terre, Vincennes, Val-de-Marne

A9710434

Cette carte militaire a vraisemblablement été tracée après la guerre de Sept Ans et la rétrocession de la Guadeloupe à la France. L'attaque et la victoire anglaises de 1759 avaient montré les faiblesses du système de défense de Basse-Terre et de sa région. Les ingénieurs du roi, sous la direction du gouverneur Nolivos, établissent toute une série de cartes comportant les ouvrages en projet. Cette carte donne ici, en outre, un aperçu de l'envergure des cultures de canne à sucre sur la montagne Bellevue, limitée au nord par la Rivière des Pères et au sud par la Ravine du Lion. Elle permet ainsi d'évaluer l'emprise de Jean-Baptiste Dupuy-Desillets, propriétaire de la quasi-totalité du territoire représenté, bien qu'il y manque la localisation de la sucrerie principale, l'habitation Bellevue, devenue Beauvallon. L'importance du couvent des jacobins est par ailleurs marquée, quoique les sucreries du domaine, sur les hauteurs, ne soient pas représentées. La tour du père Labat et la batterie Saint-Dominique sont en revanche bien visibles. Les voies de communication sont également indiquées, notamment le chemin du Parc et de Matouba, qui passait en aval du Saut du Constantin, sur la Rivière Noire.

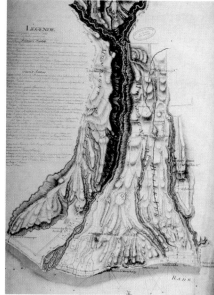

CLOCHE D'HABITATION
1772
Habitation Saint-Louis
Montagne Saint-Louis   A9710424

Symbole discret de la puissance du maître, la terrasse maçonnée, avec son muret et son escalier d'honneur, distinguait autrefois la propriété importante de sa voisine plus modeste. La cloche d'habitation ponctue les journées de travail. Ce type de cloche a peu à peu remplacé

suivent l'évolution démographique et culturelle des populations. Simples plateaux circulaires en terre cuite, posés sur des galets au départ, elles sont ensuite munies de rebords, puis de pieds. Cette platine emboutie et rivetée, découverte sur une ancienne habitation, est une pièce rare. Elle date vraisemblablement au plus tard de la seconde moitié du XVIIIe siècle.

CACHOT À ESCLAVE
XVIIIe siècle
Roche volcanique
Habitation Clairfontaine   A9710411

Si la mémoire populaire associe esclavage, sévices et cachots, rares sont les exemples de geôles encore existantes. La plupart, en effet, semblent avoir été détruites après l'abolition de l'esclavage en 1848. L'habitation Clairfontaine est à la fois sucrerie et caféière. Elle occupe 230 hectares et dispose, vers 1780, de 207 esclaves. Le cachot date vraisemblablement de cette époque.

les traditionnelles conques de lambi utilisées à cet effet pendant deux siècles. Celle-ci, qui porte l'inscription 1772, et son châssis en bois sont installés par la famille Brun-Beaupin, propriétaire de l'habitation de 1756 à 1808. L'ensemble constitue l'élément décoratif le plus ancien de la sucrerie d'autrefois.

PLATINE À MANIOC
XVIIIe siècle
Cuivre
Collection particulière   A9710409

L'usage de la platine à manioc remonte à la période précolombienne, durant laquelle les Amérindiens tirent du manioc une grande partie de leur nourriture. Ils utilisent des platines en terre cuite pour la cuisson des galettes de manioc. Les archéologues distinguent différents types de platines, qui

PORTE
XVIIIe siècle
Roche volcanique
Habitation
Clairfontaine
Saint-Robert

A9710414

Cette voûte surbaissée témoigne de l'ancienne opulence de la maison principale de Clairfontaine. Le savoir-faire des maçons créoles de cette époque est manifeste dans la taille soignée des trois voussoirs de la porte. L'habitation Clairfontaine a appartenu à Georges de Bologne Saint-Georges, important propriétaire, dont le nom est perpétué par un rhum célèbre. Son fils naturel, le chevalier

de Saint-Georges, escrimeur réputé dans le Paris de la fin du XVIIIe siècle, laisse des opéras et concertos estimés.

MACHINE À VAPEUR
1865-1870
Fonte
Habitation Clairfontaine   *A9710413*

Depuis sa création, dans la seconde moitié du XVIIᵉ siècle, l'exploitation sucrière de Clairfontaine utilisait l'énergie hydraulique fournie par un canal long de plusieurs kilomètres. Le cyclone de 1865 ayant dévasté la prise d'eau et le canal, et face à la concurrence féroce des usines centrales, les propriétaires adoptent la machine à vapeur, plus performante. Les engrenages de cette machine, aux formes compactes, comportaient autrefois des dents en bois.

CHEMINÉE
1868
Roche
volcanique
Habitation
Clairfontaine
      A9710412

financière permet à Oscar Bernus, propriétaire de Clairfontaine à l'époque, de reconstruire cette cheminée à la place de l'ancienne, détruite, et de moderniser ses machines.

DISTILLERIE BOUVIER
XVIIIᵉ-fin du XIXᵉ siècle
Habitation Bouvier
Montagne Saint-Louis   *A9710420*
L'ensemble des bâtiments industriels de la distillerie Bouvier a été conservé, malgré les dégâts causés par deux cyclones. La distillerie, qui fonctionne de 1895 à 1976, succède à une sucrerie remontant au début du XVIIIᵉ siècle. L'ensemble se compose d'un aqueduc avec sa gouttière, d'une roue hydraulique, d'une cheminée, d'une tour protégeant les colonnes à distiller, d'un moulin, d'une sucrerie, de salles de fermentation et d'un chai.

ROUE HYDRAULIQUE
Fin du XIXᵉ siècle
Métal et bois (d. : 10 m env.)
Habitation Bouvier   *A9710421*
Cette roue est exceptionnelle par sa taille, qui rappelle les roues en fonte fabriquées, à partir de 1875, par les grandes firmes industrielles afin d'améliorer le rendement des moulins à canne. Sa réalisation en bois selon les techniques traditionnelles en fait un exemplaire unique.

En septembre 1865, un terrible cyclone ravage tout le sud de la Basse-Terre, détruisant bâtiments et cultures. Quelques semaines plus tard, une épidémie de choléra, qui s'est développée dans les environs de Pointe-à-Pitre, atteint les campagnes de la région et tue la majorité des travailleurs qu'emploie l'habitation Clairfontaine. L'État français décide d'une aide en faveur des propriétaires sinistrés. Cette compensation

MAISON PRINCIPALE ET CUISINE
Fin du XIXᵉ siècle
Bois et maçonnerie
Habitation Bouvier   *A9710419*

Cette maison créole traditionnelle comporte un seul niveau. Le galetas est éclairé par quatre lucarnes. On accède à la galerie périphérique par des escaliers de pierre. Des piliers de bois, sobrement travaillés de chapiteaux et de nervures, soutiennent la toiture de cette galerie.

Depuis trois cents ans, les maisons de maître de l'habitation Bouvier occupent le même emplacement. Elles se succèdent au fil des destructions, mais restent toujours d'envergure moyenne. Le site s'inscrit dans un environnement arboré et offre une vue ouverte sur la mer. Toujours construit à l'écart, un autre bâtiment abrite la cuisine, l'office et une chambre de domestique.

que l'on remplace par une colonne à plateaux en inox, beaucoup plus performante. L'ensemble fonctionne jusqu'à l'arrêt définitif de la distillerie, en 1976.

ALAMBIC
Fin du XIXᵉ siècle
Cuivre (H. : 100 cm, d. : 105 cm)
Habitation Bouvier   *A9710431*

Cette chaudière d'alambic, du type Jamaïque, s'est répandue dans les Antilles françaises à la fin du XIXᵉ siècle. La chaudière proprement dite est surmontée d'un chapiteau. Deux barboteurs, également en cuivre, arrêtent partiellement les vapeurs alcooliques avant de les diriger vers le serpentin où elles se condensent. Ces appareils sont devenus rares dans les îles françaises. Au cours de la Seconde Guerre mondiale, en effet, un ramassage de tous les métaux cuivreux en vue de leur recyclage les a fait presque tous disparaître.

ALAMBIC
AVEC COLONNE
À PLATEAUX
Première moitié du XXᵉ siècle
Cuivre et inox
Habitation Bouvier
A9710422

Cet alambic, inclus dans son fourneau, est du type Privat, très répandu dans les Antilles françaises à la fin du XIXᵉ siècle. Le modèle d'origine était amélioré par une ébauche de colonne comportant deux plateaux. À la fin de la Seconde Guerre mondiale, cet alambic, toujours en usage, est modernisé. On supprime le chapiteau et le serpentin,

CHEMINÉE
XIXᵉ siècle
Pierre et maçonnerie
Habitation Grand Marigot
Montagne Saint-Louis   *A9710430*

Cette cheminée est le dernier témoin de l'habitation-sucrerie que les dominicains possédaient dans les hauteurs de la montagne Saint-Louis. Pour l'exploiter plus efficacement, le père Labat avait fait tracer un canal qui continue, aujourd'hui encore, à desservir toutes les habitations de la montagne. Dans son ouvrage *Voyage aux îles de l'Amérique*, relatant son périple effectué de 1694 à 1705, il disserte longuement sur la meilleure manière d'exploiter une habitation-sucrerie. Son nom reste associé à de nombreuses étapes de la fabrication du sucre.

PLAQUE COMMÉMORATIVE
1922
Marbre et ciment
Pont de la Rivière du Plessis   A9710415

CUVES
XIXᵉ-XXᵉ siècles
Fonte
Manioquerie
Collection particulière   A9710408

Le manioc a été introduit dans les îles par les populations amérindiennes dès la période huécoïde, soit trois cent cinquante ans avant l'ère chrétienne. C'est un arbrisseau de la famille des euphorbiacées, dont on pèle et râpe les tubercules pour fabriquer une farine appelée « cassave ». Après avoir été délayée dans l'eau, la pulpe tamisée est séchée sur une platine modérément chauffée. Cette manioquerie moderne utilise d'anciennes chaudières à sucre datant du XIXᵉ siècle, selon un remploi extrêmement fréquent. Une ouverture est pratiquée au chalumeau à la base de la cuve afin d'y recevoir un foyer, tandis que sa partie supérieure est obturée par une plaque métallique.

En 1922, le gouverneur Jocelyn Robert et le député Gratien Candace, président du conseil général, inaugurent une route qui met fin à l'isolement des communes de la Côte-sous-le-Vent par rapport au chef-lieu, Basse-Terre. Jusque-là, les liaisons se font par un mauvais chemin de pierre, entrecoupé de gués souvent infranchissables. On emprunte donc le plus souvent la voie maritime : le transport des marchandises est effectué au moyen d'une gabarre en bois et les passagers de la ligne Basse-Terre-Pointe-à-Pitre embarquent sur un bateau à vapeur, qui passe par la Rivière Salée. Les pirogues à rames sont utilisées pour les produits moins lourds, comme le charbon de bois.

ENCLUME
Fin du XIXᵉ-
début du XXᵉ siècle
Acier
Collection particulière   A9710407

Au XVIIIᵉ siècle, les ferrures d'habitation, comme les gonds, les pentures et les grilles de porte, ainsi que les fers à cheval et à mulet sont fabriqués localement. Avec la révolution industrielle, l'architecture métallique s'introduit rapidement en Guadeloupe. Frises, balustrades, volutes en fonte et même maisons entières sont commandées sur catalogue aux fonderies françaises et anglaises. Le goût pour la ferronnerie d'art est néanmoins préservé, et celle-ci constitue encore aujourd'hui une activité artisanale bien présente.

MOULIN À CAFÉ
Début
du XXᵉ siècle
Bois et métal
Collection particulière   A9710405

Certaines habitations isolées des campagnes ne sont que tardivement connectées au réseau électrique. L'usage du moulin à café manuel a donc perduré et trouve encore sa place parmi les appareils ménagers traditionnels. Dans les familles, la consommation de café se limite souvent au petit-déjeuner, les enfants ayant droit à un café coupé d'eau appelé « tiololo ».

MAIRIE
1929-1930
Architecte : Ali Tur
Béton armé   A9710416

Après le passage du cyclone dévastateur de 1928, le gouverneur Le Tellier choisit l'architecte Ali Tur pour la reconstruction des bâtiments gouvernementaux. Le contrat que celui-ci conclut avec l'État français le 1er avril 1929 prévoit la réalisation de divers bâtiments pour un montant, à l'époque, de 40 millions de francs. Le contrat stipule par ailleurs que le concepteur devra maintenir une agence en Guadeloupe et qu'il pourra intervenir pour le compte des communes selon les mêmes modalités que pour celui de l'État. C'est ainsi que la commune de Baillif sollicite son concours pour qu'il réalise sa mairie. Le bâtiment est orienté face à la mer, de façon à être traversé par la brise. Bien que de taille modeste, il porte l'empreinte du célèbre architecte, visible dans son décor à arcades en béton moulé, ses ouvertures circulaires à persiennes et sa toiture en terrasse.

DISTILLERIE BOVIS
Vers 1930
Carte postale
Habitation Bovis   A9710426

L'habitation Bovis, l'une des plus anciennes de la Guadeloupe, perpétue le nom de Louis Joseph Bovis, son propriétaire au début du XIXe siècle. L'exploitation est à l'époque une sucrerie. Vers 1870, la propriété est achetée par Marc Blandin, qui entreprend d'en moderniser les installations : celles-ci s'enrichissent d'un puissant moulin à canne horizontal et d'une grande roue hydraulique, le tout entièrement en fonte et de fabrication anglaise. Ce matériel fonctionne pendant un siècle, jusqu'en 1970. À la fin du XIXe siècle, l'habitation Bovis devient par ailleurs distillerie, la plus grosse du quartier. Sa production d'alcool pur dépasse alors les 360 hectolitres par an.

CLOCHER
1929-1930
Architecte : Ali Tur
Béton armé
Église Saint-Dominique A9710417

De l'église, seul subsiste désormais le clocher, dont les éléments étagés, et en béton moulé, sont significatifs du style de leur auteur. Il est dissimulé par la nouvelle église qui, à cause d'une erreur de conception, n'a pu abriter que deux des trois cloches de l'ancienne église.

Baillif

Basse-Terre

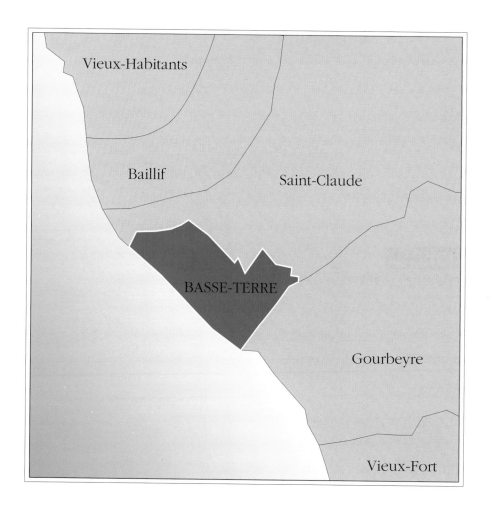

Vieux-Habitants

Baillif

Saint-Claude

BASSE-TERRE

Gourbeyre

Vieux-Fort

Basse-Terre

Canton de Basse-Terre
Arrondissement de Basse-Terre
Superficie : 578 ha
Population 1990 : 14 107 hab.
Habitants : les Basse-Terriens
Cours d'eau : la Rivière des Pères, la Rivière du Galion et la Rivière aux Herbes

Origine du nom : du vocabulaire de marine désignant au XVIIᵉ siècle une terre ou un littoral abrité des vents, par opposition à la Capesterre.

Blason : la couronne murale est représentée par une tour, emblème des villes fortifiées. Les trois fleurs de lis évoquent l'appartenance au royaume de France, tandis que le soleil symbolise l'île tropicale.
A971050b

HISTORIQUE

Conformément au vœu formé par la Compagnie des Isles d'Amérique de coloniser d'autres îles antillaises, l'expédition qui part de l'île de Saint-Christophe en 1635 cherche un lieu d'implantation durable à la Guadeloupe. Avec le déclenchement de la guerre d'extermination des Caraïbes par Charles de L'Olive, les dominicains, venus pour les évangéliser, se dissocient de cette entreprise, et obtiennent une concession importante dans le sud de l'île. En 1639, les premiers colons s'établissent également pour la plupart sur la rive gauche du Galion, à l'instar du lieutenant général Aubert. Le bourg, dont l'emplacement est choisi pour des raisons sanitaires et défensives, se développe par la suite sur la rive droite. Charles Houël, qui réussit à se faire nommer gouverneur et sénéchal de la Guadeloupe en 1643, achète cette dernière avec son beau-frère, M. de Boisseret, quand la Compagnie vend son empire colonial. Construisant vers 1650 un fort à Basse-Terre, il contribue au déplacement des habitants vers la rive droite de la Rivière du Galion. Le bourg ne comprend d'abord que le quartier du Carmel, et ne s'étend au-delà de la Rivière aux Herbes qu'à la fin du XVIIᵉ siècle, avec la création du quartier de Saint-François. Celui-ci s'affirme après l'attaque anglaise de 1703 comme le principal pôle d'attraction et de développement de la ville. La période de domination anglaise est particulièrement bénéfique à Basse-Terre, mais dès 1765, les gouverneurs français Nolivos et d'Arbaud entreprennent de nombreux travaux d'urbanisme et d'assainissement. Des ponts sont construits, et relient les deux quartiers, qui forment désormais une seule bourgade. Cependant, bien que chef-lieu et centre administratif et économique de la Guadeloupe, Basse-Terre se montre moins dynamique que nombre d'autres villes antillaises, gêné d'abord par la tutelle martiniquaise, puis par la croissance rivale de Pointe-à-Pitre. De nombreuses catastrophes naturelles s'abattent sur la ville dans la seconde partie du XVIIIᵉ siècle, coups de vent, raz de marée, ouragans, sécheresses et tremblement de terre, occasionnant épidémies et disettes. L'activité sucrière, d'abord la principale de l'île, devient secondaire, de même que les cultures caféières et cotonnières. Le port, longtemps seul embarcadère officiel, ne connaît pas de trafic soutenu, vite concurrencé par l'émergence d'autres sites littoraux guadeloupéens. La ville s'engage dans une longue période de stagnation, voire de déclin, aggravée par le passage de trois cyclones, qui détruisent presque toutes les habitations de la ville. À partir de la seconde moitié du XIXᵉ siècle, Basse-Terre entreprend une lente et profonde reconversion, qui aboutit, à la fin de la Seconde Guerre mondiale, à un renouveau du dynamisme, marqué par le développement de deux secteurs forts, le tertiaire et la culture bananière.

VUE DU BOURG DE BASSE-TERRE
1688
Dessinateur : père Charles Plumier
Lavis
Bibliothèque nationale   *A97105G3*
Né en 1646 à Marseille, Charles Plumier entre à 16 ans chez les frères minimes, étudie les mathématiques et termine à Rome sa formation d'herboriste. Il accompagne en 1688-1690 le naturaliste Surian dans son expédition aux Antilles « pour y faire la recherche de tout ce que la nature y produit de plus rare et de plus curieux », au cours de laquelle il recense mille plantes. Nommé botaniste du roi, il effectue deux autres voyages, en 1693 et en 1697-1698, qui lui permettent de répertorier plusieurs centaines d'espèces et de genres nouveaux. Il publie plusieurs ouvrages de référence d'un grand retentissement, dont *Plantes de la Martinique et de la Guadeloupe*, recueil de 59 dessins annotés, dont est tiré ce plan. Il restitue ici le bourg de Basse-Terre à la fin du XVIIᵉ siècle, installé sur le littoral et séparé par les différents cours d'eau qui l'alimentent. Y sont figurés des éléments d'ordre topographique, comme les hauteurs du Palmiste, de « Houellemont », de la Soufrière, ou les établissements importants tels la raffinerie, l'hôpital, la maison du gouverneur, l'établissement des carmes, celui des capucins et leur église, ou encore le fort et la porte de fer. Entreprenant un quatrième voyage, vers le Pérou cette fois, le père Charles Plumier meurt à Cadix en 1704, atteint d'une pleurésie.

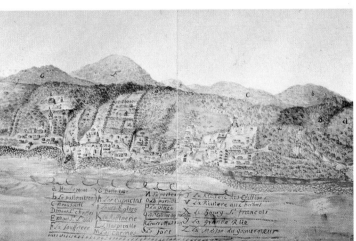

BLASON
XVIIe siècle
Pierre
Église Notre-Dame-du-Mont-Carmel

A9710507

Désireux de récupérer les terres concédées aux dominicains par Charles de L'Olive, Charles Houël fait venir des jésuites, des augustins, des carmes et des capucins, et leur fait des concessions très avantageuses afin de les retenir. Ainsi, la compagnie de Jésus obtient une gigantesque habitation sur la montagne Bellevue, qui domine la ville, ainsi qu'une maison, des meubles et des esclaves. L'église que les jésuites font construire non loin de la place d'Armes est alors considérée comme la plus belle du bourg. Sa façade en pierre de taille, dont une partie peut être datée du XVIIe siècle, est ornée, au-dessus du portail, d'un blason à l'emblème léonin attribué à la famille Houël. Après l'expulsion des jésuites en 1764, l'église est concédée aux carmes et devient le centre de la paroisse. Transformé en prison pendant la Révolution puis laissé à l'abandon, l'édifice n'est rendu au culte qu'en 1811. Au cours du XIXe siècle, l'église Notre-Dame-du-Mont-Carmel est endommagée à plusieurs reprises par des catastrophes naturelles, et les importants travaux qui sont entrepris ultérieurement en modifient radicalement l'apparence.

NOTRE-DAME DU MONT-CARMEL
XVIIe siècle
Bois polychrome
Église Notre-Dame-du-Mont-Carmel

A9710510

Lors des travaux effectués pour la construction de leur église, les dominicains auraient trouvé une statue de la Vierge, qui, selon la légende, aurait été enterrée par Christophe Colomb lors de son passage à la Guadeloupe en 1493, bien que sa facture la fasse remonter davantage au XVIIe siècle. Des guérisons lui sont attribuées, comme l'attestent les béquilles exposées près de son autel et les ex-voto scellés dans les murs qui l'entourent. À l'arrivée de Victor Hugues, commissaire de la Convention, en 1794, la statue est cachée par les paroissiens du quartier avec les autres objets relatifs au culte. Elle réapparaît quand celui-ci est restauré, en 1802. Elle est sortie en procession dans le quartier du Mont-Carmel chaque année, le 16 juillet, pour la fête de Notre-Dame du Mont-Carmel.

INSCRIPTION FUNÉRAIRE
1765
Marbre (89 × 21 cm)
Église Notre-Dame-du-Mont-Carmel

A9710509

En 1763, le chevalier de Bourlamaque est nommé gouverneur de la Guadeloupe. L'île, sous occupation anglaise depuis 1759, vient d'être rétrocédée à la France, conformément aux accords du traité de Paris. Les autorités françaises y entreprennent alors d'importantes réformes administratives et commerciales. Bourlamaque, premier gouverneur de la Guadeloupe autonome, engage de nombreux travaux destinés à améliorer la défense de l'île et à en développer l'économie. On lui doit notamment la modernisation du fort Saint-Charles, et la fondation de la ville de Pointe-à-Pitre. Son action est poursuivie par ses successeurs après sa mort, qui survient le 24 juin 1764. Cette plaque, scellée sur le quatrième pilier séparant la nef du bas-côté droit, comporte en son centre les armoiries du chevalier, en marbre blanc.

BAINS
Début du XXᵉ siècle
Béton armé
Église Notre-Dame-
du-Mont-Carmel   A9710511

Les dominicains, membres de l'ordre religieux chargé initialement de l'évangélisation des Antilles françaises, construisent leur chapelle près d'une source prétendue miraculeuse. Les malades venant se baigner dans l'eau de la source, il est décidé de faire construire des bassins et de les équiper d'un système de chauffage à destination des plus atteints. Ce bâtiment comporte deux parties intérieures, l'une renfermant un foyer pourvu d'une cheminée, l'autre deux bassins recevant l'eau chaude. L'édifice, construit après la Première Guerre mondiale dans le cadre d'un programme de réorganisation du culte marial et du pèlerinage, s'inspire, pour son aspect extérieur, d'un style grec et néo-classique, avec frise de triglyphes et fausses colonnes.

PLAQUE COMMÉMORATIVE
1916
Marbre
Église Notre-Dame-du-Mont-Carmel
                    A97105F1

Cette plaque rappelle qu'à cet endroit fut découverte la statue de la Vierge par les dominicains à l'origine du premier sanctuaire. Elle marque l'organisation du culte et la convergence entre la dévotion à Notre-Dame de Lourdes et celle à Notre-Dame du Mont-Carmel. Elle est par ailleurs entièrement recouverte d'inscriptions au crayon noir, demandant des grâces à Notre-Dame du Mont-Carmel.

MAISON MATIS
XVIIᵉ siècle
Bois et pierre
13, rue Bossant   A9710502

Sur les plus anciens plans de Basse-Terre figure une grande maison, bordée d'un côté par une ravine et de l'autre par la cale de la Porte-de-Fer. C'est l'emplacement qu'occupe à présent la maison Matis, à l'architecture mixte, en bois pour la façade de la rue Fengarol, en pierre et bois pour le pignon, et en pierre pour la façade de la rue Bossant. Divers traits architecturaux laissent supposer qu'elle remonte au XVIIᵉ siècle. Si cette datation s'avérait exacte, il s'agirait alors d'un témoin exceptionnel du bourg primitif, rescapé des nombreuses destructions accidentelles ou volontaires qui jalonnent l'histoire de Basse-Terre.

GROTTE DU MONT-CARMEL
1917
Galet, ciment et marbre
Église Notre-Dame-du-Mont-Carmel
                    A9710512

Cette grotte a été tardivement aménagée à l'image de celle de Lourdes, avec l'autorisation de l'évêque de Basse-Terre, sur un lieu de pèlerinage qui s'est organisé dès les débuts de la colonisation. Sa construction fait suite à la dix-huitième et dernière apparition de Notre-Dame à Lourdes, le 16 juillet 1858, jour de la fête de Notre-Dame du Mont-Carmel.

PLACE DES CARMES
XVIIe siècle
Le Carmel   A9710526

La place d'Armes est l'un des éléments constitutifs traditionnels des bourgs marchands dans les Petites Antilles. Terrain de manœuvres pour les milices, elle accueille également les manifestations officielles de la colonie. À Basse-Terre, la place d'Armes, appelée place des Carmes car l'église paroissiale administrée par cet ordre occupait l'un des côtés, est

située au cœur du quartier du Carmel, non loin du fort. Autour d'elle sont regroupés les magasins, les bâtiments officiels et les édifices religieux. Elle est le lieu où se déroulent les présentations des gouverneurs et les fêtes du roi. À partir de la seconde moitié du XVIIIe siècle, la densification de l'urbanisme réduit progressivement la superficie de la place, qui perd ainsi son rôle politique, social et militaire au profit du cours Nolivos et du Champ d'Arbaud.

CALE DE LA PORTE-DE-FER
Milieu du XVIIe siècle
Rue Bossant   A9710527

Basse-Terre, bourg marchand enchâssé entre mer et montagne, s'est vite doté de cales. Au fur et à mesure de l'installation des entrepôts en bord de mer, il devient nécessaire d'aménager des accès à la rade afin de faciliter l'embarquement et le débarquement des marchandises. Située

dans le quartier du Carmel, la cale de la Porte-de-Fer est la plus ancienne cale de Basse-Terre. Ce passage pratiqué dans la muraille, qui protège la ville du côté de la mer, constitue alors le point d'entrée officiel du bourg. Protégée par une batterie, la porte est fermée en 1672 par une grille, qui donne son nom à la cale. Dans un bourg sillonné par de nombreuses ravines, l'ouverture et le pavage des cales au XVIIIe siècle vise également à canaliser l'écoulement des eaux vers la mer.

MAISON DES JÉSUITES (détail)
XVIIIe-XIXe siècles
Maçonnerie et pierre
Arsenal   A9710516

L'expulsion des jésuites en 1763 offre au gouvernement une excellente occasion d'acquérir de vastes terrains, nécessaires à l'installation des troupes cantonnées à Basse-Terre. La partie de l'enclos des jésuites où se trouvait auparavant leur monastère est affecté au régiment d'artillerie. La maison des jésuites, grand bâtiment de maçonnerie à encadrements et chaînages d'angle en pierre de taille, comprenant un étage en charpente, sert de logement pour les officiers. Face à la

mer, un escalier à double volée donne accès à un jardin. Fortement endommagé par le cyclone de 1825, l'édifice est reconstruit en 1831. Néanmoins, une partie de la maison des jésuites - l'escalier et le jardin - subsiste, réaménagée au XIXe siècle.

TOURELLE
XVIIIe siècle
Arsenal   A9710519

La petite tourelle en fer à cheval, incluse aujourd'hui dans le mur de clôture de l'Arsenal, appartient initialement, semble-t-il, à l'enclos des jésuites. Elle fait alors partie d'un ensemble d'escaliers et de jardins aménagés en terrasses, devant la façade principale de la maison des jésuites. Sa fonction est difficile à déterminer.

PORTAIL
XVIIIᵉ siècle
Pierre

Lycée Gerville-Réache A9710522

Le portail monumental en pierre de taille soigneusement appareillée, flanqué de deux pavillons d'entrée, appartient vraisemblablement à l'origine au couvent des carmes, qui occupent l'emplacement du lycée Gerville-Réache jusqu'à la Révolution. Appelés par le gouverneur Houël, qui les fait venir à la Guadeloupe vers 1650, les pères carmes se voient confier l'administration de la paroisse du Carmel. Situé en bordure de la Ravine de l'Espérance, non loin de la place d'Armes, leur couvent se prolonge à l'époque sur les hauteurs du bourg par une savane. *(I. M. H. 1979)*

LYCÉE GERVILLE-RÉACHE
1819-1821
Maçonnerie A9710524

L'hôpital militaire est l'un des nombreux hôpitaux construits aux Antilles, au début du XIXᵉ siècle, sur un modèle identique. À la Guadeloupe, deux autres édifices du même type subsistent, l'un à Saint-Claude et l'autre à Pointe-à-Pitre. Le bâtiment en U est élevé en maçonnerie traditionnelle, mais les façades intérieures formant une cour sont doublées d'une galerie sur deux niveaux, portée par des poteaux et bordée de garde-corps, en fonte. En 1918, après l'incendie des bâtiments administratifs de la colonie, l'hôpital est aménagé en immeuble de bureau, puis, en 1950, après que la résidence du gouverneur, le palais d'Orléans, est transformée en préfecture, il reçoit son affectation actuelle de lycée. *(I. M. H. 1979)*

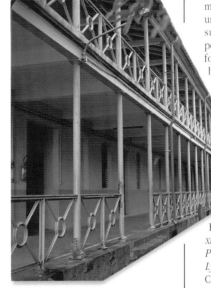

FONTAINE
XIXᵉ siècle
Pierre

Lycée Gerville-Réache A9710523

Comme tous les ordres religieux, les carmes possédaient leur propre réseau d'alimentation en eau, qui était captée dans la Ravine de l'Espérance. Le système d'adduction fut réutilisé pour les besoins du nouvel hôpital militaire construit à l'emplacement du couvent en 1819. Une partie de l'eau desservant les bâtiments officiels était destinée à l'usage public grâce à de nombreuses fontaines disséminées dans la ville, qui lui donnaient un agrément indéniable. *(I. M. H. 1979)*

MAISON
XVIIIᵉ siècle
Bois

13, rue des Corsaires A9710595

La seconde moitié du XVIIIᵉ siècle marque l'apogée du port de Basse-Terre. Le détachement de la Guadeloupe de la tutelle martiniquaise et la libéralisation du commerce permettent aux négociants de Basse-Terre de profiter pleinement des occasions qu'offre le contexte international. L'extension du commerce au continent nord-américain, favorisée par la guerre d'Indépendance d'Amérique, puis le développement de la guerre de course durant le conflit franco-anglais enrichissent armateurs et capitaines. Cette prospérité transparaît dans les belles demeures du cours Nolivos et des rues voisines. Cette grande maison à galerie de façade appartint, dit-on, à l'un de ces capitaines qui contribuèrent à l'épanouissement économique de la ville.

CITERNE
1702-1770
Fort Louis-Delgrès   *A9710562*

En 1702, le révérend père Jean-Baptiste Labat se voit confier la préparation du dispositif de défense de l'île, en prévision d'une attaque imminente des Anglais. Parmi les travaux réalisés au fort, qui est à l'origine la maison fortifiée de Charles Houël, il fait creuser des citernes afin de constituer une réserve d'eau. Il est prévu qu'elles puissent servir le cas échéant de fossés, destinés à entraver la progression de l'ennemi attaquant le fort à partir du Grand Cavalier. Un plancher permettait d'y entreposer des vivres. Le fort prend successivement les noms de fort Royal, fort Richepance, fort Saint-Charles, puis fort Delgrès. *(Cl. M. H. 1977)*

PETITE POUDRIÈRE
Début du XVIIIᵉ siècle
Fort Louis-Delgrès   *A9710558*

Très endommagé par l'attaque anglaise de 1703, le fort manque d'être abandonné. Vers 1720, quelques travaux y sont exécutés afin de le rendre utilisable. La petite poudrière figure parmi ces aménagements. Elle est protégée par des murs épais, épaulés par des contreforts destinés à la préserver des boulets et des bombes, et enfermée dans un enclos pour limiter les dommages en cas d'explosion. *(Cl. M. H. 1977)*

CITERNES
1702-1770
Fort Louis-Delgrès   *A9710563*

Les citernes creusées à l'instigation du père Labat barrent le fort dans son milieu. Couvertes en 1770 par une arche en calcaire de la Grande-Terre, elles sont significatives de l'importance du problème de l'eau dans tout élément défensif. Captée dans la Ravine de l'Espérance surplombant le fort, celle-ci était acheminée par l'entremise d'un aqueduc aujourd'hui détruit. *(Cl. M. H. 1977)*

FONTAINE
XVIIIᵉ siècle
Fort Louis-Delgrès   *A9710567*

Cette fontaine alimentait l'ensemble du fort. Captée en amont dans la Ravine de l'Espérance, l'eau était apportée jusqu'au fort par un aqueduc. *(Cl. M. H. 1977)*

POTERNE DU GALION
Milieu du XVIIIᵉ siècle
Fort Louis-Delgrès   A9710564

Dans le conflit qui oppose en 1802 le commandant Delgrès au général Antoine Richepance, le fort, alors fort Saint-Charles, joue un rôle important. Delgrès et son allié Ignace, assiégés par le colonel Magloire Pélage, qui occupe par ailleurs Basse-Terre, sont contraints d'évacuer la forteresse. Creusée dans le parapet qui surplombe la Rivière du Galion, cette poterne leur permet de quitter la place, le 22 mai 1802 à 20 heures, pour se réfugier sur les hauteurs du Matouba, où ils comptent organiser un foyer de résistance. Ignace, qui va conduire une diversion vers Pointe-à-Pitre, est tué dans le combat de Baimbridge le 25 mai. Delgrès se retranche dans l'habitation d'Anglemont, mais, serré de près par les colonnes de Richepance et voyant la défaite

un site plus adapté. Ces travaux, menés à partir de 1720, n'empêchent cependant pas les Anglais de prendre à nouveau le fort en 1759, en exploitant son principal défaut, à savoir sa pente vers la mer et son étroitesse permettant aux canons des navires britanniques de le prendre en enfilade. Installé sur la demi-lune qui protège l'entrée principale, ce corps de garde fait partie des aménagements entrepris à partir de 1766. Deux bastions sont ainsi construits face à la mer, et des traverses sont ajoutées contre les enfilades. Des ouvrages conformes aux principes de Vauban s'étendent vers la ville ; les bâtiments antérieurs du fort, en partie haute, sont désormais reliés aux nouvelles installations par deux rampes. *(Cl. M. H. 1977)*

GRANDE POUDRIÈRE
Vers 1770
Fort Louis-Delgrès   A9710557

Après la restitution de la Guadeloupe à la France, acquise au traité de Paris en 1763, les autorités métropolitaines, tirant enfin les leçons des défaites précédentes, décident d'améliorer les défenses de Basse-Terre. Sous la conduite d'ingénieurs militaires dépêchés sur place, d'importants travaux d'aménagement sont réalisés, d'abord en 1765-1766, puis au début de la guerre d'Amérique. La grande poudrière est construite vers 1770 dans le bastion de Basse-Terre, en remplacement de l'ancien magasin à poudre devenu insuffisant. Un feu s'y déclare vers 1830, et l'on pense alors à faire évacuer la ville. La poudrière est renforcée par des murs en béton, et aménagée pour accueillir le laboratoire de physique du globe depuis l'éruption de la Soufrière en 1976. *(Cl. M. H. 1977)*

inéluctable, choisit de faire exploser l'habitation le 28 mai plutôt que de se rendre. *(Cl. M. H. 1977)*

CORPS DE GARDE
Fin du XVIIIᵉ siècle
Fort Louis-Delgrès   A9710555

En 1703, lors de la guerre de Succession d'Espagne, les Anglais attaquent et réussissent à prendre le fort. Après cet épisode qui prouve l'inefficacité du dispositif défensif du site, les autorités préfèrent l'agrandir plutôt que de choisir

GRANDE CASERNE
1780
Fort Louis-Delgrès A9710556
Cette caserne est située dans la partie du fort construite entre 1766 et 1780, dernière période d'aménagement de ce site, dont les différents éléments forment un ensemble de plus de 5 hectares. Elle abrite des logements destinés aux sous-officiers de l'armée et à des CRS jusqu'en 1950.
(Cl. M. H. 1977)

au grade de général de division. En 1802, Bonaparte l'envoie à la Guadeloupe à la tête d'un corps expéditionnaire, afin de ramener l'ordre dans la colonie et d'y rétablir l'esclavage. Il se heurte aux insurgés conduits par Louis Delgrès, qui lui oppose une forte résistance à Basse-Terre, avant de succomber quelques jours plus tard dans l'explosion de l'habitation d'Anglemont. Richepance mène ensuite une répression impitoyable contre les derniers rebelles. La fièvre jaune, qui fait des ravages parmi le corps expéditionnaire, le touche à son tour, et il meurt le 3 septembre 1802.
(Cl. M. H. 1977)

PORCHE D'ENTRÉE
Vers 1780
Fort Louis-Delgrès
A9710554
La construction du porche d'entrée marque l'achèvement des travaux d'agrandissement du fort du côté de la ville. Les portes et une partie du pont-levis d'origine ont été conservées, de même que des éléments cloutés. Le fronton en calcaire, destiné à recevoir les armes du roi de France, reste vide en raison des événements révolutionnaires qui suivent de peu sa réalisation.
(Cl. M. H. 1977)

TOMBE DE JEAN-BAPTISTE GOURBEYRE
1845
Cimetière du fort Louis-Delgrès A9710565
Jean-Baptiste Marie Augustin Gourbeyre (1786-1845) mène une brillante carrière dans la Marine, avant d'être nommé gouverneur de la Guyane en 1839, puis gouverneur de la Guadeloupe et contre-amiral deux ans plus tard. Il se distingue par son action lors du tremblement de terre du 8 février 1843, qui anéantit la ville de Pointe-à-Pitre. Durant les mois suivant la catastrophe, il fait preuve d'une énergie et d'un dévouement qui lui valent une reconnaissance unanime. Il meurt le 7 juin 1845, terrassé par la typhoïde. Sa tombe érigée dans le petit cimetière

TOMBE D'ANTOINE RICHEPANCE
1845
Cimetière du fort
Fort Louis-Delgrès A9710566
Entré très jeune dans l'armée, Antoine Richepance, parfois orthographié à tort Richepanse, se distingue durant les guerres révolutionnaires : sa bravoure lui vaut d'accéder

du fort Saint-Charles, devenu fort Delgrès, porte cette simple inscription : « Gourbeyre, 8 février ».
(Cl. M. H. 1977)

PIERRE GRAVÉE
1717
38, rue de la République A9710539

Si l'on en croit la date de 1717 gravée sur cette pierre, la maison dans laquelle cette dernière est insérée pourrait être l'une des plus anciennes de Basse-Terre.

MAGASINS DU ROI
Milieu du XVIIIe siècle
Pierre
Rue A. Fengarol A9710531

Dans le cadre de la réorganisation militaire et administrative qui suit la restitution de la Guadeloupe à la France en 1763, d'importantes superficies sont dévolues aux militaires pour y installer casernes et bureaux. Des magasins utilisés pour le stockage des armes et des équipements sont édifiés sur un terrain situé au nord de la place d'Armes. Le bâtiment abrite à partir de 1891 l'Imprimerie du roi, qui devient l'Imprimerie officielle en 1930.

CATHÉDRALE NOTRE-DAME-DE-LA-GUADELOUPE
XVIIIe-XIXe siècles
Roche volcanique
Place Saint-François A9710585

Derniers arrivés à Basse-Terre, les capucins s'installent de l'autre côté de la Rivière aux Herbes dans les années 1670. Ils édifient, grâce à diverses donations, un couvent et une église, qui constituent le noyau du futur bourg Saint-François, reconnu comme paroisse en 1713. Transformée en maison de ville durant la période révolutionnaire, tandis que celle du Carmel sert de prison, l'église Saint-François est rendue au culte en 1802. L'édifice est profondément remanié au XIXe siècle, avec le rallongement de la nef et l'adjonction de bas-côtés. Après la création, en 1850, de l'évêché de Guadeloupe, l'église Saint-François devient la cathédrale de Basse-Terre sous l'invocation de Notre-Dame-de-la-Guadeloupe. Elle obtient le titre de basilique mineure en 1877. Elle oppose un extérieur sobre et bien proportionné à un intérieur soigné pourvu d'une voûte de bois.

(Cl. M. H. 1975)

AQUEDUC ET RÉSERVOIR DE PETITE GUINÉE
1725
Saint-François A9710584

Dès le début du XVIIIe siècle, des prises d'eau, effectuées dans les ravines en amont du bourg, alimentent propriétés privées et bâtiments publics. Les ordres religieux sont les premiers à se doter d'un réseau d'adduction. L'eau destinée à l'usage des capucins est captée dans la Rivière aux Herbes. Le réservoir et l'aqueduc permettent au canal de franchir la Ravine Dulion.

CLOCHER
Roche volcanique et bois
Cathédrale Notre-Dame-
de-la-Guadeloupe
A9710587

Le clocher, de taille relativement modeste, est cependant très visible, du fait de son implantation sur une terrasse surplombant la base de l'édifice d'une dizaine de mètres. Il est nettement séparé de la cathédrale, disposition commune à de nombreuses églises guadeloupéennes, permettant d'éviter la chute du clocher sur la nef dans un pays où le risque sismique est très important.

PIERRE D'AUTEL
XVIIe siècle
Pierre
Cathédrale Notre-Dame-
de-la-Guadeloupe
A97105F5

Cette pierre comporte une inscription révélant le nom du donateur de l'ensemble, « T.S. Beaugendre ». Il s'agit d'un des éléments les plus anciens de ce qui était l'église Saint-François, consacré avant que celle-ci ne devienne cathédrale de Basse-Terre.

OSTENSOIR
1704-1920
Argent doré
Cathédrale Notre-Dame-
de-la-Guadeloupe
A97105E9

L'ostensoir porte à la base, au revers, l'inscription suivante : « Donné par M. Jacques Barbier en 1704 ». Le père Rivet, curé de la paroisse, a fait restaurer vers 1920 cet élément par un orfèvre parisien, qui l'a doré. Il comporte deux poinçons, celui du fermier général pour le bureau de Paris de 1703 à 1713, Étienne Baligny, et le poinçon de contremarque composé de la lettre L couronnée et de la date de 1704.

CIBOIRE
1748
Argent doré (H. : 32 cm, d. : 13 cm)
Cathédrale Notre-Dame-
de-la-Guadeloupe
A9710588

Ce ciboire comporte trois poinçons : celui des fermiers généraux (1744-1750),

celui de Guillaume Loir, orfèvre parisien, et celui qui comporte la date de 1748 et la lettre H. Sur la coupe, est représentée la scène du mariage de la Vierge et de saint Joseph.

CALICE
Vers 1750
Argent (H. : 28 cm, d. : 9 cm)
Cathédrale Notre-Dame-
de-la-Guadeloupe
A9710586

Contrairement à la plupart des édifices religieux de la Guadeloupe, relativement pauvres en mobilier, ou dotés d'éléments de peu de valeur, Notre-Dame-de-la-Guadeloupe doit à son statut de cathédrale de conserver un certain nombre d'objets religieux précieux, comme ce calice, qui porte une marque au poinçon, la lettre G.

PLATEAU
1750
Argent (30 × 23 cm)
Cathédrale Notre-Dame-
de-la-Guadeloupe   A9710589

Outre le poinçon des fermiers généraux (1750-1756) et celui qui précise la date et la lettre K, ce plateau de forme ovale comporte un poinçon de maître très effacé. Il peut s'agir d'Antoine Brigal, orfèvre parisien (1746-1770).

BOÎTE AUX SAINTES HUILES
XVIIIᵉ siècle
Argent (9 × 11 × 5 cm)
Cathédrale Notre-Dame-
de-la-Guadeloupe   A97105E8

PAVAGE
Seconde moitié du XVIIIᵉ siècle
Roche volcanique
Le Carmel   A97105D3

L'avènement d'une véritable politique d'urbanisme à partir du milieu du XVIIIᵉ siècle transforme les bourgs du Carmel et de Saint-François en une ville moderne au développement planifié,

dotée d'infrastructures conformes aux aspirations de l'époque. Dès 1749, le gouverneur de Clieu entreprend d'importants travaux d'aménagement, touchant principalement le quartier de Saint-François : construction du pont de la Rivière aux Herbes, de cales et de quais, percement de nouvelles rues, alignement et pavage des voies principales afin de faciliter la circulation et l'écoulement des eaux. Le pavement, dont il reste de larges sections souvent dissimulées sous le revêtement moderne, est généralement constitué de bombes volcaniques et de galets récupérés localement, mais aussi de pavés venus de métropole et utilisés comme lest par les navires.

PONT DU GALION
1773-1780
Ingénieur : Labbé de Talcy
Pierre   A9710552

Les rivières de la Guadeloupe, caractérisées par des crues soudaines et violentes, constituent longtemps une sérieuse entrave aux déplacements à l'intérieur de l'île. À Basse-Terre, la Rivière des Pères, au nord, et la Rivière du Galion, au sud, marquent les limites de la ville, tandis que la Rivière aux Herbes maintient une séparation forte entre les deux quartiers du Carmel et de Saint-François. Des ponts en bois sont, semble-t-il, construits, mais ils sont rapidement emportés, et les habitants doivent se contenter de traverser à gué, dans des conditions parfois difficiles, jusqu'aux grands travaux d'urbanisme de la seconde moitié du XVIIIᵉ siècle. Le premier pont de pierre est jeté sur la Rivière aux Herbes en 1749. Le pont du Galion, construit entre 1773 et 1780 par l'entrepreneur Gérard, enjambe la ravine d'une seule arche de 35 mètres de portée, et haute de près de 30 mètres. De part et d'autre, deux tabliers de bois permettent de couper l'accès en cas d'attaque ennemie. *(I. M. H. 1979)*

PLACE DU CHAMP-D'ARBAUD

1780-1817   *A9710541*

Vers 1780, le comte d'Arbaud, gouverneur de l'île, fait aménager les vastes terrains situés au-dessus de l'enclos du gouvernement pour y faire manœuvrer les troupes, en remplacement de la place d'Armes devenue trop exiguë. En 1817, le comte de Lardenoy transforme le Champ de Mars, ou Champ-d'Arbaud, en lieu de promenade en l'entourant d'une double rangée de manguiers, dont certains ont été conservés.

ESCALIER

XVIIIᵉ-XXᵉ siècles
Pierre, brique et béton
Maison Coquille   *A9710535*

L'escalier relie les deux ailes constituant la maison Coquille. Les balustres ont été reconstitués en béton moulé.
(Cl. M. H. 1990)

MAISON COQUILLE

1780
Maçonnerie et bois
4, rue Léonard   *A9710533*

Cette maison a été édifiée à l'initiative du procureur général Robert Germain Coquille, frère du général Dugommier. Elle se compose de deux bâtiments principaux, comportant un rez-de-chaussée en maçonnerie et un étage en bois, reliés par la galerie et un escalier de pierre.
(Cl. M. H. 1990)

KIOSQUE

Maison Coquille   *A9710534*

Malgré la situation de la maison Coquille en plein centre de la ville, la façade arrière borde un vaste jardin en terrasse, pourvu d'une fontaine entourée d'un escalier de pierre. Au centre de la cour, situé entre une des ailes du bâtiment principal et la cuisine séparée, se trouve un kiosque servant de salon extérieur. Cette maison est un exemple significatif de l'importance des jardins en centre ville, ainsi que des cours aménagées d'abris ou de fontaines, expression d'une culture où les espaces extérieurs sont les principaux espaces de vie.

MAISON CHAPP
1782-1787
*42, rue du Docteur-
Cabre* A97105B0

La maison Chapp possède deux façades de style différent. Elle a été construite en deux temps, par deux négociants de Basse-Terre, Victor Estiemble en 1782, puis Pierre Nicolas Angeron en 1787. Entre les deux bâtiments donnant chacun sur une rue, s'ouvre une cour intérieure, dont le sol est dallé de terre cuite, et qui est agrémentée d'un

petit bassin adossé à un escalier, tous deux en pierre. Au même niveau, se trouvent une cuisine, avec cheminée et fourneaux, et une galerie sous arcades.
(I. M. H. 1987)

FAÇADE ARRIÈRE
1782-1787
Maison Chapp
Cours Nolivos
(I. M. H. 1987) A97105B1

ENTREPÔTS
XVIIIe-XIXe siècles
Maçonnerie, bois et tôle
Boulevard du Général-de-Gaulle
A9710590

Les entrepôts, ou magasins, sont des éléments constitutifs des bourgs marchands dans les colonies. D'abord groupés autour de la place d'Armes, non loin du fort qui les protège, ils sont progressivement installés le long de la grève, au débouché des cales. Le magasin, qui abrite tout à la fois entrepôts, boutiques et logements, est le trait d'union entre l'île et l'extérieur. Les entrepôts du bord de mer, datant vraisemblablement de

la fin du XVIIIe siècle, ont conservé leur aspect caractéristique, marqué par un rez-de-chaussée aux murs fortement renforcés afin de résister à la houle, et percés de hautes ouvertures pour accueillir ou expédier les marchandises.

ENTREPÔTS
XVIIIe-XIXe siècles
Maçonnerie et pierre
Rue Christophe-Colomb A97105C0

Au cours du XVIIIe siècle, l'activité marchande se déplace peu à peu vers le bourg de Saint-François. Les travaux d'aménagement, entrepris par le gouverneur de Clieu dans le secteur compris entre la Rivière aux Herbes et le cours Nolivos, ou quartier des Normands, pour créer un véritable port commercial, favorisent l'implantation de vastes entrepôts appartenant aux principaux négociants de Basse-Terre. En 1782, le quartier des Normands est ravagé par un incendie.

MAISONS
Fin du XVIIIe siècle
Bois et tôle
Rue du Champ-d'Arbaud
A9710536

Le quartier du Galibé apparaît à la fin du XVIIIe siècle, lors de l'aménagement du Champ de Mars et de l'enclos du Gouvernement, ou square Pichon, et du démembrement des savanes situées aux étages de la ville, le long des ravines. Sur ces parcelles s'installe alors une population de couleur, composée de locataires ou petits propriétaires. Cet ensemble de maisons à façade de bois est le dernier exemple de ce type d'architecture dans la ville. Les façades arrière de ces maisons s'ouvrent sur des cours et des jardins, dans lesquels s'organisait la vie domestique au milieu des cuisines, remises, salons ouverts, galeries, fours à pain et fontaines.

PONT DE LA RAVINE DE L'ESPÉRANCE (détail)
1789
Pierre
Le Carmel   A9710521

Dernier des ponts de pierre édifiés dans la décennie 1780, le pont de la Ravine de l'Espérance, ou pont de la Nouvelle Ville, relie le quartier du même nom au quartier administratif du Champ-d'Arbaud. Construit dans le prolongement de la rue de l'Hôpital-militaire, actuelle rue Lardenoy, il constitue l'ultime maillon permettant le désenclavement du chef-lieu, par une amélioration des liaisons entre la Capesterre et la Côte-sous-le-Vent.

MAISON DE L'AMIRAUTÉ
Fin du XVIIIe siècle
Pierre
1, rue Baudot   A9710598

Ce bâtiment servit de siège de l'amirauté, avant d'abriter la mairie de Basse-Terre, jusqu'à la construction de l'hôtel de ville en 1889.

MAISON GERVILLE-RÉACHE
Fin du XVIIIe siècle
Bois et tôle
Détail de façade
Rue du Champ-d'Arbaud   A9710537

Cette maison est la plus imposante de l'ensemble de la rue du Champ-d'Arbaud. Le rez-de-chaussée sur rue est entièrement constitué d'une galerie soutenue par d'épais pilastres. L'étage est marqué par une loggia, inhabituelle en ville et plus fréquente dans l'architecture rurale de la Côte-sous-le-Vent. Les aménagements extérieurs sont, plus encore que dans les autres habitations du quartier, importants et variés.

PLAQUE GRAVÉE
Fin du XVIIIᵉ siècle
Pierre (60 × 40 cm)
Usine Bologne   A97105C5

Il ne subsiste rien de la première sucrerie établie à cet emplacement en 1654. Cependant, le nom Bologne se maintient, perpétuant le souvenir de Pitre (Peter) de Bologne, né à Rotterdam (Pays-Bas), arrivé à la Guadeloupe avec son frère Guillaume et d'autres Hollandais fuyant le Brésil en 1654. Cette plaque est placée sur la partie maçonnée du canal. Rédigée en latin, elle indique que le mardi 20 janvier 1785, Jacob Lesueur réalisa d'importants travaux pour le moulin hydraulique. À cette époque, il était le fermier de Mᵐᵉ veuve Dupuy Désillets, qui possédait plusieurs sucreries. Deux ans plus tard, Gabriel Lesueur, fils de Jacob, achète la propriété, et sa famille la conserve jusqu'en 1824.

ROUE HYDRAULIQUE
Fin du XIXᵉ siècle
Fonte
Usine Bologne   A97105C4

À partir de 1875, l'exploitation Bologne devient usine centrale, et la société Le Dentu et Cᵢᵉ est constituée. Plusieurs sucreries du voisinage passent contrat et portent leurs cannes à traiter à l'usine. Le matériel se modernise à mesure que les structures de production évoluent, comme en témoigne cette roue de fabrication industrielle. Le moulin comporte deux trains de trois rolles afin d'obtenir une meilleure pression. La société disparaît en 1887, mais l'usine Bologne continue de fonctionner. Environnée de son domaine cannier, elle est la dernière représentante des habitations-sucreries du sud de la Basse-Terre.

TOMBEAU
DE JEAN-ANTOINE AMÉ NOËL
ET DE SON ÉPOUSE
1845
Usine Bologne
A97105C6

Propriétaire de la sucrerie Bologne de 1830 jusqu'à sa mort en 1845, Jean-Antoine Amé Noël fait bâtir pour lui et son épouse Marie-Jeannette un tombeau classique, à proximité des bâtiments industriels. Il est l'un des rares exemples de libres de couleur ayant pu réunir une fortune suffisante pour atteindre cette position sociale éminente. Natif de Bouillante, il avait placé des intérêts dans les bateaux corsaires de l'époque révolutionnaire, origine probable de son ascension.

GLACIÈRE
Début du XIXᵉ siècle
Maçonnerie et pierre   A9710591

La glacière est constituée d'une tour de maçonnerie, de plan octogonal pour l'extérieur et circulaire pour l'intérieur, couverte d'une coupole en pierre de taille. La glace apportée du Canada par bateaux au début du XIXᵉ siècle y était entreposée sur un lit de paille.

Basse-Terre

MAISONS
XIXᵉ siècle
Rue Dugommier — A9710569

À la fin du XVIIIᵉ siècle, la ville s'étend vers le nord aussi bien à Saint-François que du côté du Carmel. Un nouveau quartier à la trame orthogonale se forme entre la Ravine de l'Espérance et l'ancienne propriété des jésuites, à l'emplacement occupé par la savane des carmes. Ce quartier, dit de la Nouvelle Ville, est utilisé pour reloger les habitants expulsés lors des travaux d'agrandissement du fort.

GRILLES
DE L'ANCIEN GOUVERNEMENT
Vers 1810
Acier
Square Pichon — A9710542

En 1775, le gouvernement de la Guadeloupe, libéré de la tutelle de la Martinique, élabore un projet visant à regrouper en un même lieu les services de l'État disséminés dans la ville. De vastes terrains situés au centre de Basse-Terre sont acquis pour y construire la résidence du gouverneur, l'intendance et les bâtiments administratifs. Durant l'occupation anglaise de 1810 à 1815, le gouverneur Cochrane fait édifier une construction en bois entourée d'un parc, à proximité du Champ-d'Arbaud. De l'hôtel du gouverneur, entièrement détruit par le cyclone de 1825, et des dépendances administratives, il ne reste plus aujourd'hui que la grille qui clôturait l'enclos du gouvernement.

PLAQUE FUNÉRAIRE
1814
Marbre — A97105C8

Le texte latin de cette plaque, élevée à la mémoire de Laurent Pédémonte, évoque une époque troublée. Négociant maritime originaire de la Guadeloupe « en ces temps difficiles pour notre état », il est dit avoir servi le roi avec une fidélité intacte, et s'être mis au service de ses concitoyens. Il est enterré avec sa femme, Madeleine Picard, et ses enfants. La période révolutionnaire est pour l'ensemble de la Guadeloupe une période mouvementée, marquée notamment par l'invasion anglaise, les troubles liés à l'insurrection insulaire de 1802, réprimée par le général bonapartiste Richepance, et le retour à l'esclavage.

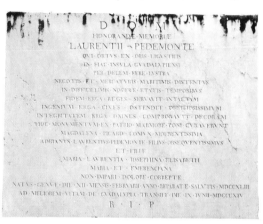

PLAN DU FORT SAINT-CHARLES ET DE LA VILLE DE BASSE-TERRE
15 septembre 1818
Dessinateur : Philibert
Encre et aquarelle
(55 × 85 cm). 1/2 000
Cote : DFC Guadeloupe
11PFA/S24
Centre d'archives d'outre-mer
Aix-en-Provence,
Bouches-du-Rhône — A97105G1

Ce plan représentant le fort Saint-Charles et la ville de Basse-Terre, plus précisément le quartier du Carmel, est réalisé par Philibert, chef de bataillon du génie. Présenté au comte de Lardenoy, gouverneur de la Guadeloupe, il doit servir de plan directeur pour l'aménagement du secteur administratif et militaire de la ville, reprenant ainsi la politique d'urbanisme engagée par ses prédécesseurs, interrompue par les événements révolutionnaires et l'occupation anglaise. À côté des grands aménagements de la fin du XVIIIᵉ siècle, tels que le fort Saint-Charles et le Champ-d'Arbaud, sont figurés des projets qui n'ont jamais vu le jour, comme la reconstruction de l'hôpital militaire à l'emplacement de celui qui est incendié en 1794, ou la création de jardins dans l'ancien enclos des carmes.

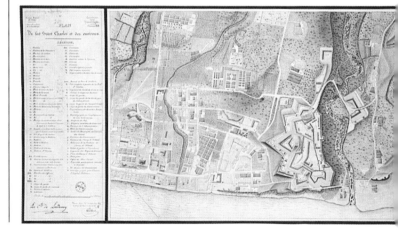

FONTAINE
XIXᵉ siècle

Pierre   A9710593

Cette fontaine, située dans la cour d'une maison, évoque le problème, omniprésent à la Guadeloupe, de l'eau et de la salubrité en général. Bien que moins vive qu'à Pointe-à-Pitre, Basse-Terre étant située dans une région plus saine, la lutte pour l'établissement d'un réseau d'eau potable est longtemps une priorité en milieu citadin. À cet égard, deux gouverneurs mènent une politique en matière d'urbanisme considérée comme « hygiéniste ». Le gouverneur Nolivos, entre 1765 et 1769, ordonne le partage des rues et en fait aplanir certaines, afin de faciliter l'écoulement des eaux par les cales, fait installer une fontaine publique, nettoyer et paver le canal traversant le bourg Saint-François, et réaménager les abords de la Rivière aux Herbes. Le comte d'Arbaud, entre 1775 et 1780, suit une ligne de conduite identique en matière d'urbanisme.

CASE
XIXᵉ siècle

Bois

Prolongement de la rue Peynier   A97105A0

À partir de la fin du XVIIIᵉ siècle, la ville de Basse-Terre s'étend progressivement vers l'est. De nouveaux quartiers se forment, le long des ravines et sur les mornes de Saint-François et du Carmel. Aux premiers propriétaires, libres de couleur pour la plupart, viennent s'ajouter, au cours du XIXᵉ siècle, de nouveaux arrivants issus des campagnes environnantes. L'architecture de bois est ici prédominante. Longues cases multi-familiales, directement inspirées des cases de travailleurs présentes sur les habitations, ou petites maisons à galerie en façade, toutes ces constructions montrent la transposition de modèles ruraux traditionnels en milieu urbain.

MARCHES
XIXᵉ siècle

Roche volcanique

Rue Peynier   A97105A1

Les marches situées au bout de la rue Peynier, comme le passage des marches dans le quartier du Carmel, marquent la transition entre les quartiers centraux de la ville et les nouveaux quartiers périphériques qui se constituent à la fin du XVIIIᵉ siècle. Aux limites de la ville, se côtoient quelques grandes maisons créoles et des cases beaucoup plus modestes, installées au XIXᵉ siècle sur les pentes des mornes.

ANCIENNE CASERNE D'ORLÉANS
Vers 1830

Pierre, maçonnerie et tôle   A9710549

Dans la première moitié du XIXᵉ siècle, des casernes sont édifiées à l'emplacement de l'ancien hôpital militaire, détruit par un incendie en 1794, pour loger les régiments d'infanterie en garnison à Basse-Terre. Leur structure est délibérément sobre, et les ouvertures en plein cintre rythment la galerie qui les entoure. Deux de ces bâtiments subsistent, utilisés par les services départementaux.

topographique est toujours visible, même si la ravine est aujourd'hui canalisée sous une allée centrale. L'ancienne distinction est encore nette entre le secteur appelé « cimetière des riches », où sont édifiés les caveaux des vieilles familles de planteurs et des notables de Basse-Terre, et l'autre secteur dénommé « cimetière des pauvres », où les sépultures sont souvent matérialisées par de simples tertres de terre, entourés de conques de lambi, comme c'est le cas ici.

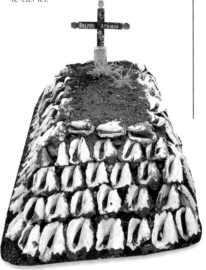

Ce monument funéraire de facture classique est un témoignage des clivages qui marquent la société basse-terrienne, au-delà des séparations entre Blancs, libres de couleur et esclaves. Elle-même hiérarchisée, la communauté blanche se répartit entre les grands propriétaires presque systématiquement à la tête d'un domaine sucrier, les petits et moyens propriétaires, caféiers ou cotonniers, puis les négociants, artisans, avocats, notaires ou médecins, enfin les *pobans* ou Petits Blancs, qui exercent divers petits métiers.

PORTAIL
XIXᵉ siècle
Maison Lacour
4, rue de l'historien-Lacour   A9710594

Cette maison créole est la maison natale, en 1805, d'Auguste Lacour, homme de loi et historien de la Guadeloupe. Après des études de droit à Paris, il revient s'installer aux Antilles, où il occupe successivement des postes de juge, de procureur puis de conseiller à la Guadeloupe, à Marie-Galante et à la Martinique. Vers la fin de sa carrière, il s'attache à rédiger une *Histoire de la Guadeloupe*, œuvre monumentale abondamment documentée et consacrée à l'histoire de l'île, qui paraît entre 1855 et 1860.

TOMBE
1830
Cimetière   A9710597

Le cimetière de Basse-Terre, situé au nord de la commune, est créé vers 1830, conformément aux ordonnances stipulant que les lieux d'inhumation doivent désormais être transférés en périphérie des bourgs, pour des raisons de salubrité publique. Reflet de l'organisation de la société coloniale, le cimetière paroissial est alors divisé en deux secteurs, réservés respectivement aux blancs et aux libres de couleur, et séparés par une ravine. Cette disposition

MAISON
XIXᵉ siècle
Bois et maçonnerie
15, rue Baudot   A97105A6

Dans le but de conférer aux habitations une meilleure résistance aux secousses telluriques et pour prévenir les incendies, une politique d'urbanisme utilisant des matériaux mixtes est mise en place, surtout à partir de la seconde moitié du XIXᵉ siècle. Deux types d'immeubles bâtis conformément à ces principes se rencontrent à Basse-Terre, dans les deux quartiers de la ville. Certains possèdent un rez-de-chaussée en maçonnerie et des étages en bois, d'autres sont intégralement en bois mais comportent des murs mitoyens en maçonnerie.

MAISON
Bois, pierre et maçonnerie
Détail de façade
3, cours Nolivos   A97105B7

Cette maison illustre la variété des techniques de construction des immeubles de Basse-Terre, l'étage supérieur en bois correspondant probablement à un surhaussement.

HÔTEL DE VILLE
1889
Pierre
Cours Nolivos   A97105B5

Inauguré en 1889, sous le mandat du maire Bernus, l'hôtel de ville de Basse-Terre est l'un des rares édifices publics construits dans la seconde moitié du XIXe siècle. La ville connaît à cette époque une phase de déclin au profit de Pointe-à-Pitre, alors en pleine croissance. La politique et la gestion du maire Bernus rompent avec la traditionnelle volonté de préserver à tout prix la municipalité de l'endettement. Il entreprend des travaux de mise en valeur de Basse-Terre, comme la couverture des échoppes du marché, la numérotation des maisons et la réfection de tout le réseau de conduits d'eau. L'hôtel de ville se dresse à l'une des extrémités du cours Nolivos, place aménagée par le gouverneur de Nolivos en 1767.

MAISON (détail)
XIXe siècle
Pierre, brique et maçonnerie
8, rue L'Herminier   A97105B9

La façade de cette maison montre le soin apporté aux constructions en pierre, en particulier par la qualité de sa génoise.

MAISON
Fin du XIXe siècle
Bois
Rue Victor-Hugues   A9710547

La rue Victor-Hugues, proche du jardin botanique, comporte de nombreux exemples de villas dites « entre cour et jardin », abritées par des clôtures grillagées et pourvues de jardins à la végétation fournie. Transposition urbaine de la maison de maître rurale, ce type de résidence se développe à partir de la fin du XIXe siècle, sur de vastes parcelles encore épargnées par le resserrement du tissu urbain.

MONUMENT VICTOR SCHŒLCHER
1913
Place de la Liberté

A9710599

Ce monument dédié à Victor Schœlcher, artisan de l'abolition de l'esclavage, est édifié le 14 juillet 1913 à l'instigation d'Armand Lignières, maire de Basse-Terre. Il est érigé sur la place de la Liberté, à l'endroit même où l'Acte d'émancipation est proclamé par le gouverneur Layrle le 27 mai 1848.

PRÉFECTURE
1933
Architecte : Ali Tur
Béton armé

A9710570

La résidence du gouverneur est l'une des œuvres majeures d'Ali Tur, qui a conçu une centaine d'édifices publics sur l'ensemble de l'île. Il y applique ses principes : « L'habitation et le palais doivent, l'un et l'autre, pouvoir être nuit et jour, ventilés [...]. Des auvents, aussi vastes et nombreux que peuvent le permettre des crédits souvent limités, abriteront les ouvertures des rayons du soleil... » Contemporain de Le Corbusier et de Mallet-Stevens, il a introduit à la Guadeloupe l'usage du béton armé. La façade principale du palais d'Orléans, du nom des casernes d'Orléans à l'emplacement duquel il a été construit, est monumentale, et cet effet est accentué par les aménagements du parc. Déployé autour d'un vaste hall central et de l'escalier d'honneur, le bâtiment comporte deux ailes, la première abritant les bureaux du gouverneur, la seconde, la salle à manger et le salon particulier. Le bâtiment est inauguré en 1935, année du tricentenaire du rattachement de la Guadeloupe à la France. *(I. M. H. 1992)*

MONUMENT AUX MORTS
1924
Béton
Champ-d'Arbaud

A97105D1

Ce monument est construit par souscription publique à l'initiative du gouverneur Jocelyn Robert, avec le concours du conseil général et des municipalités. Il prend place au centre du parc du Champ-d'Arbaud, principal jardin public de la ville et centre du chef-lieu après la guerre de Sept Ans, transformé au XIXᵉ siècle en terrain de manœuvres militaires. Érigé à l'issue de la Grande Guerre, l'édifice commémoratif reçoit une inscription votive supplémentaire après la Seconde Guerre mondiale. Tous les éléments symboliques de la République y sont représentés. D'une part, le coq gaulois surmonte la colonne pyramidale, d'autre part les lettres R.F. sont tracées au-dessus et derrière une Marianne guerrière et protectrice des poilus. De chaque côté du corps principal du monument, deux petites colonnes pyramidales sont surmontées d'un casque et ornées de feuilles de laurier. À l'arrière du monument, est représenté le flambeau de la victoire, accompagné de couronnes de laurier. Le blason représente un soleil surmonté du mot *Karukéra*, nom donné à la Guadeloupe par les Caraïbes.

GRANDE SALLE
Vers 1936
Architecte : Ali Tur
Préfecture

A9710572

Le rez-de-chaussée de l'aile principale du palais d'Orléans est entièrement constitué des pièces de réception : hall, fumoir, salle à manger et salon. À l'exception de la grande table et de ses sièges, l'actuelle grande salle de réunion de la préfecture a conservé l'ensemble du décor intérieur conçu par Ali Tur, en particulier le plafond en staff et les lustres. *(I. M. H. 1992)*

La salle des assises est l'une des deux grandes salles du palais de Justice. Son décor, qui a très peu changé depuis sa réalisation par Ali Tur, est aussi le plus soigné. Les problèmes de ventilation naturelle y sont résolus par la double orientation et par les ventilations sous le plafond, transformées en bouches de climatisation. Les meubles et les lambris sont exécutés en bois d'acajou avec sobriété. Le sol est en carreaux de grès cérame, comme dans tous les bâtiments réalisés par Ali Tur à la Guadeloupe. *(I. M. H. 1992)*

PALAIS DU CONSEIL GÉNÉRAL
Années 1930
Architecte : Ali Tur
Béton armé
Rue de la République   A9710578

Situé au cœur de la ville, à l'emplacement de l'ancien bâtiment abritant l'assemblée départementale, le palais du conseil général est une œuvre où sont appliqués avec une grande maîtrise les principes d'adaptation au climat chers à Ali Tur. Le caractère monumental est accentué par l'échelle de la colonnade et des statues qui la bordent, ainsi que par l'importance des emmarchements qui la précèdent. La grande salle des délibérations est située dans l'axe de la colonnade. Elle est bordée d'un côté par un patio autour duquel s'organisent les bureaux, et de l'autre côté, par les services s'ouvrant sur l'entrée secondaire. *(I. M. H. 1992)*

PATIO
Années 1930
Architecte : Ali Tur
Palais de justice   A9710576

Le patio sert de hall distribuant les deux salles d'audience situées le long des deux voies perpendiculaires bordant l'édifice, ainsi que les principaux bureaux. Il est agrémenté d'un bassin, pourvu d'un jet d'eau en son centre. *(I. M. H. 1992)*

PALAIS DE JUSTICE
Années 1930
Architecte : Ali Tur
Béton armé   A9710575

Le palais de justice est symétrique au bâtiment du conseil général. Les deux bâtiments publics ont été conçus comme devant former un ensemble, ainsi que le montre l'alignement des entrées secondaires sur le boulevard qui les sépare. Bien que d'un style très proche de celui de son voisin, par l'emploi de hautes colonnades et d'imposants escaliers en façade, le parti pris volumétrique est radicalement différent, puisque l'axe de la composition est orienté à 45 degrés par rapport à l'axe des deux voies. L'ensemble est articulé autour d'un patio circulaire précédé d'un portique accessible par des emmarchements, les deux éléments se déployant en arc de cercle. *(I. M. H. 1992)*

L'évolution du bâti urbain en raison des sinistres naturels, et des méthodes architecturales employées pour y faire face, explique pour une part que des immeubles entièrement en bois côtoient des édifices intégralement en pierre, ou de structure mixte. Cette maison est significative par l'essentage de son pignon.

BEFFROI DU MARCHÉ
Années 1930
Architecte : Ali Tur
Béton armé   A9710582

Ce beffroi est situé au milieu du marché reconstruit dans les années 1970. Il constitue l'un des nombreux ouvrages conçus par Ali Tur, qui réalise également un magasin de colis postaux, des bureaux pour le service de l'enregistrement, des travaux publics et du Trésor, ainsi que l'hôpital Saint-Hyacinthe.

ANCIEN HÔTEL ROYAL
xxᵉ siècle
Architecte : Mercier
Béton armé   A9710544

Conçu par l'architecte Mercier, disciple d'Ali Tur, l'ancien hôtel-cinéma Royal est exemplaire de l'adaptation de l'architecture antillaise traditionnelle, caractérisée par ses galeries, balcons et auvents, à la technique nouvelle du béton armé. Le traitement du bâtiment en deux ailes perpendiculaires et de l'axe de l'entrée à 45 degrés est également caractéristique de l'architecture d'Ali Tur et de ses élèves. Le bâtiment a été transformé en appartements au cours des années 1960.

ANCIENNE HABITATION TRIANON
xxᵉ siècle
Bois   A9710546

Cette grande maison, située dans un vaste parc devenu jardin botanique, est l'ancienne résidence du secrétaire général de la préfecture.

MAISON
Pan de bois et maçonnerie
Rue Dumanoir et rue Peynier   A97105A2

MAISONS
Rue Emilio-Martini   A9710506
Cet ensemble de maisons est situé sur des terrains qui se trouvaient en bordure de la Ravine de l'Espérance, qui n'est canalisée qu'au milieu du XIXᵉ siècle. Il constitue le dernier témoin de ce type de petit habitat, soigné dans ses proportions et dans l'emploi judicieux des matériaux. Les jardins et les cours sur la façade arrière montrent une organisation très ouverte sur l'extérieur, qui tranche avec la fermeture sur la rue.

Cette maison, située en limite du quartier commerçant, est caractérisée par son mode de construction rare à Basse-Terre. En effet, le rez-de-chaussée est en pans de bois, remplis par de la maçonnerie à la chaux, tandis que l'étage est entièrement en bois.

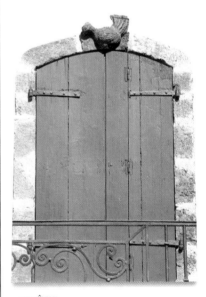

ENTRÉE DE L'ARSENAL
Rue Dugommier   A9710514
Le vaste ensemble que constitue l'arsenal comporte une dizaine de bâtiments, et s'étend sur 1,60 hectare. Son entrée est située à quelques dizaines de mètres de ce qui constituait autrefois les ouvrages extérieurs du fort Delgrès.

Aujourd'hui, l'arsenal a perdu sa liaison avec le fort, à cause de l'installation de nombreuses cases et maisons entre les deux structures défensives. Ce secteur est devenu un espace résidentiel privilégié, entouré de hauts murs et dont les constructions ont été transformées en immeubles de rapport.

FENÊTRE
Pierre
Maison Planet Shoes   A97105E1
Les fenêtres de cette maison sont ornées de diverses sculptures de clefs, à motifs géométriques ou animaliers, et l'ensemble se distingue par la modénature de pierre de taille.

Bouillante

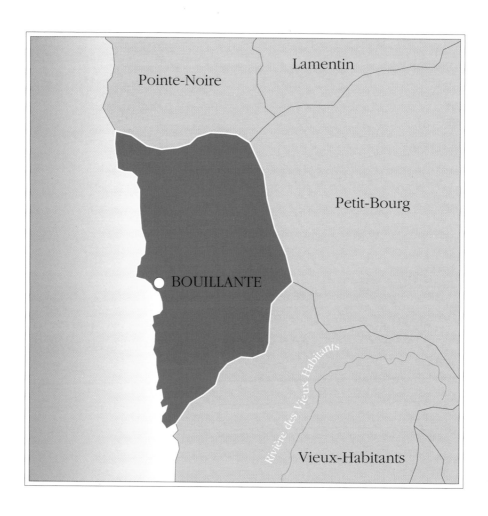

Pointe-Noire

Lamentin

Petit-Bourg

BOUILLANTE

Rivière des Vieux Habitants

Vieux-Habitants

Bouillante

Canton de Bouillante
Arrondissement de Basse-Terre
Superficie : 4 346 ha
Population 1990 : 6 973 hab.
Habitants : les Bouillantais
Cours d'eau : la Rivière de Bouillante,
la Rivière Bourceau, la Rivière Lostau
et la Rivière Colas

Origine du nom : il est issu des nombreuses sources thermales présentes sur le territoire de la commune.

Blason : les deux grains de café rappellent l'importance de cette culture jusqu'à la Seconde Guerre mondiale. Le volcan figure le caractère volcanique et montagneux du territoire. Le vert désigne la forêt ; la croix et la fleur de lis renvoient à Saint Louis, patron de la paroisse.
A971060b

HISTORIQUE

Le territoire de la commune est l'un des premiers à être occupé par les Français. En 1638, la population se compose de quelques familles. Les limites s'imposent immédiatement : l'Anse à la Barque et la Ravine Renoir au sud, la Rivière Colas au nord et la crête des montagnes à l'est. Situé à l'écart des grandes villes, Bouillante ne connaît qu'une seule fois des destructions, occasionnées par la guerre de 1691. L'Anse à la barque, seul port naturel de la Côte-sous-le-Vent, est un endroit stratégique, qui sert de refuge par tout temps aux navires. La commune étant située sur une limite climatique, la canne à sucre est cultivée dans le nord, le café sur les hauteurs, et à partir des années 1780, le coton couvre le sud du territoire. Au XIXᵉ siècle, et surtout pendant la première moitié du XXᵉ siècle, ces cultures déclinent, et le tourisme devient progressivement la principale source de revenus. Bouillante possède, depuis les années 1970, une usine géothermique, seule centrale française de ce type, dont l'un des puits, de 340 mètres de profondeur, fournit de la vapeur à 240 °C,
alimentant une centrale électrique. La production d'électricité est importante, même si la formation de dépôts de silice sur les canalisations a compromis l'ambition de voir l'usine alimenter toute la Guadeloupe. Considérée comme un prototype, l'usine fait office de vitrine de la technologie française en la matière.*

EXPLOITATION AGRICOLE
*XVIIᵉ siècle
Bois et tôle
Habitation La Lise
Section Pigeon*   *A9710620*

La propriété agricole de La Lise a survécu à toutes les évolutions des cultures de la région. D'abord sucrerie au XVIIᵉ siècle et au début du XVIIIᵉ siècle, elle se lance par la suite dans la culture du café tout en conservant la canne à sucre pour la production du sucre et du rhum. Les bénéfices tirés du café permettent ainsi de compenser les pertes de la production d'origine. Les moyens de fabrication restent assez frustes. Au début du XXᵉ siècle, la partie, relativement plate, se situant près de la mer ainsi que les premiers contreforts de la partie montagneuse sont plantés en canne à sucre pour la fabrication du rhum agricole, qui se poursuit jusqu'en 1971. Le café est cultivé sur les hauteurs. Il s'agit de l'espèce arabica, appelée localement *ti café*, d'excellente qualité. Après la Seconde Guerre mondiale, face à la concurrence, notamment celle du Brésil et de la Colombie, et devant l'élévation du coût de la main-d'œuvre, la production décline rapidement et s'achève elle aussi dans les années 1970. Isolée géographiquement, La Lise a conservé sur un espace assez réduit tous les éléments de transformation de la canne à sucre et de la préparation du café, son dernier exploitant ayant refusé de moderniser les installations. *(Cl. M. H. 1993)*

CANAL ET MOULIN
*XVIIIᵉ siècle
Pierre, mortier à chaux et à sable,
bois et tôle
Habitation La Lise*   *A9710619*

Traditionnellement, l'ensemble de l'outil industriel est organisé autour d'un canal, ici alimenté par les eaux de la Rivière Lostau. Celui-ci, construit en pierre de taille, comporte une arche sous laquelle passe un chemin. Il aboutit à la roue à godets principale qui fait fonctionner le moulin à cannes. L'axe de la roue est relié, dans le moulin, à un rolle central, qui entraîne deux autres rolles latéraux. L'ensemble des trois rolles happe la canne à sucre et la broie pour en extraire le jus, appelé *vesou*. Dans les dernières années d'activité de l'établissement, le jus de canne était mis en fermentation naturelle pendant 24 ou 36 heures avant d'être distillé, pour produire du rhum agricole, dans l'alambic rudimentaire installé dans les vestiges de l'ancienne sucrerie. Celle-ci, qui occupait autrefois le bâtiment principal de l'exploitation, possédait à l'origine quatre chaudières alignées les unes à côté des autres, et dont l'ensemble constituait « l'équipage ». Le foyer est alimenté par la bagasse, paille résiduelle de la canne broyée, que l'on charge par les évents situés sous les chaudières. Les foyers sont reliés les uns aux autres par l'unique cheminée qui évacue la fumée.

MANIOQUERIE
XVIIIᵉ siècle
Pierre, ciment, bois
et tôle
Habitation La Lise
A9710622

Près du canal, se trouve la manioquerie, bâtiment équipé de deux platines à manioc, plaques de fer sur lesquelles on cuit traditionnellement la farine de manioc pour préparer la cassave, le pain des esclaves puis des travailleurs. Un peu plus haut, une roue annexe, perpendiculaire au canal, est alimentée par l'eau détournée par un système de trappe glissée dans des rainures aménagées dans la pierre. Cette petite roue fait fonctionner, selon les besoins, la râpe à manioc, appelée « grage », ou la décériseuse, machine enlevant la peau rouge de la graine de café, ou « cerise », qui vient d'être récoltée.

SÉCHOIR À CAFÉ
XVIIIᵉ siècle
Bois et tôle
Habitation
La Lise
A9710624

Les deux grains de café qui composent la cerise sont recouverts d'une espèce de gomme qu'on laisse fermenter avant de les laver. Les grains sont ensuite séchés à l'extérieur dans des tiroirs à café reposant sur des rails et pouvant être facilement glissés sous le bâtiment en cas de pluie ou pendant la nuit. Les grains sont enveloppés d'une peau épaisse et cassante de couleur beige, ayant l'aspect du parchemin, et appelée pour cette raison la parche. Une fois secs, les grains sont pilés pour ôter cette parche, et entreposés dans le séchoir à café avant l'expédition. Ce bâtiment en bois et sans fenêtre est recouvert d'essentes.

CAFÉIÈRE MUSCADE
XVIIIᵉ-XXᵉ siècles
Bois et tôle
Section Descoudes   *A9710605*

Cette caféière témoigne de l'importante activité agricole qui existe sur les hauteurs de la Côte-sous-le-Vent. Introduit en Guadeloupe dans les années 1720, le café permet de mettre en valeur des terres peu propices à la culture de la canne à sucre. Cette case d'un étage avec galetas semble avoir été construite par étapes successives. La case d'origine n'est vraisemblablement qu'un « boucan » à café, ne comprenant qu'un abri composé de deux pièces et d'une cuisine extérieure avec une vaste terrasse pour le séchage du café. Cet élément d'origine, datant sans doute du XVIIIᵉ siècle, a été agrandi sur le devant en prenant sur la terrasse et sur le côté

nord et au-dessus pour constituer l'étage et le galetas. L'ensemble de la charpente ainsi que les poutres maîtresses et les poteaux sont assemblés à l'aide de chevilles en tendre-à-cailloux, sorte d'acacia poussant dans les zones sèches, donnant un bois très dense, dur et imputrescible. Le premier étage présente quatre fenêtres à volets pleins, et le toit est agrémenté de deux chiens-assis. La façade nord est recouverte d'essentes, petites planchettes de bois placées à la façon de tuiles afin de protéger les planches constituant le mur. Elles sont plus généralement placées sur la face recevant la pluie. Traditionnellement en poirier, elles peuvent être, comme ici, en acajou et en corossolier.
(façades et toitures Cl. M. H. 1981)

FAÇADE ARRIÈRE
XVIIIᵉ siècle
Bois et tôle
Caféière Muscade   *A9710606*

La façade arrière de la maison, bien qu'orientée à l'est et balayée par les pluies, comporte un balcon. Celui-ci sert en fait de liaison entre les deux chambres situées de part et d'autre. L'arrière du bâtiment est par ailleurs flanqué d'une citerne qui reçoit les eaux de pluie et, de hangars qui abritaient le café et les instruments nécessaires à sa préparation.

TERRASSE
XVIIIe siècle
Dallage de roche volcanique
Caféière Muscade   A9710607

La façade ouest, s'ouvrant sur la mer, est nue et sans avancée. Elle donne directement sur la terrasse, ou glacis, et comporte quatre portes au rez-de-chaussée ainsi qu'une cinquième ouverture donnant sur des escaliers intérieurs qui accèdent au premier étage. Les volets sont pleins, en prévision des cyclones, et les portes intérieures ont la partie supérieure garnie de clayettes, ou jalousies, orientables pour réguler la circulation de l'air. La vaste terrasse qui s'étend devant la maison est caractéristique des caféières : c'est sur celle-ci, en effet, que s'effectuait autrefois le séchage du café avant son expédition.

PORTE
XVIIIe siècle
Bois
Caféière Muscade   A9710609

Toutes les essences traditionnellement utilisées dans l'ébénisterie locale sont présentes dans la construction. Si l'acajou local, habituellement dénommé « amer », prédomine dans les parquets, les cloisons et les croisillons situés au-dessus de celles-ci et permettant la circulation de l'air, on trouve également le bois de rose pour les poteaux, l'angélique pour les poutres, ainsi que du balata et du résolu pour quelques planches.

SALON
XVIIIe siècle
Bois
Caféière Muscade
A9710608

Le sol du salon était autrefois recouvert de carreaux en terre cuite prolongés par un pavage assez grossier de roches plates volcaniques. Celui-ci revêtait sans doute une simple avancée abritée de la pluie, servant désormais de cuisine.

ANCIENNE PRISON MUNICIPALE ET JUSTICE DE PAIX
XVIIIe siècle
Pierre volcanique et tôle   A9710613

Occupé désormais par le syndicat d'initiative, ce bâtiment en pierre, assez bas, a conservé son architecture militaire. Les arcs en plein cintre des portes et des fenêtres sont conservés et mis en valeur par la pierre laissée à nu, sans enduit. L'édifice constitue un bon exemple des constructions du XVIIIe siècle à usage administratif dans les paroisses rurales.

MAISON MASSIEUX
XVIIIe-XXe siècle
Bois et tôle   A9710610

Cette habitation doit son nom à la famille Massieux, dont elle est la propriété de 1762 à 1842. Les bâtiments actuels occupent l'emplacement d'une sucrerie créée au début de la colonisation en 1654. Dès les années 1680, la chute des cours de la canne à sucre entraîne le remplacement de son exploitation pour des cultures vivrières. Dans les années 1720, l'introduction du café à la Guadeloupe redonne de l'importance à cette propriété, dont les activités allient la culture du coton sur les terrains du bord de mer et celle du café sur les hauteurs. Le café est séché dans la cour intérieure du bâtiment. Ses différents propriétaires continuent à exploiter ses terrains jusqu'en 1962, date à laquelle les bâtiments sont vendus. Ceux-ci ont été restaurés en conservant le plan originel et avec les mêmes matériaux, c'est-à-dire le bois disponible dans la région.

CANON
XIXᵉ siècle
Bronze
Ancienne batterie de la pointe de Duché
Anse à la barque A9710615

L'Anse à la barque revêt depuis toujours une grande importance pour les navires de commerce qui s'approchent de la Guadeloupe, notamment en temps de guerre. Aux XVIIIᵉ et XIXᵉ siècles, le nombre de navires britanniques dans cette zone est souvent supérieur à celui de la marine française, et les Anglais font parfois le blocus du port principal, isolant ainsi la région la plus riche de la Guadeloupe. Des corsaires ennemis chassent par ailleurs les navires de commerce. L'approche des côtes et le débarquement, rendus difficiles, se font par la Côte-sous-le-Vent, qui bénéficie d'au moins deux abris sûrs : Deshaies et l'Anse à la barque. L'entrée de celle-ci était autrefois défendue par la batterie de la pointe de Duché et celle de la pointe de l'Épinard, dans la commune de Vieux-Habitants. Les canons qu'elles comportent à l'origine, toujours présents, ont perdu leurs affûts en bois.

PLAQUE
1827
Pierre
Portail
Église Saint-Louis A9710603

Une plaque commémorative au-dessus du portail d'entrée rappelle que l'édifice a été reconstruit par les « habitants », c'est-à-dire par les propriétaires terriens de la paroisse, et qu'elle est la propriété du quartier. Près de la porte latérale nord, se trouve la tombe d'un prêtre mort alors qu'il était en fonction à Bouillante. Une autre tombe figurait autrefois près de la porte latérale sud, mais elle a disparu. Jusque dans les années 1760, en effet, les familles les plus importantes se font enterrer dans l'église, avant que cette pratique ne soit interdite.

ÉGLISE SAINT-LOUIS
1827
Pierre, mortier et tôle
A9710601

NEF
1827
Pierre
Église Saint-Louis A9710602

Reconstruite sous sa forme actuelle avec la contribution des habitants du quartier, l'église conserve son plan initial qui rappelle les premières églises édifiées à l'époque coloniale. Ses murs de pierre, assez épais, sont consolidés par des contreforts, mais la masse du bâtiment reste basse pour résister aux cyclones. Les essentes du toit sont remplacées par de la tôle et la charpente rappelle que les premières églises ont été construites par des charpentiers de marine sur le modèle des carènes de navire.

ANCIENNE MAIRIE
XIXᵉ siècle
Bois et tôle A9710611

Cette case en bois à un étage possède un toit assez haut à quatre pans et deux chiens-assis donnant sur un galetas servant de dépôt. Le premier étage est agrémenté d'une balustrade en bois, du haut de laquelle le maire haranguait ses administrés. Le rez-de-chaussée comporte des portes-fenêtres sans vitres et des volets pleins ouvrant directement sur la petite place. Élevé selon des proportions classiques, c'est-à-dire environ deux fois plus long que large, l'édifice constitue un modèle de construction des grandes cases de maîtres du XIXᵉ siècle et de la première moitié du XXᵉ siècle sur la Côte-sous-le-Vent. Au début du XXᵉ siècle, la mairie, jusqu'alors située à Pigeon, s'y installe. Ce déplacement marque la fixation définitive du centre du bourg

L'édifice actuel remplace un bâtiment plus ancien datant du XVIIᵉ siècle, que le gouverneur Hincelin visite en 1688 et décrit comme « une assez pauvre bâtisse, longue de 36 pieds et large de 26, bâtie en massonne », c'est-à-dire avec de la chaux et du sable. En 1696, lorsque le père dominicain Labat s'y rend, celle-ci a doublé en longueur. Cependant, vers 1730, elle tombe en ruine, faute d'entretien. Reconstruite en 1739, l'église est dévastée par les Anglais lors de la guerre d'Amérique en 1782, puis abandonnée pendant la Révolution. Le cyclone de 1825 achève sa destruction.

Ce phare est construit avec une partie des matériaux de l'ancienne batterie qui occupait auparavant l'endroit. L'Anse à la barque, située à égale distance de Deshaies et de Basse-Terre, est reconnue depuis très longtemps par les marins comme l'un des meilleurs refuges pour les navires abordant la Côte-sous-le-Vent.

à son emplacement actuel et correspond également au début de l'assainissement du lieu.

SOURCES THERMALES
XIXᵉ siècle-vers 1950
Pierre, ciment et béton
Anse à Sable
Pigeon　　　　　A9710623

Ce bassin est aussi connu sous le nom de « bain du curé », parce qu'il est situé sous le presbytère et qu'il a été aménagé, pour son usage personnel, par un curé dont on a oublié le nom. La gendarmerie se trouvant par ailleurs au-dessus de l'anse, l'eau était également recueillie autrefois par les familles des gendarmes qui s'en servaient, une fois refroidie, comme eau potable. En 1845, la température de l'eau mesurée indique 41 °C et 42 °C. Dans les années 1950, le maire engage des travaux pour aménager le bassin au profit des habitants de la commune, mais l'entrepreneur utilise des mines qui détournent la source surgissant auparavant du rocher, à hauteur d'homme. L'eau se met à couler au niveau de la mer et le projet est abandonné.

COLONNE COMMÉMORATIVE
1889
Bronze　　　　　A9710604

Cette colonne surmontée d'un buste de Marianne est érigée pour commémorer le centenaire de la Révolution, comme l'indique l'inscription à son pied, ainsi que la date du 14 juillet 1789 sous le buste. Sur le socle sont gravées deux inscriptions latines : d'un côté, « Nepotes gloria avorum. 1889 », les enfants se souviennent des anciens ; de l'autre, « Ceperunt cives liberatem. 1789 », les citoyens se sont emparés de la liberté. Un monument identique existe sur la place de Terre-de-Haut. À l'époque de leur érection, le gouvernement propose en effet ces monuments en série, mais avec différents modèles selon l'importance des moyens financiers que les communes peuvent engager.

MAIRIE
Vers 1950
Béton armé　　　　　A9710612

Dans les années 1950 et 1960, le maire Raymond Guillod met en œuvre une politique de construction résolument moderne. Une nouvelle mairie ainsi qu'un collège sont édifiés en béton armé, tranchant avec le reste des habitations, pour la plupart bâties en bois.

Capesterre-Belle-Eau

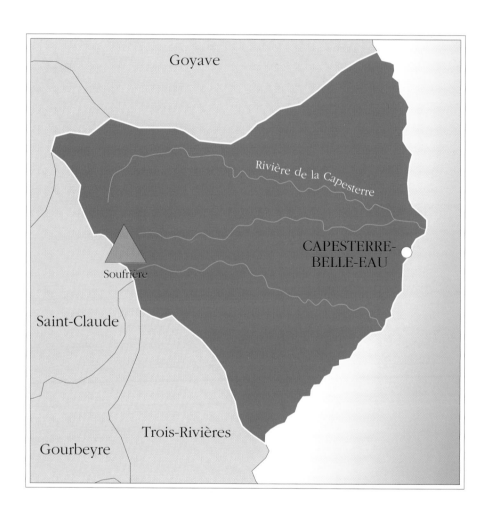

Goyave

Rivière de la Capesterre

Soufrière

CAPESTERRE-
BELLE-EAU

Saint-Claude

Trois-Rivières

Gourbeyre

Capesterre-Belle-Eau

Canton de Capesterre-Belle-Eau
Arrondissement de Basse-Terre
Superficie : 10 300 ha
Population 1990 : 19 083 hab.
Habitants : les Capesterriens
Cours d'eau : la Grande Rivière
de la Capesterre, la Rivière du Pérou
et la Rivière du Grand Carbet

Origine du nom : de l'expression de la
marine « cab-est-terre », désignant une terre
exposée au vent de l'est ; l'abondance des
cascades, des rivières et des plans d'eau sur
le territoire de la commune lui vaut par
ailleurs l'adjonction du complément « Belle-
Eau », qui la distingue de Capesterre-de-
Marie-Galante.

HISTORIQUE

*La situation géographique particulière-
ment favorable de la région de
Capesterre explique une occupation
humaine précoce de son territoire.
Lorsque Christophe Colomb y aborde
lors de son deuxième voyage, le
4 novembre 1493, plusieurs villages
amérindiens y sont installés. Ceux-ci
sont entourés de terres cultivées, irri-
guées par les abondants cours d'eau
qui descendent des montagnes avoisinantes. Quelques années après le
début de la colonisation française, la
culture de la canne à sucre est introduite et s'étend très vite sur tout le territoire. Au XVIIIe siècle, d'immenses
propriétés, dont deux marquisats, se
constituent. Pendant la Révolution, les
troubles sanglants qui opposent partisans de l'esclavage et abolitionnistes
sont à l'origine d'un important déclin
démographique dans la commune.
L'immigration d'une main-d'œuvre
recrutée dans les comptoirs de l'Inde
après l'abolition de l'esclavage, en
1848, ne permet pas aux exploitations
de retrouver leur niveau de prospérité
économique. Le prix du sucre ne cesse
de baisser et les grands domaines se
disloquent. Au début du XXe siècle, la
vie de la commune est fréquemment
secouée par d'importants troubles
sociaux. La culture de la banane*

*prend bientôt le relais de la canne à
sucre, et la principale usine sucrière
ferme ses portes en 1970. Les descendants des immigrants indiens ont
élevé entre Capesterre et Sainte-Marie
le temple de Changy, lieu de culte hindouiste aujourd'hui le plus important
de l'île.*

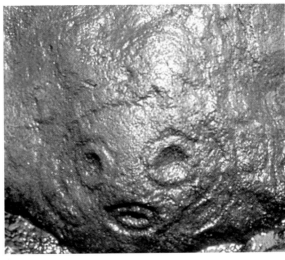

PÉTROGLYPHE
Ier millénaire
(H. : 90 cm)
Rivière du Pérou A9710775

En 1647, dans sa *Relations de l'isle de la
Guadeloupe*, le père Breton mentionne
une « pierre grande comme trois tonneaux en la grande rivière de la Cabesterre à sept ou cent pas de la mer, sur
laquelle sont gravées diverses représentations d'hommes, de femmes, et d'enfants. Entre autres, au milieu, il y a un
visage d'homme gros et portant une
grande barbe, qui a en teste un bonnet
[...]. Il y a aussi une teste de petit garçon
qui porte une guirlande qui est représentée sur cette pierre à peu près
comme une couronne de comte. Les
testes de femmes sont toutes simples. Au
bout de la pierre, il y a une teste de
mort avec un grand os dessous de travers, et au bas une forme d'escusson de
cette sorte. Il y a apparence qu'il y a eu
plus de figures qu'il n'en paroist maintenant, mais l'eau les a rongées et mesme
a faict tomber un pan de cette pierre qui
n'a point maintenant de forme certaine. »
Il s'agit là de la plus ancienne description des pétroglyphes précolombiens,

PÉTROGLYPHE
Ier millénaire
(l. : 70 cm)
Rivière-du-Bananier A9710774

L'existence d'une gravure amérindienne
au lieu-dit Rivière-du-Bananier a été
signalée en 1987, sur les indications
d'un riverain. Dans le lit même de la
rivière, au moins trois roches présentent
plusieurs gravures et polissoirs. À
l'extrémité de la
principale d'entre
elles figure une
tête gravée émer-
geant à peine de
l'eau. Le rocher
formerait ainsi le
corps d'un animal,
interprété par cer-
tains comme un
lamantin, mammi-
fère autrefois pré-
sent sur le rivage
de la Guadeloupe.

qui n'ont ensuite été redécouverts qu'en
1888. Ayant une nouvelle fois sombré
dans l'oubli, ces roches n'ont été à
nouveau mises au jour qu'en 1990.

POUDRIÈRE SAINTE-MARIE
XVIIᵉ-XVIIIᵉ siècles
Pierre
Sainte-Marie   *A9710720*

La poudrière et quelques pans de maçonnerie en bord de mer sont les seuls vestiges de la batterie Sainte-Marie. La poudrière, construite entièrement en pierre, possède une voûte en plein cintre et un chaînage d'angle. Elle se dresse, comme de coutume, en retrait de la batterie. En 1661, alors que l'habitation du même nom, propriété de Charles Houël, est érigée en marquisat, l'existence d'une forteresse est mentionnée. Attestée au XVIIIᵉ siècle, la batterie témoigne des efforts pour défendre un rivage qui subit les nombreuses attaques ennemies, malgré les difficultés de navigation aux abords de la côte au vent, dues à une mer houleuse et aux nombreuses passes difficiles. Quelques batailles jalonnent l'histoire du bastion. En 1703, Gabaret arrive de la Martinique avec sa flottille afin de prêter main forte à Basse-Terre attaqué par les Anglais. En 1759, la batterie ne peut contenir l'ennemi, qui a débarqué à Petit-Bourg et s'avance par la terre. Ce sont encore les Anglais qui débarquent en 1810, sans rencontrer de réelle résistance, et qui réussissent à soudoyer un guide local pour mener à bien leur avancée sur Basse-Terre.

CANAL
Vers 1700
Pierre et maçonnerie
Habitation Les Mineurs   *A9710747*

Ce canal prend naissance dans la Rivière du Grand Carbet et traverse sur 3,5 kilomètres les habitations Bois-Debout et Les Mineurs. D'une importance fondamentale pour la vie et l'activité industrielle sur ces habitations, il est régulièrement entretenu durant les trois cents ans de son utilisation.

CHEMINÉE
1845
Pierre
Habitation Les Mineurs
          A9710745

Longtemps sucrerie traditionnelle, l'habitation Les Mineurs est rachetée en 1844 par deux négociants associés, du nom de Capitaine et Nicolay. Les dégâts très importants du tremblement de terre de 1843 rendent nécessaire la reconstruction complète des bâtiments. On crée alors une nouvelle salle, beaucoup plus grande, pour le moulin à canne, toujours entraîné par la roue hydraulique. Cinq nouvelles chaudières à sucre sont également installées, mais la grande nouveauté réside dans la mise en place d'un générateur de vapeur, destiné à la cuisson du sucre à l'aide de serpentins plongeant dans les chaudières. En outre, des pompes à liquide à vapeur évitent tous les transvasements à la louche. La sucrerie des Mineurs devient ainsi une « usine à vapeur ». La cheminée, beaucoup plus importante, témoigne de ce passage aux nouvelles technologies. Le piédouche, à section carrée, se prolonge par un fût à pans coupés qui annonce l'esthétique industrielle du second Empire.

LOGEMENT DES TRAVAILLEURS
Début du XXᵉ siècle
Pierre et tôle
Habitation Les Mineurs   *A9710749*

La facture en pierre de ce bâtiment destiné à loger les travailleurs de l'habitation est inhabituelle, puisque même les maisons de maître sont, pour la plupart, bâties en bois. Après 1848, la case à nègres en mauvais bois des temps de l'esclavage est définitivement rejetée par les ouvriers salariés, et cela plus encore après les émeutes sociales de 1910. Le bâtiment, longitudinal, regroupe une suite de logements dotés chacun d'une porte à contrevent : on retrouve ici le plan traditionnel des « rues cases-nègres » regroupées autour d'une seule et même cour, dans laquelle on faisait la cuisine et la lessive, et où se nouaient les liens de la vie sociale. Les bâtiments ont été reconvertis en vestiaire et cantine pour les ouvriers de l'usine. En face, un bâtiment du même type a été transformé en bureau.

femme Anne-Agnès Gressier y reposent, morts respectivement en 1775 et en 1769, ainsi que leur fils Jean-Baptiste de Poyen Belliste. Bien que protestant, Jean Poyen est anobli pour faits d'armes. Quant à Jean-Baptiste de Poyen Belliste, mort à Bois-Debout en 1814, il demande à être enterré dans le jardin, auprès de ses parents. Selon la tradition, la tombe comporterait également la dépouille de Gabriel André Castaing, mort en 1863 en se jetant dans une chaudière à sucre.

ESCALIER ET PORTAIL
XVIIIᵉ siècle
Pierre
Habitation Bois-Debout   A9710723

PONCEAU
XXᵉ siècle
Pierre et maçonnerie
Habitation Les Mineurs   A9710748

Ce petit pont permettait autrefois de franchir le canal de décharge, qui rendait possible l'écoulement du trop-plein du canal principal. En effet, si le débit de celui-ci était trop fort, les augets de la roue hydraulique se remplissaient mal. Malgré son rôle mineur au sein de l'habitation, ce pont a été réalisé avec un grand soin et la voûte est formée de pierres de taille.

début, la gouttière qui achemine l'eau jusqu'à la roue est supportée par cinq piliers maçonnés. L'ensemble du canal a constamment été restauré au cours des siècles. Toutefois l'un des piliers à la maçonnerie plus soignée, comportant des chaînages d'angle en pierres de taille et des lits de pierres saillantes, se distingue sensiblement de ses voisins et date peut-être des débuts de l'habitation.

Le portail est l'un des rares éléments préservés de la maison des Poyen du XVIIIᵉ siècle. Ses deux piliers et son jeu de marches constituaient l'entrée du jardin. Il est désormais intégré à l'aile droite de la maison. Quant au jardin, il est aujourd'hui planté d'essences rares et de palmistes introduits par Charles Le Dentu, botaniste amateur du XIXᵉ siècle.

PILIERS D'AQUEDUC
Début du XVIIIᵉ siècle
Maçonnerie
Habitation Bois-Debout   A9710751

Quand Jean Poyen et son épouse créent la sucrerie Bois-Debout, peu après leur mariage en 1713, le canal existe déjà pour les besoins de la sucrerie du père, Jean Poyen, légèrement en aval. Dès le

TOMBE
XVIIIᵉ siècle
Maçonnerie
Habitation Bois-Debout
    A9710753

Cette grande tombe sans aucune épitaphe se dresse à l'ombre d'un manguier centenaire. Jean Poyen et sa

INSTALLATIONS INDUSTRIELLES
XVIIIe-XXe siècles
Pierre, maçonnerie et fonte
Habitation Bois-Debout A9710750

Consacré depuis près de trois cents ans à des produits d'exportation, aujourd'hui à la banane, le domaine abrite d'importants vestiges de ses installations d'usine sucrière et de distillerie. Le mur du bâtiment du moulin est sans doute le vestige le plus ancien. La gouttière de l'aqueduc est toujours approvisionnée en eau, mais la grande roue hydraulique, devenue inutile, ne fonctionne plus. Les deux cheminées, datées de 1882 et 1887, rappellent l'importance de la vapeur à l'époque où l'habitation Bois-Debout était une véritable usine, traitant les cannes de toute la propriété.

MAISON DE MAÎTRE DE L'HABITATION BOIS-DEBOUT
1850
Maçonnerie et bois
A9710721

L'habitation Bois-Debout est attestée au début du XVIIIe siècle. De 1713 à 1814, les Poyen occupent une grande demeure en pierre située à quelques mètres de l'emplacement de l'actuelle maison. Celle-ci est détruite par le tremblement de terre de 1843. Vers 1850, l'habitation est réaménagée et la maison reconstruite. Un corps de maçonnerie à deux niveaux est édifié, prolongé d'une construction en bois. Au début du XXe siècle, un étage est ajouté à l'aile gauche, dite « des célibataires ». Vers 1930, le corps central de la maison est achevé dans sa configuration actuelle. L'aile droite est construite beaucoup plus tard dans une continuité de style par rapport à l'ensemble, avec une grande terrasse au premier étage, qui donne sur le jardin arrière. Des galeries mi-contournantes, tant au rez-de-chaussée qu'au premier étage, protègent du soleil et des pluies. La symétrie des ouvertures et des poteaux de soutien, soulignée par le motif géométrique des garde-corps, est allégée par le dessin des frises en zinc de la bande de rive. La maison est bordée de palmiers royaux, ceux-là même que Saint-John Perse, petit-fils des propriétaires qui avaient acquis la propriété en 1870, a célébrés dans son poème *Pour fêter une enfance* : « Et la maison durait, sous les arbres à plumes ».

CHAUDIÈRE À SUCRE
Vers 1845
Fabricant : Derosne et Cail
Tôle rivetée
Habitation Bois-Debout
A9710752

Destiné à cuire le jus de canne, ce grand récipient métallique est une production des ateliers Derosne et Cail, de Paris. Cette usine métallurgique, spécialisée dans la fabrication de matériel pour l'industrie sucrière, équipe la plupart des usines centrales guadeloupéennes qui apparaissent à partir de 1844. Installée avant 1846, cette chaudière en « fer battu » est à l'époque une pièce d'une grande rareté. La tôle utilisée est en effet obtenue par la frappe des blocs de fer en fusion, jusqu'à leur transformation en feuilles de petites dimensions. La maison Derosne, ayant mis au point un pilon retombant sur une enclume sphérique, peut fabriquer des chaudières formées de petites tôles martelées, réunies par des rivets. Ces exemplaires sont devenus très rares, parce qu'ils ont moins bien résisté au temps que les chaudières en fonte.

récit transpose en fait une mésaventure de son auteur, qui ridiculise une habitante de Capesterre, et vaut à Blessebois un emprisonnement puis une condamnation par contumace. Blessebois, cependant, s'échappe et se réfugie probablement en Hollande où paraît, en 1697, une première édition anonyme de son livre. Une dizaine d'exemplaires existent encore, qui témoignent du passage à Capesterre du « poète galérien », comme il se surnommait lui-même.

FRONTON
1786
Calcaire
Porche
Usine Marquisat A9710763

En 1738, la seigneurie de Saint-Martin est érigée en marquisat de Brinon, au profit de Jean-Charles de Sennecterre, qui y possède une habitation-sucrerie. Celui-ci vend la propriété à François Guillaume Pinel en 1754, qui devient à son tour marquis de Brinon en 1755. En 1786, l'un de ses petit-fils, Guillaume Pinel de Brinon, s'en retrouve le seul propriétaire. Il vient d'atteindre sa majorité et entreprend des aménagements sur le domaine. Les armoiries figurant sur le fronton du porche d'entrée de la propriété ne semblent par correspondre à celles des divers propriétaires du marquisat. Il s'agit vraisemblablement d'une pierre de remploi. Cependant, la couronne supérieure du blason est effectivement une couronne de marquis.

PETITE CASCADE DU JARDIN D'EAU
XIXᵉ siècle
Pierre
Habitation Bois-Debout A9710722
Un escalier à double révolution accompagne cette petite cascade issue de l'ensemble de bassins en alignement, qui partagent l'espace de l'habitation en plusieurs niveaux. À l'origine, les bassins étaient probablement plus importants, et un bassin de retenue accumulait l'eau en amont. Prélevée dans la Rivière du Grand Carbet, l'eau traverse les terres du domaine, avant de se séparer en deux branches. L'une d'elles alimentait les roues du moulin de la sucrerie. Le circuit de l'eau, régi sur l'ensemble du domaine par un système de vannes, se prolonge jusqu'à l'habitation voisine des Mineurs.

ŒUVRES SATYRIQUES
1676
Auteur : Pierre Corneille Blessebois
Collection particulière A9710776
Pierre Corneille Blessebois, condamné pour désertion, arrive à la Guadeloupe en 1686 en tant que bagnard numéro 1786. Michel Begon, intendant aux galeries et ancien intendant de la Martinique, a en effet décidé d'envoyer quelques bagnards travailler aux îles. Blessebois écrit en Guadeloupe *Le Zombi du grand Perou ou La Comtesse de cocagne*, ouvrage considéré plus tard par Apollinaire comme « le premier roman colonial ». Quelques expressions créoles y apparaissent en effet, ainsi que des éléments tirés de la vie des Antilles au XVIIᵉ siècle. Le

PONT DU CARBET
1787
Pierre
Rivière du Grand Carbet   *A9710718*

La construction de ce pont s'inscrit dans un programme de développement des voies de communication, impulsé par Nolivos, gouverneur de la Guadeloupe dans les années 1770. Il initie la mise en place de la route coloniale numéro 1, reliant Pointe-à-Pitre à Basse-Terre. Aux dires de l'historien Lacour, à la fin du XIXᵉ siècle, celle-ci est « d'une longueur sans fin ». Situé à mi-chemin, Capesterre est un point de repos et de relais. Dès l'origine, le pont est conçu pour supporter les importantes crues de la rivière. Il est composé de deux arches à voûte surbaissée, qui en épousent le coude. Aussi le pont décrit-il une légère courbe et non une ligne droite. Ses culées sont consolidées par un mur de retour qui empêche les éboulements de la rive, très haute par rapport au niveau moyen de l'eau. La pile du milieu est remplacée par un contrefort qui s'appuie sur le haut du tympan. Un parapet en pierre protégeait autrefois le passage des véhicules. Le pont était encore utilisé à la fin des années 1960, mais un gué existait toujours par ailleurs en contrebas. Un pont moderne a été construit en amont.

DISTILLERIE L'ESPÉRANCE
XVIIIᵉ-XXᵉ siècles
Habitation Longueteau   *A9710755*

Le bâtiment de la sucrerie-distillerie est construit en maçonnerie, avec porte voûtée et piédroits en pierre de taille. La puissante cheminée à section carrée est élevée à la même époque. La roue hydraulique et sa gouttière, longtemps entretenues, tombent aujourd'hui en ruine. Les colonnes à distiller du XXᵉ siècle, d'une hauteur importante, occasionnent une surélévation de la toiture à certains endroits. L'installation d'un générateur de vapeur a nécessité la construction de nouveaux hangars et d'une cheminée en tôle.

TOMBE
XIXᵉ siècle
Maçonnerie, pierre, brique et marbre
Cimetière de l'habitation Longueteau
     A9710761

Le petit cimetière familial de l'habitation Longueteau abrite une dizaine de tombes à l'abandon. Au XIXᵉ siècle, il est fréquent d'enterrer les membres de la famille sur les terres mêmes du domaine. Ce caveau-oratoire, l'une des tombes les plus imposantes de l'ensemble, occupe une place de choix, sur une élévation. Les divers fragments de marbre, provenant des tombes voisines et réunis sur le dessus du caveau, ne permettent pas de connaître le nom de son occupant. Diverses familles se sont succédé sur cette habitation : les Pinson au XVIIIᵉ siècle, les Estraguès, les Babin et les Bourreau au XIXᵉ siècle. Le cimetière date probablement du XVIIIᵉ siècle, époque à laquelle l'habitation s'appelle encore Sainte-Marie, et un document notarié fait état de son existence dès 1829.

BLASON DE LA FAMILLE DE POYEN
1777
Calcaire (H. : 150 cm)
Distillerie L'Espérance   *A9710760*

Cette pierre armoriale ornait autrefois la maison seigneuriale des Poyen. Jean Poyen avait été anobli en 1770, pour ses qualités militaires et pour le service rendu par son grand-père qui avait importé la canne à sucre à la Guadeloupe. Ayant acheté à la famille Boisseret le marquisat de Sainte-Marie, les Poyen en portèrent le titre. Leur blason se compose d'un écu de gueules à un paon d'argent passant sur une terrasse de sinople et un chef d'azur chargé de trois étoiles d'or. Une couronne de marquis surmonte le tout. Deux atlantes nus soutiennent l'ensemble.

MACHINE À VAPEUR
Début du XXe siècle
Fonte (3 × 2 m)
Distillerie L'Espérance   A9710758

Lorsque la famille Longueteau achète la propriété à la fin du XIXe siècle, le moulin à canne est entraîné par une roue hydraulique. Après la Seconde Guerre mondiale, l'établissement se modernise. On achète une machine à vapeur et un nouveau moulin à canne. Fabriqués par la société Saint-Quentin en 1925, tous les deux proviennent de l'habitation Jeanne d'Arc, à la Martinique.

Cette maison, avec ses deux étages similaires, où les portes-fenêtres se correspondent d'un étage à l'autre, est représentative du type de maison « haut et bas » présent dans les zones urbaines. La galerie, toutefois, comme le garde-corps en bois ajouré échappent au modèle et ont été ici ajoutés. Les moulures au-dessus des ouvertures ne sont pas seulement décoratives, mais permettent une meilleure étanchéité des contrevents, tout comme la frise de la bande de rive qui courait à l'origine tout autour de la toiture à double pente. La maison est peinte en blanc, selon la coutume dans la région de Capesterre.

BALANCE
XXe siècle
Bois et tôle
Distillerie L'Espérance   A9710756

Ce petit édifice fait partie des bâtiments classiques des entreprises sucrières. Les cabrouets et les tracteurs des fournisseurs de la sucrerie, fermiers, métayers ou petits propriétaires, s'y arrêtent pour que leur production de canne à sucre soit pesée, le poids déterminant bien sûr le prix des marchandises fournies.

HABITATION LONGUETEAU
1949
Peintre : André Ronsin
Huile sur toile   A9710734

André Ronsin (1902-1970) vient d'arriver à la Guadeloupe, lorsqu'on lui passe la commande de ce tableau. Celui-ci représente l'habitation Longueteau avec sa maison de maître à galerie et galetas, accompagnée de ses dépendances, devant lesquelles s'étend le bassin de retenue du canal alimentant la distillerie située en contrebas. Un grand souci du détail fait de ce tableau un document d'époque, la maison de l'habitation ayant changé. Tout au long de sa carrière, Ronsin travaille les couleurs dans le but de rendre l'atmosphère tropicale. Peintre figuratif, indépendant et amoureux de la nature, il a pour spécialité la peinture des paysages guadeloupéens, en particulier des rivières et des arbres. Il décore de nombreux bâtiments publics, et réalise notamment une fresque dans l'aéroport de Pointe-à-Pitre, aujourd'hui disparue.

MAISON
XIXᵉ siècle
Bois, zinc et tôle   A9710725

Cette maison traditionnelle, composée d'un rez-de-chaussée à galetas et surmontée d'un toit à deux pans, est surélevée par rapport à son socle en maçonnerie, l'espace entre celui-ci et le plancher en bois créant un vide sanitaire, qui protège à la fois de l'humidité et des insectes. Comme pour beaucoup de maisons de ville, la façade ne laisse rien paraître de la terrasse arrière qui s'ouvre sur un jardin limité par les murs mitoyens. Les côtés nord et sud sont ici protégés par un bardage en zinc. Les communs occupent l'aile gauche de la maison. Les moulures d'encadrement de l'intérieur, comme celles de la façade à l'extérieur, sont rehaussées de vert. À l'intérieur, les pièces sont aérées par le traditionnel système des claustras. La maison est située dans la partie ancienne du bourg, où parfois le trottoir laisse apparaître les dallages d'origine.

ANCIENNE PRISON
XIXᵉ siècle
Pierre, maçonnerie et tôle
Boulevard Delgrès   A9710765

Ce bâtiment comporte à l'origine deux parties. Côté rue, la maison du gardien est séparée de la prison proprement dite. L'une des trois pièces qui composent celle-ci conserve son ancien dallage, ainsi que des anneaux au sol, autrefois destinés à séparer les prisonniers enfermés ensemble dans la même cellule. L'une des salles possède toujours sa porte d'origine avec ses verrous et son judas.

L'entrée conduisant à ces trois salles sert de sas de sécurité. À l'extérieur du bâtiment figure un système d'attache pour les animaux en divagation, que l'on faisait entrer par une porte opposée à celle par laquelle transitaient les prisonniers. Pour les récupérer, leurs propriétaires devaient payer une amende ainsi que les frais couvrant les dégâts occasionnés par les bêtes dans les champs de canne. Cette prison servait principalement de lieu de détention provisoire avant le transfert des prisonniers à Basse-Terre. Le bâtiment abrite aujourd'hui les locaux de la police municipale.

ÉGLISE SAINT-HYACINTHE
1853
Pierre et maçonnerie   A9710701

Dès les premiers temps de la colonisation, les dominicains installés sur les lieux élèvent une église au centre du bourg de Marigot, ancienne dénomination de Capesterre-Belle-Eau. Celle-ci est placée sous la protection de saint Hyacinthe, frère dominicain. Son existence sur son emplacement actuel est certifiée dès 1640, et le père Labat la décrit, en 1696, comme un édifice de maçonnerie couvert d'un toit d'ardoise et flanqué d'un clocher carré. Entièrement détruite par le tremblement de terre de 1843, l'église est reconstruite en 1850. Un autre tremblement de terre démolit une partie des reconstructions, et l'édifice est un nouvelle fois refait en 1853, cette fois-ci aux frais du gouvernement. Mᵍʳ Forcade, évêque coadjuteur de la Guadeloupe, l'inaugure finalement en 1855. En 1928, le cyclone lui enlève son toit et son clocher. On confie alors à Ali Tur la reconstruction d'un clocher et d'une sacristie. Le style de l'architecte se retrouve en outre dans les claires-voies des collatéraux, où s'insèrent des vitraux de facture moderne. Il ne reste rien aujourd'hui de l'ancien plan en croix latine dont les côtés ont été comblés par des collatéraux, ajoutés dans les années 1940. La façade de l'église, avec ses pilastres, ses trois portes en plein cintre et son fronton mouluré néo-classique, présente des similitudes avec celle de l'église de Pointe-Noire. Un second fronton de style plus baroque rappelle l'architecture de l'ancienne église. Trois prêtres, grands chroniqueurs des Antilles, exercent successivement leur sacerdoce à Capesterre-Belle-Eau : Raymond Breton en 1639, Mathias Dupuy en 1645, et Jean-Baptiste Du Tertre de 1645 à 1647.

CHAPELLE SAINT-JEAN-BAPTISTE
Milieu du XIXᵉ siècle
Pierre et maçonnerie
Saint-Sauveur A9710710
Une première chapelle est construite lors de l'abolition de l'esclavage, en 1848. La tradition rapporte qu'elle sert à l'origine de local où l'on instruit les anciens esclaves. En 1851, le tremblement de terre la détruit en partie, mais elle subit par la suite peu de modifications par rapport à son architecture initiale. De plan rectangulaire, l'édifice possède une façade sobrement décorée avec un chaînage d'angle, un entourage à auvent sur l'unique entrée, et une

simple moulure surmontée d'une croix en pierre. Un clocher carré, au-dessus d'une petite sacristie, domine le tout. On y accède par une allée pavée dessinant une croix et rythmée par trois marches. De l'autre côté de la route, un chemin pavé prolonge cette allée et mène au cimetière, situé à quelques mètres.

TOMBE-CHAPELLE
Seconde moitié du XIXᵉ siècle
Pierre et maçonnerie
Cimetière de Saint-Sauveur A9710707
Ce type de tombe-chapelle est à mettre en relation avec les «tombes-maisons» contemporaines, édicules ajourés et décorés de carreaux de faïence. La concession de cette tombe semble avoir succédé à une autre, plus ancienne. Le cimetière de Saint-Sauveur, surplombant la mer toute proche, et lié à l'église s'élevant à proximité, est installé en 1850, de manière spontanée, sans qu'aucune autorisation ait été ni demandée ni octroyée. Des tombes imposantes y côtoient de simples tertres cerclés de conques de lambi.

ÉPITAPHES
Début du XXᵉ siècle
Cimetière de Saint-Sauveur A9710709
Au pied de tombes décorées en faïence rose, des plaques plus anciennes ont été reprises et réactualisées lors de l'aménagement des nouveaux caveaux. De nombreuses tombes, à l'origine simples tertres de terre entourés de conques de lambi, ont été en effet consolidées et ornementées au fur et à mesure que la famille montait dans l'échelle sociale.

TOMBE
Vers 1960
Carreau de faïence et ciment
Cimetière de Saint-Sauveur A9710708

Cette tombe, de style tombe-chapelle, est organisée pour les dévotions : un espace est notamment aménagé pour la prière et la fête des Morts. Sa facture, imposante et soignée, témoigne de l'honorabilité de la famille qui y est enterrée.

Capesterre-Belle-Eau

CROIX DE MISSION
1875
Pierre
Boulevard Delgrès   *A9710704*

Cette croix commémore la mission pastorale de 1875. Le but de ce genre de missions, qui se multiplient après l'abolition de l'esclavage, est de raviver la ferveur religieuse et de réaffirmer la foi catholique, mise à mal par les valeurs laïques et républicaines. Les autorités religieuses s'appliquent notamment à rétablir les traditions du mariage et du baptême. Les missions se concluent généralement par une procession propre à marquer les esprits, au terme de laquelle on plante dans la plupart des cas une croix.

PILE DE L'ANCIEN VIADUC DE SAINTE-CATHERINE
1897
Pierre   *A9710719*

Il ne reste que deux piles du viaduc métallique construit par le Crédit foncier colonial en 1897. Ce viaduc supportait les rails d'un chemin de fer industriel et permettait de franchir la profonde ravine du Corps-de-Garde. Ces piles de section rectangulaire comportent un chaînage d'angle en pierre de taille avec, gravée, la mention « CFC 1897 ». L'édification du viaduc intervient en pleine période de développement de la culture de la canne à sucre dans la région de Capesterre. La voie ferrée est destinée à acheminer le sucre de l'usine Marquisat au port de

Sainte-Marie, son lieu d'embarquement, et sert également à transporter quelques voyageurs. En 1900, il est possible, pour un prix de 5 francs, de faire le voyage suivant : Pointe-à-Pitre - Sainte-Marie en bateau à vapeur, Sainte-Marie - Capesterre en train, l'un des wagons étant aménagé pour les passagers. Au début du XXᵉ siècle, le réseau ferroviaire industriel s'étend à Goyave, où un pont métallique est construit en 1913. La voie ferrée est abandonnée avec la fermeture des usines sucrières, et on détruit le viaduc dans les années 1970 pour des raisons de sécurité.

ALLÉE DUMANOIR
Fin du XIXᵉ siècle   *A9710737*

Dès le XVIIᵉ siècle, le père Labat parle avec admiration des « larges chemins bordés de poiriers en ligne ». Ces chemins, qui datent de Charles Houël, se trouvent du côté de Sainte-Marie et « aux abords de Marigot ». Il semble que ces voies bien tracées soient restées dans les habitudes de la région, puisqu'on en retrouve un autre exemple sur la propriété Moulin-à-Eau, où il est fait mention d'une grande allée de galbas en 1822. Mentionnée dès 1889, l'allée Dumanoir et sa double rangée de palmiers royaux est plantée par Pinel-Dumanoir, dont la famille est présente à Capesterre depuis le XVIIIᵉ siècle. L'allée part de la sortie du bourg, borde leur propriété de Moulin-à-Eau et s'achève au pont du Carbet. Une photo des années 1930 montre l'allée ainsi qu'un bout de l'aqueduc qui traverse encore à l'époque la route coloniale empruntant la voie. L'allée est fortement endommagée par le cyclone de 1928, puis par celui de 1956, mais elle est régulièrement replantée.

ANCIEN COLLÈGE DE GARÇONS
Fin du XIXᵉ siècle
Maçonnerie, bois et tôle
Rue Paul-Lacavé

A9710726

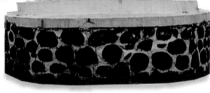

D'abord gendarmerie, puis collège, cette grande bâtisse est dénommée par les Capesterriens eux-mêmes « la principale », par opposition à l'école des filles et à « l'annexe ». Une ouverture de la façade, plus importante et en plein cintre, marque l'entrée principale du collège, composée d'un vestibule donnant sur l'escalier du premier étage, qui abrite lui aussi des classes. Une cour s'ouvre sur l'arrière du bâtiment, à proximité du front de mer, qu'elle domine.

MONUMENT CHRISTOPHE-COLOMB
1916
Marbre de Carrare, ciment et pierre
Sainte-Marie A9710705

Le 4 novembre 1493, les caravelles de Christophe Colomb abordent à la Guadeloupe, à l'occasion du deuxième voyage de l'explorateur. Sainte-Marie est traditionnellement reconnu comme le lieu de débarquement des Européens, bien qu'une polémique à ce sujet oppose les historiens.

Le 4 novembre 1916, le gouverneur Merwart, en fonction de 1913 à 1917 à la Guadeloupe, inaugure un monument à la gloire du célèbre navigateur génois, sur un terrain offert par les Longueteau. Son buste est spécialement commandé à un artiste génois. Il repose sur une colonne supportée par un socle triangulaire, dont la géométrie évoque les instruments de l'époque, sextant et astrolabe. Une plaque de marbre porte un poème écrit par le gouverneur lui-même : « Qu'un marbre façonné dans ton pays natal/Ô Colomb découvreur et parrain de ces îles/Rappelle en t'évoquant sous l'azur des Antilles/Quelle gloire à ton nom servit de piédestal. » Après une messe célébrée à l'église Saint-Hyacinthe, l'évêque Genoud bénit le monument. Dans les années 1930, celui-ci est laissé à l'abandon. Il n'est réhabilité que dans les années 1970.

ANCIENNE ÉCOLE COMMUNALE
Début du XXᵉ siècle
Bois et tôle A9710730

Ce long bâtiment sert d'école communale jusque dans les années 1950. L'une des maisons, au pavage de tommettes rouges, portait à l'origine une frise dentelée en bois. Une allée en galets de rivière joignait les marches de l'école à la rue.

ANCRE COMMÉMORATIVE
XXᵉ siècle
Square Christophe-Colomb Sainte-Marie
A9710741

En 1984, la municipalité ajoute au monument Christophe-Colomb deux ancres monumentales censées évoquer les caravelles du grand navigateur. L'une de ces ancres, remontée des fonds de la baie de Pointe-à-Pitre, est fournie par la capitainerie du port. L'autre est retrouvée dans la rade de Capesterre-Belle-Eau.

MONUMENT AUX MORTS
Années 1920
*Granit, pierre, marbre, bronze
et fer forgé*
Place de l'Église   A9710706

La facture du monument comme les matériaux employés, importés de métropole, témoignent du soin qu'a voulu accorder la commune pour honorer la mémoire de ses morts tombés pour la France. Une symbolique composite orne la colonne de granit rose, sur laquelle sont juxtaposées une croix de Malte, une croix latine et une palme de laurier. L'ange qui la surplombe a perdu ses ailes lors du passage d'un cyclone. Sur le pié- destal, deux plaques de marbre portent, gravés, les noms des soixante vic- times de la com- mune, tombées lors de la Première Guerre mondiale. Le contingent gua- deloupéen « classe 1912 », créé sous le mandat du gou- verneur Merwart, avait gagné la métropole dès 1913.

PRESBYTÈRE
1930
Ciment
Boulevard Delgrès   A9710702

Les chroniqueurs rapportent que l'ancien presbytère était construit de plain-pied et en bois. À la fin du XIXᵉ siècle, il est doté d'un étage et entouré d'un jardin à bas- sin. Un rideau d'arbres le sépare de l'usine Marquisat, toute proche. Détruit par le cyclone de 1928, le presbytère est reconstruit en dur en 1930, selon les nouvelles prescriptions architecturales introduites par Ali Tur. L'allure générale des grandes maisons de la région de Capesterre est conservée : l'édifice se

présente comme un grand quadrilatère à étage, avec de nombreuses ouver- tures dotées de persiennes. Cepen- dant, par manque de moyens, les galeries sont réduites, et le balcon du premier étage ne correspond pas aux principes de ventilation posés par Ali Tur. L'aspect fonc- tionnel a en effet ici été privilégié : la façade du bâtiment est dirigée vers le bourg, c'est-à- dire vers les paroissiens, et la galerie fait office de porche.

PHARE
1930
Ciment (H. : 6 m)
Sainte-Marie   A9710716

Au début du XXᵉ siècle, l'activité de l'usine Marquisat génère un important trafic dans le petit port de Sainte-Marie. Situé au vent, celui-ci est d'un abord assez difficile à cause des courants et des cayes des Peignes et du Grand Loup. La signalisation du port com- prend une bouée sur le Grand Loup, des balises, ainsi que ce phare. Celui-ci se dresse à proximité de l'appontement colonial,

qui supportait une voie ferrée où abou- tissait le train de l'usine. Attesté dès 1886, ce phare blanc formait avec d'autres feux un triangle protec- teur. Il est reconstruit après le passage du cyclone de 1928. Il est muni d'une échelle qui per- mettait aux Services des phares et des balises de contrôler le bon état de ces équipements. Dans les années 1960, les usines ferment les unes après les autres, et la culture de la banane remplace celle de la canne à sucre. Le chemin de fer est abandonné et le port n'est plus fréquenté que par les pêcheurs locaux. Le phare tombe alors en désuétude.

POSTE
1930-1935
Béton armé
Sainte-Marie   A9710715

Un premier bâtiment pour la poste est édifié en 1916 et 1917 date de construction du monu- ment Christophe-Colomb situé à proximité. Détruit par le cyclone de 1928, il est rebâti par une entreprise locale qui reprend quelques élé- ments carac- téristiques d'Ali Tur : toit plat, anima- tion de la fa- çade par des moulures. Le fronton, qui surmontai autrefois le toit, a aujour- d'hui disparu.

ÉCOLE AMÉDÉE-FENGAROL
1930-1935
Architecte :
Ali Tur
Béton armé

A9710772

Le bâtiment est significatif des principes architecturaux adoptés par Ali Tur. Celui-ci reprend en effet divers éléments traditionnels comme les piliers en bois des maisons antillaises, en les réinterprétant, notamment au travers de matériaux nouveaux. Au premier étage, une large galerie à garde-corps plein, desservant les classes, protège à la fois du soleil et de la pluie. L'espace de l'école est par ailleurs délimité par un mur d'enceinte scandé d'éléments décoratifs ajourés.

MAIRIE
1930-1935
Architecte : Ali Tur
Béton armé

A9710711

L'horizontalité des plans, renforcée par le toit-terrasse, est uniquement rompue par l'entrée surmontée d'une tribune et ses piliers verticaux. Deux grandes préoccupations de l'architecte se retrouvent dans la construction : la circulation de l'air et les écrans au soleil. De nombreuses et larges ouvertures ainsi que des claustras satisfont à la première. Les galeries profondes avec des garde-corps ajourés et l'important auvent répondent à la seconde. L'intérieur comporte par ailleurs de vastes couloirs aérés. La fonction du bâtiment, enfin, a motivé la conception d'une imposante façade.

CIMÉMA LE MAGESTIC
1930-1940
Béton armé   *A9710732*

Comme de nombreux autres bâtiments construits à la même époque, le cinéma de Capesterre-Belle-Eau a subi l'influence d'Ali Tur. On retrouve ici le toit-terrasse, l'auvent protecteur, le balcon ajouré et l'entrée à pilier précédée d'un escalier, souvent mis en œuvre par le célèbre architecte. La typographie du nom ornant la façade semble en outre se rapprocher de celle utilisée pour l'école Amédée-Fengarol, construite selon les plans d'Ali Tur. Dans les années 1940, la séance de cinéma la plus fréquentée est celle du dimanche matin. La salle compte à cette époque une centaine de places : la plus grande partie au parterre, sur des sièges en bois, les autres à la tribune, sur des sièges en mousse, à laquelle on accède par deux escaliers latéraux. Le cinéma reste en activité jusque dans les années 1970.

PONT DE LA RIVIÈRE PÉROU
1933
Architecte : Ali Tur
Béton armé et acier
Rivière Pérou   *A9710717*

Le travail d'Ali Tur, manifeste ici dans les deux arcs en béton armé, consiste à consolider l'ancien pont métallique, construit au XIXᵉ siècle. Cette réalisation s'inscrit dans la politique de reconstruction des infrastructures de communication, après le cyclone de 1928. Capesterre est en effet un point de passage obligé sur l'axe Pointe-à-Pitre - Basse-Terre. Les arcs, blancs à l'origine, ont été colorés par la suite. La rivière doit son nom à l'habitation-sucrerie Pérou, mentionnée dès le XVIIᵉ siècle.

SALLE PAROISSIALE SAINT-JOSEPH
Années 1940
Ciment, bois et tôle
Boulevard Delgrès   A9710703

Situé à proximité du presbytère et de l'église, ce bâtiment fait office de salle d'œuvres de la paroisse. Le fronton rappelle qu'autrefois l'édifice servait également de cinéma, sous le nom de Pax ou de Colisée.

HALLES
Années 1940
Béton armé
Rue Paul-Lacavé   A9710714

Ces halles, destinées à la vente de la viande et du poisson, se composent de loges, munies d'étals en bois et de grillage se faisant face, et réunies par un auvent. La construction de ces halles, dont l'architecture trahit l'influence d'Ali Tur, vient compléter le marché de vivres, situé dans la même rue, vers la mairie. Elle vise à améliorer l'hygiène et à faire disparaître le système de vente anarchique préexistant.

MAISON PRINCIPALE DE L'HABITATION GRAND-CAFÉ
1940
Bois   A9710724

La propriété Grand-Café est mentionnée en 1831, lors de la vente de l'habitation voisine L'Espérance, dont elle fait alors partie. Elle est, à l'époque, recouverte de forêts. En 1940, son propriétaire, Gérard Babin, fait construire une maison en bois. Lors des travaux, on retrouve les vestiges d'une charpente, restes probables d'une ancienne base forestière. À l'origine maison secondaire, la maison devient habitation principale, Gérard Babin étant fondé de pouvoir sur l'habitation voisine. La façade de la maison constitue la partie la plus ancienne de l'édifice. Bâtie sur vide sanitaire avec aération pour lutter contre la forte humidité, la maison était autrefois en grande partie blindée de zinc. Ses murs sont peints en blanc, pour protéger le bois et pour respecter la tradition capesterrienne, qui veut que les maisons soient blanches, sans autres rehauts de couleurs, dans le vert ambiant. Une maison plus petite se dresse à proximité, ancien logement du géreur de l'habitation, qui fut caféière avant de devenir bananeraie.

CASE DE VILLE
Vers 1940
Bois et tôle   A9710727

Située dans la partie ancienne du bourg, cette petite case est à l'origine composée d'un rez-de-chaussée avec deux ouvertures sur la rue. Par la suite, elle est agrandie en hauteur et dotée d'un étage à galetas avec une double lucarne. Un auvent en bois à frise dentelée protège la façade et les deux portes-fenêtres.

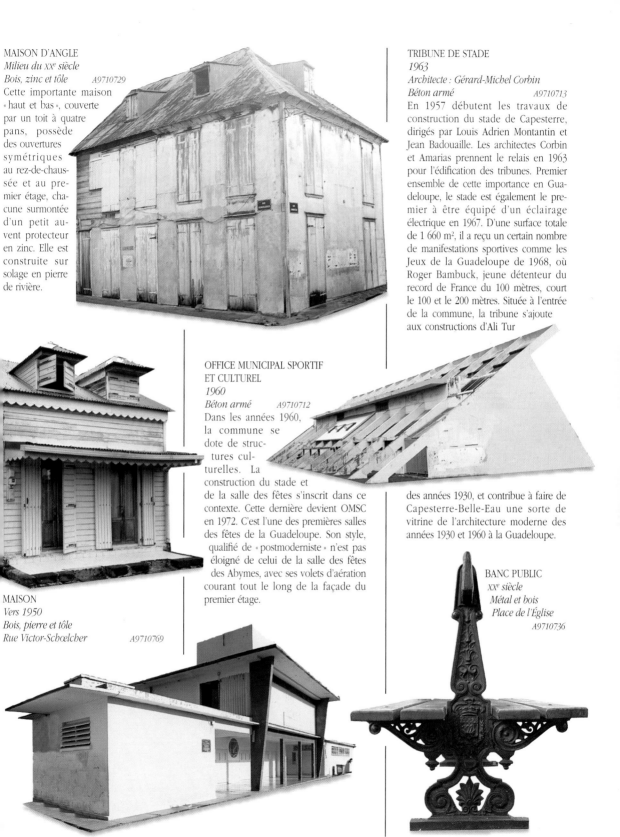

MAISON D'ANGLE
Milieu du XXᵉ siècle
Bois, zinc et tôle   A9710729

Cette importante maison « haut et bas », couverte par un toit à quatre pans, possède des ouvertures symétriques au rez-de-chaussée et au premier étage, chacune surmontée d'un petit auvent protecteur en zinc. Elle est construite sur solage en pierre de rivière.

OFFICE MUNICIPAL SPORTIF ET CULTUREL
1960
Béton armé   A9710712

Dans les années 1960, la commune se dote de structures culturelles. La construction du stade et de la salle des fêtes s'inscrit dans ce contexte. Cette dernière devient OMSC en 1972. C'est l'une des premières salles des fêtes de la Guadeloupe. Son style, qualifié de « postmoderniste » n'est pas éloigné de celui de la salle des fêtes des Abymes, avec ses volets d'aération courant tout le long de la façade du premier étage.

MAISON
Vers 1950
Bois, pierre et tôle
Rue Victor-Schœlcher   A9710769

TRIBUNE DE STADE
1963
Architecte : Gérard-Michel Corbin
Béton armé   A9710713

En 1957 débutent les travaux de construction du stade de Capesterre, dirigés par Louis Adrien Montantin et Jean Badouaille. Les architectes Corbin et Amarias prennent le relais en 1963 pour l'édification des tribunes. Premier ensemble de cette importance en Guadeloupe, le stade est également le premier à être équipé d'un éclairage électrique en 1967. D'une surface totale de 1 660 m², il a reçu un certain nombre de manifestations sportives comme les Jeux de la Guadeloupe de 1968, où Roger Bambuck, jeune détenteur du record de France du 100 mètres, court le 100 et le 200 mètres. Située à l'entrée de la commune, la tribune s'ajoute aux constructions d'Ali Tur des années 1930, et contribue à faire de Capesterre-Belle-Eau une sorte de vitrine de l'architecture moderne des années 1930 et 1960 à la Guadeloupe.

BANC PUBLIC
XXᵉ siècle
Métal et bois
Place de l'Église
A9710736

Capesterre-de-Marie-Galante

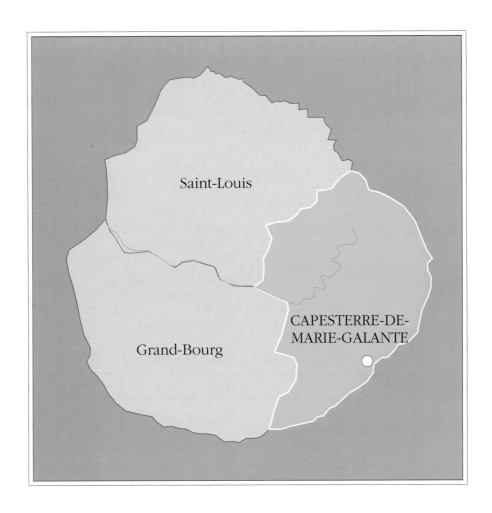

Saint-Louis

Grand-Bourg

CAPESTERRE-DE-
MARIE-GALANTE

Capesterre-de-Marie-Galante

Canton de Capesterre-de-Marie-Galante
Arrondissement de Pointe-à-Pitre
Superficie : 4 619 ha
Population 1990 : 3 800 hab.
Habitants : les Capesterriens

Origine du nom : d'une expression de marine du XVIIIᵉ siècle, *cab-est-terre* désignant les terres situées à l'est ou au vent.

HISTORIQUE

Habité par les Caraïbes, ou Kalinas, avant le passage de Christophe Colomb en 1493, le territoire de Capesterre regorge de vestiges amérindiens, plus particulièrement dans le secteur des Galets. Les premières tentatives de colonisation française de l'île échouent en raison des attaques incessantes autant des indigènes que des Hollandais et des Anglais. Vers 1703, la paroisse de Capesterre est créée, et la population s'accroît. Sur les habitations, on cultive un peu de canne à sucre, mais surtout de l'indigo et du coton, qui se prêtent bien au climat chaud et sec de l'île. En 1724, le bourg est mentionné pour la première fois. De 1759 à 1763, les Anglais occupent l'île, qui revient par la suite à la France. En 1769, on compte quelques habitations-sucreries, où la force motrice est fournie par des moulins à bêtes ou à manège. En 1793, les Capesterriens Hotessier, Cadet-Duclot et Faussecave participent à la proclamation de l'indépendance de Marie-Galante. L'esclavage est aboli une première fois en 1794, rétabli en 1802, et définitivement supprimé en 1848. En 1881, l'usine centrale de Montmein de Sainte-Anne appartenant à Amédée Dormoy est transférée sur l'habitation Bernard à Capesterre. Elle est détruite en 1928, puis reconstruite au Robert. Sa fermeture en 1946 entraîne l'exode d'une partie de la population vers Pointe-à-Pitre.

ADORNO ANTHROPO-ZOOMORPHE
IIIᵉ-VIᵉ siècles
Céramique (H. : 13 cm)
Musée Edgar-Clerc
Le Moule   A9710842

Repéré dans les années 1960, le site précolombien de l'Anse Taliseronde a subi de nombreux pillages et destructions. L'unique étude scientifique du site a été réalisée en 1975, avec une série de sondages archéologiques qui attestent plusieurs occupations successives, dont la plupart se rapportent à la phase Cedrosan Saladoïde tardive, entre le IIIᵉ et le VIᵉ siècles de notre ère. Parmi le mobilier archéologique recueilli, se trouvaient notamment des figurines animales ou humaines dénommées adorno, sculptures en terre cuite très élaborées, modelées sur le bord de vases à la décoration polychrome rouge, blanche et noire. À Taliseronde, on a également dégagé une sépulture féminine comportant de spectaculaires offrandes funéraires, parmi lesquelles quatre récipients en terre cuite déposés à côté du corps ou renversés sur celui-ci, une platine à manioc, une figurine en coquillage et des pendentifs. Autour de Taliseronde, dans la plaine côtière des Galets, plus d'une dizaine d'installations amérindiennes, dont la grotte voisine du Morne-Rita ornée de gravures, démontrent une occupation dense de la côte orientale de Marie-Galante aux temps précolombiens.

PÉTROGLYPHE
IIIᵉ-VIᵉ siècles
Grotte du Morne-Rita
Secteur des Galets   A9710802

La grotte du Morne-Rita s'ouvre à flanc de coteau, à environ 50 mètres au-dessus de la mer. Creusée dans un substrat calcaire, la cavité présente une entrée surbaissée. Découverts vers 1980, plusieurs pétroglyphes apparaissent sur des affleurements rocheux, sur des blocs effondrés, ainsi que sur les concrétions de la salle. Quelques traits difficilement interprétables sont visibles sur la voûte. Outre les gravures, la grotte comporte une peinture murale qui est actuellement la seule de ce type connue dans les Petites Antilles. Il s'agit d'une figuration humaine rehaussée de noir, vraisemblablement du noir de fumée. Des fragments de céramique retrouvés dans la grotte sont datables de la phase Cedrosan Saladoïde tardive, du IIIᵉ au VIᵉ siècles de notre ère. Ils pourraient être contemporains des dessins. *(Cl. M. H. 1983)*

VOÛTE DES GALETS
Secteur des Galets   *A9710805*

Le secteur des Galets présente une côte abrupte, et, dans l'arrière-plaine côtière, un paysage de grottes et de voûtes. La carte de Marie-Galante, dressée en 1667 par François Blondel, mentionne deux grottes : la grotte de la Magdelaine et la grotte Saint-Jean. Au sommet de cette dernière, s'élève une croix : la grotte aurait servi de chapelle aux premiers colons. À la même époque, on rencontre un habitant du nom de Saint-Jean, propriétaire à Marie-Galante, mentionné sur une autre carte du XVII\ :sup:e siècle. Quant à la grotte de la Magdelaine, elle a sans doute été nommée ainsi par la famille de Boisseret, propriétaire de l'île après le partage de la Guadeloupe en 1659.

VESTIGES DE L'INDIGOTERIE DE GRAND-FOND
XVII\ :sup:e-XVIII\ :sup:e siècle
Calcaire
Secteur des Galets   *A9710803*

L'indigo, ou indigotier, est un arbrisseau qui pousse généralement dans les régions chaudes et sèches. Le père Du Tertre, chroniqueur de la Guadeloupe au XVII\ :sup:e siècle, avait observé que cette plante y poussait à l'état sauvage. L'indigo, de couleur bleu violacé, est fabriqué à partir de la fermentation puis de la décantation des feuilles, qui ont longuement macéré dans des cuves ou des bassins maçonnés en marches d'escalier. La substance obtenue sert à teindre les

PUITS
XVII\ :sup:e-XVIII\ :sup:e siècle
Calcaire
Indigoterie du Lagon
Secteur des Galets
    A9710804

L'île de Marie-Galante est parcourue par deux principaux cours d'eau : la Rivière de Vieux-Fort et les sources de Saint-Louis. Dans la commune de Capesterre, on ne rencontre que des étangs, des ravines sèches et des mares. Les Amérindiens, premiers occupants de l'île, connaissaient les points d'eau à proximité desquels ils s'étaient installés, comme l'attestent les sites archéologiques inventoriés dans le secteur des Galets. En effet, cette région karstique renferme des nappes phréatiques d'eau douce. Dès les premières années de la colonisation, la rareté de l'eau dans la région conduit les habitants à forer des puits, et à construire des citernes pour leur propre consommation, ainsi que pour l'approvisionnement des indigoteries. La fabrication de l'indigo nécessite

étoffes. Dès le XV\ :sup:e siècle, les Espagnols introduisent la culture et le commerce de l'indigo dans les Grandes Antilles. Cette industrie gagne les Petites Antilles après la chute du prix du tabac, dans la première moitié du XVII\ :sup:e siècle, et atteint la Guadeloupe dès les premières années de colonisation, autour de 1640. Marie-Galante et la Grande-Terre produisent les trois quarts de la production totale de la Guadeloupe entre 1686 et 1719. Les vestiges d'indigoteries, comme celle de Grand-Fond, sont encore visibles dans le secteur des Galets, et témoignent de l'importance de cette industrie avant l'avènement du monopole de la culture de la canne à sucre.

en effet de grandes quantités d'eau douce si l'on veut obtenir un produit de bonne qualité. À l'emplacement de ces anciens puits sont installées aujourd'hui des pompes solaires.

PUITS
XVII\ :sup:e-XVIII\ :sup:e siècle
Calcaire
Pavillon   *A9710806*

Les puits et les citernes étaient généralement réservés aux besoins humains, tandis que les étangs et les mares étaient aménagés pour le bétail. Le puits de Pavillon semble faire exception. Construite, selon certains historiens, par Téméricourt, premier gouverneur de l'île, cette profonde tranchée à appareil régulier est vraisemblablement destinée à l'origine aux animaux, dont la descente au fond du puits est rendue possible par une rampe pratiquée dans la maçonnerie. L'élevage des bovins était alors bien développé à Marie-Galante et fournissait de la viande aux abattoirs, ainsi que des attelages aux habitations-sucreries de la Guadeloupe et de la Martinique.

CHAPELLE SAINTE-ANNE
XVIIe-XVIIIe siècle
Calcaire, bois et tôle
Grotte Sainte-Anne   A9710819

La grotte Sainte-Anne abrite une chapelle votive où sont exposées des statues de la Vierge. Chaque année, à la fin du mois de juillet, la commune fête la Sainte-Anne. Les paroissiens se rendent en procession à la chapelle, où une messe est dite. En temps ordinaire, les croyants vont y allumer des bougies ou tout simplement se recueillir.

CHEMIN DES CONTREBANDIERS
XVIIIe-XIXe siècles
Petite-Place
Secteur des Galets   A9710808

Ce chemin possède quelques marches taillées dans la pierre. Il part d'un premier plateau, en traverse un second en longeant la Ravine Débarcadère, et rejoint la plaine côtière jusqu'au bord de la mer. Ce chemin sert probablement au XVIIIe siècle à s'abstraire des lois d'exclusivité du commerce entre la métropole et les colonies, qui s'avèrent le plus souvent désavantageuses pour ces dernières. Les habitants de Marie-Galante n'hésitent pas, en effet, à recourir à la contrebande ou au commerce interlope. Dès le XVIIe siècle, les navires hollandais et anglais approvisionnent les colonies en vivres, produits manufacturés, et main-d'œuvre servile, dont la rareté retarde alors le développement économique de l'île. Dans la seconde moitié du XVIIIe siècle, les habitants, désireux de préserver leurs bénéfices, empruntent ce type de sentier pour échapper à la taxation de leur production, principalement de sucre et de rhum. La lutte contre ce commerce de contrebande s'accroît après la restitution de la Guadeloupe à la France, en 1763.

DISTILLERIE BELLEVUE
1821-XXe siècle
Calcaire, bois, fonte et acier
Habitation Bellevue   A9710812

En 1769, l'habitation Bellevue est déjà établie en sucrerie. Elle possède un moulin à traction animale qui assure l'extraction du *vesou*. Quant au moulin à vent, il ne date que de 1821, comme l'indique un cartouche, où figure, à côté d'une croix gravée, l'inscription suivante : « no 4 - Construit par Ignace I - Année 1821 ». La mention du numéro laisse penser que ce bâtisseur a entrepris l'édification d'autres tours de moulins. En 1860, l'habitation appartient aux familles Boulogne et Rameaux. Après la Première Guerre mondiale, l'augmentation de la demande de rhum conduit les propriétaires à moderniser leurs installations. Vers 1920, une cheminée à plan carré et une machine à vapeur, signées « W. & A. Mc. Onie - Glasgow 1873 », complètent les équipements, et la fonction de sucrerie cède peu à peu la place à celle de distillerie. Quant aux vestiges de l'ancienne sucrerie à l'arrière de l'usine actuelle, ils ont été réutilisés pour consolider le hangar, qui abrite de grandes cuves en inox. La maison de maître a été rebâtie et les cases à nègres, autrefois alignées le long du chemin, ont disparu.

VESTIGES DU MOULIN GIRARD
1823
Roche calcaire et volcanique, fonte et fer
Section Girard   A9710809

L'habitation Girard est mentionnée sur la carte de Marie-Galante levée par les ingénieurs géographes du roi en 1769. Il semble cependant qu'à cette date, elle ne soit pas encore établie en sucrerie. Ses seuls vestiges se composent d'une tour de moulin à vent et d'un mur, les pierres des anciens bâtiments ayant servi de matériau de construction aux maisons alentour. La structure encerclant la tour pourrait être la trace d'un moulin à traction animale. Le moulin, entièrement édifié en pierre de taille, porte un cartouche dans lequel est gravée l'inscription suivante : « Le Saint Jn Baptiste, construit en 1823 », ainsi qu'une croix, semblable à celles qui se trouvent sur le moulin de Bellevue et sur certaines pierres tombales du cimetière communal, en particulier sur celle d'un certain Servant Vital, décédé en 1819. Quelques éléments de machineries sont encore en place, ainsi que le socle en brique sur lequel reposaient à l'origine les cylindres broyeurs.

MOULIN DE BÉZARD
XIXᵉ-XXᵉ siècles
Pierre, fer et bois
Section Bézard   A9710830

Le tronc de ce moulin à vent, percé de trois baies, a conservé son appareillage en pierre de taille. La clef de voûte porte une inscription devenue illisible, mais la date de sa construction se situe vraisemblablement entre 1808 et 1850. Sur un cartouche gravé dans la pierre, figure une petite étoile, semblable à celle reproduite sur la tombe du dénommé Servant Vital, mort en 1819 et enterré dans le cimetière communal. Le toit du moulin est couvert d'essentes, comme la plupart des édifices de la même époque. Ses ailes en bois, toujours en place, étaient démontées pendant la période cyclonique. Le moulin à broyer la canne, placé à l'extérieur, sur un socle en pierre calcaire, a été fabriqué par la firme Nillus, du Havre (Seine-Maritime), dans les années 1830-1840. Les rolles horizontaux entièrement métalliques, et offrant pour cette raison un meilleur rendement, se généralisent au XIXᵉ siècle. L'habitation sur laquelle se trouve le moulin devient distillerie pendant la Première Guerre mondiale, et passe aux mains de la famille Bade en 1923, avant de devenir la propriété des Maulois, entre 1931 et 1940. Le moulin à vent, désormais propriété de la commune, s'arrête de fonctionner après le passage d'un cyclone en 1956. Les vestiges de la

sucrerie-distillerie, la maison principale et ses dépendances n'ont pas encore été localisés. L'ensemble du moulin a été entièrement restauré. Sur le site, des ébauches de cases en gaulettes ont été reconstituées en s'inspirant du modèle des cases à nègres, pour abriter des boutiques. *(I. M. H. 1979)*

VESTIGES DU MOULIN DE BOULOGNE
XIXᵉ siècle
Calcaire, bois, fonte et fer
Section Boulogne   A9710832

Mentionnée sur la carte de Marie-Galante levée par les ingénieurs géographes du roi en 1769, l'habitation-sucrerie Boulogne n'a pas changé de nom, bien qu'elle ait changé plusieurs fois de propriétaires. En 1860, elle appartient à la famille de Montemont. D'une superficie de 140 hectares, elle produit 460 quintaux de sucre. Après le cyclone de 1865, elle ne contracte aucune dette auprès du Crédit foncier colonial, à la différence des autres habitations de la commune. En 1920, la propriété appartient à la famille Carabin. Modernisée peu avant le passage du cyclone de 1928, elle perd toutes ses nouvelles installations. Une partie des terres est alors vendue pour couvrir les dettes. Son moulin à vent est probablement le plus ancien de l'île, comme en témoignent l'aspect trapu de sa construction, les linteaux rectangulaires en bois de ses trois baies, et les éléments de fermeture des portes. En contrebas se trouvent la sucrerie et sa cheminée.

MÉCANISME DE MOULIN
1840-1850
Fabricant : Nillus
Bois, fonte et acier
Vestiges du moulin de Boulogne
      A9710833

Les vestiges du mécanisme du moulin ont été conservés au cœur de l'édifice. On distingue l'arbre vertical en bois et fonte dite « de type mixte », deux roues dentées, ainsi que d'autres éléments de machinerie. Les colonnes cannelées sont caractéristiques des machines fabriquées entre 1840 et 1850 par la firme Nillus, du Havre.

TOMBE DE CALIXTE BOULOGNE
XIXᵉ siècle
Pierre
Cimetière   A9710834

Calixte Boulogne, épouse du sieur Lacavé, était issue de deux vieilles familles blanches et prospères de Capesterre, mentionnées dès 1704 sur les registres paroissiaux. Née à Capesterre, le 28 octobre 1767, probablement sur l'habitation-sucrerie Boulogne, Calixte Boulogne meurt le 3 août 1834. Cette tombe porte l'une des inscriptions les plus anciennes du cimetière communal.

VESTIGES
DU MOULIN DE CALEBASSIER
1833
Calcaire et enduit
Section Calebassier A9710831

L'habitation Fossecave, ou Calebassier, est déjà mentionnée en 1769 par les ingénieurs géographes du roi. Pour faire face aux dégâts causés par le cyclone de 1865, l'habitation contracte un prêt de 50 000 francs auprès du Crédit foncier colonial afin de reconstruire et de moderniser ses installations. Les fonds ne sont cependant pas utilisés à cette fin, et l'habitation est finalement expropriée par le prêteur, partiellement en 1876, puis définitivement en 1889. Le moulin est bâti à l'initiative de Catin Cirilé, comme l'indique l'écusson sur la clef de voûte. Son couronnement et ses baies sont en pierre de taille. Comme sur les moulins de Vital et de Borée, on retrouve le motif de la couronne de feuilles de lauriers gravé dans un cartouche.

VESTIGES DE SUCRERIE
XIXᵉ-XXᵉ siècles
Calcaire
Secteur des Galets A9710807

Cette petite sucrerie présente la particularité d'être implantée dans un secteur reconnu comme impropre à la culture de la canne. Elle n'est mentionnée ni sur la carte des ingénieurs géographes du roi datée de 1769, ni dans les études consacrées à l'histoire de la canne à sucre à Marie-Galante. Les ruines laissent entrevoir l'emplacement des équipements, et en particulier des chaudières.

NICHE
XIXᵉ siècle
Calcaire et brique
Moulin à vent
Habitation Bontemps-Rameaux
A9710820

Le moulin à vent, en pierre de taille, aurait été construit, comme la plupart des moulins du même type, entre 1808 et 1840. La baie principale est surmontée

de cette niche abritant une Vierge à l'Enfant. Le couronnement en bois de la corniche permettait une meilleure rotation du mécanisme des ailes. La machinerie du moulin a disparu. En 1860, l'habitation-sucrerie Bontemps-Rameaux est partagée entre la famille des Rameaux et celle des Figuières. Les Rameaux produisent 350 quintaux de sucre sur 200 hectares de terre, et les Figuières 550 quintaux de sucre sur 170 hectares. En 1869, quatre ans après le cyclone de 1865, l'habitation s'est endettée auprès du Crédit foncier colonial de la Guadeloupe, sans avoir pu moderniser ses équipements. En 1878, elle est la propriété des Sainte-Ville Rameaux et des Vergé Depré Henri. À partir de 1885, les cannes cultivées sont livrées à l'usine Bernard nouvellement installée.

VESTIGES DE PORTE
XIXᵉ siècle
Calcaire
Sucrerie-distillerie
Habitation Bontemps-Rameaux
A9710821

Cette ancienne sucrerie-distillerie conserve les éléments de sa façade principale, dont les quatre portes et fenêtres aux encadrements et bandeaux en pierre de taille. Les gonds et les crochets du système de fermeture restent visibles. Comme nombre d'autres sucreries-distilleries de la Guadeloupe, l'habitation Bontemps-Rameaux profite probablement de l'important développement de la production rhumière entre 1914 et 1928 aux Antilles. Pendant la Première Guerre mondiale, en effet, la France métropolitaine, plongée dans le conflit, ne peut plus fournir l'alcool nécessaire à la fabrication de poudres et d'explosifs. L'augmentation brutale du prix du rhum favorise alors la production guadeloupéenne et notamment marie-galantaise. Les vestiges du matériel de distillation comme l'alambic et la cuve à serpentin, encore visibles en 1978, ont disparu, de même que la cheminée à plan carré d'origine et tout le matériel de fabrication du sucre, probablement racheté par une autre unité de production. Non loin du moulin et de la sucrerie se trouve la maison de maître, de type traditionnel, en bois, recouverte de blindage de tôles, et comportant une entrée dallée en pierre. Sur l'un de ses pignons, une ancienne chaudière permet de recueillir l'eau de pluie.

Capesterre-de-Marie-Galante

CASE EN GAULETTES
XIXᵉ-XXᵉ siècles
Bois, torchis, enduit de sable
et tôle (3 × 6 m)
Habitation Bontemps-Rameaux
A9710822

Cette case en gaulettes, abandonnée derrière le moulin, présente une ossature constituée de poteaux en bois dur fichés en terre verticalement, et de fins branchages, ou gaulettes, disposés horizontalement. Cette ossature était autrefois recouverte de torchis, mélange d'herbes sèches et de terre grasse, appliqué des deux côtés du mur, puis enduite de sable et parfois peinte à la chaux. La couverture du toit en tôle a remplacé la paille de canne utilisée autrefois. Cette technique de construction en voie de disparition synthétisait les techniques amérindiennes, africaines et européennes. Mais ce sont les cases à nègres, ou cases d'esclaves, et plus tard celles des travailleurs, qui ont probablement permis la transmission de ce mode de construction. Avant le cyclone de 1956, on en compte des milliers du même type. Il en reste aujourd'hui moins d'une vingtaine dans la commune.

MAISON DE MAÎTRE
DE L'HABITATION DUGAY
XIXᵉ-XXᵉ siècles
Bois et tôle   *A9710835*

L'habitation Dugay, mentionnée comme habitation Tellier par les ingénieurs du roi en 1769, devient distillerie du Salut au début du XXᵉ siècle. Son moulin est bâti en bois sur un soubassement en pierre vers 1915.

La maison, située à côté des bâtiments industriels, présente les caractéristiques traditionnelles de la maison de maître, sans être pour autant monumentale, ni située sur une éminence, comme c'est le plus souvent le cas. Hormis son soubassement en pierre, qui permet l'isolation thermique, elle est bâtie entièrement en bois. La galerie sobrement décorée court sur toutes les façades et assure une ventilation naturelle. Le toit surélevé à quatre pentes semble postérieur à l'ensemble. Sa partie basse est recouverte d'un blindage de tôle qui la protège des intempéries. Deux persiennes, ou jalousies, assurent la circulation de l'air dans les combles.

ÉQUIPAGE
XXᵉ siècle
Pierre, fonte et ciment
Habitation Dugay   *A9710836*

Dans les années 1915, une petite unité de production de sirop est installée sur l'habitation Dugay autour du moulin à vent, édifié peu de temps auparavant. À l'intérieur, celui-ci comprend des rolles verticaux qui broient la canne destinée à alimenter en *vesou* la distillerie-siroterie. Le cyclone de 1928 endommage cependant de manière importante les installations. L'activité reprend vers 1931, même si le bâtiment, avec sa batterie à trois chaudières, n'est reconstruit qu'en 1934, lorsque Hilarion Toto devient géreur de l'établissement. Dans les années 1940, afin d'augmenter

la production, les propriétaires rachètent le matériel de broyage de la distillerie Rinaldo, de Grand-Bourg.

COLONNE D'ALAMBIC
XXᵉ siècle
Cuivre et fonte
Habitation Dugay   *A9710837*

En 1927, quelques transformations sont entreprises dans la distillerie du Salut, afin d'accroître sa capacité de production. Une colonne de type Savalle, un bac de fermentation et des réservoirs d'eau sont installés, mais dévastés l'année suivante par un cyclone. La production reprend en 1931, et cesse définitivement en 1954. Parmi le matériel encore en place, figurent des vestiges de machineries, des foudres de réduction, des fûts à rhum, une bascule en fosse, et du matériel à distiller encore en état de marche, comme cet alambic en cuivre. La chaudière, surmontée de plateaux successifs, et le serpentin sont encastrés dans une structure de brique, sur laquelle est posé un récipient en cuivre de forme rectangulaire, destiné à recevoir l'eau de refroidissement pour la tête de la colonne d'alambic.

MAISON DE MAÎTRE
DE L'HABITATION NESMOND
XIXᵉ-XXᵉ siècle
Bois, pierre et tôle   *A9710827*

Cette maison de maître et celle de l'habitation Dugay sont parmi les plus anciennes maisons de ce genre encore existantes à Capesterre. Comme à Dugay, la maison est située face aux bâtiments industriels, constitués du moulin et de la sucrerie, ce qui permet au maître de contrôler le bon déroulement du travail. De plan rectangulaire,

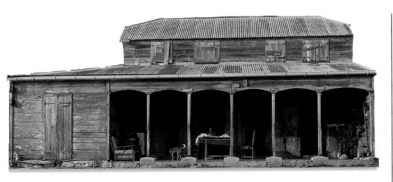

GÉNÉRATEUR À VAPEUR
Seconde moitié du XIXᵉ siècle
Acier et fonte
Section Bernard   A9710840

la maison est bâtie sur un soubassement en pierre, l'ossature, la charpente, le bardage et la menuiserie étant en bois. Le toit est couvert de tôle, tout comme le pignon droit, exposé au vent et aux intempéries. Une galerie se développe sur la façade attenante au jardin, où se trouve l'entrée principale. Les quatre portes, ainsi que les ouvertures des combles, permettent une ventilation naturelle du bâtiment. L'aile gauche, qui décentre l'équilibre de l'édifice, sert de cuisine et de case à eau. Le sol a conservé son dallage de grands carreaux rouges en terre cuite. Il est probable que la cuisine a été plus importante qu'elle ne l'est aujourd'hui. L'arrière de celle-ci comporte un four à pain en ruine, ainsi qu'un petit moulin servant à la consommation familiale de jus de canne.

CASE À EAU
XIXᵉ-XXᵉ siècles
Argile
Habitation Nesmond   A9710828
L'habitation Nesmond appartient successivement à la famille Rameaux puis à la famille Boulogne. Si les habitations subviennent généralement elles-mêmes à leurs besoins alimentaires, pour ce qui est de l'eau potable, elles dépendent entièrement de la récupération efficace de l'eau de pluie et de sa bonne conservation. La case à eau est ici située dans

une petite pièce attenante à la cuisine, intégrée à la maison principale. Elle semble avoir été plus étendue, ou répartie en plusieurs unités, comprenant notamment le four à pain et le fourneau, dont les vestiges se trouvent à proximité de l'actuelle cuisine. Cette pièce, au dallage ancien, abrite des jarres encastrées dans une maçonnerie et liées par des rigoles qui permettent l'écoulement de l'eau des unes aux autres.

VESTIGES DE MOULIN
XIXᵉ siècle
Calcaire
Habitation Nesmond
                          A9710829
Ce moulin est bâti en pierre de taille jusqu'à la hauteur des baies. Au-delà, on a utilisé des blocs moins réguliers. Une restauration de la tour semble avoir été réalisée sous sa couronne. Si la toiture a disparu, les machines, rouillées, sont encore en place. L'édifice abrite, entre autres, un broyeur de la marque Nillus, du Havre (Seine-Maritime), comportant un grand axe en bois et des roues dentées. À proximité, se trouvent les restes de la sucrerie, dont les vestiges de l'équipage, avec l'emplacement des quatre chaudières. Sur l'arrière, s'élève la cheminée, carrée à sa base, et au fût de forme conique. Les nombreux engins et machineries, qui gisent épars, témoignent de l'importante activité industrielle autrefois sur ce lieu.

En 1845, un habitant de Capesterre-de-Marie-Galante du nom de Bernard modernise son exploitation agricole, et installe une petite usine destinée à traiter les cannes de ses plantations. Ses équipements n'étant pas très performants, l'usine s'arrête de fonctionner après quelques années. C'est sur ce site, près de la plage de La Feuillère, qu'Amédée Dormoy décide, en 1885, de transférer le matériel de son usine Montmein, à Sainte-Anne, pour échapper à la concurrence des usines déjà implantées dans cette commune. L'usine Montmein avait été créée par un certain Boissel entre 1868 et 1869. Après plusieurs mutations, elle était devenue la propriété d'Amédée Dormoy en 1884. Dès son implantation à Capesterre, l'usine rencontre d'énormes problèmes de rentabilité. Le Crédit foncier colonial récupère l'entreprise et l'exploite entre 1887 et 1900. Placées sous bail entre 1900 et 1906, l'usine et les terres sont rachetées par Louis et Paul Boulogne en 1910. À la mort de ce dernier vers 1920, une famille de mulâtres, Simon et Antoinette Jakotin, alliée aux Maulois, hérite d'une partie de la propriété et rachète le reste aux autres héritiers. L'usine est détruite par le cyclone de 1928. Sa reconstruction sur la section Robert entraîne une nouvelle fois le transfert des machines. Toutefois, certaines restent sur place, comme ce générateur à vapeur fabriqué probablement par les frères Brissonneau, dans la seconde moitié du XIXᵉ siècle.

ROUE
XIXe siècle
Fonte
Section Bernard   *A9710841*

L'énergie de la vapeur, associée à une disposition horizontale et en série des cylindres broyeurs, et à la cuisson du *vesou* sous vide, opère un changement décisif par rapport à l'ancien système de fabrication du sucre. Cette nouvelle technologie, adoptée par les usines centrales de la Guadeloupe après le tremblement de terre de 1843, favorise un rendement plus important. Cette grande roue est un vestige de la machine à vapeur de l'usine Bernard, dont une partie est transférée lors de sa reconstruction à Robert après le cyclone de 1928. Elle assurait la transmission du mouvement aux engrenages, qui actionnaient une roue dentée, entraînant elle-même les rolles du moulin à canne. Celui-ci aurait été fabriqué par les Frères Brissonneau puisqu'une inscription « Brissonneau Frères - Nantes 1864 » est encore lisible sur la machine à vapeur de l'usine du Robert.

VESTIGES DE MACHINE
XIXe siècle
Fabricant : Fletcher et Cie
Fonte et acier
La Feuillère   *A9710838*

Ce reste de châssis métallique maintenait en place des rolles à l'aide de gros boulons de serrage. Un moulin portant la marque de la même firme, probablement supporté autrefois par ce châssis, a été retrouvé en 1978 à l'usine du Robert. Au XIXe siècle, la firme Fletcher et Cie, de Londres, équipe certaines habitations-sucreries de la Guadeloupe et de la Martinique. D'autres établissements comme Cail, Fives-de-Lille, Brissoneau, Hepworth et la Construction mécanique de Saint-Quentin fournissent également du matériel à l'usine Bernard.

PILE DU TÉLÉPHÉRIQUE
1885
Architecte : Dormoy
Brique, fonte et acier
Section Bernard   *A9710839*

À partir de 1885, les habitations-sucreries des hauteurs de Capesterre-de-Marie-Galante fournissent en canne l'usine Bernard installée cette même année. Un petit chemin de fer assure alors la liaison entre les différentes habitations pour le ramassage de la canne, transportée depuis les champs par cabrouets. Celui-ci est doté des locomotives dénommées *Belle-Petite*, *Marie-Galante* et *Capesterre*, vraisemblablement fabriquées par les ateliers Brissonneau et Lotz, à Nantes (Loire-Atlantique). Les cannes partent du lieu-dit Veau-Morne-Coulisse, près de Pichery, et descendent vers l'usine Bernard dans des treuils tirés par un câble en acier, le long d'un téléphérique de 360 mètres, que supportent de grosses piles maçonnées de briques. La plupart des briques trouvées sur le site portent l'inscription « Société générale de la Guadeloupe ».

ÉGLISE SAINTE-ANNE
1889-XXe siècle
Pierre, bois et fer forgé   *A9710813*

La paroisse de Capesterre-de-Marie-Galante est indépendante depuis 1703. En 1724, une paroisse et un bourg sont mentionnés sur la carte de Marie-Galante réalisée par Blondel de Jouvencourt, en même temps que ceux de Grand-Bourg. La paroisse, desservie par des carmes, est consacrée à Sainte-Anne. L'église, à l'origine en bois, est détruite lors du passage du violent cyclone de 1865. Elle est reconstruite en dur, et le clocher est bâti hors les murs afin de minimiser les conséquences d'un possible séisme. La façade présente alors un agencement et des éléments néo-classiques. L'édifice est à nouveau détruit en 1932, cette fois-ci par un incendie. Lors de sa restauration, le petit clocher situé au-dessus de l'entrée principale n'est pas reconstruit à l'identique. La place de l'église, autrefois plantée d'amandiers, est réaménagée selon un plan d'Ali Tur.

BÉNITIER

XIXe-XXe siècles
Marbre, bois et plâtre
Église Sainte-Anne   A9710814

Ce bénitier, dépouillé de tout ornement, possède un couvercle en bois. La colonnette en plâtre sur laquelle la vasque est scellée est de facture plus récente.

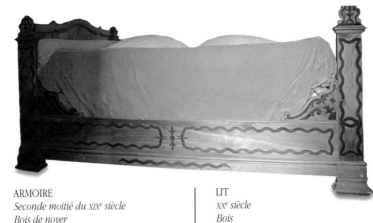

SOFA

Fin du XIXe-XXe siècle
Bois
Habitation Tacy   A9710825

Les canapés créés sous le second Empire sont adaptés par les artisans locaux, qui en développent un modèle typiquement guadeloupéen. Ce type de banquette, autrefois garnie d'une paillasse ou d'un matelas en coton agrémenté de coussins, pouvait servir de lit aux enfants, lorsque la maison hébergeait des invités. Initialement, ce modèle est conçu pour s'appuyer contre le mur. L'ensemble, accoudoirs compris, est sculpté dans la masse. Il est orné de motifs de feuilles de laurier, apparus au XIXe siècle, que l'on retrouve sur les moulins et les pierres tombales. Quant aux placages sur la traverse, ils s'inspirent des fanfreluches dont les menuisiers ornent les galeries et les façades.

ARMOIRE

Seconde moitié du XIXe siècle
Bois de noyer
Habitation Tacy   A9710824

À Marie-Galante, les meubles, et particulièrement ceux de la chambre à coucher, font partie du trousseau constitué par la future mariée. En général, dès les fiançailles, les parents passent commande d'un lit ou d'une armoire, d'un vaisselier et d'autres meubles auprès d'un artisan ébéniste. Parfois, c'est l'homme qui apporte l'armoire. Les inventaires d'habitation mentionnent les meubles dont la valeur est comptabilisée dans la dot. Cette armoire de confection marie-galantaise, l'un des rares exemples de ce type encore existant, présente les caractéristiques du meuble antillais, sobrement sculpté. Un soin particulier a été apporté à la corniche et à la traverse du bas. L'aspect patiné a été renforcé lors de la dernière restauration.

LIT

XXe siècle
Bois
Habitation Tacy   A9710823

Dès les débuts de la colonisation, les artisans du bois sont particulièrement recherchés. Ils sont recrutés alors parmi les engagés volontaires. Au terme de leur contrat, ceux-ci préfèrent souvent s'établir comme habitants-sucriers plutôt que de continuer à exercer ce métier. Leur rareté initiale sur les îles, amplifiée par le phénomène de conversion, entravent le développement normal des métiers du bois. Les sucreries, très demandeuses de ces qualifications, forment leurs esclaves en menuiserie et en charpenterie. Ainsi, quelques affranchis et libres exercent ces métiers dans les bourgs ou sur les habitations. Bien qu'issue de la tradition européenne et ayant subi les influences étrangères, la fabrication de meubles à la Guadeloupe trouve au fil du temps son propre style. Ce lit se singularise non pas tant par son architecture et ses marqueteries que par la hauteur de sa literie. Si posséder un lit est déjà signe d'aisance, la superposition des matelas, qui font partie du trousseau de la future mariée, est d'autant plus un signe de richesse.

CABROUET
XXᵉ siècle
Bois et fer forgé
Habitation Tacy   A9710826

Charrette traditionnelle, le cabrouet demeure un moyen de transport d'appoint pour les paysans marie-galantais. Il est connu aux îles depuis l'introduction des mulets, des bœufs, puis des chevaux pour l'attelage. Marie-Galante était réputée pour son cheptel de bovins, puisque l'île fournissait des attelages de bœufs aux habitations-sucreries de toute la Guadeloupe. Durant la période de fabrication du sucre, dans l'ancien système, les cabrouets acheminaient la récolte directement devant le moulin. À l'époque des usines centrales, les charrettes étaient directement pesées sur une balance à bascule avec leur chargement. L'habileté des charrons se reconnaissait au cerclage en fer des roues de bois, remplacées ensuite par des pneus. Un seul charron exerce encore aujourd'hui cette activité à Capesterre.

CHAUDIÈRE
XXᵉ siècle
Brique, fer et bois
Fabrique de sirop batterie Moysan
Le Haut-du-Morne   A9710810
Le sirop batterie, obtenu par concentration du jus de canne à sucre, est un sirop épais, de couleur caramel. Son procédé de fabrication est une production typique de Marie-Galante. Il tire son nom de la dernière chaudière de

l'équipement d'une sucrerie, appelée aussi « batterie », dans laquelle était concentré le sirop lors de la fabrication du sucre. L'équipement des anciennes sucreries comportait trois à six chaudières alignées, de taille décroissante. La dernière chaudière, la « batterie », était donc la plus petite. Au XVIIᵉ siècle, les chaudières sont en cuivre, puis, aux XVIIIᵉ et XIXᵉ siècles, en fonte, avant d'être finalement en acier, métal plus résistant. Parmi les outils utilisés dans la fabrication du sirop, une grande cuillère permet de débarrasser le *vesou*, ou jus de canne, des résidus et impuretés qui remontent à la surface lors de la cuisson. La chaudière est encastrée dans une maçonnerie de brique, afin de réduire les pertes d'énergie. Contrairement à la situation en Guadeloupe continentale à la même époque, les ouvriers marie-galantais reçoivent fréquemment une partie de leur rémunération en nature, en particulier en sirop batterie. L'activité de la fabrique est relancée par le père Moysan en 1975. Il installe un nouveau moulin à broyer la canne, qu'il acquiert auprès d'un fabricant de matériel aux Abymes. Quant à la chaudière, elle provient des ruines de la sucrerie Bernard, installée à Capesterre en 1885. La plupart de ces cuves ont été récupérées par les habitants, pour servir de récipients pour la collecte de l'eau de pluie.

FOURNEAU
XXᵉ siècle
Brique et fer
Fabrique de sirop batterie Moysan
Le Haut-du-Morne   A9710811
Le couple chaudière et fourneau conditionne la fabrication du sirop. Le feu est alimenté par du bois de chauffage et par la bagasse, ensemble des déchets de la canne après extraction du jus. Le fourneau présente une petite ouverture nécessaire à son alimentation et au nettoyage des cendres. Une cheminée est nécessaire à l'évacuation de la fumée. Au-dessus du fourneau, dans la chaudière, le *vesou* s'épaissit en prenant au fur et à mesure sa couleur caramel.

MAIRIE
Années 1930
Architecte : Ali Tur
Béton armé, fer et bois   A9710815
Le 12 septembre 1928, la commune de Capesterre, comme le reste du pays, est ravagée par un violent cyclone. Devant l'ampleur du sinistre, le ministère des Colonies, qui s'apprêtait à fêter le tricentenaire de la présence française en Guadeloupe, décide de reconstruire les bâtiments publics. Ali Tur (1889-1977), architecte des Colonies, est choisi pour cette tâche. Sa mission consiste à rebâtir très vite, avec économie, et à l'aide de matériaux importés. Il réalise ainsi plusieurs commandes privées et publiques, en s'inspirant des réalisations des frères Perret pour l'utilisation du béton armé, et de celles de Le Corbusier et de Mallet-Stevens. Il emprunte à l'architecture traditionnelle, ainsi qu'à son expérience nord-africaine, les solutions aux problèmes de circulation d'air et d'éclairage à l'intérieur de l'édifice. Ici, la circulation de l'air est réglée par l'orientation vers la mer de la cage d'escalier, qui dispose, à l'origine, de jalousies mobiles, de façon à recevoir la brise. Les fenêtres

et les portes, réparties de manière symétrique à l'étage et au rez-de-chaussée, participent également à la ventilation de l'édifice, et assurent un équilibre dans l'agencement de la façade principale.

MAISON
XXᵉ siècle
Bois, pierre et tôle
Rue du Presbytère   A9710818

S'inspirant du modèle de la case créole traditionnelle implantée en milieu urbain, cette maison est représentative des habitations de Capesterre avant la généralisation du béton armé dans la seconde moitié du XXᵉ siècle. La façade principale reprend les caractéristiques de l'architecture traditionnelle que sont la galerie et sa balustrade, la frise, les ouvertures avec persiennes et volets. Le toit à quatre pentes possède de larges fenêtres qui favorisent la ventilation. Si la galerie protège la maison de la pluie, du soleil et du vent, les poteaux, par leur rythme régulier et leur aspect ouvragé, souligne une certaine recherche esthétique. Le jardin, la cuisine, le potager et la citerne se trouvent à l'arrière de la maison.

MAISON
XXᵉ siècle
Bois, pierre, enduit et tôle
64, rue de la Marine   A9710816

Cette maison de type traditionnel est un exemple de transplantation de la case rurale en milieu urbain. L'entrée

principale s'ouvre directement sur la rue. Sans galerie, sa façade est exposée aux intempéries. Un ensemble de petites planches horizontales la protège du ruissellement des eaux. Les deux portes permettent d'aérer naturellement la maison. Les volets, comme les bardeaux sur le mur, sont en bois imputrescible. Au nord, un mur coupe-feu épais, fait de moellons et de mortier, est revêtu d'un blindage d'essentes. L'autre pignon est protégé du vent par un blindage de tôle. Le sol en dur permet une isolation thermique. Le chien-assis du toit à deux pentes assure une ventilation même quand la fenêtre est fermée. À l'arrière, la cour abrite les activités de la vie quotidienne.

LOLO
XXᵉ siècle
Bois et tôle   A9710817

Les lolos sont des magasins où l'on trouve tous les produits de consommation courante : pain, huile, morue salée, épices, légumes secs, pétrole. Au début du XXᵉ siècle, les familles ne disposant pas de réfrigérateur font leurs courses au jour le jour. Les plus aisées tiennent auprès du commerçant un carnet où sont notés tous leurs achats, et paient à la fin du mois. Cette maison urbaine à deux étages, entièrement bâtie en bois, est recouverte d'essentes sur la façade donnant sur la rue. En l'absence d'auvent ou de galerie, celles-ci protègent le mur des intempéries. On fabrique aujourd'hui des essentes en résine synthétique, visibles par exemple sur la façade du bâtiment voisin du *lolo*. Aucun mur coupe-feu n'existe ici contre les incendies.

Deshaies

Deshaies

Canton de Sainte-Rose
Arrondissement de Basse-Terre
Superficie : 3 111 ha
Population 1996 : 3 853 hab.
Habitants : les Deshaiesiens
Cours d'eau : la Ravine Rouge, la Rivière Deshaies, la Rivière Ferry, la Rivière Mitan, la Rivière La Rate et la Rivière La Perle

Origine du nom : d'un nommé Des Hayes qui, autochtone du milieu du XVIIᵉ siècle, donna son nom à la rivière et à l'anse où s'installa le bourg.

Blason : ce sont les armes de Charles Auguste Le Roy de La Potherie, fondateur de Deshaies, timbrées de la couronne murale, attribut des déesses grecques protectrices des cités.
A971090b

HISTORIQUE

À la fin du XVIIᵉ siècle, Deshaies appartient au vaste quartier du Grand Cul-de-sac, qui rassemble aussi les communes actuelles de Pointe-Noire, Sainte-Rose, Lamentin et Baie-Mahault. Le centre de la paroisse se trouve alors à proximité de la plage de Grande Anse. Afin de raccourcir le trajet du curé qui, de temps à autre, vient de Bouillante pour assurer le service religieux, il est décidé de déplacer l'église. Ce projet est reporté à cause de la guerre de Succession d'Espagne. Finalement, un bourg autonome séparé de la commune de Pointe-Noire naît autour du nouvel édifice religieux établi à l'Anse des Hayes en 1730. Une batterie de plusieurs canons est installée à l'entrée de cette anse, destinée à protéger la baie des attaques ennemies, notamment anglaises, car les Britanniques prennent l'habitude d'y mouiller leurs navires. En mai 1804, ces derniers pillent puis brûlent entièrement le bourg et saccagent de nombreuses habitations aux alentours, provoquant un exode durable. Régulièrement attaqué, car proche des côtes anglaises,

longtemps enclavé et affaibli par l'exode, Deshaies connaît une longue période de stagnation démographique et économique jusqu'au milieu du XXᵉ siècle, la culture de la canne y étant marginale.

BOUCHE À FEU
XVIIIᵉ siècle
Bronze
Pointe de Ferry   *A9710904*

Cette bouche à feu, dont le canal de lumière est encloué ainsi qu'il était coutume de faire pour en empêcher l'utilisation ultérieure, appartenait à la batterie de Ferry, site datant des débuts de la colonisation. En 1696, le révérend père Labat signale déjà l'existence d'une milice locale, dirigée par un officier habitant le quartier. Par la suite, la batterie de Ferry fait partie de l'ensemble de la ligne de défense qui jalonne la Côte-sous-le-Vent, souvent soumise au feu ennemi, du XVIIᵉ au début du XIXᵉ siècle. Elle sert aussi de signal d'alarme lors de cette période et prévient de l'arrivée de la flotte ennemie en faisant tonner le canon d'une batterie à l'autre.

BATTERIE
XVIIIᵉ siècle
Pointe de Deshaies   *A9710903*

Ces quelques bouches à feu s'intègrent au système de défense du bourg de Deshaies et de sa baie en forme de fer à cheval. Les autorités militaires décident de se fier à la configuration géographique des lieux et de ne pas fortifier le bourg, fréquemment en proie aux fièvres des marais et d'un intérêt

POUDRIÈRE
XVIIIᵉ siècle
Pointe de Deshaies
A9710905

Destinée à garder au sec la poudre à canon et à mousqueton, cette poudrière est située non loin du lieu de tir. Sa conception classique obéit à plusieurs impératifs : la dissimuler aux lorgnettes de l'ennemi, l'isoler de l'humidité comme des insectes et surtout prévenir les risques d'incendie et d'explosion. Elle est donc construite en pierre et parcimonieusement pourvue de petites meurtrières.

économique incertain. Le site laisse apparaître une levée de terre maintenue par un mur de soutènement, derrière lequel s'abritent les canons qui protègent aussi bien la baie que la Pointe Soldat. La batterie côtière doit suffire à empêcher l'ennemi de débarquer. Son efficacité n'est pas absolue : si elle repousse les escarmouches anglaises en 1803, elle n'empêche pas la mise à sac du bourg l'année suivante.

MAISON DE MAÎTRE DE L'HABITATION GUYONNEAU
XVIIIe-XIXe siècles

Bois peint   *A9710908*

Sise sur une éminence, cette maison est orientée de façon à profiter de la brise de mer. La grande terrasse carrelée de pierres plates et garnie d'un parapet en maçonnerie rappelle la maison d'origine, en bois de pays et couverte de paille. Celle-ci fait partie de l'habitation-sucrerie Grande Anse, qui appartient au XVIIIe siècle à la famille Guyonneau, de confession protestante. Au XIXe siècle, la propriété, qui compte trois cents esclaves, est acquise par Joseph Caillou, premier maire de Deshaies en 1838. Cette bâtisse, après avoir abrité une distillerie, devient simple maison de « changement d'air ». Elle est alors plus petite, car dépourvue de son extension à droite, et possède un premier étage à galerie. La simplicité de ses proportions, la rectitude de ses lignes sont seulement perturbées par l'arc en anse de panier de la galerie, d'un type fréquent dans la région de Sainte-Rose et de Deshaies. Il n'existe plus guère d'autre maison de maître de ce type sur le territoire de la commune.

GOUTTIÈRE
XVIIIe-XXe siècle

Tuile et ciment

Habitation Guyonneau   *A9710910*

Cette gouttière est un élément du système d'alimentation qui détourne de la rivière Mitan l'eau nécessaire au fonctionnement de la sucrerie et au confort de la maison. Dans le jardin, un bassin de retenue répartit l'eau, distribuée par un système de canaux, dans plusieurs canalisations, dont l'une alimente directement la maison. L'eau se déverse par un système de gouttières en brique et en tuiles inversées, à l'air libre, dans de grands bassins qui s'étagent sur plusieurs niveaux en raison de la situation dominante de la maison. L'installation a dû être réactualisée au cours des occupations successives ; plusieurs canalisations ont été couvertes au début du XXe siècle. Ce système d'alimentation rappelle celui de Bois-Debout à Capesterre-Belle-Eau, notamment par la recherche d'un effet esthétique dans l'écoulement de l'eau.

TOMMETTE
Fin du XIXe-début du XXe siècles

Terre cuite

Habitation Guyonneau   *A9710909*

Des tommettes constituent le carrelage de la galerie arrière de la maison Guyonneau. Elles sont largement répandues à la Guadeloupe au début du XXe siècle, aussi bien en Côte-sous-le-Vent qu'en Grande-Terre, où elles pavent couramment les galeries mais peu les intérieurs, car jugées trop grossières. Cette tommette est marquée de la croix de Malte, estampillée de la fabrique Annaud à Marseille, sise à Saint-Henry. Il témoigne des relations commerciales très suivies entre Marseille (Bouches-du-Rhône) et la Guadeloupe.

ÉGLISE SAINT-PIERRE-ET-SAINT-PAUL
1850-XXe siècle

Maçonnerie et ciment   *A9710901*

Face à la mer, construite en 1850, sur une éminence dominant le bourg, après le tremblement de terre de 1843, cette église bénéficie d'une campagne de restauration lancée en 1933. Une mésentente entre les paroissiens et l'évêque du lieu ralentit les travaux, et laisse la paroisse sans curé jusqu'en 1943. Le sanctuaire, achevé par les paroissiens, est béni en 1947. Agrandi après le passage du cyclone Hugo, de plan rectangulaire avec des bas-côtés, il est doté d'une charpente de type « canot renversé », et ses premiers piliers sont peints par un artiste local en imitation marbre. Le clocher est coiffé d'un toit en tôle et d'un coq gaulois. Il abrite une horloge de marque Tiffauges, qui aurait été donnée par l'épouse de Félix Éboué, gouverneur de la Guadeloupe de 1936 à 1938.

PASSERELLE
Début du XXᵉ siècle
Fer

Rivière Deshaies   A9710906

Cette passerelle, appelée Pont Rouge, est destinée aux piétons qui utilisent les chemins et sentiers pour rejoindre la Pointe-Batterie et les autres bourgs de la Côte-sous-le-Vent, avant l'ouverture de la route de 1957. À cette époque, un gué, situé un peu plus bas, permet aussi de traverser. Le tablier horizontal, constitué de deux traverses métalliques, repose sur de solides culées en maçonnerie. Ses deux entrées sont encadrées par deux piliers en pierre, dans lesquels sont encastrés des garde-corps en croisillon, probablement manufacturés en France métropolitaine.

BORNE
1957
Marbre   A9710912

Cette borne marque l'inauguration, en 1957, de la route nationale numéro 2, qui relie Deshaies à Pointe-Noire. Elle porte l'inscription « la Côte-sous-le-Vent reconnaissante », témoignant de l'importance de cette route pour Deshaies, auparavant enclavé. La route de la Côte-sous-le-Vent est un projet ancien. Elle existe depuis 1922, mais s'interrompt à Pointe-Noire. La campagne de reconstruction lancée après le passage du cyclone de 1928 est l'occasion pour le génie militaire de reprendre le chantier. Mais la lenteur des travaux, liée aux difficultés techniques et à l'ampleur du projet, permet au transport maritime de maintenir sa position dominante à cette période. En 1935 pourtant, la Guadeloupe compte 200 kilomètres de routes goudronnées, concentrés néanmoins sur les liaisons entre Pointe-à-Pitre et Basse-Terre.

CASE « HAUT ET BAS »
Vers 1940
Bois, galet et mortier
Ferry   A9710907

Cette case est caractéristique de l'habitat de bourg en Côte-sous-le-Vent. Une structure quadrilatère, des portes symétriques à contrevent, un rez-de-chaussée surmonté d'une galerie rudimentaire à balustrade et surtout l'utilisation constante du bois laissé brut sont les traits communs de ces habitations construites le long des voies principales par des familles soucieuses de manifester l'amélioration de leurs conditions de vie. Les matériaux sont recueillis sur place : des galets taillés pavent la galerie, et le bois réputé de Deshaies et de Ferry orne et étaye la construction. Celle-ci est isolée des poux de bois et de l'humidité par un solide socle fait de galets et de mortier.

FOUR À PAIN
Vers 1940
Fonte   A9710902

Ce four à bois, importé de Toulouse (Haute-Garonne), appartient à la famille Némorin, dont la boulangerie est déplacée du bord de mer à la rue principale après le raz de marée de 1956, qui endommage Deshaies.

La Désirade

LA DÉSIRADE

La Désirade

Canton de La Désirade
Arrondissement de Pointe-à-Pitre
Superficie : 2 200 ha
Population 1991 : 1 602 hab.
Habitants : les Désiradiens

Origine du nom : de l'espagnol *desirada*, la désirée, que la tradition rapporte à l'impatience des marins à retrouver la terre. L'île fut en effet la première terre découverte lors du deuxième voyage de Christophe Colomb, et fut fréquentée au XVIᵉ siècle par des navigateurs ibériques.

Blason : la barge représente l'univers maritime de l'île, le cajou et l'iguane l'exotisme de sa nature, le cabri, la culture et l'élevage.
A971100b

HISTORIQUE

Le territoire de La Désirade possède quatorze sites archéologiques précolombiens, qui témoignent d'une importante occupation caraïbe de l'île. La terre ingrate, et donc peu convoitée de La Désirade, en fait dès l'origine une terre de refuge : les Caraïbes, puis les corsaires, y trouvent un abri relativement peu fréquenté, et la colonisation de l'île est vraisemblablement postérieure à celle de la Guadeloupe continentale. Les événements viennent renforcer cette histoire de relégation : le 27 juin 1728, une ordonnance du marquis de Champigny, gouverneur des Isles-du-Vent, destine l'île à la séquestration des lépreux, dont le nombre se multiplie à la Grande-Terre, et qui menacent le reste de la population. Partis de Saint-François, les lépreux sont concentrés à l'est de l'île, à Baie-Mahault, où ils reçoivent, dès leur arrivée, une case et un lopin de terre. Cette disposition, sans importuner les colons, permet au contraire à ces derniers d'exploiter à leur profit les terres attribuées aux lépreux sans défense. En 1754, la paroisse est créée. En 1763, Louis XV ordonne la création, sur l'île,

d'un camp pour la relégation des jeunes gens « tombés dans des cas de dérangement de conduite capables d'exposer l'honneur et la tranquillité des familles ». Le projet est cependant abandonné dès 1765, face à l'improbabilité des résultats. Au début du XIXᵉ siècle, une véritable léproserie est installée à Baie-Mahault, avec un médecin. Une longue tradition de pêche existe à La Désirade, et un petit chantier naval s'est installé au Souffleur, le principal quartier des pêcheurs.

PIERRE À TROIS POINTES
IIIᵉ-VIᵉ siècles
Calcite (L. : 10 cm)
Musée Edgar-Clerc, Le Moule   A9711068

Repéré dès 1952 par le père Pinchon, le gisement précolombien de Petite-Rivière est situé dans la plaine littorale du sud-est de La Désirade, protégée de la mer par un récif corallien. Lors des campagnes de fouilles de 1984 et de 1995, plusieurs occupations successives ont été identifiées et rattachées aux phases Cedrosan Saladoïde tardif et Troumassoïde. On a retrouvé un important mobilier céramique, des coquillages et des pierres travaillés, des restes alimentaires et deux squelettes humains. Comme dans de nombreux sites précolombiens de la région, on observe la présence de pièces sculptées très originales, dénommées pierres à trois pointes en raison de leur forme. Ne présentant aucune trace d'utilisation comme outils, ces objets, caractéristiques des civilisations précolombiennes des Antilles, semblent se prêter à un usage rituel, et revêtent une symbolique difficile à définir.

TÊTE SCULPTÉE
Vers 1440-1460
Conque de lambi (H. : 8 cm)
Musée Edgar-Clerc, Le Moule   A9711002

Cette tête sculptée provient du site archéologique du Morne-Cybèle, qui occupe un promontoire escarpé, dominant la mer à près de 200 mètres d'altitude. Il s'agit vraisemblablement, à l'origine, d'un habitat défensif. Fouillé en 1984, puis en 1994, ce site a livré un mobilier céramique correspondant à une évolution locale tardive de la sous-série Suazan Troumassoïde. Ces céramiques présentent, néanmoins, une grande originalité par leurs décors de ponctuations ornant les bords des poteries et de certains adornos. Cette *guaiza*, ou tête humaine, est sculptée selon un style taïno, issu des Grandes Antilles, ce qui tendrait à prouver que des liens existaient entre les populations des différentes îles de l'archipel. Une analyse au radiocarbone, datant l'occupation du Morne-Cybèle à la période 1440-1460, donne au site un intérêt exceptionnel. Il s'agit du site amérindien le plus récent actuellement répertorié dans les Petites Antilles, antérieur seulement de trente à cinquante ans à l'arrivée de Christophe Colomb, et peut-être rattaché aux Caraïbes insulaires décrits par les chroniqueurs de l'époque.

CIMETIÈRE DE LAHAUT
Pierre
Lahaut   *A9711026*

Ce chaos de roches dispersées, aux sépultures de proportions et de formes différentes, souvent ruinées, confère au lieu une certaine étrangeté, renforcée par l'énigme de son histoire. Ce cimetière, perdu sur les hauteurs de la montagne, abrite vraisemblablement les tombes anonymes de l'ancienne population de Baie-Mahault. La Désirade abrite ainsi un certain nombre de sépultures isolées, disséminées sur l'ensemble de son territoire, et dont la plupart appartiennent sans doute au passé esclavagiste des habitations cotonnières.

VESTIGES DE LÉPROSERIE
XVIIIᵉ siècle-1936
Pierre
Baie-Mahault   *A9711057*

Par une ordonnance de mai 1728, le quartier de Baie-Mahault devient le lieu de relégation des lépreux de la Guadeloupe. Le choix du gouverneur des Isles-du-Vent s'explique autant par l'isolement de La Désirade que par l'ingratitude d'une terre qui résiste aux spéculations coloniales sur les denrées tropicales. La précarité des installations initiales, de simples paillotes exposées au vent, laisse supposer des conditions d'existence misérables pour les malades. Ceux-ci survivent dans un total dénuement, en semi-liberté, quasiment oubliés du reste du monde. Il faut attendre les désastres du cyclone de 1928 pour qu'en 1936 soit décidée la construction de bâtiments sommaires, dont il ne reste aujourd'hui que quelques cubes de pierres maçonnées et des fragments de murs. En 1952, les lépreux sont transférés à Pointe-Noire.

FOUR CRÉMATOIRE
XVIIIᵉ siècle
Pierre
Vestiges de léproserie   *A9711029*

Ce four fait partie des constructions les mieux conservées de l'ancien quartier de la léproserie. Sa forme arrondie se détache du mur d'enceinte qui délimite l'espace réservé aux lépreux. Malgré son état d'abandon, il rend compte des techniques et des matériaux de construction utilisés autrefois dans ce lieu.

ANCIENNE CHAPELLE
XVIIIᵉ siècle
Pierre
Vestiges de léproserie   *A9711019*

La chapelle de la léproserie est le premier bâtiment de l'ancien quartier des lépreux. De forme absidiale, l'édifice est représentatif, au-delà de sa simplicité, de l'architecture religieuse du XVIIIᵉ siècle.

PIERRE LEVÉE
Vers 1865
Pierre
Cimetière à choléra   *A9711022*

En 1865, une terrible épidémie de choléra se répand à La Désirade et fait 297 morts, soit, à l'époque, un cinquième de la population totale de l'île. Les victimes sont enterrées près d'une plage déserte, à proximité de la Pointe des Colibris, dans ce qui a depuis pris le nom de « cimetière à choléra ». De simples croix blanches fichées dans le sable mentionnaient leurs noms. Cette roche levée, avec son amas de pierres, est la seule trace encore visible de ce lieu.

TOMBE
XVIIIᵉ siècle
Pierre
Cimetière marin
Baie-Mahault   *A9711024*

Si la forme de cette sépulture anonyme s'efface, rongée par la mer, la petite chapelle qui prolonge la simple dalle rappelle sa dimension funéraire.

TOMBE
XXᵉ siècle
Carreaux de céramique
Cimetière marin   *A9711025*

Le cimetière marin est aménagé dans une anse face à la mer, en contrebas de l'ancienne léproserie.

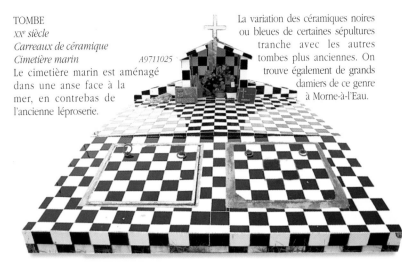

La variation des céramiques noires ou bleues de certaines sépultures tranche avec les autres tombes plus anciennes. On trouve également de grands damiers de ce genre à Morne-à-l'Eau.

GALERIE
XVIIIᵉ siècle
Bois
Presbytère   *A9711009*

Si la galerie ceint entièrement la maison, elle semble échapper à la tradition de convivialité et d'intimité de l'espace qu'elle délimite. Contrairement à leur usage traditionnel, en effet, elle ne présente aucun aménagement particulier, tout comme le jardin qui la prolonge. Les persiennes de la façade répondent aux ouvertures naturelles offertes par la trame des colonnes.

TOMBE
XVIIIᵉ siècle
Cimetière de Beauséjour
A9711021

À la sortie du bourg, le cimetière conserve sur d'anciens tertres funéraires quelques signes dispersés de la décoration traditionnelle des sépultures en conques de lambis. Un arrangement de coquillages délimite dans un ovale approximatif un petit *tumulus* de sable. Une simple croix, de fabrication artisanale, porte les initiales du défunt. Les conques de lambis étaient déjà utilisées comme éléments ornementaux par les Caraïbes.

**PLAN DU PORT DES GALETS
ET DE SES ENVIRONS**
1764
Encre et aquarelle (43,7 × 67,5 cm)
1/1754
Atlas Moreau de Saint Mery
Cote : F³ 288/67
Centre d'archives d'outre-mer
Aix-en-Provence, Bouches-du-Rhône

A9711065

Le principal mouillage de l'île, face à la plaine des Galets, est représenté ici avec l'indication des passes facilitant la navigation entre les récifs. Au port, un bâtiment est affecté au logement du gouverneur, et un autre à la garnison. La boulangerie y possède par ailleurs un four séparé de ces locaux. En effet, après l'incendie qui ravage la ville de

ÉGLISE NOTRE-DAME-DU-BON-SECOURS
Fin du XVIIIᵉ-XXᵉ siècle
Pierre, bois et tôle
Beauséjour   A9711003

Après la fondation de la paroisse en 1754, une église est construite sur le site de Beauséjour. Son architecture est modifiée au fil des différentes destructions. Ravagée en 1899 par un violent cyclone, à l'exception du clocher, l'église est reconstruite grâce au remploi des matériaux de la chapelle désaffectée de l'hospice du Camp Jacob, à Saint-Claude. Elle est bénie en 1904, mais la structure en bois ne résiste pas au cyclone de 1928. L'actuel édifice est bâti en 1935, et subit par la suite de sensibles modifications, avec l'adjonction notamment de petites chapelles latérales. De taille réduite, il présente désormais un plan rectangulaire qui abrite une nef unique et un clocher.

Basse-Terre, l'ordonnance du gouverneur Jean-Charles de Baas du 10 octobre 1671 oblige les propriétaires d'entrepôts à faire bâtir des cheminées extérieures. Cette mesure de sécurité, adaptée aux conditions climatiques locales, devient une pratique courante dans l'architecture créole tant dans les bourgs que sur les habitations.

VESTIGES DE MUR
Fin du XVIIIᵉ siècle
Pierre
Les Galets   A9711056

Ces vestiges sont les restes du mur d'enceinte de l'ancienne habitation La Ramée. C'est aux Galets, en effet, sur la partie la plus large de la plaine littorale, que les premiers colons implantent de petites propriétés rurales. Sur cette partie rocailleuse de l'île, qui constitue une plate-forme surélevée, les habitants cultivent le coton et pratiquent l'élevage. Comme à Saint-Barthélemy, ils délimitent leurs habitations par des murets de pierres sèches, aujourd'hui en partie effondrés.

CLOCHER
Fin du XVIIIᵉ-XXᵉ siècle
Pierre, bois et tôle
Église Notre-Dame-du-Bon-Secours

A9711004

Le clocher est le principal vestige du premier édifice. Son type campanile, qui l'isole du corps de bâtiment, complexifie la disposition rectangulaire de l'édifice.

VIERGE À L'ENFANT
XVIIIᵉ siècle
Bois
Église
Notre-Dame-
du-Bon-Secours
A9711007

La facture classique de cette sculpture tranche avec les autres éléments du chœur, en bois brut, et postérieurs.

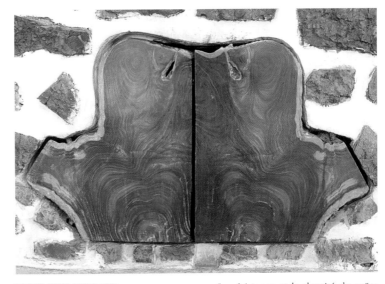

PORTE DE TABERNACLE
Seconde moitié du XXᵉ siècle
Bois de gaïac
Église Notre-Dame-du-Bon-Secours
A9711006

La résistance et la densité du gaïac expliquent l'utilisation très ancienne de son tronc, qui, évidé, servait pour la construction des bateaux. La raréfaction de l'espèce après une exploitation trop intensive a conduit à une campagne de réimplantation du gaïac à La Désirade, dont le sol sec et karstique convient parfaitement à cette espèce.

SITE DE LA FRÉGATE
XIXᵉ siècle
Les Galets   *A9711055*

Si la nature du sol de l'île se prête davantage à l'exploitation généralisée du coton, quelques ateliers de distillation de petite envergure se sont toutefois développés à La Désirade, notamment pour la fabrication du bay-rhum, qui est utilisé en friction contre les courbatures ou les piqures d'insectes. Il est obtenu par macération de feuilles de bois d'Inde dans du rhum. Le site de La Frégate possédait probablement une distillerie de ce type même si rien ne permet de confirmer cette hypothèse.

MAÎTRE-AUTEL
Seconde moitié du XXᵉ siècle
Souche de poirier pays
Église Notre-Dame-du-Bon-Secours
A9711005

Le maître-autel est taillé dans une souche de poirier pays de Baie-Mahault. L'intégration de cette sculpture artisanale traduit le désir d'un mobilier de fabrication locale, se démarquant des objets du culte plus conventionnels. Le poirier pays, essence très commune aux Antilles, tire sa dénomination de la forme de ses feuilles, qui s'apparente à celle des feuilles du poirier continental. Contrairement à ce dernier, il ne porte pas de fruits.

**BASSIN DE LA SOURCE
DE PETITE-RIVIÈRE**
XIXᵉ-XXᵉ siècles
Pierre   *A9711064*
Très handicapés par la sécheresse qui
ruinait les projets de développement économique avant la récente adduction
d'eau, les habitants de La Désirade ont
construit un bassin pour recueillir le débit
capricieux de la source de Petite-Rivière.

**CHAPELLE
NOTRE-DAME-DU-CALVAIRE**
1905
Maçonnerie
Route du Calvaire   *A9711015*
Cette chapelle est bénie en 1905 par
l'abbé Ruillier, au cours d'une importante cérémonie. On y accède par une
ascension qui mène aussi à l'aride plateau de La Montagne. Sans ornement
manifeste à l'exception d'une croix, le
monument s'inscrit dans la succession
disparate des lieux de dévotion de

La Désirade, dont les croyances
mêlent foi catholique et superstitions
populaires. Plusieurs fois dans l'année,
notamment le vendredi saint, la chapelle est le point d'aboutissement
d'une procession solennelle.

**CHAPELLE
DE MONSEIGNEUR JEAN MASTON**
Vers 1910
Bois
Cimetière de Saint-Claude   *A9711059*
Associée à la mémoire religieuse de La
Désirade, la personnalité de Jean Maston

(1826-1910) déborde largement les
limites de l'île, où il exerça une partie de
son sacerdoce. Premier curé d'origine
créole à être ordonné, il est d'abord
prêtre à La Désirade, puis au Moule,
avant de devenir vicaire général de la
Guadeloupe. En 1870, il accompagne
Mᵍʳ Forcade, ancien évêque de la Guadeloupe, au concile de Vatican I. Après la
destruction de l'église de Beauséjour par
le cyclone de 1899, Jean Maston apporte
son concours pour l'acheminement, de
Saint-Claude à La Désirade, des matériaux de l'ancienne chapelle désaffectée
de l'hospice du Camp Jacob.

**VESTIGES
DE LA SOCIÉTÉ COTONNIÈRE**
1920
Pierre
Baie-Mahault   *A9711053*
Malgré l'ingratitude et l'exiguïté des
zones cultivables, le coton est cultivé
à La Désirade aux XVIIIᵉ et XIXᵉ siècles.
Jusqu'à l'abolition de l'esclavage en
1848, quelques habitants tentent en

effet de reproduire à leur échelle les
schémas économiques et sociaux des
habitations, telles qu'elles existent à la
Guadeloupe continentale. Par la suite,
une société cotonnière tente un début
d'industrialisation de l'activité, qui
cesse définitivement en 1928, année
où les dégâts occasionnés par
un cyclone entraînent l'abandon des
bâtiments.

FOYER DU TROISIÈME ÂGE
1936
Bois, maçonnerie et tôle
Beauséjour   *A9711041*
Les six ouvertures du rez-de-chaussée et celles de l'étage donnent à cette bâtisse une ampleur peu commune dans les constructions de l'île. Son volume l'apparente davantage aux maisons « hautes et basses » des grands bourgs, mais les proportions, notamment sa hauteur, s'expliquent par la fonction initiale du bâtiment qui servait d'école. La mixité des matériaux employés scelle par ailleurs son appartenance au type urbain créole de la première moitié du XXᵉ siècle, dont elle se singularise cependant par son implantation en retrait d'une cour.

CROIX DES COLIBRIS
1932
Béton armé
Pointe des Colibris   *A9711020*
Cette croix solitaire, signalant la pointe sud-ouest de l'île, a remplacé une croix plus ancienne, en bois, bénie en 1932 et arrachée par le cyclone Hugo en 1989. Elle fait directement face, au-delà de la mer, à la croix de la Pointe des Châteaux, en Guadeloupe continentale. Sur ses bras, des encoches réduisent la prise au vent.

STATION
MÉTÉOROLOGIQUE
1934
Béton armé
Pointe de Baie-Mahault   *A9711046*
Abandonnée depuis 1987, la station météorologique résiste aux vents violents qui balaient la pointe déserte, grâce à son architecture en béton.

BIBLIOTHÈQUE MUNICIPALE
1936
Bois, maçonnerie et tôle
Beauséjour   *A9711045*
La bibliothèque municipale présente de nombreuses similitudes avec le foyer du troisième âge : construits à la même époque, avec les mêmes caractéristiques architecturales, les deux bâtiments sont tous les deux réservés, à l'origine, à un usage scolaire. Cette ancienne école de filles présente néanmoins une alternance de portes et de fenêtres au rez-de-chaussée qui rompt l'ordonnance trop régulière des ouvertures.

125

VIERGE À L'ENFANT
XXᵉ siècle
Biscuit de porcelaine
Oratoire
Maison des Sœurs
A9711012

Les Sœurs de Saint-Paul de Chartres sont présentes à La Désirade depuis 1858. Leur maison possède un oratoire de fortune, constitué de grosses souches d'arbres disposées devant un rideau, et orné simplement d'une image pieuse et de cette Vierge à l'Enfant.

CHAPELLE SAINT-JEAN-BAPTISTE
1950
Pierre, maçonnerie et bois
Baie-Mahault
A9711016

Avec son implantation insolite en bordure d'une route bordée d'agaves, la chapelle de Baie-Mahault marque la frontière symbolique de l'ancien quartier de la léproserie. Édifiée tardivement,

elle est élevée pour faciliter l'assistance aux offices des habitants de ce quartier éloigné de l'église de Beauséjour. Son plan d'architecture, relativement élaboré avec le décrochement de sa façade, lui donne un certain équilibre, malgré l'asymétrie des ouvertures et les disparités de niveau du parvis en pierre.

LE DIEU-PROTÈGE
1939
Bois
Quartier du Désert
Beauséjour
A9711031

Tiré sur le rivage de l'ancien quartier des Blancs du Désert et régulièrement entretenu, le *Dieu-Protège* est le dernier symbole d'une époque où la mer seule permettait de gagner la Grande-Terre. Ce bateau, gréé d'une voile carrée, porte un nom qui rappelle quelques superstitions locales. Certains marins pêcheurs laissaient en effet à un sorcier, ou quimboiseur, le soin de protéger l'embarcation, notamment de *Manman dlo*, la redoutable sirène des grands fonds. Un panneau explicatif, à proximité du bateau, célèbre la gloire du *Dieu-Protège* qui, malgré son armement rudimentaire, surmonta toujours la difficulté des passes du rivage de La Désirade.

MAQUETTE DE BATEAU
Années 1960
Bois polychrome
Chapelle de Baie-Mahault
A9711018

Cette maquette de bateau, baptisé *Étoile de la mer*, évoque les liens qui unissent, à La Désirade, le monde des marins et la religion. Construit par un enfant du pays, comme la maquette qui se trouve dans l'église de Beauséjour, ce modèle réduit participe aux bénédictions et aux processions votives. Comme aux Saintes, la vocation maritime est renforcée par l'éloignement de la Guadeloupe continentale, et les croyances, les rituels et les traditions sont fortement empreints de l'univers de la pêche et du cabotage. De l'autre côté de l'autel, figure une Vierge en bois sculpté.

MAIRIE
1954
Béton armé
Place du Maire-Mendiant
Beauséjour   A9711043

Très représentatif des constructions des années 1950, le bâtiment de la mairie compense la sobriété de son architecture et du béton - imposé aux édifices administratifs aux lendemains du cyclone de 1928 -, par le recul que lui offrent sa cour de façade et les jardins qui l'entourent. La place du Maire-Mendiant est ainsi dénommée en mémoire de Joseph Daney de Marcillac, maire de Beauséjour, qui parcourut inlassablement toute la Guadeloupe pour financer la reconstruction de La Désirade après le cyclone de 1928.

SALLE DU CONSEIL MUNICIPAL
1954
Béton, carrelage et bois
Mairie   A9711044

BUSTE DE VICTOR SCHŒLCHER
XXᵉ siècle
Pierre, maçonnerie et bronze
Place du Maire-Mendiant   A9711030

Victor Schœlcher, artisan de l'abolition de l'esclavage, jouit d'une grande popularité aux Antilles françaises. Né à Paris en 1804 d'un père manufacturier en porcelaines, il est rapidement amené à voyager pour le compte de l'entreprise familiale. Dès 1830, après un voyage au Mexique, il s'insurge par écrit contre l'esclavage des Noirs. En 1832, Schœlcher reprend les affaires de son père, mort la même année, tout en exerçant par ailleurs ses talents de critique d'art. De 1833 à 1842, plusieurs de ses publications témoignent de ses convictions abolitionnistes, notamment à la suite d'un voyage aux Antilles. Après la révolution de 1848, le ministre de la Marine et des Colonies, François Arago, le nomme sous-secrétaire d'État aux Colonies, et Schœlcher signe le 27 février le décret d'abolition de l'esclavage dans les colonies françaises. Plébiscité à la fois à la Guadeloupe et à la Martinique, il choisit d'être député de la Martinique ; il y est battu en 1849 mais est réélu à la Guadeloupe. En 1851, le coup d'État de Louis Napoléon Bonaparte amène Schœlcher à s'exiler en Belgique, puis à Londres. Il y publie d'autres ouvrages, et ne revient en France qu'en 1870, refusant l'amnistie de 1859. Il est à nouveau élu député de la Martinique l'année suivante, également plébiscité à la Guyane. De 1872 à 1887, il publie plusieurs ouvrages, dont *Polémique coloniale* et *La Vie de Toussaint Louverture*. Il devient sénateur inamovible en 1875, et meurt à Houilles (Yvelines) en 1893, après avoir légué à la Martinique dix mille ouvrages et des œuvres d'art. En 1949, ses cendres sont transférées au Panthéon. Ce buste porte, dans la patine de son bronze, une date plus ancienne que celle de la construction du monument dans son ensemble : il aurait été déplacé pour l'occasion.

CANON
XVIIIᵉ siècle
Fonte
Place de la Mairie A9711052

L'espace carré commémoratif comportant le monument Victor-Schœlcher et le monument aux morts est encadré par deux canons, épargnés par les conflits franco-anglais, et probablement apportés du fort Marmouset, dont il ne reste plus aujourd'hui aucune trace. Installés sur des socles en maçonnerie qui les rehaussent, les canons voisinent avec de faux vases d'Anduze.

MAISON À ÉTAGE
Seconde moitié du XXe siècle
Bois
Beauséjour   A9711040
À la différence des maisons dites « hautes et basses » du bourg, aux matériaux mixtes, cette grande case à étage se distingue par l'emploi exclusif du bois.

CASE
Seconde moitié du XXe siècle
Bois et tôle
Beauséjour   A9711034
Cette case témoigne de la permanence des principes de l'architecture antillaise. La tonalité bleue de la façade fait partie des couleurs couramment utilisées dans les communes de pêcheurs. Les ouvertures comportent des volets pleins qui protègent des vents cycloniques. Les portes sont constituées de deux vantaux munis de persiennes, qui préservent des rayons trop ardents du soleil, tout en rendant possible une ventilation intérieure.

MAISON
Seconde moitié du XXe siècle
Bois et tôle
30, rue Félix-Pain
Beauséjour   A9711036
Cette maison est représentative de l'architecture urbaine actuelle de l'île

MAISON
Seconde moitié du XXe siècle
Bois et tôle
32, rue Félix-Pain
Beauséjour   A9711037
La longueur de cette case, d'architecture simple, est la seule variante au schéma traditionnel de la case urbaine.

qui combine le schéma classique de la case et des éléments plus contemporains. Sous le toit à deux pentes, les volets de bois pleins s'ouvrent sur des fenêtres vitrées à mi-hauteur. Dans un décrochement de la façade, un appentis rompt l'homogénéité de la surface traditionnelle. Enfin, les couleurs utilisées diffèrent de la palette de référence.

MAISON
Seconde moitié du XXe siècle
Bois et tôle
4, rue Daney-Marcillac
Beauséjour   A9711038

Une première lanterne à feu fixe est installée à l'extrême bout de l'île en 1840. Cette mesure de sécurité maritime est rendue nécessaire par le rivage de La Désirade, réputé dangereux en raison de ses passes difficiles et de ses hauts-fonds. Le phare de Baie-Mahault, aujourd'hui automatisé, jouxte l'ancien édifice en béton, désormais désaffecté, où résidait l'ancien gardien. Un phare du même type a été installé à Terre-de-Bas, îlot du petit archipel de Petite-Terre, situé à quelques milles marins de La Désirade, dont il est une dépendance inhabitée.

CANOT DE PÊCHE
xx° siècle
Bois polychrome
Quartier du Désert   *A9711061*

Souvent affublés d'une appellation pittoresque, les canots de pêche non pontés constituent le type d'embarcation le plus courant à La Désirade. Jusque dans les années 1950, les canots sont munis d'une grand'voile triangulaire et d'un foc. Les canots sortent en mer avec un équipage composé d'un patron et généralement de trois matelots. Les journées de pêche, qui débutent à 4 ou 5 heures du matin pour s'achever vers 19 ou 20 heures, permettent de rapporter en moyenne une trentaine de kilogrammes de poissons.

NASSE
xx° siècle
Grillage métallique et bois
Quartier du Souffleur   *A9711063*

Parmi le matériel de pêche utilisé dans l'archipel guadeloupéen, la nasse est l'un des ustensiles hérités des populations caraïbes. Comme le casier, elle pérennise des pratiques de pêche anciennes, même si le grillage métallique a aujourd'hui remplacé le bambou tressé. En revanche, l'armature en étoile est toujours réalisée en bois de goyavier ou de ti-baume, essence autrefois utilisée pour monter les murs des cases en gaulettes.

BALISES
xx° siècle
Maçonnerie
Port de Beauséjour   *A9711051*

Élevées sur les deux digues encadrant l'entrée du port, les balises rouge et verte complètent, avec le phare qui leur fait face, le dispositif de signalement de l'entrée du port.

Le Gosier

Le Gosier

Cantons du Gosier
Arrondissement de Pointe-à-Pitre
Superficie : 4 262 ha
Population 1990 : 20 708 hab.
Habitants : les Gosiériens

Origine du nom : du pélican, appelé
« grand-gosier » au XVII⁰ siècle, en raison
de la dimension de son bec et de sa poche.

Blason : le champ de l'écu est aux
armes des Dampierre, principale famille
de la commune à la fin du XVIII⁰ siècle.
La fleur de lis évoque le souvenir de
Saint Louis, patron du Gosier. Les deux
pélicans rappellent l'étymologie de la
commune. « 15 prairial an II » est la date
du second décret de la Convention de
l'abolition de l'esclavage. Le premier
décret, du 16 pluviôse, n'a pu être
appliqué à la Guadeloupe à cause de
l'occupation anglaise.
A971110b

HISTORIQUE

*Ce territoire où ne vivent, à la fin du
XVII⁰ siècle, que 485 personnes, détient
une certaine importance stratégique,
puisque le fort Louis y est construit dès
1695. La population, qui double dans
la première moitié du XVIII⁰ siècle,
avant de quadrupler en quarante ans,
développe les cultures vivrières, du
coton, du café et de la canne à sucre.
En 1794, le quartier du Gosier est
ravagé par les luttes franco-
anglaises. Des maisons, mais
aussi l'église, sont également
démolies afin de pouvoir élever des
remparts, pour soutenir le poste
du fort Fleur-d'Épée. Au XIX⁰ siècle,
la culture du coton et du café
diminue dans la commune,
comme dans l'ensemble de l'île,
face à la concurrence du sud des
États-Unis, de Ceylan et du Brésil.
Ce déclin s'accompagne alors
d'un recul démographique. La
paroisse ayant été démembrée en
1802, une nouvelle église est fondée en 1843, puis, peu de temps
après, une chapelle. Pendant la*

*première moitié du XX⁰ siècle, la pêche,
la chasse et les cultures vivrières, qui
trouvent un vaste marché à Pointe-à-
Pitre, constituent les principales activités du Gosier. À partir des années
1930, la commune se tourne vers le
tourisme, avec la construction de son
premier hôtel-restaurant, qui domine
la mer. Ce secteur se développe et fournit de nombreux emplois dans le tertiaire. Avec la plus forte concentration
hôtelière de la Guadeloupe et l'ensemble de ses activités touristiques, Le
Gosier connaît un accroissement de
population dans l'entre-deux-guerres
et au cours des années 1970.*

STATUETTE ZOOMORPHE
1000-1500
Céramique (H. : 13 cm)
Collection particulière   A9711129
Exemplaire unique trouvé à la Guadeloupe, cette statuette zoomorphe a été
découverte sur le site de l'Anse Choléra. Occupée lors de la période suazan
troumassoïde, cette anse a livré plusieurs squelettes, ainsi qu'un mobilier

archéologique dispersé dans des collections particulières. La perforation qui traverse le cou de cet animal difficile à
identifier devait permettre de suspendre
cette statuette à base arrondie. Le corps
cylindrique présente quatre membres
repliés.

VESTIGES DU FORT LOUIS
1695-1742-1757
Pierre et maçonnerie
Morne-l'Union   A9711116
Dès le début de la colonisation, la
construction de deux forts est nécessaire, l'un pour protéger la ville de
Basse-Terre, l'autre pour défendre le
passage stratégique constitué par la
Rivière Salée et la rade du Petit Cul-de-
sac marin. Le premier se renforce régulièrement, alors que le fort Louis se
limite longtemps à une plate-forme aux

murs formés de pieux remplis de tuf.
L'attaque anglaise de 1759 sur la Basse-
Terre, mais aussi sur le fort Louis, justi-
fie de nouvelles fortifications. Celles-ci
permettent le développement du site de
Pointe-à-Pitre, désormais protégé. Ce
fort, appelé fort La Victoire pendant la
Révolution, est démantelé lors de la
révolte de 1802 et perd dès lors son rôle
défensif au profit du fort Fleur-d'Épée.
Le fort Louis est associé aux noms de
trois soldats de la République, Delgrès,
Pélage et Ignace. *(I. M. H. 1992)*

PLAN DU FORT LOUIS

Vers 1730
(90 × 35 cm)
Réf. : MS 141 n° 36
Service historique de la Marine,
Vincennes, Val-de-Marne A9711124

Ce plan, approuvé par la Cour vers 1730, prévoit les bâtiments du fort, avec, entre autres, la poudrière, les casernes et la boulangerie. Les murs forment redents, et la porte est protégée par une demi-lune. Un second plateau, comportant plusieurs batteries et une communication couverte jusqu'à une redoute, est aménagé en léger contrebas. Le bord de mer est équipé de retranchements et de deux batteries dirigées vers le mouillage de La Grande-Baie, l'entrée de la rade de Pointe-à-Pitre et la passe empruntée par les vaisseaux.

FOUR À PAIN

XVIIIᵉ siècle
Pierre
Fort Fleur-d'Épée A9711115

Ce four à pain participe de la nécessité, pour tout système de défense, de développer une autonomie en eau potable et en nourriture. Il est installé au fond d'une grotte qui sert de cuisine *(I. M. H. 1979)*

FORT FLEUR-D'ÉPÉE

XVIIIᵉ - XIXᵉ siècles
Pierre et maçonnerie
(150 × 45 m) A9711113

En 1760, seul un fortin existe à cet emplacement, consolidé à la hâte quand les Anglais occupent le morne Mascotte. Situé à 4 kilomètres de Pointe-à-Pitre, ce fort participe en 1794 aux combats acharnés des troupes anglaises et françaises. Le général Grey débarque au Gosier, s'empare du fort Fleur-d'Épée et prend Pointe-à-Pitre le 10 avril. Victor Hugues le reprend en juin, avec l'aide de 3 000 esclaves libérés, devenus soldats. En décembre 1794, la République française est maîtresse de la Guadeloupe. *(I. M. H. 1979)*

PORTE

XVIIIᵉ siècle
Pierre de taille
Fort
Fleur-d'Épée
A9711112

Planté de flamboyants et d'agaves, le fort, désormais haut lieu touristique grâce à son point de vue sur la Grande-Baie du Gosier et le Petit Cul-de-sac marin, sert de cadre à un musée et à diverses activités culturelles. *(I. M. H. 1979)*

Années 1840
Maçonnerie calcaire
Sucrerie Cocoyer
Section Bernard   A9711120

Huit moulins à
vent sont encore
visibles dans la
commune, dont
celui-ci, antérieur

à 1830, mais que le tremblement de terre a fortement endommagé. La plaque gravée témoigne de la réfection de la tour. Le maçon a indiqué son nom mais la plaque, très érodée, ne permet de lire que « Gril [...] fecit [...] 184 [...] ».

MOULIN À CANNE ET MACHINE À VAPEUR
Fin du XIXe siècle
Fabricant : C. Fletcher et Cie
Fonte
Collection particulière
                                    A9711122

Il est rare de rencontrer un ensemble composé d'un moulin à canne et d'une machine à vapeur associés en un seul bloc, avec la transmission. Installé dans le courant du XXe siècle, quand cette propriété familiale est devenue la Société rhumière, cet ensemble de fabrication anglaise fonctionne jusqu'à la fin des années 1950.

PROMENADE
1793
Pierre
Fort Fleur-d'Épée   A9711114

Ce passage fortifié permettait aux soldats de circuler à l'abri. *(I. M. H. 1979)*

MOULIN DAMPIERRE
Vers 1820
Pierre
Habitation Dampierre   A9711119

La sucrerie est créée au tout début du XVIIIe siècle. En 1770, Marie-Christine de Baulès épouse Dominique-Louis de Dampierre, sieur de Miencourt, qui donne son nom à l'habitation. À cette date, elle comporte encore un moulin à bêtes. Le moulin à vent, installé vers 1820, fonctionne jusqu'en 1880.

MOTEUR À GAZ PAUVRE
1885
Fabricant : Établissement Duplex
Fonte
Collection particulière   A9711123

Ce moteur à un seul cylindre, sans compression préalable, utilisait le « gaz pauvre » comme carburant. Le gazogène fabriquant ce gaz était alimenté par la bagasse, sous-produit de la distillerie. L'allumage se faisait par une magnéto alimentant une bougie. L'entraînement de l'arbre était assuré par un système bielle-manivelle et grand volant, comme sur les machines à vapeur. Ce matériel a été récupéré vers 1940, probablement pour entraîner une génératrice électrique, à une époque où la Guadeloupe manquait de carburant et d'électricité.

COLONNE À DISTILLER
Début du XXᵉ siècle
Fabricant :
Établissement Deroy
Cuivre (H. : 3 m)
Collection particulière
A9711121

Cette colonne à distiller, installée vers 1915, est ultérieurement complétée par une autre colonne, plus performante. Ces colonnes à plateaux représentaient un progrès par rapport aux alambics, car elles permettaient un fonctionnement continu de l'installation.

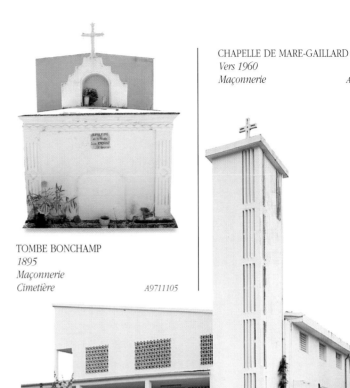

TOMBE BONCHAMP
1895
Maçonnerie
Cimetière A9711105

CHAPELLE DE MARE-GAILLARD
Vers 1960
Maçonnerie A9711103

CLOCHER
1967
Béton
Boulevard du Général-de-Gaulle A9711127

Ce clocher, conçu à la façon d'un poteau en treillis tridimensionnel, signale l'église de loin. Celle-ci repose sur un plan en T, composé de trois nefs égales.

MAISON « HAUT ET BAS »
Fin du XIXᵉ siècle
Ciment, bois, fer et tôle
104, boulevard du Général-de-Gaulle A9711107

Des frises ajourées ornent la galerie de cette maison, dont les combles sont aménagés.

PHARE
Première moitié du XXe siècle
Maçonnerie et fer
Le Gosier

Gourbeyre

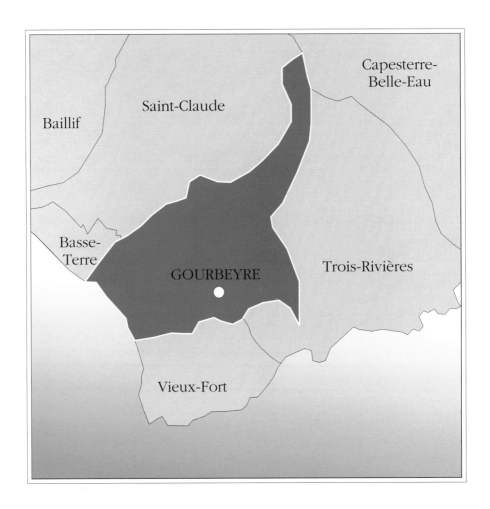

Baillif

Saint-Claude

Capesterre-
Belle-Eau

Basse-
Terre

GOURBEYRE

Trois-Rivières

Vieux-Fort

Gourbeyre

Canton de Gourbeyre
Arrondissement de Basse-Terre
Superficie : 2 252 ha
Population 1994 : 6 523 hab.
Habitants : les Gourbeyriens
Cours d'eau : la Rivière des Galions,
la Rivière de Grande Anse et la Sence

Origine du nom : du gouverneur de la
Guadeloupe Jean-Baptiste Gourbeyre.

Blason : le triangle rouge symbolise le
caractère montagneux de la commune.
La grue rappelle l'échassier qui figure
sur le blason du contre-amiral Gourbeyre et les branches, les rameaux d'olivier des armoiries de sa belle-famille.
La couronne crénelée fait référence au
passé militaire de la commune.
A971120b

HISTORIQUE

*Le territoire de la commune est caracté-
risé en premier lieu par la présence des
ordres religieux qui, des jésuites aux
carmes et aux Frères de la Charité, en
occupent une vaste étendue, dans des
habitations acquises par héritage pour
les uns, par achat pour les autres. L'agglomération endosse un rôle militaire
important, une partie du territoire, Le
Palmiste, servant de zone de refuge lors
des attaques anglaises en 1691 et
en 1703, ou encore au cours de la
guerre de Sept Ans, en 1759. Lors des
événements révolutionnaires, la reconquête du fort Saint-Charles, occupé par
les troupes anglaises, s'organise autour
de la future commune. Créée tardivement au moment de la réorganisation
municipale qui fait l'objet du décret
colonial du 20 septembre 1837, celle-ci
prend d'abord le nom de Dos-d'Âne, en
vertu d'une particularité géographique.
Elle se constitue aux dépens de la
paroisse du Mont-Carmel en Basse-
Terre. La partie extra-muros du Mont-
Carmel, située à l'est de la Rivière des
Galions et appelée Montagne Saint-
Charles, ainsi que les hauteurs nommées
Le Palmiste sont attribuées à la nouvelle*

*commune, de même qu'une partie de la
commune de Trois-Rivières, nommée
Dolé. Lors du tremblement de terre du
8 février 1843, qui détruit une grande
partie de la colonie, l'amiral Gourbeyre,
gouverneur de la Guadeloupe, s'illustre
particulièrement dans l'organisation
des secours. Il décède le 7 juin 1845, et
le conseil municipal de Dos-d'Âne
demande quinze jours plus tard le
changement du nom de la commune
en Gourbeyre. Cette requête est approu-
vée par le conseil privé du 5 juillet suivant et entérinée par le roi en mai 1846.
Au cours du XIXᵉ siècle, de nombreuses
troupes sont cantonnées sur le territoire,
à Grand-Camp. La commune est longtemps une région productrice de café,
avant de se consacrer à la culture de la
banane.*

CANAL DE L'HABITATION SAINT-CHARLES
XVIIIᵉ siècle
Pierre de taille
Section Saint-Charles   *A9711217*
M. de Hincelin de Morache reçoit l'habitation Saint-Charles en héritage de son
frère, le gouverneur Hincelin, en 1695.
Lorsqu'il meurt en 1702, son testament
prévoit que la moitié de cette habitation
et des biens y attenant soit partagée
équitablement entre les Frères de la Charité ou de Saint-Jean-de-Dieu d'une part,
et les trois autres ordres religieux, les
jésuites, les carmes et les dominicains
d'autre part. Les Frères de la Charité gardent le tout et dédommagent leurs
confrères. L'habitation-sucrerie prospère
sous la direction des religieux et, à la
Révolution, elle est saisie en vertu du
décret du 2 novembre 1789. Alors que
les autres habitations domaniales sont
affermées, l'habitation
Saint-Charles reste sous
l'administration directe
de la colonie. Devant
être utilisée pour des
essais agricoles, elle
continue malgré tout à
produire essentielle-
ment du sucre et du
rhum. Vendue en 1834
à des particuliers, elle
reste une sucrerie jus-
qu'au début du XXᵉ
siècle, puis devient
une distillerie et enfin
une chocolaterie. Son
activité cesse dans les
années 1960.

CANON
XVIIIᵉ siècle
Batterie Grisel
Propriété
Pompilius
Le Palmiste
                    A9711208
La batterie Gri-
sel est formée
d'une plate-
forme artificielle
créée par arase-
ment du som-
met de l'éperon
rocheux, dont
les déblais ont
servi à la cons-
titution d'un
mur de fortification. Outre les canons, il
subsiste également les ruines de la
citerne, un filtre à eau en roche poreuse
et les fondations des bâtiments qui ont
servi au logement des troupes. Sur
place, légèrement en contrebas par rapport à leur position initiale, sont disposés quatre canons du XVIIIᵉ siècle. Tous
ont un tourillon cassé, ce qui empêche
leur réutilisation au combat. Cette batterie constitue une partie essentielle du
système de défense du réduit du Palmiste, mais aussi de Basse-Terre et plus
particulièrement du fort Saint-Charles,
pièce maîtresse de l'organisation de la
défense de l'île. C'est lors de la guerre
de la Succession d'Espagne (1702-1713)
que l'on décide de fortifier le Grand-
Camp de Gourbeyre et d'organiser le
plateau du Palmiste en réduit, sous le
gouvernement d'Auger, qui tire les
leçons du siège de 1691. En 1794, lors
du débarquement anglais, le réduit est
la dernière partie de l'île à capituler. Le
gouverneur et son état-major se
réfugient au
Palmiste, et ne
signent l'armis-
tice à cet en-
droit le 19 avril
qu'après que
tous les postes
entourant cette
position ont été
abandonnés
par leurs défen-
seurs. À la fin
de cette pé-
riode, cette zo-
ne est l'un des
derniers re-
fuges pour les
insurgés.

CIMETIÈRE DE CHAMPLEURY
XVIIIe-XIXe siècles
Champleury   A9711206
Le site de Champleury abrite l'ancien
cimetière d'habitation de la famille Sou-
frain. Celle-ci n'ayant pas eu de descendants dans la commune, le cimetière fut
plus ou moins abandonné. Les tombes
sont celles de personnes modestes, et
des conques de lambi sont utilisées
comme éléments de décoration, bien
que la mer se trouve assez loin.

STÈLE FUNÉRAIRE
XIXe siècle
Le Palmiste   A9711205
Cette stèle fait partie du cimetière de la
famille Valeau, présente dès le
XVIIe siècle. L'ensemble funéraire se
trouve généralement sur la caféière
familiale. Les tombes, protégées par un
mur, mettent en valeur l'adresse des
artisans locaux dans un style très spécifique. Le cimetière semble abandonné, bien que la famille Valeau soit
encore présente jusqu'à la fin des
années 1970. Le Dr Amédée Valeau est
en effet maire de Gourbeyre du 19 juin
1932 au 20 mars 1977.

MAISON DE MAÎTRE
DE L'HABITATION BISDARY
XIXe siècle
Bois et pierre
Section Bisdary   A9711219
L'habitation primitive est construite au
XVIIe siècle sur des terres réservées par
Charles Houël, gouverneur de la Guadeloupe de 1648 à 1664, et vendues à l'un
de ses successeurs, M. Auger, le
6 octobre 1698. Celui-ci les revend le
10 septembre 1704 aux jésuites, qui organisent la propriété en sucrerie. L'ordre
ayant été supprimé en France alors que
la Guadeloupe était occupée par les
Anglais, ils vendent en 1763 leur propriété à M. Lepreux avant que les autorités françaises ne reviennent. Dès
l'arrivée de celles-ci, la vente est
contestée, mais le nouveau propriétaire
réussit à conserver son bien. Pendant la
Révolution, la propriété est saisie avec
les autres habitations ayant appartenu
aux ordres religieux, et n'est restituée
par voie de justice qu'en
1826. Cette habitation
reste sucrerie, puis
distillerie, jusqu'à la
Seconde Guerre
mondiale.

PIERRE GRAVÉE
1753
Pierre
Habitation Bisdary   A9711223
Les révérends pères jésuites, avant
qu'ils ne prennent possession du
domaine de Bisdary, se sont établis
sur le territoire de la future commune
de Saint-Claude. Leurs habitations
ayant été détruites par les Anglais en
1703, ils décident de s'installer dans
un endroit plus à l'abri, derrière le
fort Saint-Charles. La pierre sur
laquelle se trouve le blason des
jésuites se trouvait à l'entrée de la
propriété, sur le parapet du pont dont
la construction marque un net souci

d'organisation de la sucrerie. Cet édifice enjambait la Rivière Sence, qui
marquait la limite de leurs terres
d'avec celles des Frères de la Charité.

BASSIN DE DOLÉ
XIXᵉ siècle
Photographie
Section de Dolé   A9711210

Les sources thermales font partie, avant la Révolution, de l'habitation des carmes, et leurs eaux actionnent les moulins de leur sucrerie. Les révérends pères carmes les utilisent pour leurs soins, sans en faire une exploitation systématique. Cette habitation ayant été réunie au domaine en vertu du décret du 2 novembre 1789, les sources sont devenues, de ce fait, propriété de la colonie en même temps que les terres et les bâtiments. Ce n'est qu'à partir des années 1820, alors que l'habitation est devenue domaniale, que ces sources sont organisées pour une exploitation commerciale. Les gérants et fermiers tentent d'en tirer profit en organisant un centre thermal sommaire, et les esclaves de Dolé construisent des cases qu'ils louent aux baigneurs. En 1872, une délibération du conseil général prononce la gratuité des bains. Un arrêté du 15 février 1877 organise très précisément l'usage des différents bassins. Le public est admis à jouir gratuitement du bassin neuf construit par les soins de l'administration. Un autre bassin appelé « capès » est réservé aux malades indigents, et celui-ci, dit « bassin de la digue », est réservé à ceux qui paient plein tarif.

Collection Caillé, Pointe-à-Pitre

« LA GUADELOUPE ILLUSTRÉE »
203. DOLÉ — L'Établissement des Bains chauds (Côté Dames)

BASSIN
1877
Section de Dolé   A9711211

Ce bassin, construit par l'administration pour l'usage du public, est situé près de la route coloniale dans la descente de Grande Anse. Un centre thermal est donc organisé à partir de cette date, et l'établissement de Dolé est pris en

charge par la société La Guadeloupéenne le 30 janvier 1917. Celle-ci l'aménage sous le nom de Dolé-les-Bains et y construit un hôtel, inauguré le 24 avril 1920.

ROLLES
XIXᵉ siècle
Pierre et fer
Habitation Lagarde
Grand-Camp   A9711227

L'habitation Lagarde a été créée au XVIIᵉ siècle comme sucrerie et doit son nom à un ancien propriétaire qui la vend aux Frères de la Charité avant la Révolution. Sa désignation a souvent prêté à confusion, car dans le système de défense du réduit du Palmiste, elle est située au-dessous de Grand-Camp, où se trouvent les troupes. En cas de siège, elle abrite une partie des troupes qui gardent le pont des Marsouins sur le Galion, lequel met en relation le Grand-Camp et le territoire de Saint-Claude. Elle est d'ailleurs souvent appelée, à tort, habitation Grand-Camp. Elle devient distillerie et exploitation-caféière, bananière puis chocolaterie, avant d'être abandonnée. Le canal alimente la roue de cette machine, soit pour décériser le café, soit pour écraser les fèves de cacao. Les rolles sont en pierre. L'arche d'une entrée de hangar en pierre de taille indique la date de

1818, année de sa reconstruction. Cela correspond au moment où les propriétaires développent à nouveau leurs activités.

PORTAIL
XIXᵉ siècle
Fer forgé
Section de Dolé   A9711220

Au XIXᵉ siècle et pendant toute la première moitié du XXᵉ siècle, la section de Dolé attire un grand nombre de personnes qui viennent prendre les eaux, notamment lors de la saison des pluies. Très tôt, d'élégantes maisons sont construites pour la bourgeoisie locale ou pour la location à une clientèle aisée.

FONTAINE

XIXᵉ siècle

Pierre   *A9711222*

Cette fontaine témoigne du souci qu'ont les autorités de fournir une eau potable à la population, particulièrement après la grande épidémie de choléra de 1865-1866.

BONIFERIE

XIXᵉ siècle

Habitation Longueteau   *A9711215*

Les cultures-caféières sont traditionnellement remplacées par des cultures bananières. Les éléments des anciennes exploitations sont alors abandonnés, comme cette boniferie, qui regroupe l'ensemble des machines permettant de bonifier le café. Elle jouxte une grande citerne, autrefois alimentée par une source et par les eaux de pluie, désaffectée depuis l'installation de l'eau courante. Les cases des ouvriers ont également été abandonnées. Seules demeurent les maisons servant à l'encadrement, en pierres couvertes de tôle.

TOMBE DE LOUIS-PHILIPPE LONGUETEAU

XIXᵉ siècle

Pierre de taille volcanique et marbre
Cimetière de l'habitation Longueteau

                          A9711204

HÔTEL DES PALMISTES

1930

Béton armé   *A9711230*

Cet hôtel est lié à l'importance des sources thermales dans la commune, ainsi qu'à son statut de résidence

pour des personnes venues chercher un changement d'air avant les années 1960. Jusqu'à cette époque, la population, notamment les citadins, recherche en effet l'altitude et la fraîcheur pour les vacances, surtout à Pointe-à-Pitre mais aussi à Basse-Terre et en Grande-Terre.

Le style est fortement influencé par l'architecture d'Ali Tur.

Le cimetière familial rassemble les sépultures des membres de la famille Longueteau depuis le XIXᵉ siècle. Louis-Philippe Longueteau, le premier à décider de s'installer au Palmiste à la suite d'un héritage et premier maire de la commune, y est enterré au centre avec sa femme Anne-Élisabeth Bonnet. Il s'agit d'une tombe très simple, qui contraste avec les véritables mausolées que ses descendants se sont fait construire.

MAISON DE MAÎTRE DE L'HABITATION LONGUETEAU

1940-1945

Le Palmiste   *A9711216*

Cette habitation a toujours été, dès le XVIIIᵉ siècle, l'une des plus importantes habitations-caféières de la commune. Dès l'origine, elle appartient à la famille Longueteau, et est appelée Terres d'en haut par la famille, car elle se trouve sur les hauteurs du Palmiste. En 1820, Louis-Philippe Longueteau la reçoit dans sa part d'héritage et la rebaptise habitation Saint-Jacques. Elle entre dans les biens de la société qu'il constitue avec son beau-frère Antoine-Joseph Bonnet pour acheter l'habitation domaniale de Saint-Charles. Les deux associés se séparent en 1842, et Louis-Philippe Longueteau reprend son bien. Depuis, elle

demeure dans la famille. La maison de maître, construite en béton armé pendant la Seconde Guerre mondiale, est conçue pour donner une impression de puissance et surtout de modernité, dans la foulée du nouveau style imposé par Ali Tur dans les bâtiments publics.

CAVEAU FAMILIAL
XIXᵉ siècle
Cimetière de l'habitation Longueteau
A9711226

Gourbeyre possède sur le plan sépulcral une particularité signalée le 1ᵉʳ octobre 1844 par M. Fourniol, procureur général par intérim, dans un rapport d'inspection : « Je ne dois point négliger un usage que je trouve établi [...] au Dos-d'Âne et qui semble mériter l'attention de l'administration. Dans [cette] commune, chaque habitation a son lieu de sépulture. Tous les esclaves y sont portés. Sur quelques habitations près de ce lieu et sur un tertre privilégié, on remarque la tombe de la famille du maître. » C'est le cas pour le cimetière Longueteau.

CENTRE SAINT-JEAN-BOSCO
1944
Saint-Charles
A9711202

Le centre Saint-Jean-Bosco, qui conserve une statue de son éponyme, est créé le 14 octobre 1934 au Moule afin de recevoir d'une part, des jeunes délinquants et d'autre part, des jeunes confiés par l'Assistance publique. Géré par l'Association pour la protection de l'enfance, il se déplace en 1944 à Gourbeyre sur une propriété de 65 hectares, issue du morcellement de l'habitation Bisdary. Il est alors dirigé par les Frères des Écoles chrétiennes. Les premiers ateliers de formation professionnelle commencent à fonctionner en 1946, et vingt ans plus tard, en 1966, une école technique issue de ces ateliers est ouverte. L'Administration ayant mis en place ses propres structures, les effectifs confiés au centre Saint-Jean-Bosco diminuent fortement, grevant le budget de l'établissement au point d'entraîner sa fermeture.

père Nio décide de faire construire une véritable église après l'incendie de ce premier édifice en janvier 1949. La première pierre est posée en septembre 1949, et, le 12 avril 1958, la première messe est célébrée. Le sanctuaire se veut résolument moderne de par son utilisation du béton armé. Son style, avec son campanile et la forme extérieure du chœur, lui donne un air oriental peut-être dû à l'origine arménienne de son architecte.

ÉGLISE
1949-1958
Béton armé
A9711201

De création assez tardive, en 1837, la commune ne possède pas à l'origine d'église paroissiale, mais des chapelles dans les grandes habitations. Celles-ci appartiennent d'abord, en effet, à des ordres religieux. Au moment de la création de la commune, une chapelle faisant fonction d'église est construite sur une parcelle cédée par le propriétaire de l'habitation Bisdary, à l'emplacement de l'église actuelle. Le

MAIRIE
Années 1950
Ciment et béton
A9711207

À l'époque de son édification, la mairie de Gourbeyre, sans style particulier, représente la modernité, dans une commune où le bois était encore omniprésent dans la construction.

Goyave

Petit-Bourg

GOYAVE

Capesterre-Belle-Eau

Rivière de la Capesterre

Soufrière

Goyave

Canton de Goyave
Arrondissement de Basse-Terre
Superficie : 5 830 ha
Population 1992 : 3 672 hab.
Habitants : les Goyaviens
Cours d'eau : la Petite Rivière à Goyaves,
la Rivière Moreau, la Rivière Fonfils
et la Rivière La Rose

Origine du nom : des goyaviers qui
abondaient autrefois sur les rives de la
Petite Rivière à Goyaves.

Blason : les goyaves jaunes indiquent
que la commune doit son nom à un
fruit ; la rivière qui descend de la montagne et irrigue la plaine rappelle que
l'eau est un atout naturel majeur ; le
bananier, les ouassous et les poissons
signalent les principales ressources économiques de la commune.
A971130b

HISTORIQUE

*La commune ne conserve que peu de
traces de l'ancienne présence amérindienne. Les îlets du littoral, aujour-
d'hui tous engloutis, hormis l'îlet
Fortune, ont été le refuge des derniers
Caraïbes de Goyave. En 1664, les
colons occupent déjà le territoire. On
cultive le tabac et le gingembre, premiers produits d'exportation, mais
c'est l'exploitation de la canne à sucre
qui va faire la richesse du lieu. Très
tôt, les habitants construisent une chapelle et se mettent sous la protection de
sainte Anne. Ils restent néanmoins
paroissiens de Capesterre jusqu'en
1684, année de la création officielle
de la paroisse Sainte-Anne-de-la-
Petite-Rivière-à-Goyaves, confiée à des
missionnaires capucins. Le centre religieux, primitivement établi à Fort'Île,
se déplace au XVIIIᵉ siècle pour se rapprocher du bourg, dont la construction s'organise au bord de la mer. Née
sur une grève marécageuse et mal-
saine, la petite agglomération garde
longtemps l'aspect d'une misérable
bourgade. En mai 1790, le mulâtre*

*Jean-Louis, esclave de l'habitation
La Rose, accusé de complot de révolte,
est exécuté sur la place publique. Lors
de la révolte noire pour la liberté de
mai 1802, l'église et le bourg sont
réduits en cendres et la localité tombe
sous la dépendance religieuse puis
administrative de Petit-Bourg, auquel
elle est réunie. Le 3 mai 1827, le
baron des Rotours signe l'acte de séparation des deux quartiers. À la fin du
XIXᵉ siècle, Goyave devient le fer de
lance de la culture de la ramie.
Fort'Île, la dernière distillerie de
Goyave, ferme ses portes en 1973.
Cette année-là, la culture de la
banane remplace celle de la canne
à sucre. Les travaux d'assainissement, l'expansion en
phases successives du
chef-lieu communal et
l'ouverture du grand
axe routier Basse-Terre -
Pointe-à-Pitre ont profondément transformé l'aspect
de Goyave.*

HACHE AMÉRINDIENNE
Collection particulière
A9711314
La découverte dans un
jardin potager de cette
pièce isolée, que l'on ne
peut dater, est un signe très
rare de la présence d'un peuplement amérindien à Goyave.

VOÛTE DE SOUTIEN
XVIIIᵉ siècle
Roche volcanique et madréporique
Aqueduc
Ancienne habitation La Rose   *A9711312*
L'habitation-sucrerie La Rose devient à
la fin du XIXᵉ siècle la distillerie Bolivar.
Son aqueduc est l'un des plus importants et parmi les mieux conservés du
patrimoine industriel de Goyave. Dans
cette construction « à chaux et à sable »,
les matériaux d'origine volcanique
dominent, associés à quelques roches
madréporiques provenant sans doute
des récifs littoraux. Acheminée par ce
canal surélevé, l'eau de La Rose
actionne une roue à aubes qui transmet
son mouvement au moulin à
broyer la canne. À partir de
1926, la vapeur est associée
à la force de l'eau. Le système fonctionne jus-
qu'en 1962, année
de la ferme-
ture de la
distillerie.

JEAN-BAPTISTE JAMMES
1836
Miniature
Association Francis-Jammes
Orthez, Pyrénées-Atlantiques   A9711322

Le docteur Jean-Baptiste Jammes (1797-1857) est maire de Goyave de 1847 à 1856. Natif d'Orthez, il choisit d'exercer la médecine à la Guadeloupe, où il se rend en 1819. Ce portrait date du voyage qu'il fait en métropole à 39 ans,

avec ses deux enfants, qu'il confie à ses sœurs protestantes avant de retourner aux Antilles. Au dos de la miniature se trouve cette inscription : « J. B. Jammes, Docteur-Médecin à la Pointe-à-Pitre Guadeloupe, à ses sœurs Clémence et Célanire, ce mois de septembre 1836 lorsqu'il vint en France. » Jammes meurt le 12 janvier 1857 sur l'habitation Champ-d'Asile, où il avait vécu et où il est inhumé selon ses vœux. Une petite rue du bourg porte aujourd'hui son nom.

DE L'ANGÉLUS DE L'AUBE À L'ANGÉLUS DU SOIR
1911
Auteur : Francis Jammes
Éditeur : Mercure de France
Collection particulière   A9711323

L'œuvre du poète béarnais Francis Jammes (1868-1938) est empreinte de l'évocation de la Guadeloupe et du souvenir de son aïeul, l'Orthézien de Goyave, auquel il consacre, dans son recueil écrit en 1898, un poème intitulé *Tu écrivais* : « Tu écrivais que tu chassais des ramiers/dans les bois de la Goyave,/et médecin qui te soignait

écrivait,/peu avant ta mort, sur ta vie grave. [...] Tu es enterré, là-bas, à la Goyave./Et moi j'écris où tu es né :/Ta vieille correspondance est très triste et grave./Elle est dans ma commode, à clef. »

PORTE DE L'ANCIENNE PRISON
1849
Roche volcanique et bois
Rue Édouard-Zora   A9711306

L'ancienne prison est le plus vieux bâtiment encore en état du bourg. Elle reste longtemps, avec l'église, le seul édifice en maçonnerie de Goyave. Sa construction est décidée en mars 1847 par l'administration coloniale, sur un terrain dépendant de l'habitation L'Aiguille. L'édification de la geôle, dont le plan est dressé par la direction des Ponts et Chaussées, est confiée à l'entrepreneur

Dérussy. Elle donne lieu à de nombreuses vicissitudes, et ne parvient à son terme qu'en 1849, si bien qu'aucun esclave n'y est détenu. Deux ans après son achèvement, le bâtiment, ébranlé par le séisme de 1851, nécessite déjà des réparations. De 1853 à 1857, la geôle fait office d'atelier de discipline abritant une trentaine de condamnés détachés du pénitencier de l'Îlet-à-Cabrit, aux Saintes, et employés aux travaux d'empierrement de la route coloniale. Plus tard, le bâtiment sert de fourrière pour les animaux, avant son abandon définitif.

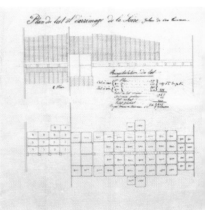

PLAN DE LEST ET D'ARRIMAGE DE *LA LOIRE*
1850
Service historique de la Marine
Vincennes, Val-de-Marne   A9711325

Le plan de la cale de *La Loire* est la seule représentation qui reste de cette gabarre de 600 tonneaux de la Marine nationale, partie de Brest (Finistère) pour transporter des troupes à Basse-Terre, et qui sombre sur des récifs au large de Goyave, le 18 janvier 1852 à 5 heures du matin. Le sauvetage des naufragés s'effectue à l'aide d'un radeau et d'un va-et-vient entre la plage de Sainte-Claire et le bâtiment. Les militaires sont recueillis sur l'habitation Fort-Île des Rousseau. Il faut huit jours pour récupérer, sous le contrôle de la gendarmerie, les 500 000 francs en numéraires d'argent qui se trouvent à bord, ainsi qu'une partie des barriques d'effets et d'approvisionnement, après que les artificiers ont fait sauter les ponts du bateau. Depuis, le dangereux écueil qui causa le naufrage porte le nom de Caye La Loire.

EMBARCADÈRE

XIXᵉ siècle

Pierre et béton   A9711307

L'embarcadère marque l'endroit du littoral où s'est créée l'agglomération de Goyave, et témoigne de l'activité commerciale de la commune à l'époque où ses habitations produisent sucre, rhum et café destinés à l'exportation. La rue y conduisant est la première rue empierrée du bourg, attendu qu'elle sert constamment à la circulation des cabrouets chargés de marchandises. En 1841, pour prévenir la fuite des esclaves à l'étranger, des miliciens sont chargés de la surveillance des pirogues et canots de pêche qui y stationnent. En 1857, *La Célice*, une pirogue à vapeur, part de Goyave pour Pointe-à-Pitre tous les jours à 11 heures du matin. En 1868, c'est la barge de transport *Reine-des-Anges* qui relie les deux agglomérations. Dans les premières décennies du XXᵉ siècle, avant l'essor de l'automobile, la ligne est assurée par les bateaux *Les Deux-Sœurs* et *La Clémence*.

ÉGLISE SAINTE-ANNE

XIXᵉ-XXᵉ siècles

Pierre et bois   A9711301

Cette église est la quatrième construite sur le site. La première, en bois, est ruinée par l'ouragan du 29 août 1738. La deuxième église, bâtie en pierre, se retrouve désaffectée sous la Révolution, et brûle en mai 1802 dans les flammes de la révolte noire pour la liberté. Resté dépourvu de lieu de culte pendant plus de vingt-cinq ans, Goyave inaugure en 1828 la construction d'un nouvel édifice, à son tour mis à bas par le séisme de 1851. L'église Sainte-Anne est reconstruite en 1861, agrandie et rénovée plusieurs fois au cours du XXᵉ siècle. Seule la façade, caractérisée par des pilastres, a gardé son aspect du XIXᵉ siècle. Longtemps en retrait du bourg, et lui tournant même le dos, l'église devient le point central de l'agglomération après la première phase d'expansion des années 1960.

PRESBYTÈRE

Seconde moitié du XIXᵉ-XXᵉ siècles

Bois et tôle   A9711304

Cette maison basse de type colonial est construite par la municipalité Jammes pour servir de logement au curé. Sa position à une centaine de pas de l'église, au milieu d'un vaste terrain aéré, offrait à ses occupants un avantage sanitaire sur le bourg, alors exposé aux effluves des marécages. À l'origine, ce presbytère, qui comporte deux façades nord et sud, était divisé en deux appartements. Les dépendances de la maison se composaient d'une chambre pour la servante, d'une autre faisant office de salle du conseil de fabrique, d'un magasin, d'une case à eau, d'une cuisine, et d'une écurie. Le style actuel de cette maison curiale résulte des travaux successifs de réparation et d'aménagement, notamment de ceux entrepris en 1950, année où un curé résident, le père Bénaîtreau, est nommé à Goyave, depuis longtemps desservi par les prêtres de Petit-Bourg.

ANCIEN PONT
DE LA RIVIÈRE LA ROSE
1861
Constructeur : Ernest Gouin et Ce
Acier, bois et maçonnerie (27 × 5 m)
Rivière La Rose   *A9711313*

Le 16 mai 1853, une crue importante de la Rivière La Rose enlève le premier pont en maçonnerie de la route coloniale reliant Basse-Terre à Pointe-à-Pitre. Des difficultés repoussent d'année en année sa reconstruction, indispensable pourtant sur une route reliant les deux principales villes de l'île. En 1860, le ministère de la Marine, dont dépend l'administration des Colonies, négocie l'achat de ce pont avec les établissements Ernest Gouin, constructeurs du premier grand ouvrage d'art en métal, le pont d'Asnières (Hauts-de-Seine). L'installation de ce premier pont métallique de la colonie, par la facilité avec laquelle elle s'effectue, impressionne considérablement tous ceux qui y assistent. Le tablier, pesant 36 tonnes, se compose de 360 pièces, et son montage par le capitaine d'artillerie Le Maréchal et sa compagnie de dix-sept ouvriers indigènes nécessite 7 615 rivets forgés à chaud. Ce travail dure sept semaines. Le lancement du pont a lieu le dimanche

3 novembre 1861, en présence du gouverneur et des maires. La manœuvre, commencée à 9 heures 30, est retardée par un grain violent, des éboulements et des ruptures de cordages, mais s'achève heureusement à 16 heures. Le lendemain, il ne reste plus qu'à installer les trottoirs et les madriers du tablier. Dans les années 1950, le pont devient, comme tous les vieux ponts en fer de l'île, extrêmement périlleux, du fait de l'accroissement de la circulation automobile.

ANCIEN PONT MÉTALLIQUE (détail)
1874
Acier et maçonnerie
Petite Rivière à Goyaves
Section Sainte-Claire   *A9711316*

En 1872, le conseil général décide de remplacer l'ancien pont en treillis de la route coloniale numéro 1, devenu vétuste. Les pièces métalliques du nouveau pont sont commandées en métropole et leur transport effectué par les frères Cherpuy, négociants à Pointe-à-Pitre. Devenu étroit et dangereux, et ne répondant plus aux exigences de la circulation moderne, le pont est désaffecté en 1964. Les solides culées du pont et sa pile intermédiaire, arrondie en amont et effilée en aval pour favoriser l'écoulement de l'eau, ont durablement résisté aux puissantes crues de la rivière et sont demeurées quasiment intactes.

ORATOIRE SAINTE-ANNE
1886
Pierre   *A9711309*

Cet oratoire est édifié à l'entrée du chemin autrefois dit « de l'Ermitage », qui traversait les habitations L'Aiguille, Fort-Île, et Sainte-Anne. Il est dédié à sainte Anne, patronne de la paroisse depuis sa fondation au XVIIe siècle. La croix surplombant la statue de la sainte tutélaire porte l'inscription : « Souvenir du Jubilé - 15 décembre 1886. »

CROIX

1914
Fer forgé, maçonnerie et marbre
Cimetière   A9711302

Scellée sur un promontoire qui porte, gravée dans du marbre, l'inscription « Juillet 1914 », cette croix a remplacé l'ancienne croix, en mauvais état, qui se trouvait à l'origine dans le cimetière ouest, jadis appelé cimetière des Blancs, et devenu en 1862 unique lieu de sépulture. Jusque-là, en effet, il existe deux cimetières. Celui des esclaves, qui se trouvait à l'est de l'église, possédait sa propre croix.

EDMOND BOLIVAR

Début du XXᵉ siècle
Photographie
Collection particulière   A9711324

Edmond Bolivar, né à Petit-Bourg le 15 avril 1877, fut le propriétaire de la distillerie La Rose. Devenu maire de Goyave en 1910, il occupe ce poste jusqu'à sa mort le 2 janvier 1931. Chevalier de la Légion d'honneur, il préside le conseil général de 1925 à 1928. Son mérite, dit-on, est d'avoir fait son chemin « la tête haute, les mains propres, ne comptant que sur l'effort et le travail ». Une rue du bourg porte aujourd'hui son nom.

RÉCEPTION ROOSEVELT (20 Février 1916). Halte a la Mairie de Goyave.

RÉCEPTION DU PRÉSIDENT ROOSEVELT À LA MAIRIE DE GOYAVE

20 février 1916
Photographie
Archives départementales, Gourbeyre
            A9711320

Cette photographie est prise le jour de la réception à Goyave de Theodore Roosevelt (1858-1919), président des États-Unis de 1901 à 1909, alors en tournée touristique dans l'île. Il figure ici en compagnie du gouverneur Merwart et du maire Edmond Bolivar, au balcon de la première mairie de Goyave. Arrivé de Pointe-à-Pitre en automobile, le cortège emprunte ensuite le chemin de fer des sucreries coloniales pour se rendre à Sainte-Marie.

CHEMINÉE

1929
Roche volcanique et brique
Ancienne habitation Fort'Île   A9711318

Cette cheminée isolée est l'un des derniers vestiges de la distillerie Nesty, établie à la fin du XIXᵉ siècle sur l'ancienne habitation sucrière Fort'Île. Après le cyclone de 1928, les propriétaires de la distillerie installent un nouvel alambic à feu direct et construisent cette cheminée pour compléter leur équipement.

Goyave

ÉTIQUETTE DE BOUTEILLE
XXᵉ siècle
Papier imprimé
Collection particulière   *A9711321*

Dès 1669, une habitation-sucrerie s'installe, qui prend très vite le nom de Fort'Île, et passe aux mains de la famille Rousseau, qui la conserve pendant deux siècles. Dès le début du

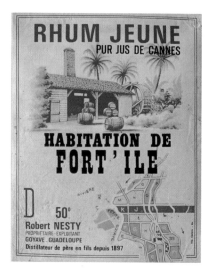

XVIIIᵉ siècle, elle est équipée d'un aqueduc et d'une installation hydraulique. L'aqueduc est aujourd'hui toujours en place, mais la gouttière a changé. La roue hydraulique actuelle est une version en fer et fonte du début du XXᵉ siècle. Le moulin à canne, de la marque anglaise Fletcher, date de la fin du XIXᵉ siècle, époque au cours de laquelle la famille Nesty acquiert la propriété et crée la distillerie. Distillateurs de père en fils de 1897 à 1973, les Nesty produisent le rhum Habitation Fort'Île. Cette étiquette de bouteille est illustrée par une représentation du bâtiment industriel, le dernier de Goyave, avec sa cheminée, sa roue hydraulique et ses fûts de rhum.

CALVAIRE
1934
Pierre, bois et fer forgé
Place de l'Église   *A9711303*

Ce calvaire, érigé à la lisière du cimetière, commémore la mission d'évangélisation de 1934. Le curé chargé de cette campagne, le père François Le Clech, avait exalté dans ses prêches le renouveau de la foi chrétienne et de la pratique religieuse dans une paroisse qui, depuis le début du XXᵉ siècle, subissait chroniquement l'absence de prêtre.

MONUMENT AUX MORTS
1935
Pierre
Rue de la Liberté   *A9711308*

Ce monument est élevé par la commune à la mémoire des victimes de la Première Guerre mondiale. Il porte à l'origine une plaque de marbre sur laquelle sont inscrits les noms des huit enfants de la commune, tombés les uns sur le territoire métropolitain ou à la Martinique, les autres en Allemagne ou en Grèce.

GLACIÈRE LA ROSE
1945
Ciment, béton armé et tôle
Section La Rose   *A9711310*

Ce bâtiment, construit sur les ruines de la sucrerie Douville aux abords de la Rivière La Rose, est le berceau de la

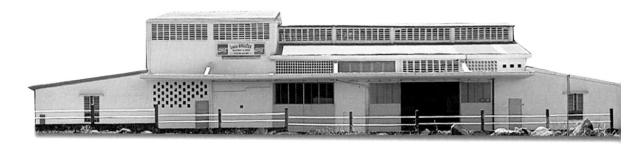

fabrication de la bière à la Guadeloupe. La Grande Brasserie guadeloupéenne voit le jour à l'initiative d'Adolphe Ribaud, maître brasseur diplômé de l'école de Nancy, et emploie une trentaine d'ouvriers goyaviens. Le matériel qui sert à fabriquer la première bière locale, réputée fine et légère, provient de la brasserie Goubet, à Verdun (Meuse). En 1952, l'activité est transférée aux Établissements Superfroid, à Pointe-à-Pitre. Depuis, une fabrique de glaces occupe les lieux.

CHARPENTE
1945
Béton armé
Glacière La Rose   *A9711326*
La salle principale est largement éclairée et aérée par des claustras situés tout en haut, à proximité du faîte du toit. Les poutres, elles-mêmes grandement

ajourées, reconstituent un système triangulé qui confère au bâtiment une grande résistance aux cyclones.

MOTEUR DIESEL À UN CYLINDRE
1920
Fabricant : Winterthur, Suisse
Fonte (3 × 1,8 m)
Glacière La Rose   *A9711327*

Ce moteur équipe à l'origine une brasserie de Verdun (Meuse). Il arrive en Guadeloupe vers 1945, lors de la création de la Grande Brasserie guadeloupéenne, qui précède l'actuelle glacière. Les moteurs Diesel, mis au point dans les dernières années du XIXe siècle, constituent un réel progrès sur les machines à vapeur, par leur rendement énergétique très supérieur. De plus, ils ne nécessitent pas de gros générateurs de vapeur annexe. Ils utilisent du pétrole, carburant peu coûteux et très facile à se procurer. Un seul de ces moteurs peut entraîner plusieurs dispositifs dans la brasserie : broyage des grains, brassage des cuves, pompage des liquides, ou mise en route d'une génératrice électrique.

ÉCOLE DE CHRISTOPHE
1949
Pierre, bois et tôle
Section Christophe   *A9711317*
L'école rurale de Christophe est représentative des efforts entrepris par la commune en faveur de la scolarisation des enfants des campagnes. Au début du XXe siècle, il existe déjà au bourg de Goyave une école communale laïque. En revanche, aucun hameau n'en possède. En 1934, la municipalité loue une maison située à Christophe, où l'enseignement est dispensé pendant quinze ans aux enfants du Morne-Rouge, la plus grosse section de la commune. En 1948, la décision est prise de construire de vrais bâtiments d'école. L'architecte du département en dresse les plans, et l'édification est attribuée à l'entreprise Tharcis. M. Corbin, nommé architecte communal, est chargé de suivre les travaux de construction de ce bâtiment scolaire, achevé fin 1949.

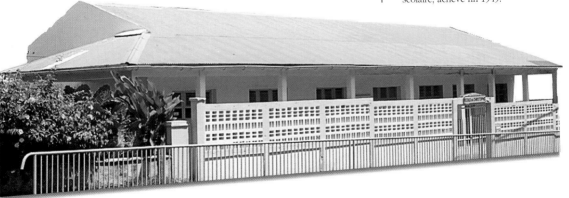

Grand-Bourg

Saint-Louis

Capesterre-de-
Marie-Galante

GRAND-BOURG

Grand-Bourg

Canton de Grand-Bourg
Arrondissement de Pointe-à-Pitre
Superficie : 5 554 ha
Population 1990 : 6 268 hab.
Habitants : les Grand-Bourgeois

Origine du nom : d'abord appelée Marigot, l'agglomération prend, à la fin du XVIIᵉ siècle, le nom de Grand-Bourg, par opposition au bourg de Capesterre nouvellement créé.

Blason : le moulin, les cannes et le poisson évoquent les principales activités de Marie-Galante.
A971140b

HISTORIQUE

L'occupation arawak, puis caraïbe du territoire de Grand-Bourg est avérée, et semble s'être concentrée autour du site de Folle-Anse, les populations s'étant probablement succédé à la faveur d'un massacre. C'est à Grand-Bourg que Christophe Colomb touche terre pour la première fois, lors de son deuxième voyage. L'implantation, à partir de 1648, de premiers colons français à Marie-Galante se déroule sans heurts, les deux communautés cohabitant pacifiquement. Mais, le massacre des habitants du bourg de Vieux-Fort, en 1653, entraîne une seconde colonisation, ordonnée par Charles Houël, aux alentours du lieu-dit La Savane. Vers 1660, les carmes, responsables de la vie spirituelle de l'île de Marie-Galante, s'installent et y implantent une chapelle. Le bourg, qui se forme, prend le nom de Marigot, et développe une économie essentiellement sucrière. En 1676, la guerre avec les Pays-Bas entraîne la mise à sac de l'agglomération par les Hollandais. Les Anglais débarquent à leur tour en 1690 et incendient Marie-Galante, chassant les habitants vers la Martinique. Le peuplement se reconstitue néanmoins avant la fin du XVIIᵉ siècle. Pendant la Révolution, l'île devient

une colonie indépendante (1792-1794) et Grand-Bourg prend le nom de Réunion. En 1831, Grand-Bourg est doté d'un conseil de ville. En 1837, la commune est scindée en deux, partagée en Grand-Bourg et Grand-Bourg-Campagne. À la suite du violent incendie de 1838, l'agglomération est détruite puis rebâtie, et prend momentanément le nom de Joinville en l'honneur du fils de Louis-Philippe, le prince de Joinville. Dès 1843, le processus de concentration des unités de production sucrière est engagé, donnant naissance aux usines Trianon, Grande-Anse, Poisson, ou Murat. Dès 1850, Grand-Bourg-Campagne est supprimé. La crise du sucre, survenue à partir de 1884, a des conséquences très graves sur l'économie de l'île, déjà atteinte en 1865 par un cyclone et une épidémie de choléra. Le cyclone de 1928 ravage totalement la commune. Malgré cela, se dotant d'infrastructures scolaires importantes et améliorant son réseau de communication avec l'extérieur, Grand-Bourg s'affirme comme la ville principale de Marie-Galante, en dépit des aléas climatiques qu'ont constitué les cyclones de 1956 et 1964.

VASE FUNÉRAIRE
300-600
Céramique peinte et incisée (d. : 35 cm)
Musée Edgar-Clerc, Le Moule   A9711465
Sur la côte occidentale de Marie-Galante, sous le vent, le site archéologique de Folle-Anse, installé sur un cordon littoral sableux, entre la mer et une vaste zone de marais, a fait l'objet de fouilles dans les années 1970, puis en 1997. Trois niveaux archéologiques

sont observables. Le deuxième, le mieux conservé, a livré un important mobilier du style cedrosan saladoïde

datant d'une période comprise entre 300 et 600, avec des céramiques d'excellente qualité, d'une grande variété de formes, fréquemment à bord épaissi et comportant des coupes à pied annulaire. Les décors peints sont particulièrement nombreux et divers, ainsi que les adornos et les anses de préhension. Un vase peint en noir sur fond rouge, avec un décor incisé, a été découvert, associé à une sépulture accompagnée d'autres offrandes funéraires. L'association constante, dans l'art céramique saladoïde, des thèmes de la chauve-souris et de la grenouille s'y retrouve. Dans un niveau inférieur mal défini, outre du mobilier cedrosan, quelques tessons de céramique fine, à pâte claire avec des décors de surfaces pointillées, des fragments de vases dits à deux trous et quelques adornos ont été mis au jour. Ils sont caractéristiques du style huecan saladoïde et font de Folle-Anse l'un des rares sites répertoriés de cette phase ancienne encore mal connue.

FRAGMENT DE VASE
Vers 350
Terre cuite peinte (H. : 18 cm)
Musée Edgar-Clerc, Le Moule   A9711467
Ce fragment de vase, découvert sur le site de Folle-Anse, constitue l'un des rares exemples connus de poterie ornée fabriquée par les Saladoïdes. En effet, les argiles guadeloupéennes, qui étaient accessibles aux Arawaks, ne possèdent pas de bonnes qualités plastiques, ce qui empêcha sans doute les potières amérindiennes de réaliser des produits de qualité satisfaisante. L'élément de base du décor, un thème en forme de T, est répété quatre fois autour du vase, subissant à chaque décalage une rotation de 90°. Le décor complet du vase reconstruit une forme en labyrinthe, stylisation de grenouille.

ADORNO
Culture saladoïde insulaire
Céramique peinte (H. : 8 cm)
Musée Edgar-Clerc, Le Moule
A9711466

Le visage comporte des traces blanches de kaolinithe, argile sans traces d'oxyde de fer, le rouge étant de l'oxyde de fer finement broyé. Les couleurs sont passées avant la cuisson de la poterie. Ce type de goulot est associé à des récipients en forme de bouteille hauts d'une quarantaine de centimètres, que l'on trouve dans les niveaux archéologiques saladoïdes insulaires les plus anciens. Leur fabrication doit être mise en relation avec les expéditions de reconnaissance de l'espace insulaire à laquelle se livrent les Arawaks après avoir quitté la terre ferme, à la fin du Ier siècle av. J.-C. La tête qui épouse la forme du goulot est celle d'une chauve-souris, reconnaissable aux boudins placés de chaque côté de la tête, qui évoquent les ailes rabattues sur les oreilles de l'animal.

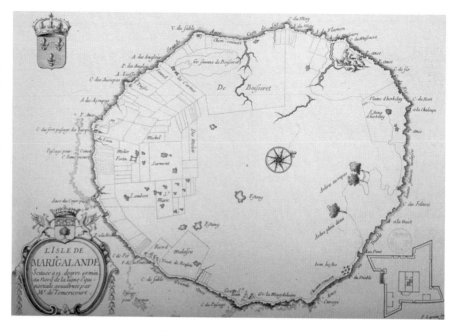

L'ornementation peinte des poteries selon la technique du « blanc et rouge » caractérise les productions céramiques les plus anciennes de la culture saladoïde. Le noir peint sur le sommet du goulot est constitué de bitume fondu, passé après la cuisson de la poterie sur le pot encore chaud. Il provient de l'île de Trinidad, proche du Venezuela, où il affleure naturellement.

CARTE DE MARIE-GALANTE
1667
Auteur : Nicolas François Blondel
Bibliothèque nationale, Paris A9711468

Nicolas François Blondel, envoyé en mission aux Antilles pour faire un rapport sur l'état des fortifications des îles, dresse cette carte de Marie-Galante en 1667. Placée sous le gouvernement de Boisseret de Téméricourt, neveu de l'ancien gouverneur de la Guadeloupe Charles Houël, l'île connaît une

CANON
XVIIe siècle
Batterie des Basses A9711429

À la suite du massacre de 1653, une deuxième expédition de colons français s'implante dans le sud de Marie-Galante, au quartier de La Savane. En 1665, l'action de Jean de Boisseret de Téméricourt, gouverneur de l'île, permet à la population de passer de 350 à 509 habitants. La concentration se fait

nouvelle phase de développement après l'extermination totale de la colonie par les Caraïbes une quinzaine d'années auparavant. Le bourg primitif de Vieux-Fort est abandonné au profit d'un autre site moins exposé, noyau de ce qui deviendra plus tard Grand-Bourg. Un petit fort en pierre est construit pour en assurer la défense. L'île compte alors environ 500 habitants, installés pour la plupart dans les parties ouest et sud qu'ils entreprennent de défricher.

principalement dans le sud et l'ouest, de sorte que la désignation des différents quartiers s'opère d'elle-même. Le quartier des Basses reçoit ainsi une batterie de canons, installée par les habitants soucieux d'assurer leur sécurité.

ANCIENNE ÉCURIE
XIXᵉ siècle
Pierre et brique
Habitation Roussel-Trianon
Section Roussel   *A9711430*

L'habitation Roussel-Trianon est probablement créée au cours du XVIIIᵉ siècle. Elle apparaît sur une carte de Marie-Galante de 1769, et appartient, sous le nom de Fossecave, à la famille Botreau-Roussel dans les années 1780. Vers 1860-1861, Victor Botreau-Roussel y fait construire une usine centrale par l'ingénieur en matériel sucrier. Au cours de la décennie 1860, les deux usines de Grande-Anse et des Roussel, situées à proximité l'une de l'autre, s'entravent mutuellement, la région de Grand-Bourg ne produisant pas assez de matière première pour l'alimentation des deux usines. La famille de Retz, propriétaire de l'usine de Grande-Anse, achète celle de Victor Botreau-Roussel en 1873. Le 27 janvier 1874, les héritiers de Retz décident d'abord de fermer l'usine de Grande-Anse afin de concentrer la production sur Trianon, qui possède des infrastructures solides. Finalement, l'activité sucrière reste localisée à Grande-Anse et Trianon est fermée.
(Cl. M. H. 1981)

MAISON DE MAÎTRE DE L'HABITATION MURAT
1807-1808
Calcaire, bois, marbre et fer forgé
     A9711454

Cette grande maison de maître de style néo-classique possède une architecture typique du vignoble bordelais, région d'origine de la famille Murat. Le sol du rez-de-chaussée est en marbre, peut-être importé d'Italie. La façade principale comporte un écusson où figurent les initiales de Dominique Murat. Avant la Révolution, Murat est le propriétaire d'une petite habitation à Capesterre-de-Marie-Galante ; il s'enrichit considérablement au cours de la période révolutionnaire en faisant office de notaire pour la confiscation des biens des émigrés. Devenu l'un des principaux propriétaires de Marie-Galante, il se fait construire cette maison, parfois appelée Château Murat, qui est alors peut-être la plus grande de toute la Guadeloupe. La maison, qui a subi de nombreux dommages dus aux cyclones, est le centre d'un domaine qui, au XIXᵉ siècle, s'étend sur plus de 200 hectares et emploie plus de 300 esclaves. Elle abrite, depuis 1979, l'écomusée de Marie-Galante.

MOULIN À VENT
XIXᵉ siècle
Pierre
Habitation Roussel-Trianon   *A9711431*

La tour en pierre de taille est le seul vestige du moulin de l'habitation Trianon. Elle est percée de trois ouvertures, ornées, pour la baie principale, d'une étoile à huit branches, pour les deux autres d'un cœur taillé à l'identique. Le sol intérieur est constitué de pavés de calcaire. Il ne subsiste rien de la machinerie, si ce n'est le rectangle de bois situé au sommet du moulin. *(Cl. M. H. 1981)*

CHEMINÉE
XIXᵉ siècle
Pierre et brique
Habitation Roussel-Trianon   *A9711432*

La cheminée de la sucrerie Trianon est constituée d'un socle carré à large piédouche saillant et à corniche moulurée. Le fût est également de section carrée, et la maçonnerie est recouverte d'un enduit, qui a pris, avec le temps, la couleur de la pierre. La structure interne est faite de briques réfractaires. *(Cl. M. H. 1981)*

ANCIENNES CUISINES
*Seconde moitié du XVIIIe-
début du XIXe siècle*
Pierre et bois
Habitation Murat   A9711455

Ce corps de bâtiment ayant servi de cuisine comprend un four à pain, une case à rhum, une remise de voitures, un magasin à vivres et un appentis de bois faisant office de poulailler, d'après un acte de vente de 1839. Il possédait une toiture en essentes de bois à faible pente, ventilée par deux lucarnes en chien-assis. Une ancienne citerne intégralement arasée subsiste à proximité de ce petit bâtiment annexe.

COLONNE
Calcaire et pierre
(H. : 8 m)
Habitation Murat
A9711459

Cette colonne, alliant pierre de taille, moellon et cailloutis, faisait probablement partie d'un ouvrage plus important, comme le laissent supposer les gros blocs de calcaire taillés aux mêmes dimensions et amassés à faible distance.

BÂTIMENT ANNEXE
Calcaire, bois et chaume
Habitation Murat   A9711456

Cette petite construction de plain-pied en gros moellons irréguliers, qui remonte peut-être au XVIIIe ou au début du XIXe siècle, possédait à l'origine une toiture à deux pentes en chaume. Elle comporte une petite citerne de brique rouge en souterrain, adossée au mur. Sa relative ancienneté et l'économie des matériaux employés laissent supposer qu'elle faisait office de magasin à vivres, avec logement pour le gardien ou le gérant de l'habitation.

MARE
Habitation Murat   A9711442

La mare est située au nord-ouest de l'habitation, à proximité de l'enclos à animaux et des cases à nègres, derrière la maison de maître. Son eau était utilisée pour les besoins domestiques des esclaves et pour abreuver les animaux. Elle abrite une espèce de tortue dite Molokoy, d'un nom malien en langue bambara, probablement importée et peuplant un grand nombre de mares de l'île. Marie-Galante est une petite île plate et ronde, au sol calcaire et aux pluies irrégulières, où les points d'eau sont assez peu nombreux. Le recours au creusement de mares et à la construction de puits, de citernes ou de bassins est donc fréquent.

ANCIEN ENCLOS À ANIMAUX
Maçonnerie
Habitation Murat   A9711457

Ce muret d'enceinte rectangulaire, couvrant une superficie de 700 m² et fait de moellons calcaires jointoyés à plat à l'aide de mortier, abrite deux petits bâtiments de construction identique, percés d'une porte basse et d'une lucarne latérale. Il peut s'agir d'un enclos à animaux ou « parc à bourrique », ou bien « d'un hôpital clos en maçonnerie composé d'un rez-de-chaussée et d'une galerie divisée en quatre pièces garnies de quatre lits de camp » mentionné dans l'acte de vente de 1839.

ANCIEN MOULIN À BÊTES
XVIIIᵉ-XIXᵉ siècles
Maçonnerie de pierre calcaire et de brique (d. : 18 m)
Habitation Murat   A9711441

La plate-forme circulaire, entourée d'un mur, abritait un moulin à bêtes dont la charpente et les mécanismes de broyage en bois ont disparu. Des fouilles, menées en novembre 1997, montrent, au centre, l'aire de traitement des cannes faite de gros blocs de pierre calcaire taillés, de briques pour l'installation du châssis en bois et des mécanismes de broyage de même composition. L'aire circulaire servait à la déambulation des animaux, bœufs ou mulets. Les trois ouvertures percées dans le muret, munies de rampes d'accès à escaliers de pierre, permettaient l'entrée des cannes et l'évacuation de la bagasse.

PRIPRI
Bois
Habitation Murat   A9711446

Réalisé avec du bois « flot », qui possède d'excellentes qualités de flottaison, le pripri est une embarcation, d'origine amérindienne, constituée de troncs reliés par des planches. Il sert à pêcher des oursins. Il peut être muni d'une voile et d'un gouvernail.

MOULIN À VENT
1814
Calcaire, fonte, fer et bois
(H. : 10 m, d. : 5 m)
Habitation Murat   A9711437

Cette construction, dont les murs font plus d'un mètre d'épaisseur, est réalisée à partir de pierres de taille posées à plat et à joints vifs. Outre la porte d'entrée, les deux portes latérales servaient respectivement d'entrée pour la réparation et le remplacement du grand arbre axial et des rolles, et à l'évacuation

de la bagasse après l'extraction du jus de canne, ou *vesou*. À la base de la tour, se trouve une petite ouverture rectangulaire, percée dans le mur, permettant le passage du jus de canne du moulin à la sucrerie, en contrebas, par un système de gouttière. La tour du moulin et la rampe d'accès, servant de buttoir de déchargement des charrettes de cannes au moulin, ont été bâties sur une grande plate-forme circulaire. Le moulin comporte six ailes, la norme aux Antilles étant de quatre. Six anneaux de fer forgé ont été fixés au socle de la tour pour attacher ces ailes, en cas de cyclone. *(Cl. M. H. 1990)*

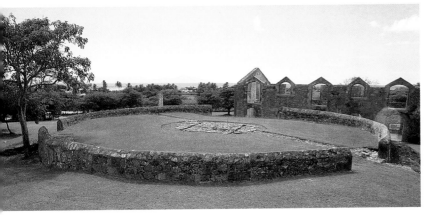

CARTOUCHE
1814
Calcaire
Moulin de l'habitation Murat

A9711439

Cette petite plaque, surmontant la porte d'entrée principale du moulin, comporte l'inscription suivante : « *D.E. Murat Fecit 1814* ». La tour comporte par ailleurs à la base de chaque porte, à environ 80 centimètres au-dessus du sol intérieur, deux petites pierres rectangulaires de 8 centimètres sur 30 ornées de motifs fleuris.
(Cl. M. H. 1990)

PUITS
XIXᵉ siècle
Calcaire
Habitation Murat   A9711458
Le puits de la sucrerie Murat était destiné à alimenter en eau la machine à vapeur entreposée dans le bâtiment industriel, au-dessus de l'ancienne chaufferie, en sous-sol.

VESTIGES DE SUCRERIE
XIXᵉ siècle
Calcaire, bois, fer et brique réfractaire (60 × 20 m)
Habitation Murat   A9711436
La sucrerie de l'habitation Murat possédait neuf chaudières en fer, placées en sous-sol, pour la cuisson et la fabrication du sucre. Elle est mentionnée dans l'acte de vente de 1839, et une machine à vapeur y est installée au milieu du XIXᵉ siècle.

CLOCHE D'HABITATION
Fonte et bois
Habitation Murat   A9711460
La cloche d'habitation a pour fonction de réveiller et d'appeler au travail les esclaves dans les champs et les divers ateliers de l'exploitation, tels les moulins ou la sucrerie. L'habitation comptait une centaine de cases à nègres, construites en branchages tressés et couvertes d'une toiture en paille de canne ou en jonc des marais. Ces habitations précaires étaient disposées en alignement, en contrebas de la maison des maîtres, d'où retentissait le son de cloche rythmant les journées.

SERRURE

Bois (30 × 10 × 3,5 cm)
Habitation Murat A9711461

Le principal élément, rectangulaire, est entaillé de rainures destinées à recevoir les différentes pièces de la serrure, comme l'ergot, le pêne ou la clef. Ce type de serrure était fixé sur la porte des cases en gaulettes. L'ouverture et la fermeture des portes s'effectuaient par un double mouvement de translation de la clef et du pêne, ces deux pièces pouvant être amovibles. Il existait autrefois plusieurs types de serrure en bois, héritage technologique africain, sur les anciennes habitations antillaises.

BAKSO

Bambou et vannerie tressée
Habitation Murat A9711462

Cette petite nasse, appelée *bakso* en créole, est un instrument de pêche utilisé pour la capture des poissons de roche. D'inspiration amérindienne, ce type de casier est désormais remplacé par un modèle à grillage métallique.

MOULIN À CANNE

Bois et fer (115 × 52 cm)
Habitation Murat A9711443

De fabrication artisanale et à usage domestique, ce moulin est muni de deux cylindres horizontaux en bois serti de clous avec manivelle à chaque extrémité, et d'une rigole permettant l'écoulement du jus de canne. À la base de cette presse, un récipient est disposé afin de récupérer le *vesou* obtenu par écrasement des bâtons de canne entre les deux cylindres. Cet ustensile, adaptation en modèle réduit des moulins à broyer les cannes, est couramment utilisé dans les campagnes marie-galantaises.

MOULIN À MANIOC

Bois et fonte (250 × 80 × 35 cm)
Habitation Murat A9711444

Afin d'obtenir le broyage de la racine de manioc préalablement épluchée, le tubercule est poussé à l'intérieur du boîtier de ce moulin à l'aide d'une petite palette de bois. La fécule aboutit à la roue dentée, et deux personnes font tourner les manivelles actionnant le petit tambour à engrenage situé à l'intérieur. La pâte de manioc est ensuite récupérée dans un récipient en fer placé sous le moulin. Elle peut alors être pressée dans un sac afin qu'en soit extrait le lait de manioc, puis séchée au soleil sur un tamis en osier pour obtenir soit de la farine soit des cassaves, galettes cuites sur une platine de fer. Ce système traditionnel, adaptation des couleuvres amérindiennes, est en voie de disparition, héritage de la période coloniale.

PERCEUSE DE FORGE

Fonte
Habitation Murat A9711445

Cette perceuse à main, d'un modèle remontant peut-être au XIXe siècle, appartient à un atelier de forge d'habitation comprenant cent cinquante outils relatifs au travail du fer.

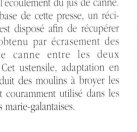

MOULIN DES BASSES
1825-1969
Pierre
Section Les Basses   *A9711449*

Ce moulin a été construit à l'époque où l'économie de plantation marie-galantaise est prospère, soit entre 1815 et 1835. Au XIXᵉ siècle, l'habitation-sucrerie, à laquelle il appartenait, bordait celle de Bellevue-Laplaine ou Murat à l'ouest, et celle de Bellevue-Ducos au nord. Elle devient la propriété de la famille Rameau au cours des années 1860, et elle est transformée en distillerie pour la production de rhum agricole. À la suite de la réforme foncière de Marie-Galante, le moulin des Basses fait l'objet, en 1969, d'une restauration consistant principalement en la pose d'une toiture en essentes.

PLAN (détail)
30 avril 1829
Auteur : Pichon
Lavis (54 × 55 cm). 1/2 000
Cote : DFC Marie-Galante 15PFB18
Centre d'archives d'outre-mer
Aix-en-Provence, Bouches-du-Rhône
    A9711464

Ce document, réalisé par le capitaine du génie Pichon, expose les projets de construction de Grand-Bourg pour l'année 1830. L'église, alors en travaux, de même que le presbytère, est située sur un léger promontoire, à l'emplacement de l'église primitive. Les extensions prévues, figurées en jaune, tendent à organiser le bourg symétriquement. Les habitants s'approvisionnent en eau douce dans la mare pluviale. Le quartier militaire comporte un logement en bois pour le canonnier servant la batterie côtière, un magasin à poudre, une citerne et une cuisine, les troupes étant logées à l'opposé du bourg. La caserne maçonnée, prioritaire sur les travaux de fortification, n'est réalisée que vingt ans plus tard.

MOULIN À VENT
1834
Pierre
Section Ballet   *A9711433*

Ce moulin, constitué en partie de blocs et de pierres taillées, comporte trois ouvertures. La clef de voûte de la porte latérale gauche porte l'inscription « Ballet », de même que la face extérieure de la clef de voûte, qui comprend un cartouche gravé de la mention : « St Paul, 1ᵉʳ janvier 1934 ».

SUPPORT DE RÉVERBÈRE
XIXᵉ siècle
Rue Marcel-Etzol
et rue de la République
    A9711428

Dans les années 1950, l'éclairage du bourg était toujours assuré par les réverbères, et l'un des premiers soins de la municipalité, conduite par Furcie Tirolien, fut d'acheter un moteur Diesel afin de fournir de l'électricité à la commune. Cette solution provisoire perdura jusqu'à la mise en place du câble sous-marin reliant Capesterre-Belle-Eau à la Pointe Folle-Anse, qui permit à tous les riverains de bénéficier du courant triphasé et à l'ensemble de l'île de Marie-Galante de se désenclaver.

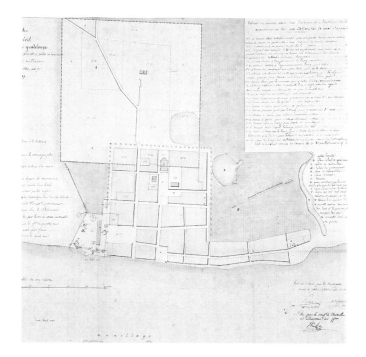

HÔPITAL SAINTE-MARIE
XIXᵉ siècle
Avenue de l'Hôpital   A9711417

L'institution hospitalière est attestée à Grand-Bourg dès la période révolutionnaire et l'occupation anglaise, puisqu'une maison sans aménagements particuliers fait fonction d'hôpital à l'angle des rues du Presbytère et de la Liberté. Les troupes anglaises disposent de centres de convalescence et de repos en dehors du bourg. Afin de parer à l'éparpillement des soldats et aux mauvaises conditions d'hygiène qui caractérisent alors les installations de soins, un projet de construction de caserne voit le jour, mais n'est réalisé qu'en 1842-1843, dans l'enceinte du fort de Grand-Bourg. L'hôpital militaire, fondé dans la commune en 1853, est détruit par le cyclone de 1865, qui dévaste Marie-Galante. La réduction des effectifs militaires amène

le remplacement de l'établissement en hôpital-hospice ouvert aux habitants de l'île. Il est fondé par l'ordre de Saint-Paul de Chartres (Eure-et-Loir), représenté par quatre religieuses.

MARE AU PUNCH
XIXᵉ siècle
Section Pirogue   A9711414

Les événements à l'origine de l'appellation du lieu sont généralement situés en mai 1848, lors de la seconde abolition de l'esclavage, ou en juin 1849, avec les premières élections législatives aux Antilles. À cette occasion, les esclaves auraient déserté les habitations et déversé dans cette petite mare asséchée des milliers de litres de rhum et plusieurs tonnes de sucre, faisant de cette étendue d'eau un gigantesque punch, dont la réalisation attira tous les anciens esclaves de Marie-Galante, qui y festoyèrent durant trois jours et trois nuits. La tradition orale a retenu cette version pour le moins pittoresque : « *yo dousi ma a yo, yo mété sik, yo mété ronm, yo mété difé, yo koupé tété à lésé, yo fè labé dansé, yo mangé sapoti an dob* », ou « ils ont adouci leur mare, mis du sucre, mis

du rhum, mis le feu, ils ont coupé les seins des religieuses, fait danser le curé et mangé des sapotilles en daube. »

ÉGLISE NOTRE-DAME-DE-MARIE-GALANTE
XIXᵉ-XXᵉ siècles
Architecte et entrepreneur :
François Achille Cuinet
Pierre   A9711401

Devenue vétuste et trop petite, l'église paroissiale, comportant une nef et deux chapelles latérales, est démolie en 1827, afin de faire place à un édifice plus grand. Dès 1838, la nouvelle construction exige des réparations, après l'incendie qui ravage la commune la même année et ne laisse debout que l'église et la prison, édifices en maçonnerie. Le tremblement de terre de 1843 abat le sanctuaire et l'édifice actuel est alors construit. Les travaux s'échelonnent entre 1844 et 1846 et l'église, qui remploie certaines parties du bâtiment précédent, est ouverte au culte en 1847. Elle doit à nouveau faire l'objet de rénovations après le passage des cyclones de 1867 et de 1928. *(I. M. H. 1979)*

AUTEL
XIXᵉ-XXᵉ siècles
Église Notre-Dame-de-Marie-Galante
A9711402

FONTS BAPTISMAUX
Calcaire
Église Notre-Dame-de-Marie-Galante
A9711403

ORATOIRE DU PRESBYTÈRE
XIXᵉ siècle
Rue du Presbytère   *A9711405*

Le 6 novembre 1660, est signé l'acte de fondation du couvent de Marie-Galante par le père Séraphin de Saint-Pierre, qui prévoit jusqu'à dix religieux pour la mission. Les carmes, responsables de la vie spirituelle de l'île, installent leur chapelle à l'emplacement de l'ancienne habitation Maréchal. Un presbytère provisoire complète bientôt les premières installations. Par la suite, les religieux se rapprochent de La Savane, et établissent église et presbytère à leur emplacement actuel. Les tombes s'alignent rapidement autour de ce lieu de culte. L'agrandissement de l'église, consécutif aux dommages subis lors de l'ouragan de 1825, entraîne le recouvrement du cimetière qui contenait probablement la tombe du premier gouverneur de l'île, Boisseret de Téméricourt. C'est de cette époque que date l'ouverture du cimetière actuel.

ENTRÉE DU CIMETIÈRE   *A9711409*

L'abbé Jean Péron, dans son rapport de 1853 sur la paroisse de Grand-Bourg, évoque le cimetière de la commune en ces termes : « Le cimetière est placé tout près du presbytère. Il est assez vaste et clos d'une haie vive. Il y a un terrain séparé pour les enfants morts sans baptême. Les lois sur les sépultures y sont exactement observées. »

MAISON
Bois, fer et tôle
Rue de la République   *A9711450*

Les maisons les plus anciennes de Grand-Bourg, comme dans les autres communes de la Guadeloupe, sont le plus souvent les quelques cases en bois épargnées par les ouragans, les cyclones et les incendies, qui endommagent particulièrement ce type de constructions. Leur style varie considérablement en fonction du galetas, du balcon, de la mansarde ou des devantures.

MAISON
Bois et tôle
37, rue Etzol   A9711448

ÉCOLE DE MORNE-LOLO
XXe siècle
Architecte : Ali Tur
Béton armé
Section Morne-Lolo   A9711415

Dès 1824, les écoles libres se développent à Grand-Bourg. Les écoles communales publiques datent de 1841 pour les garçons, de 1842 pour les filles. Les frères de Ploërmel de l'Instruction chrétienne et les sœurs de Saint-Joseph de Cluny ont tenu ces écoles, celle de Morne-Lolo datant de 1892. Le chanoine Ballivet écrit, vers 1915, que cette école est l'une des plus agréables de la Guadeloupe. Construite d'abord en bois, elle ne résiste pas au cyclone de 1928. Sa reconstruction en béton armé sur un projet d'Ali Tur est entreprise, dans les années qui suivent, par la municipalité conduite par Furcie Tirolien.

MONUMENT AUX MORTS
XXe siècle
Place Schœlcher   A9711410

MAISON
Bois et tôle
Rue Beaurenom   A9711419

Pendant toute la durée de la Grande Guerre, les Guadeloupéens eurent à manifester un soutien quasi inconditionnel à la France. Les effectifs mobilisés s'élevèrent à plus de 11 000 hommes. 8 070 d'entre eux furent envoyés au front et 1 470 y périrent.

MAISON
Bois
Rue Beaurenom
A9711418

MAIRIE
1931
Architecte : Ali Tur
Béton armé
Place Schœlcher   A9711422

Jusqu'aux années 1930, qui introduisent l'usage du béton armé à l'occasion de la reconstruction de l'île, l'architecture est en général, faute de moyens financiers et humains, réduite à une morphologie traditionnelle, et la différence de fonction des bâtiments ne se traduit pas dans leur structure. Les techniques de construction avaient peu évolué depuis le début du XVIIIe siècle, époque à laquelle les hommes construisent eux-mêmes leurs demeures ou les bâtiments publics de leur quartier. La pierre est réservée à des maîtres d'œuvre aisés, désireux de tenir leur rang ou soucieux de la pérennité de l'édifice dont ils sont à l'origine. Le bois demeure néanmoins le matériau le plus couramment utilisé dans les bourgs antillais.

PALAIS DE JUSTICE
Années 1930
Architecte : Ali Tur
Béton armé
Avenue de l'hôpital   A9711425

Marie-Galante est particulièrement touchée par le cyclone qui s'abat sur la Guadeloupe en 1928. Toutes les cases en gaulettes sont détruites, et beaucoup de constructions en bois subissent le même sort. La plupart des édifices publics sont anéantis. Le palais de justice bénéficie du programme de reconstruction confié à Ali Tur, qui imprime son style uniforme au bâtiment. Le tribunal est alors le siège d'une justice de paix, où un seul magistrat officie. Pour les affaires importantes, il est nécessaire de se rendre à Pointe-à-Pitre, au tribunal de grande instance, également réalisé par Ali Tur.

SALLE DE DÉLIBÉRATION
1931
Architecte : Ali Tur
Mairie   A9711423

La mairie, comme nombre d'édifices publics de la Guadeloupe, est considérablement endommagée par le cyclone de 1928. Elle est reconstruite et agrandie dans le cadre du programme officiel mené par l'architecte mandaté par le gouvernement, Ali Tur. Inaugurée en 1933, elle reprend la typologie des maisons traditionnelles, où aucune entrée principale ne se distingue des portes rythmant les façades en retrait. Ali Tur a conçu nombre d'édifices à Grand-Bourg, parmi lesquels le palais de justice, l'hôpital et l'ensemble des établissements scolaires.

CHEMINÉE
1939
Pierre
Ancienne distillerie Bielle
Section Bielle

A9711434

La distillerie Bielle est construite sur le site d'une ancienne habitation-sucrerie appartenant auparavant à la famille Rinaldo, à l'initiative du notaire F. Bicotot. Il subsiste de cette première période d'exploitation du domaine quelques éléments, notamment cette cheminée. L'équipement technique et le processus de fabrication sont identiques à ceux des autres distilleries de Marie-Galante, à savoir les infrastructures réservées au broyage des cannes, la chaudière à vapeur, les cuves de fermentation, la colonne à distiller et les cuves de stockage.

MAISON
Maçonnerie et bois   *A9711421*

En milieu urbain, la structure de la maison reste d'une manière générale conforme à l'organisation de la case rurale. Néanmoins, elle possède deux ou trois niveaux, constitués d'un rez-de-chaussée, construit en dur pour résister davantage aux cyclones, et d'un ou deux étages en bois. L'extension éventuelle de la demeure se fait toujours du côté de la cour, et reproduit cette structure mixte de l'édifice.

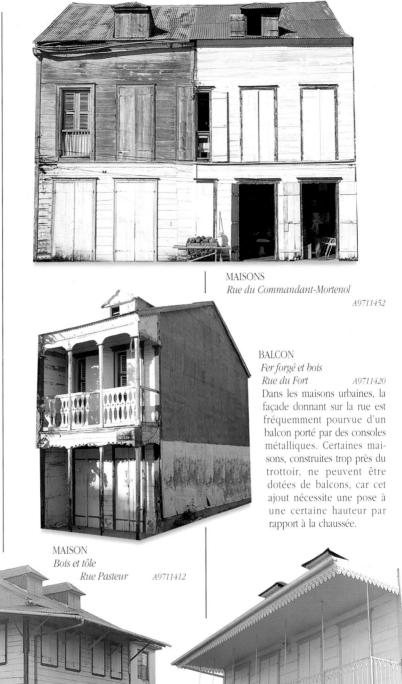

MAISONS
Rue du Commandant-Mortenol

A9711452

BALCON
Fer forgé et bois
Rue du Fort   *A9711420*

Dans les maisons urbaines, la façade donnant sur la rue est fréquemment pourvue d'un balcon porté par des consoles métalliques. Certaines maisons, construites trop près du trottoir, ne peuvent être dotées de balcons, car cet ajout nécessite une pose à une certaine hauteur par rapport à la chaussée.

MAISON
Bois et tôle
Rue Pasteur   *A9711412*

Lamentin

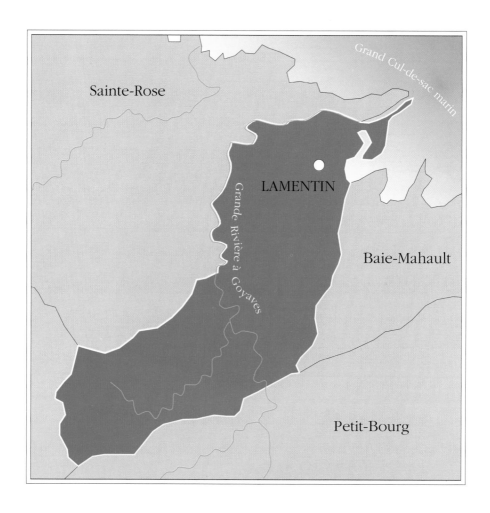

Sainte-Rose

Grand Cul-de-sac marin

○ LAMENTIN

Grande Rivière à Goyaves

Baie-Mahault

Petit-Bourg

Lamentin

Canton de Lamentin
Arrondissement de Basse-Terre
Superficie : 6 493 ha
Population 1996 : 13 396 hab.
Habitants : les Lamentinois
Cours d'eau : la Grande Rivière à Goyaves,
la Rivière Bras de Sable, la Rivière
du Lamentin et la Ravine Sans Nom

Origine du nom : de l'animal marin,
mammifère amphibie, dont les spécimens
étaient extrêmement nombreux dans la
mangrove encerclant le Grand Cul-de-sac
marin et àproximité de l'embouchure des
rivières.

Blason : la canne à sucre rappelle
l'activité de l'usine de Grosse-Montagne,
le jet d'eau évoque la station thermale de
Ravine-Chaude, le bleu symbolise la mer,
et les deux soleils, le climat privilégié.
A971150b

HISTORIQUE

Malgré la proximité du Grand Cul-de-sac marin, lieu de pêche et de cueillette des Amérindiens, le site de Lamentin n'est pas devenu un centre portuaire d'importance, mais doit le développement de son arrière-pays à une vocation davantage agricole.La construction des entrepôts et des hangars près de la rivière accompagne vers 1720-1723 la naissance du bourg, agrandi vers 1755. Avant 1765, date des premiers registres paroissiaux, les habitants dépendent de Houëlbourg, premier nom de la paroisse de Baie-Mahault. Le premier plan du bourg, qui en montre l'alignement, mentionne également une place d'armes en 1767. Le développement agricole du quartier commence au début du XVIIIᵉ siècle et la production se diversifie très vite : on cultive le cacao, le café, la canne, le manioc ou les bananes, et même le coton. Dès la fin de la guerre contre les Anglais, débute l'ouvrage du Grand Canal, dont les cinq bras alimentent trente-cinq moulins hydrauliques, permettant l'essor économique de la région. En 1785, Lamentin

compte vingt sucreries, quatre-vingt-quinze caféières, trente cotonneries et sept « guildiveries » ou distilleries. À la Révolution, de nombreux riches propriétaires s'exilent et leurs domaines sont séquestrés. Les esclaves devenus libres sont souvent enrôlés dans les armées de la République. Placé sous le signe d'un dynamisme démographique, mais devant faire face à la fermeture de l'usine de Grosse-Montagne, dernière unité sucrière de la Basse-Terre, Lamentin s'est tourné vers le développement de sa zone industrielle, tout en affirmant sa vocation artistique et culturelle.

VUE DU NORD DE LA BASSE-TERRE
1809
*Dessinateur : Joseph Coussin
Dessin au crayon sur papier vergé
Archives départementales, Gourbeyre*
A9711513
Joseph Coussin (1773-1836), né à Basse-Terre d'une famille de patriotes blancs, devient à partir de 1805 greffier à la cour d'appel de cette ville, comme son père. Il emploie ses moments de loisir à développer ses talents de dessinateur ou de romancier et satisfaire ses goûts de collectionneur et d'amateur d'histoire naturelle. Il affectionne particulièrement les promenades dans son île, et y emmène ses hôtes de passage. Il laisse plus de 150 dessins, dont celui-ci. Parlant de son art, l'auteur affirme lui-même : « Ces vues ont été toutes dessinées en place et d'une manière consciencieuse [...] Dans ses excursions pittoresques, son procédé ordinaire est de s'arrêter sur le champ, dès qu'il est frappé par l'ensemble d'un paysage, et de retracer rapidement les objets qui en s'harmonisant entre eux ont éveillé dans son cœur le sentiment qui vient de l'émouvoir. »

GUÉRIDON
*Début du XIXᵉ siècle
Bois d'acajou
Collection particulière*   *A9711509*
Le guéridon, fréquent dans les salons antillais, aurait été inventé en Angleterre vers le début du XVIIIᵉ siècle. Ce type de meuble bénéficie d'un immense succès, et est habilement reproduit selon diverses variantes par les ébénistes créoles. Le plateau rond, en mahogani ou en acajou massif comme celui-ci, est supporté par un pied central aux volutes épaisses se terminant par quatre pieds.

POT À CHAUDEAU
*Porcelaine
Collection particulière*   *A9711510*
Ce type de pot à couvercle était fabriqué en métropole, à Marseille, à destination des Antilles. Il servait à la préparation du chaudeau de la communion, grande fête de famille antillaise. La boisson, sorte de crème anglaise vanillée liquide, contenant du coco, était servie dans ces pots en porcelaine décorés et parfois rehaussés d'inscriptions. Sur celui-ci, figure le mot « Fidélité ».

Lamentin

SOFA
Première moitié du XIXᵉ siècle
Collection particulière

A9711508

Très vite en faveur, le sofa appartient au mobilier de salon. Le style se crée sous l'Empire, et est largement diffusé aux Antilles. Ici, le dossier, formé de trois médaillons, comporte un élément végétal sculpté dans la masse, et ne se détache pas des accoudoirs. Dossier et siège sont cannés. Les pieds, droits à l'arrière, présentent également un décor végétal à l'avant, et confèrent à cet élément une certaine sobriété, probablement d'inspiration anglaise, comme les chaises faisant partie de l'ensemble de salon et présentant aussi des médaillons galbés en bois tourné. Les coussins, qui masquaient le travail du bois, sont généralement peu utilisés. À partir de 1830, une variante d'origine nord-américaine et munie d'accoudoirs apparaît sous le nom de méridienne.

PONT MOKO
Fin du XIXᵉ siècle
Fer
Bonne-Mère

A9711504

Ce pont, à l'armature rivetée bien conservée, et qui enjambe la Grande Rivière à Goyaves, reste en usage jusqu'en 1970. Il permettait aux trains de canne de transporter leur chargement vers l'usine de Bonne-Mère, située sur le territoire de Sainte-Rose.

RAVINE CHAUDE
Début du XXᵉ siècle
Carte postale

A9711511

Ravine Chaude, à proximité de la Grande Rivière à Goyaves, est située au cœur du paysage cannier du nord de la Basse-Terre. Cette carte postale témoigne d'une époque où l'aménagement du site n'est constitué que d'un simple bassin entouré de quelques cases et d'une végétation luxuriante. Sous l'impulsion du maire René Toribio, Ravine Chaude se convertit dans les années 1980 en établissement de bains. Par la suite, le site s'équipe d'une station thermale, conformément aux normes modernes d'hygiène et de confort. Ses eaux minérales et ferrugineuses, ainsi que l'implantation de bassins à deux niveaux et de bâtiments de soins, assurent au site une affluence durable. Les eaux, salines et ferrugineuses, et dont la température atteint 33 °C, guérissent rhumatismes et sciatiques, ainsi que les grandes fatigues physiques.

GUADELOUPE. - L'Etablissement thermal « Ravine chaude »

USINE GROSSE-MONTAGNE
Vers 1925
Desbonnes   A9711505

Un des aspects majeurs de la révolution industrielle en Guadeloupe, à la fin du XIXᵉ et au début du XXᵉ siècle, relève de

la disparition, à la faveur des grandes crises sucrières, des habitations-sucreries et des petites usines privées, au profit des usines centrales reposant sur un vaste domaine agricole. Les sucreries de Lamentin subissent cette évolution, et perdurent parfois sous forme de distilleries. Le groupe industriel de Grosse-Montagne débute ainsi à la fin du XIXᵉ siècle par la création d'une distillerie importante, à laquelle s'adjoint en 1925 une usine centrale sucrière. Tous les petits planteurs de la région de La Rozière, Pierrette, Montauban, les habitations Merlande, Douillard et Caféière y adhèrent. Après la fermeture des autres usines importantes de la Basse-Terre, produisant entre autres les rhums Charles Simonet et broyant environ 250 000 tonnes de canne par an, Grosse-Montagne reste la seule à faire face à la concurrence internationale. Cette dernière, ajoutée aux problèmes financiers, à la vétusté des locaux et aux problèmes sociaux locaux, aboutit néanmoins en 1994 à la cessation d'activité, puis au démantèlement de l'usine. Cette fermeture, symbole de la fin d'une époque, est durement ressentie par la population, en raison des pertes d'emplois et du sentiment de la disparition d'un certain patrimoine culturel ouvrier.

MAISON PRINCIPALE
1930
Façade arrière
Habitation Bourdon
                                 A9711506

Le nom de Bourdon apparaît pour la première fois dans le dénombrement de 1796. Connue comme sucrerie dans les inventaires et descriptifs des XVIIIᵉ et XIXᵉ siècles, l'habitation Bourdon, dont le domaine s'étend sur une superficie de 65 hectares environ, ne devient distillerie qu'au début du XXᵉ siècle. Un inventaire dressé en 1850 donne une image assez vétuste de la maison principale, « couverte d'essentes en mauvais état », qui est détruite en 1928. Une nouvelle demeure est érigée en remplacement : tout en bois, elle est bâtie selon un plan carré sur deux niveaux, et bordée par une galerie à colonnades. La façade arrière, à l'ouest, laisse apparaître une galerie, rétrécie en loggia par des cabinets

d'angle à deux niveaux. Dans sa partie inférieure, la galerie, au sol couvert de carreaux, est en communication avec la partie habitable. Un perron permet d'accéder au jardin. L'ancienne cuisine se trouve en prolongement de la façade sud de la maison. Ce type de maison principale présente une adaptation des caractères et traditions créoles de l'habitat rural ; il est adopté avec des aménagements dans les maisons plus modestes.

ÉGLISE DE LA SAINTE-TRINITÉ
Vers 1935
Architecte : Ali Tur
Béton
Rue de la République
                                 A9711501

La première église de la paroisse, construite dans la baie du Cul-de-sac et placée sous le vocable de Saint Louis, a été détruite. La deuxième, dédiée à la Trinité, s'est écroulée lors d'un tremblement de terre en 1843. Le troisième édifice, dont la première pierre est posée en 1855, est ravagé par le cyclone de 1928. L'église actuelle, consacrée à la sainte Trinité, est une œuvre de l'architecte Ali Tur, concepteur de tout l'agencement de la place dont elle ferme l'un des côtés. Soucieux d'assurer l'harmonie des édifices, l'architecte du gouvernement, auteur de six sanctuaires à la Guadeloupe, a fait en sorte que chacun d'entre eux s'articulent autour d'une place publique aménagée en jardin. L'église, comme l'ensemble de la place, est largement inspirée par le mouvement Art déco, décelable jusque dans le graphisme des inscriptions officielles comme « mairie », « justice de paix » ou « groupe scolaire ». La façade de l'église est marquée par une rigoureuse symétrie, accentuée par un double clocher, dont les tours intégrées à l'ensemble encadrent le Christ en croix.

MONUMENT AUX MORTS
1935
Architecte : Ali Tur
Rue
de la République
A9711514

Rythmé par une succession de trois compartiments, de part et d'autre de l'élément central en proue de navire, cet imposant monument aux morts à degrés s'ouvre en éventail vers une allée du jardin public. Les témoins commémoratifs des habitants morts pour la patrie sont nombreux à la Guadeloupe. Près de 1 500 soldats guadeloupéens sont morts au cours de la Première Guerre mondiale.

En 1837, Louis Adolphe Routa, originaire de Charleville (Ardennes), acquiert l'habitation et ses plantations. Celle-ci passe aux mains de plusieurs propriétaires avant d'appartenir à la société Jules Wachter et fils en 1920. Situées à proximité de l'habitation Bourdon, l'ancienne distillerie Routa et ses annexes sont, dès le début du XXᵉ siècle, séparées de la maison principale, installée dans un site proche. Le cyclone de 1928 a emporté sous les yeux de son propriétaire, Henri Wachter, l'ancienne maison en bois, dont seuls demeurent visibles les soubassements. Une nouvelle maison en béton coulé est alors construite, légèrement en avancée par rapport à l'ancienne. Réalisé par une entreprise métropolitaine installée à Pointe-à-Pitre, ce modèle de maison industrielle, avec charpente métallique en provenance de métropole, est particulièrement adapté au climat local. À l'arrière, les dépendances, l'ancienne maison du contremaître, les cuisines et une cour pavée se partagent les espaces verts et les lieux d'agrément. Avant de devenir distillerie, l'habitation Routa, d'abord connue sous le nom de Bellevue, est une habitation-sucrerie. À la fin de la Seconde Guerre mondiale, la distillerie prend un nouvel essor et Routa, Jaula et Bourdon sont les seules distilleries classées parmi les « fumants » de la région de Lamentin.

MAIRIE
1935
Architecte : Ali Tur
Rue de la République   *A9711502*

Construite après le cyclone de 1928, la mairie de Lamentin s'intègre dans l'ensemble de la place dessinée par Ali Tur, architecte du gouvernement. De plan rectangulaire, au toit plat et marqué d'un léger débord, elle présente une façade dont l'entrée est légèrement en retrait et surélevée par rapport à l'ensemble. À l'étage, une galerie-balcon à colonnades en béton permet une bonne ventilation.

MAISON WACHTER
1937
Béton coulé et fer forgé
Ancienne distillerie Routa   *A9711507*

POT À CHAUDEAU
Porcelaine
Collection particulière
Lamentin

Morne-à-l'Eau

Morne-à-l'Eau

Canton de Morne-à-l'Eau
Arrondissement de Pointe-à-Pitre
Superficie : 6 450 ha
Population 1990 : 16 043 hab.
Habitants : les Mornaliens
Cours d'eau : le Canal des Rotours
et le Canal Perrin

HISTORIQUE

Connu dès 1691 sous le nom de Case aux Lamentins, Morne-à-l'Eau est rattaché au quartier des Abymes pendant tout le XVIIIe siècle. Durant cette période, l'activité économique reste centrée sur la culture de la canne. Le bourg de Morne-à-l'Eau se situe alors à Vieux-Bourg. À la fin du XVIIIe siècle, le lieu-dit Grippon, centre géographique de la paroisse, reste quasiment inoccupé. Le creusement d'un canal, qui permettrait le transport de la canne, est envisagé par les colons, soucieux de mettre en valeur de nouvelles terres. Au début du XIXe siècle, ils reprennent ce projet et proposent, en outre, le transfert du chef-lieu de la paroisse du littoral au centre du bourg. L'administration soutient cette entreprise qui présente trois intérêts majeurs. D'abord, l'occupation du centre de la Grande-Terre procure un avantage stratégique, dont les invasions anglaises successives ont confirmé l'importance. Ensuite, l'étendue des terrains restés inexploités autorise l'installation de plusieurs habitations-sucreries. Enfin, celles-ci, associées à la construction d'un nouveau bourg, Bordeaux-Bourg, entraînent un maillage plus étroit de la région, afin de canaliser l'afflux de Noirs, esclaves ou libres, qui se rendent les dimanches au grand marché de Grippon, et de réduire les terres où s'organisent des communautés de nègres marrons. En 1826, l'arrivée du gouverneur des Rotours active la réalisation du projet. Au lendemain de l'abolition de l'esclavage, le territoire de la commune de Morne-à-l'Eau est modifié. Il s'étend vers le centre de la Grande-Terre, intégrant plusieurs grandes habitations et entraînant une très forte augmentation de la population. En 1889, dix-neuf sucreries,

rassemblant 750 hectares, rythment la vie économique, entièrement orientée vers le sucre, mais, au tout début du XXe siècle, la crise sucrière provoque des grèves très dures, qui ont des répercussions sur la vie politique. Jusqu'au milieu du XXe siècle, ces tensions sociales sont, par ailleurs, alimentées par les conditions de vie pénibles de la majorité de la population : l'habitat est insalubre et les routes sont très dégradées. Néanmoins, Morne-à-l'Eau ne cesse de croître et compte 13 418 habitants en 1946. En 1979, l'économie de la région subit un nouveau choc avec la fermeture de l'usine centrale Blanchet.

CIMETIÈRE
1827   A9711614
Ce cimetière date des débuts de l'établissement de Bordeaux-Bourg. Sa localisation respecte l'arrêté promulgué en 1784 par le baron de Clugny, alors gouverneur de la Guadeloupe, selon lequel les cimetières doivent être aménagés en dehors des villes. Avant ce souci prophylactique, les morts reposent à côté de l'église, selon la tradition médiévale européenne. Les colons les plus influents se font même enterrer à l'intérieur de l'édifice. Le carrelage à damier des tombes et la taille imposante des monuments funéraires correspondent surtout à un besoin de reconnaissance *post mortem*. Cela est une réaction à la période esclavagiste, pendant laquelle les esclaves n'avaient souvent pas droit à leur propre tombe, et étaient, en outre, toujours enterrés dans des espaces funéraires distincts de ceux des colons.

CANAL DES ROTOURS
1829
Entrepreneurs : Richard et Cie et Second
A9711628
La construction du canal des Rotours et le percement d'un second canal, dit canal Faugas, sont contemporains. Leur construction s'achève en 1829. Le creusement des canaux mobilise deux cents à quatre cents hommes, libres ou esclaves, et coûte la vie à une trentaine d'entre eux. Au début du XXe siècle, de nombreux rails, surplus du chantier de la voie ferrée, servent à étayer les bords. Le canal des Rotours est emprunté par les chalands affectés au transport du sucre, produit initialement par les sucreries, puis par l'usine Blanchet. La fermeture de cette dernière entraîne la fin de l'exploitation économique de la voie d'eau, toujours navigable, alors que le canal Faugas a disparu, faute d'entretien.

PORTE CHARRETIÈRE
Vers 1845
Tuf et brique
Habitation Pointe-à-Retz   *A9711630*

Cette porte en anse de panier fait partie de bâtiments édifiés après la destruction, lors du tremblement de terre de 1843, de toutes les installations sucrières précédentes, y compris le moulin à vent. Le choix de la vapeur s'impose quelque temps après la reconstruction. Vers 1860, la maison Derosne et Cail, qui équipe les usines centrales de l'île, fournit tout l'équipement nécessaire à l'habitation de 600 hectares, aussi appelée Pointe-à-Raie, qui n'est, cependant, jamais devenue une usine centrale.

MAISON CHALCOU
Fin du XIXᵉ siècle
Bois et tôle
Rue du Débarcadère   *A9711626*

Figurant parmi les plus anciennes maisons du bourg, cette bâtisse, construite avec un soin qu'attestent les moulures sur chaque poutre, se divise en deux parties. L'une, commerciale, prolonge la façade ouverte sur la rue, tandis que l'autre, à l'arrière, est réservée à la vie privée de la maisonnée. Cette seconde partie comprend un bâtiment latéral en bois abritant cuisine et salle d'eau, et la cour, espace de convivialité, dotée d'un puits et d'arbres fruitiers. La ventilation naturelle est assurée par les persiennes des portes et les caillebotis intérieurs.

CHEMINÉE
Vers 1845
Tuf et brique jaune
Habitation Pointe-à-Retz   *A9711629*

Constituée de briques d'importation métropolitaine de quatre coloris différents, cette cheminée témoigne d'une réelle volonté d'esthétique industrielle. Elle est l'un des derniers vestiges rappelant l'intense activité sucrière de la région.

De forme quadrangulaire, comme la plupart des cheminées de l'île, elle dépassait les 12 mètres de haut avant que le cyclone Hugo ne l'écrêtât.

MAISON DE BOURG
Début du XXᵉ siècle
Maçonnerie et bois
Rue Victor-Schœlcher   *A9711623*

La dualité des matériaux correspond à la double fonction de cette maison bourgeoise et classique. Le rez-de-chaussée a une vocation commerciale, alors que l'étage est dévolu à l'habitat privé. Le toit à auvents est soutenu par de fines tiges métalliques, caractéristiques de la région de Pointe-à-Pitre. D'autres éléments de la façade sont aussi traditionnels : la peinture bicolore, les portes-fenêtres en arc surbaissé avec entourage apparent, le balcon à croisillons et la frette en zinc qui agrémente la rive. En outre, le galetas, aéré par deux lucarnes, protège de la chaleur.

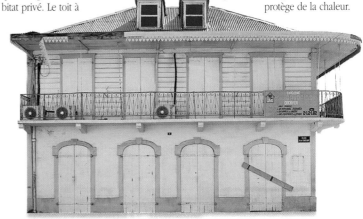

MAISON DE BOURG
Début du XXᵉ siècle
Maçonnerie et bois
Détail de façade A9711625

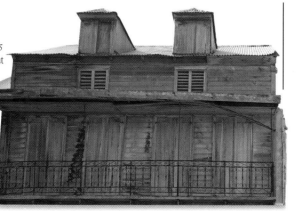

Cette bâtisse en bois brut rend les techniques de construction plus facilement lisibles. Par ailleurs, les pignons en maçonnerie sont destinés à isoler l'étage en bois des maisons qui le flanquent, afin d'éviter la propagation d'un éventuel incendie.

MONUMENT AUX MORTS
Vers 1925
Ciment
Place Gerty-Archimède
A9711622

PONT DE CHEMIN DE FER
Début du XXᵉ siècle
Ciment et acier
Petit-Canal A9711631

Un réseau de voies ferrées était installé dans la partie nord de la Grande-Terre, afin de desservir les deux usines centrales de Beauport et Blanchet. Ce pont soutient un tronçon de la voie ferrée reliant les terres de l'habitation Clugny et l'usine de Beauport, qui entretenait un réseau de 40 kilomètres et une centaine de wagons. Ces derniers transportaient chacun 4 à 8 tonnes de canne et étaient tirés par des locotracteurs diesel. L'ensemble du réseau de l'usine de Beauport a été revu en 1940 par un technicien de la SNCF.

À l'instar du monument aux morts de Capesterre-Belle-Eau, celui-ci comporte une croix de Malte sur son envers. La place sur laquelle il s'élève a été nommée en l'honneur de l'une des premières femmes de l'île à s'engager en politique. Première avocate guadeloupéenne, Gerty Archimède (1909-1980) crée la Fédération de l'union des femmes françaises et adhère au parti communiste en 1948. Conseillère municipale la même année, elle devient par la suite maire adjoint de Basse-Terre.

CHEMINÉE
1916
Maçonnerie et brique
Ancienne distillerie Devarieux A9711616

HÔTEL DE VILLE
1925
Béton armé A9711621

La structure symétrique de ce bâtiment témoigne de son inspiration néo-classique. La rigueur des lignes est atténuée par le bossellement de la façade arrière. La décoration s'enrichit aussi d'un carrelage en ciment, évocation des arabesques orientales en vogue à l'époque de sa construction. Édifié quinze ans après la mise à sac de la mairie précédente, cet hôtel de ville est à nouveau saccagé en 1947 par les partisans socialistes de Pierre Monnerville, élu maire de la commune l'année suivante.

Morne-à-l'Eau

Cette vaste nef bénéficie d'un éclairage extrêmement soigné. Les vitraux, les claustras du porche et les espaces au-dessus des bas-côtés délivrent une lumière qui converge vers l'allée centrale. Comme à l'extérieur de l'édifice, le décor manifeste de nombreuses références à l'esthétique orientale des mosquées, comme les motifs ajourés de la

PRESBYTÈRE
1931
Architecte : Ali Tur
Ciment armé   *A9711617*

Ce presbytère remplace l'ancien, détruit par le cyclone de 1928. Ali Tur adapte son style, issu du néo-classicisme de Mallet-Stevens et d'Adolf Loos, aux impératifs du plan de reconstruction du gouverneur Tellier : « le plus vite et le plus économique possible ». Le bâtiment est donc avant tout utilitaire, mais Ali Tur a dessiné jusqu'aux détails décoratifs, comme les deux vasques. Cette construction offre également des zones intermédiaires, protégeant des éléments naturels, tels que le porche ou la galerie. Celle-ci est fermée par la suite, afin de fournir une pièce supplémentaire.

ÉGLISE SAINT-ANDRÉ
1933
Architecte : Ali Tur
Béton (L. : 50 m, H. : 40 m)   *A9711601*

Après le passage du cyclone de 1928, Ali Tur conçoit six églises, en remplacement de celles de Trois-Rivières, Petit-Bourg, Lamentin, Baie-Mahault, Sainte-Anne et Morne-à-l'Eau. Cette dernière, dont la façade rappelle celle d'une pagode, compte aussi de nombreux éléments, comme les moucharabiehs, inspirés de l'architecture orientale, familière à Ali Tur depuis son enfance tunisienne. Consacrée en 1934, elle représente l'un de ses premiers édifices religieux.

façade et du plafond. Par ailleurs, l'audace de la modernité se manifeste dans la colonnade qui scande la nef ou dans la recherche de nouveaux rapports volumétriques entre la nef et les bas-côtés.

VITRAIL
Église Saint-André
          A9711606

Le plan de construction prévoyait de grands volets verticaux, auxquels s'est substituée une série de vitraux modernes. Celui-ci reproduit le symbole trinitaire du XVIIIe siècle, l'étoile de David, et fait référence à la colonne guidant Israël au désert.

CLOCHER
1933
Architecte : Ali Tur
Béton armé
Église Saint-André
A9711602

Détachée du bâtiment, cette tour évoque plus un minaret qu'un clocher. Comme le reste de l'édifice, elle participe de l'esthétique orientaliste de l'église.

MAISON MONNERVILLE
1938
Architecte : Gérard-Michel Corbin
Béton armé
A9711620

Selon les vœux de son commanditaire Pierre Monnerville, maire de la commune de 1948 à 1971, cette maison occupe le cœur du bourg, entre l'église et l'hôtel de ville. Son concepteur est un architecte guadeloupéen, formé à l'École des travaux publics de Paris, et dont les débuts doivent beaucoup à Ali Tur, avant qu'il ne mûrisse son expression personnelle. Quelques caractéristiques architecturales sur cette construction sont significatives de cette influence : toit-terrasse, décrochements et avancées, auvent et galerie. D'autres éléments, comme le garde-corps à trois bandes, les fenêtres à jalousie, l'arrondi des angles et la couleur sienne originelle ajoutent une touche plus personnelle.

ANNEXE DE LA MAIRIE
Vers les années 1940
Bois
Vieux-Bourg
A9711636

HALLE À VIANDE
Vers les années 1930
Bois et béton armé
Marché Grippon
Rue Victor-Schœlcher
A9711624

La tradition populaire, qui tient cette halle à viande pour une ancienne chapelle, est peut-être liée à l'architecture de la façade, pouvant évoquer celle d'un temple. Celle-ci contraste avec l'intérieur du bâtiment couvert d'une charpente en béton armé. Une allée centrale traverse une série de loges grillagées, où les bouchers s'installent le dimanche. À côté de la halle se tient le marché de fruits et légumes. Celui-ci est institué dès la fin du XVIIIᵉ siècle, avant l'édification même du bourg. À cette époque, il draine tous les dimanches 1 500 à 2 000 personnes, de toutes conditions sociales, des quartiers du nord et du sud de la Grande-Terre. Au XIXᵉ siècle, le marché assure principalement la distribution de produits frais en provenance des Grands-Fonds.

Cette case deux pièces s'ouvre sur la rue par deux portes-fenêtres à contrevent. Bien qu'un carrelage ait été substitué au plancher originel dans les années 1970, il demeure caractéristique de Vieux-Bourg par sa simplicité et le motif de sa bande de rive. Bourg principal aux XVIIᵉ et XVIIIᵉ siècles, le village initial perd cette fonction peu après la création du nouveau Morne-à-l'Eau, au milieu du XIXᵉ siècle. En raison de son excentration, Vieux-Bourg devient un modeste village de marins cultivateurs.

MAISON DE BOURG
Vers les années 1950
Bois et ciment
3, rue Bébian　　　　　　　*A9711618*

La case deux pièces d'origine, aux motifs sur la bande de rive typiques du bourg de Morne-à-l'Eau, est enrichie d'une galerie de façade, au lieu du balcon originel, et prolonge en auvent le toit à double pente. Les façades arrière et nord, particulièrement exposées aux intempéries, sont recouvertes d'une feuille de tôle peinte de la même couleur que le reste de la maison. Ce procédé est très répandu pour l'habitat en bois. Par ailleurs, la façade arrière comporte des fenêtres à volets en bois à la place des habituelles portes-fenêtres.

BUSTE DE FÉLIX ÉBOUÉ
Années 1950
Bronze
Place de l'Église　　　　　　*A9711619*

Premier gouverneur noir de la Guadeloupe, en exercice de 1936 à 1938, Félix Éboué, né à Cayenne en 1884, est chargé par le ministre des Colonies, Violette, d'appliquer les réformes sociales du Front populaire. Il lance une campagne d'assainissement des terres, de construction de cités ouvrières et d'équipements sportifs, avant de quitter la Guadeloupe en 1938, rappelé par Georges Mandel. Après avoir rejoint le général de Gaulle, il est nommé gouverneur de l'Afrique-Équatoriale française. Il meurt au Caire en 1944 et ses cendres sont transférées au Panthéon en mai 1949.

VESTIGES D'ENTREPÔT
XXᵉ siècle
Ancienne usine Blanchet　　　*A9711633*

Créée en 1869, l'usine particulière Blanchet devient en 1881 la propriété de la Compagnie marseillaise coloniale. À l'époque, elle traite la canne produite par sept habitations-sucreries qui exploitent 1 733 hectares. En 1910, l'usine est très rapidement touchée par le conflit social né aux Abymes, source du changement de la majorité municipale. En 1933, elle est reprise par la Société industrielle et agricole de Pointe-à-Pitre, déjà détentrice de l'usine centrale de Darboussier. Elle ferme en 1979.

ÉPITAPHE
1996
Marbre
Cimetière de Vieux-Bourg　　*A9711635*

GÉNÉRATEUR DE VAPEUR
XXᵉ siècle
Brique réfractaire et métal
(8 × 8 × 12 m)
Ancienne usine Blanchet　　　*A9711632*

L'utilisation de ce type de générateur, dont le brevet a été déposé en 1867, s'est peu à peu généralisée dans toutes les usines centrales sucrières de la Guadeloupe. Après la fermeture de l'usine Blanchet, la plus grande partie des machines a pu être vendue, mais les énormes générateurs, très difficiles à démanteler, sont restés sur place.

FELIX GAMA
1830 – 1913
NE ESCLAVE
SUR L'HABITATION MONREPOS
DE CLERINE GAMA
CULTIVATEUR – MARIN
EPOUSE SYLVERINE BARSEL
CONSEILLER MUNICIPAL 1884–1906
MEMBRE DU MOUVEMENT SOCIALISTE
DIRIGE PAR H. LEGETIMUS
IL FUT LE PREMIER MAIRE NEGRE
DE MORNE-A-L'EAU 1900–1906

A SA MEMOIRE
NOV-1996

ÉGLISE
Vers les années 1930
Béton armé
Vieux-Bourg
Morne-à-l'Eau

Le Moule

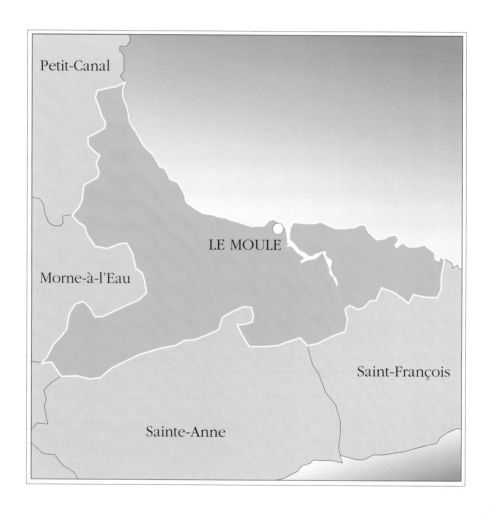

Le Moule

Cantons du Moule
Arrondissement de Pointe-à-Pitre
Superficie : 8 290 ha
Population 1990 : 18 054 hab.
Habitants : les Mouliens
Cours d'eau : la Ravine du Nord-Ouest
et la Rivière d'Audoin

Origine du nom : de môle, qui signifie
jetée.

Blason : la devise « Mens agitat molem »,
tirée de l'*Énéide* de Virgile, signifie
« L'esprit domine la matière ».
A9711170b

HISTORIQUE

De nombreuses fouilles archéologiques ont permis d'attester la présence d'Amérindiens dans cette région dès les premiers siècles av. J.-C. Le site du Moule est signalé en 1696 par le gouverneur Auger. Au XVIIIe siècle, il est le fief de l'aristocratie coloniale et le principal port sucrier de l'île. L'ancien bourg, situé dans le quartier de L'Autre-Bord, est, au XVIIIe siècle, délaissé au profit de l'actuel centre-ville, plus propice aux échanges commerciaux. Des fortifications sont dressées pour prévenir les attaques anglaises, et les activités portuaires se développent. À la Guadeloupe, la position du Moule, avec ses quatre usines à sucre et plus de la moitié de son territoire planté en canne, est dominante en matière agricole au XIXe siècle. La canne à sucre, le café et le coton sont les principales cultures. Mais le développement du port de Pointe-à-Pitre concurrence celui du Moule, jusqu'à entraîner sa désaffection au XXe siècle. La dernière usine à sucre de l'île se trouve dans la commune.

AMULETTE ZOOMORPHE
120-590
Pierre verte (L. : 2,7 cm)
DRAC de la Guadeloupe, Basse-Terre
A9711774

Cette amulette zoomorphe, représentant peut-être une grenouille, a été trouvée au cou d'un des quatre squelettes humains mis au jour sur le site du Moule. Celui-ci est le gisement précolombien le plus complet de la Guadeloupe : ses quatre niveaux couvrent les grandes phases de l'occupation amérindienne des Petites Antilles. Repéré au début du XIXe siècle, il est fouillé par Edgar Clerc dans les années 1960 et au début des années 1970. Une large part des collections du musée archéologique du Moule provient de ce site majeur, mais les pillages de sable incessants, les nombreux ramassages des amateurs et l'érosion naturelle ont détérioré le site. Dans les années 1990, des objets spectaculaires, comme un collier funéraire en pierre et deux petites amulettes en bois, représentant un chien et un jaguar, ont été découverts sur le site.

ADORNO ANTHROPOMORPHE
1000-1500
Céramique
(H. : 9 cm)
Collection particulière
A9711777

Sur le site archéologique de l'Anse Sainte-Marguerite, des interventions ponctuelles ont permis de découvrir quelques tessons céramiques du style huecan saladoïde, mais aussi des coquillages travaillés, dont de nombreuses haches et des parures, des outillages lithiques, des pierres à trois pointes et du matériel céramique se rapportant principalement au style suazan troumassoïde, entre 1000 et 1500. Cet adorno est typique de cette période. Au sommet de la tête, un décor peut servir de tampon corporel à la manière d'un sceau. À l'époque coloniale, l'Anse Sainte-Marguerite est devenue un important lieu funéraire, probablement un cimetière d'esclaves, qui a fait l'objet, depuis 1997, de fouilles importantes.

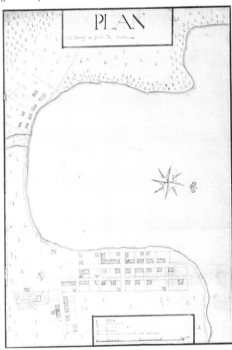

PLAN DU MOULE
1732
Dessinateur : François Amaudric de Saint-Maure
Encre (146,2 × 130,5 cm). 1/665
Cote : DFC Guadeloupe 10PFA/89
Centre d'archives d'outre-mer
Aix-en-Provence, Bouches-du-Rhône
A9711768

Ce plan est extrait d'un document d'arpentage général de la Grande-Terre. Le Moule est implanté dans un petit port naturel. Le quadrillage géométrique des rues est un exemple caractéristique de la rationalisation moderne de l'espace investi par les Européens en Amérique.

ANCIEN PORT
XVIIIᵉ siècle
Pierre   *A9711724*

Principal port sucrier de l'île, le port du Moule connaît un important trafic aux XVIIIᵉ et XIXᵉ siècles. La plus grande partie du sucre de la Grande-Terre, à destination de l'Europe, y parvient. Par ailleurs, toutes les denrées destinées à l'approvisionnement des communes avoisinantes transitent par le port du Moule, où se trouvent encore beaucoup de vieux entrepôts. À partir de 1759, les Anglais, qui occupent la Guadeloupe, utilisent la rade de Pointe-à-Pitre pour des échanges commerciaux, ce qui entraîne le développement du port et de la ville de Pointe-à-Pitre. Ainsi concurrencé, inaccessible aux navires à fort tirant d'eau, et lieu connu de la contrebande, le port du Moule est relégué au rang de sous-quartier par un décret de l'inscription maritime en 1848, et désaffecté.

CANON
XVIIIᵉ siècle
Fonte
Boulevard Cicéron   *A9711721*

Malgré la menace maritime anglaise, les défenses militaires sont précaires sur les côtes. Même au début du XIXᵉ siècle, seule une faible batterie de quatre pièces protège le port du Moule.

DÉPÔT DE MUNITIONS   *A9711722*

VESTIGES DE FORTIN
XVIIIᵉ siècle
Terre et pierre
Quartier de Cadenet   *A9711723*

Cette batterie est constituée d'une terrasse surélevée par un appareillage de pierre. Située à l'entrée de l'ancien port du Moule, elle doit permettre de tirer en direction des navires ennemis, à l'aide

de quatre ou cinq canons. Quant à la stratégie défensive des gouverneurs, elle consiste à rendre les côtes impropres au débarquement, en y faisant planter, en rangs serrés, des cactus et autres plantes épineuses. Cette précaution ne s'est pas révélée très efficace contre les troupes anglaises, qui ont, à plusieurs reprises, occupé la Guadeloupe.

La présence de cette poudrière, sur le front de mer, à la vue de l'ennemi, reste mystérieuse, d'autant que la présence militaire est faible au Moule. Souvent, la défense est organisée par les habitants propriétaires eux-mêmes. Ainsi, en octobre 1809, lasse d'attendre un appareillage, la marine anglaise décide de saisir les navires au mouillage. Les Mouliens, avec le commandant du quartier Coudroy de Lauréal, contraignent l'ennemi, très supérieur en nombre, à battre en retraite.

MOULIN DE SAINT-GUILLAUME
Fin du XVIIIe-début du XIXe siècle
Pierre
Trois Chemins
Section Saint-Guillaume   *A9711737*

Les moulins à vent se développent à la Guadeloupe à partir du XVIIIe siècle. Les tours mesurent jusqu'à 10 mètres de haut et les parois peuvent avoir plus d'un mètre d'épaisseur à la base. Les ailes entoilées, pivotant sur un roulement de bois grâce à une queue qui descend de la toiture jusqu'au sol, peuvent être positionnées face au vent. L'axe vertical du moulin, mû par la rotation des ailes, entraîne les rolles, qui broient la canne.

MOULIN DE CHÂTEAU-GAILLARD
1843
Pierre
Section de Château-Gaillard   *A9711738*

Construit après le tremblement de terre de 1843, ce moulin est l'un des derniers à avoir conservé des éléments de broyage.

ÉGLISE SAINT-JEAN-BAPTISTE
1840-1850
Pierre
Place d'armes   *A9711711*

Le tremblement de terre de 1843 détruit la première église. La construction du nouvel édifice, commencée en 1840, est alors accélérée. Avec ses deux chapelles, l'église forme une croix latine. La façade *(Cl. M. H. 1978)* est d'inspiration néo-classique. Quatre colonnes ioniques sont surmontées d'un fronton triangulaire. Les deux niches de part et d'autre de l'entrée, destinées à recevoir des statues, sont vides. Au XIXe siècle, la paroisse s'étend sur 12 000 hectares et la ville est prospère, avec ses cinquante-huit sucreries et plus de cent habitations vivrières. L'église est donc dotée d'un mobilier et d'un décor intérieur abondants et luxueux. *(I. M. H. 1978)*

NEF
1935
Bois
Église Saint-Jean-Baptiste   *A9711712*

Écrasée par une voûte en berceau aplatie, la nef d'origine était peu éclairée. De plus, le cyclone de 1928 l'endommage, en détériorant les statues des douze apôtres qui s'y trouvaient. En 1935, le curé du Moule, le père Durand, entreprend de grands travaux de restauration. La voûte de la nef est exhaussée de quelques mètres. Les parties verticales dégagées sont percées de quatorze petites ouvertures, en œil-de-bœuf, pour obtenir une luminosité plus importante. Les vitraux latéraux représentent les quatorze stations du chemin de croix et les quatre tableaux supérieurs du chœur racontent la vie de saint Jean-Baptiste. *(I. M. H. 1978)*

ANCRE
XIXᵉ siècle   A9711787

Les ancres du Moule ont servi d'amarrage pour les voiliers ne pouvant pas accoster à cause de la faible profondeur des eaux. Les marchandises étaient alors transportées sur des gabarres.

USINE GARDEL
1870
Métal et brique
Section de Gardel   A9711726

L'usine Gardel se nomme d'abord Sainte-Marie, à l'époque où elle appartient à M. de Saint Alary. Touchée par la crise sucrière au début du XXᵉ siècle, elle est placée en liquidation. En 1927, elle passe aux mains des frères Aubéry, qui réalisent, malgré les dégâts occasionnés par le cyclone de 1928, la relance de l'unité sucrière, avec l'aide de Roger Pottier, le directeur technique de l'usine, qui reste en fonction pendant plus de quarante ans.

MACHINE À VAPEUR
1934
Constructeur : Compagnie de Fives-Lille
Usine Gardel   A9711725

En 1881, la Guadeloupe compte vingt-quatre usines sucrières. En 1979, il n'en reste que quatre. La production de canne à sucre dans l'île est passée de 1 850 000 tonnes en 1962 à 330 000 tonnes en 1990. Dans ce contexte, l'usine Gardel conserve les deux particularités d'appartenir encore au domaine privé et d'être la seule usine sucrière fonctionnant encore dans la Guadeloupe continentale.

MAISON DE MAÎTRE
Vers 1870
Métal, brique et fer
Section Zévallos   A9711701

Selon la tradition orale, cette construction, à l'origine probablement destinée à la Louisiane, a échu au Moule, car le vendeur, n'étant plus sûr que son client en voulait encore, l'aurait vendue sur le lieu de son escale. Elle appartint à Joseph Duchassaing, comme semblent le faire penser les initiales sur la marquise, puis à son fils Stanley Auguste, devenu le propriétaire de l'habitation en 1881. Les structures métalliques au remplissage de brique proviendraient d'un atelier français, peut-être celui de Gustave Eiffel, ainsi que les minces poteaux cylindriques en fonte qui supportent des balcons ombragés.
(Cl. M. H. 1990)

PONT D'EAU BLANCHE

Fin du XIXᵉ siècle
Métal
Route de Boisvin   A9711735

La rapidité de mise en œuvre des structures métalliques et l'économie des moyens utilisés permettent, à la fin du XIXᵉ siècle, leur exportation dans le monde entier. Le tablier étant assemblé à terre, le pont est poussé en porte-à-faux jusqu'à un appui. C'est Gustave Eiffel qui met au point la technique des deux poutres à treillis verticaux encadrant la surface de roulement. Les pièces proviennent de ses ateliers créés en 1867 à Levallois-Perret. Ces structures à une voie sont peu à peu remplacées par les ponts modernes en béton armé. Le pont d'Eau-Blanche est la voie d'accès principale à Boisvin, ainsi qu'à la partie orientale de Sainte-Anne.

VIADUC D'AUDOIN

Fin du XIXᵉ siècle
Métal
Section d'Audoin   A9711762

Le viaduc d'Audoin, permettant de franchir une zone encaissée située en amont de la rivière du même nom, a environ 50 mètres de portée, et surplombe la coulée d'une quinzaine de mètres. Cette voie ferroviaire mène directement à l'usine Gardel. Des petits trains à vapeur acheminent le sucre vers les hangars du port, puis les camions succèdent au chemin de fer.

CAVEAU DE LA FAMILLE DE POYEN

Fin du XIXᵉ siècle
Brique
Cimetière   A9711717

Propriétaire de l'habitation-sucrerie Lacroix, Émile de Poyen est, dans les années 1870, président du conseil de fabrique du Moule, organisme chargé de gérer les biens et les finances de l'église. En 1873, il est le troisième adjoint du maire Duchassaing de Fontbressin, propriétaire de l'usine Zévallos. Cette concentration du pouvoir politique, économique et religieux est représentative de la puissance des Blancs créoles avant la crise sucrière. Le tombeau des Poyen illustre à la fois l'importance de la famille et son attachement à la commune, puisque le lieu d'inhumation choisi est le cimetière du bourg, et non pas l'habitation. Dans ce caveau en élévation se marquent aussi les choix culturels de ceux qui l'ont fait édifier. À la fin du XIXᵉ siècle, les familles de notables se reconnaissent dans ce style néo-classique, où apparaissent quelques traits baroques, visibles sur le fronton.

TOMBE DU CHANOINE HENRI DURAND

Première moitié du XXᵉ siècle
Cimetière   A9711745

En 1932, le curé Henri Durand, ancien capitaine durant la Première Guerre mondiale, arrive au Moule. En 1935, il entreprend la restauration complète de l'église. Les offices sont alors célébrés dans un hangar d'usine sur l'ancien port. Dans la cour de l'église, le curé fait construire une vaste salle paroissiale, lieu de rencontre des divers mouvements associatifs, sportifs, musicaux, des scouts et des anciens combattants. Nommé par le gouverneur Sorin, le père Durand est maire du Moule de 1943 à 1944.

TOMBEAU AUBÉRY
1940
Cimetière
      A9711743

En 1927, Armand Aubéry acquiert l'unité sucrière Gardel, qu'il remet en fonction, avec l'aide du directeur technique Roger Pottier. À sa mort en 1940, son frère Amédée poursuit le projet de modernisation de l'usine.

CALVAIRE
Début du XXᵉ siècle
Béton et métal
      A9711747

ANCIENNE MAISON ROMANA
Début du XXᵉ siècle
Bois
Rue Albert-Iᵉʳ   *A9711765*

Les murs extérieurs sont entièrement recouverts d'essentes, pratique fréquente à la fin du XIXᵉ et au début du XXᵉ siècles. La maison appartient alors à la famille de notables Sargeton.

Le maire Romana en fait l'acquisition dans les années 1920. Puis la commune devient propriétaire et y installe une annexe scolaire. Depuis les années 1960, le bâtiment est désaffecté.

MACHINERIE
Début du XXᵉ siècle
Distillerie Néron
Section de Lacroix   *A9711731*

Au cours de la Première Guerre mondiale, les besoins en alcool sont accrus, car celui-ci constitue une matière première indispensable à la fabrication de poudres et d'explosifs. L'habitation-sucrerie Néron, créée en 1740, s'enrichit d'une distillerie, dont il reste quelques vestiges, comme cette machinerie.

MOULIN
Début du XXᵉ siècle
Pierre
Distillerie Néron
      A9711732

Quand Roger Beuzelin achète le domaine Néron en 1933, seulement 15 % des terres sont cultivées, sur 150 hectares utiles. Le nouveau propriétaire perfectionne la distillerie et pourvoit à d'impressionnants stocks de pièces de rechange et de marchandises. Pendant la Seconde Guerre mondiale, alors que la Guadeloupe connaît une pénurie totale, la société fabrique des ersatz de savon, de confiture et d'eau de Cologne. Les activités diminuent à partir de 1953, mais le célèbre rhum Néron est produit jusqu'en 1966.

PEINTURE MURALE
1944
Peintre : le père Tricot
Chapelle
Habitation Néron   A9711734

Roger Beuzelin, le propriétaire du domaine Néron, est un militant catholique fidèle au courant traditionaliste et à la France du maréchal Pétain. Il fait construire une chapelle importante, placée sous la devise d'inspiration pétainiste « Dieu-Famille-Travail-Patrie ». Toutes les personnalités politiques et religieuses sont les hôtes de l'industriel, qui renoue avec la tradition des aumôniers des grandes familles : les prêtres sont en résidence au domaine.

PONT DE CORNEILLE
1918

Béton et métal
Route de Boisvin   A9711761
Le pont de Corneille enjambe une large ravine torrentielle qui se jette dans la Rivière d'Audoin. À cet endroit précis, le niveau de l'eau monte de plusieurs mètres en cas d'inondation, d'où le caractère particulièrement résistant du pont de Corneille. Le tablier se compose de deux épaisses poutres latérales en béton, prolongées par une lourde ossature métallique. Dix

DISTILLERIE DAMOISEAU
Début du XXᵉ siècle
Structure métallique
Domaine Damoiseau
Section Bellevue   A9711748

Au début du XXᵉ siècle, le domaine agricole et la distillerie de Bellevue appartiennent à une famille de créoles martiniquais, les Rimbaud. En 1942, l'ensemble, s'étendant sur 144 hectares, est vendu à Roger Damoiseau. Le domaine Damoiseau produit du rhum agricole blanc, qui comporte 50 à 55 degrés d'alcool, du rhum vieux, qui vieillit cinq ans environ dans des fûts de chêne, et du rhum paille, vieilli moins de trois ans. Cette société se diversifie avec la culture de la banane et la fabrication de confitures.

poteaux en béton armé constituent le pilier central, tandis que le parapet est en éléments de maçonnerie précontraints. Ce pont offre aussi une voie d'accès à l'usine Gardel.

MACHINERIE DES MOULINS
Milieu du XXᵉ siècle
Distillerie Damoiseau   A9711759
Les moulins de la distillerie sont actionnés par une machine à vapeur. Les tiges de canne, coupées en morceaux, contiennent 70 % d'eau, 14 % de saccharose, 14 % de fibres et 2 % d'impuretés. La canne est introduite dans une batterie de moulins, chacun composé de trois cylindres assurant un broyage de plus en plus fin. À la sortie du dernier moulin, les résidus constituent la bagasse. Le *vesou* est filtré et envoyé en fermentation. Celle-ci dure de vingt-quatre à trente-six heures et donne un vin appelé grappe, titrant 4 à 6 degrés d'alcool.

COLONNE À DISTILLER
Milieu du XXᵉ siècle
Distillerie Damoiseau A9711760

La grappe est acheminée dans la colonne à distiller. Le produit issu de cette colonne s'appelle la grappe blanche. C'est un rhum incolore contenant de 60 à 80 % d'alcool pur. Il peut être stocké dans des foudres en inox pour la fabrication du rhum industriel, ou mis en bonification dans des foudres de chêne pour le rhum agricole. Lors de ce stockage, une évaporation se produit et l'alcool vieillit. Avant la mise en bouteilles, le rhum est ramené au degré alcoolique requis, par addition d'eau déminéralisée.

INSTRUMENT DE CONTRÔLE
Milieu du XXᵉ siècle
Distillerie Damoiseau A9711758

À la sortie de la colonne à distiller, le rhum est soumis à des contrôles afin de déterminer la qualité du distillat.

MAISON LÉVEILLÉ
Années 1920
Bois
Rue Achille-René-Boisneuf A9711763
La maison, construite grâce aux techniques de l'artisanat de l'époque, a résisté à de nombreux ouragans.

PHARE
XXᵉ siècle
Béton
A9711764

ANCIENNE CHAUDIÈRE À VAPEUR
Milieu du XXᵉ siècle
Distillerie Damoiseau
A9711757
La bagasse, c'est-à-dire les résidus fibreux, représente environ 14 % des tiges de canne. Autrefois elle servait. Désormais, en cas de panne de la chaudière principale, une chaudière auxiliaire, fonctionnant au gazole, la remplace.

CROIX DE LACROIX
Début du XXᵉ siècle
Constructeur :
Virgile Alexis
Pierre
et maçonnerie
Carrefour
de Lacroix A9711766

À la Guadeloupe en particulier, les carrefours routiers appelés « quatre chemins » sont des lieux de mystère. Religion et magie s'y côtoient, réunissant des pratiques spirituelles d'origines diverses. Cette croix, véritable lieu de culte, donne accès à un chemin de croix, situé dans le domaine de Néron, qui est voisin.

CHAPELLE NOTRE-DAME-DE-LA-GARDE
Début du XXᵉ siècle
Béton
Section de La Baie A9711720
Cette chapelle abrite une grande statue de la Vierge Marie, debout, bras ouverts, accueillant les voyageurs qui empruntent chaque jour cet important axe routier. Des fidèles y viennent en pèlerinage ou pour prononcer des vœux.

HÔTEL DE VILLE
1927
Ingénieur : Georges Lecardez
Maçonnerie et pierre
Place d'armes
A9711708

La mairie est conçue sur le modèle des demeures bourgeoises européennes du début du XXᵉ siècle. Par son classicisme et sa sophistication, elle tranche sur les nombreuses maisons en bois qui l'entourent.

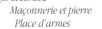

ÉCOLE LYDIA-GALLERON
1931-1932
Architecte : Ali Tur
Béton armé
Rue Joffre A9711709
Après le passage du cyclone de 1928, la colonie profite des prestations allemandes servies, dettes de la Première Guerre mondiale, pour reconstruire les bâtiments publics, et le ministère des Colonies dépêche l'architecte Ali Tur. Cette école de garçons ne comprend à l'origine qu'un seul étage. Entre 1952 et 1954, le conseil municipal décide d'exhausser les bâtiments, afin de rassembler plusieurs classes annexes dispersées.

ÉCOLE DES GRANDS-FONDS
1932
Béton armé
Section des Grands-Fonds A9711706
L'école permet la scolarisation de beaucoup d'enfants de cette grande zone rurale, et jouit d'un certain prestige, en regard de bons résultats scolaires.

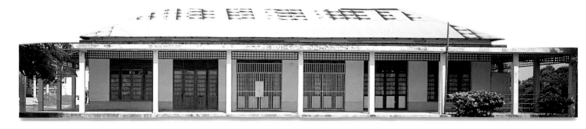

ÉCOLE VICTOR-SCHŒLCHER
Vers 1940
Béton
Carrefour de Sainte-Marguerite A9711707

Pour freiner l'exode rural et accueillir les enfants de tous les hameaux avoisinants, l'inspecteur de l'éducation décide d'implanter cette école sur un carrefour. Malgré sa grande dimension et ses vastes aires de récréation, l'école de Sainte-Marguerite n'a pas su empêcher le départ de certains écoliers pour la ville. Chaque 21 juillet, à la Saint-Victor, lors de la commémoration de Victor Schœlcher, elle reçoit les festivités.

PONT DE LA BAIE
1950
Entrepreneur : Busson
Béton
Section de La Baie A9711736

Deux immenses arcs de maçonnerie

reposant sur deux appuis non fixes, constitués de billes métalliques, supportent l'ensemble de la construction. Un pont similaire se trouve à l'entrée du bourg de Capesterre-Belle-Eau, à la Basse-Terre.

TEMPLE HINDOU
1948
Maçonnerie et béton
Section Bellevue
A9711715

Ce temple est édifié par le prêtre hindou Joseph Paquion, initié au culte de la déesse Mariémin par son père et par les prêtres de Saint-François, où l'on rencontre une forte communauté indienne. Le pouçari Paquion pratique ses incantations, debout sur le tranchant d'un coutelas maintenu en l'air par deux officiants, et manifeste des pouvoirs de guérisseur. Par ailleurs, il exerce les fonctions d'économe-géreur, de chef d'atelier, et d'exploitant agricole.

PLAQUE DE RUE
Place du Cimetière
A9711719

RUE DU 14 FÉVRIER 1952

En 1952, la récolte de la canne à sucre débute par les revendications salariales des ouvriers agricoles. Le salaire horaire est de 60 anciens francs, et les ouvriers en réclament 100. Devant le refus des propriétaires, un front commun syndical se constitue et un ordre de grève générale est lancé. Afin d'empêcher cette mobilisation générale et d'interdire tout attroupement, les forces de l'ordre, armées de fusils, sillonnent les routes et investissent le centre-ville du Moule. Malgré les interventions du maire en fonction, Césario Siban, la tension monte et les forces de l'ordre tirent sur les manifestants qui barrent la route, faisant quatre morts et douze blessés. Cet événement est commémoré chaque année.

1958
Métal et béton
Section
des Grands-Fonds
A9711716

Au milieu du XXᵉ siècle, l'Église veut implanter un centre paroissial dans les Grands-Fonds, où réside la plus grande communauté rurale moulienne. Cette vaste chapelle est ouverte au culte. Son isolement géographique et les difficultés financières qu'elle rencontre contribuent à sa désertion par les fidèles, qui préfèrent la grande ville pour les célébrations. C'est pourquoi, en 1965, Notre-Dame-de-Fatima est ramenée au rang de simple desserte.

MUSÉE EDGAR-CLERC

1984

Architecte : Jacques Berthelot

Béton

Parc de la Rosette   *A9711741*

Edgar Clerc (1915-1982) passe une grande partie de sa vie au service de la recherche archéologique, à la Guadeloupe. Il entreprend des fouilles en 1957, sur le site de Morel, au Moule, qui attestent une présence amérindienne. En 1963, il fonde et préside la Société d'histoire de la Guadeloupe. Un an plus tard, il publie le résultat de ses recherches. La première exposition, en 1965, est couronnée de succès. Par la suite, Edgar Clerc fait don de sa collection au département. Le musée départemental, construit à l'emplacement d'un ancien camp militaire, accueille cette collection. Il s'enrichit ensuite de dons, de dépôts et d'acquisitions d'objets.

VASE

500 av. J.-C.-100
Terre cuite non peinte (L. : 17 cm)
Musée Edgar-Clerc   A9711772

Ce petit vase modelé en forme de tortue, retrouvé sur le site de Morel, attesterait une présence huécoïde. Selon certaines sources, la culture huécoïde, après avoir atteint la côte continentale, remonte jusqu'à l'embouchure de l'Orénoque (Venezuela) et passe à Trinidad peu avant 500 av. J.-C. Les Huécoïdes utilisent pour leur nourriture, leur parure ou la fabrication d'outillage les ressources de la mer, et vont rapidement d'une île à l'autre. Leurs traces se perdent sur la côte nord-est de Porto Rico vers 150. Cette culture semble s'être fondue au sein de celle des Saladoïdes ou Arawaks, qui lui succède localement vers 100 av. J.-C.

AMULETTE

400 av. J.-C.-
100
Bois dur (L. : 3 cm)
Musée Edgar-Clerc   A9711770

Cet objet, représentant une tête de jaguar, ainsi que l'amulette figurant un chien constituent la parure d'un défunt, personnage sans doute de haut rang, enterré entre 400 et 500 av. J.-C. Le village, gagné peu à peu par l'avancée de la mer, occupait le lieu qui est aujourd'hui la plage de Morel.

AMULETTE

400 av. J.-C.
Bois dur (L. : 3 cm)
Musée Edgar-Clerc   A9711771

Les raisons pour lesquelles les thèmes du chien et du jaguar sont fréquents dans l'art céramique huécoïde ne sont pas connues. Néanmoins, dans certains mythes sud-américains, les canidés sont considérés comme les maîtres du miel sauvage, tout comme les jaguars sont les maîtres du feu.

COLLIER FUNÉRAIRE
400 av. J.-C.
Quartz blanc, améthyste, calcédoine, aventurine et stictite
Musée Edgar-Clerc
A9711773

Ce collier, enterré avec la femme qui le portait, est composé de perles de quartz, qui sont pour beaucoup de tribus amazoniennes contemporaines des flèches magiques des guérisseurs-sorciers.

Les grenouilles, les tortues et certaines espèces d'oiseaux de proie, représentées dans cette parure, interviennent dans des mythes en relation avec la brièveté de la vie et l'acquisition du tabac. Seule une personne de haut rang, sans doute femme guérisseuse, pouvait arborer un objet chargé d'autant de symboles.

COUPE
Vers 300
Terre cuite (18 × 10 cm)
Musée Edgar-Clerc
A9711783

Le modelage qui fait face à l'oreille du vase représente une tête de chauve-souris frugivore. Ce type de récipient non peint, orné d'un décor gravé, exécuté sur pâte sèche avant la cuisson, est caractéristique des céramiques des périodes anciennes de la culture saladoïde insulaire. Le thème de la chauve-souris est prédominant dans l'art saladoïde. Cet animal joue un rôle très important dans la mythologie des Taïnos. Il représente les hommes des premiers temps, de même que les grenouilles figurent les femmes.

FRAGMENTS DE VASES INHALATEURS À LIQUIDE
250 av. J.-C.-100
(d. : 15 cm)
Musée Edgar-Clerc
A9711779

Ces récipients de faible contenance, à petite ouverture surmontée d'un modelage d'animal, sont caractérisés par la présence sur la panse de deux tubes d'argile de 3 à 4 centimètres de long. Ces vases, rares, associés aux dépôts archéologiques huécoïdes ou aux Saladoïdes, servaient probablement à la consommation rituelle, par inhalation, du jus intoxicant de tabac vert. Cette pratique, n'existant qu'en de très rares zones en Amérique du Sud, est attestée chez les Taïnos des Grandes Antilles. Ces Amérindiens rencontrés par Christophe Colomb sont les descendants des Arawaks, installés à la Guadeloupe entre 100 av. J.-C. et 800.

PIERRE À TROIS POINTES
Vers 350
Pierre volcanique (L. : 10 cm)
Musée Edgar-Clerc
A9711786

Les pierres à trois pointes n'existent que chez les Arawaks des Antilles. Ces objets rituels possèdent un symbolisme complexe, en liaison avec la pousse des plantes comestibles et la fécondité des femmes. À l'une des extrémités, les yeux et la bouche d'un animal sont indiqués par des petites dépressions. Le sommet de la pointe verticale, orné de chaque côté d'un réseau de fines lignes gravées, pourrait représenter les feuilles d'un arbre nommé prunier, qui est un symbole important de la mythologie des Arawaks.

PIERRES À TROIS POINTES
Vers 300
Conque de lambi
(H. : 2,5 cm)
Musée Edgar-Clerc
A9711780

Les premiers spécimens de pierres à trois pointes ont s e u l e m e n t quelques centimètres de hauteur. Un sillon fait le tour de la base. Au fur et à mesure de l'évolution de la culture saladoïde, les dimensions de ces pierres augmentent, et celles-ci sont alors sculptées dans des pierres dures volcaniques. Les traces de liens enduits de bitume,

qui ont subsisté sur certaines pierres à trois pointes, démontrent qu'elles étaient attachées sur un support, sans doute le manche des bâtons utilisés comme outils pour travailler la terre des jardins de vivres.

au pinceau. La surface du vase est divisée en quatre parties. L'organisation thématique d'un secteur se retrouve, inversée, dans le secteur suivant. La spirale rouge est une stylisation de pattes arrière de grenouille. La zone en forme de croix symbolise une tête de chauve-souris. L'ensemble du décor du vase reconstitue en projection une structure en forme de labyrinthe, qui est aussi l'une des variantes du thème de la grenouille. Sur la partie basse, des pattes de grenouille stylisées se répètent quatre fois autour du vase. Celui-ci est cuit dans un feu de bois, en plein air.

PARURE
Vers 400
Conque de lambi
Musée Edgar-Clerc   *A9711782*

Les Saladoïdes commencent à consommer des coquillages marins à partir de 350. La découverte de cette source abondante de nourriture a une influence sur les activités des femmes. Les lambis, dont la lèvre est épaisse, sont les coquillages les plus utilisés pour les outils et les parures. Après l'enlèvement d'un éclat de la coquille, le morceau est découpé au moyen d'une cordelette mouillée enduite de sable. Le polissage de l'objet s'effectue au sable et à l'eau. Les ornements sont percés avec un foret. Le manche en lambi, orné de petites zones circulaires, est probablement celui d'un maraca, long de 14 centimètres, instrument de musique fait d'une calebasse remplie de petites pierres. Les Amérindiens utilisaient aussi durant leurs danses des sonnailles de coquillage faites de coquilles évidées et enfilées sur des cordelettes. Ils les portaient accrochées aux bras et aux chevilles pour rythmer leurs danses.

PIERRE À TROIS POINTES
Vers 600-700
Roche volcanique
Musée Edgar-Clerc   *A9711784*

C'est à la Guadeloupe que l'on a trouvé le plus grand nombre de pierres à trois pointes. Celle-ci montre un visage sur sa base. La partie verticale de la pierre est marquée d'un relief qui évoque un bec d'oiseau. Contrairement aux premières pierres de ce genre, ce spécimen de grande taille était sans doute posé à terre ou exposé sur un support. Les pierres à trois pointes sont l'illustration du mythe des Taïnos, de l'origine de l'humanité, recueilli par Ramon Pané. Selon ce mythe, dans les premiers temps, l'humanité vivait dans une grotte. Les êtres originels sont devenus des humains en passant par de multiples transformations. De minéraux, ils sont devenus pruniers, puis piverts. Un épisode raconte comment les hommes, qui ont perdu les femmes de la grotte avec lesquelles ils entretiennent des relations incestueuses, en retrouvent d'autres, dans des branches de pruniers, grâce à quatre jumeaux nommés Caracaracols. Ces femmes sont dépourvues de sexe. Un pivert les ouvre à coups de bec pour en faire de vraies femmes.

PIERRE À TROIS POINTES
Vers 400
Roche volcanique
Musée Edgar-Clerc   *A9711785*

Cet objet représente une tête de serpent. Dans un mythe des descendants des Arawaks, les Taïnos, Coatrischie est un immense serpent qui contient dans son corps les nuages et la pluie.

VASE
Vers 400
(d. : 16 cm, H. : 14 cm)
Musée Edgar-Clerc   *A9711776*

Le décor de ce vase est caractéristique de la symétrie rigoureuse qui régit l'ornementation des vases saladoïdes. Après façonnage, il est peint en rouge. La surface peinte est ensuite brunie au moyen d'un petit galet. La potière trace des repères pour répartir le décor complet autour d'un vase, et passe le blanc

Petit-Bourg

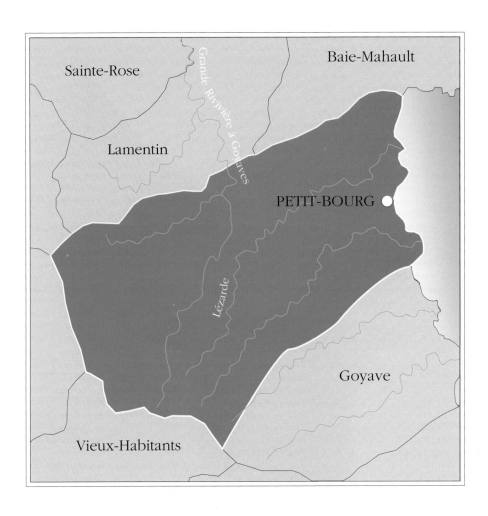

Petit-Bourg

Canton de Petit-Bourg
Arrondissement de Basse-Terre
Superficie : 12 556 ha
Population 1996 : 20 128 hab.
Habitants : les Petits-Bourgeois
Cours d'eau : la Moustique, la Lézarde, la Rivière du Coin et la Grande Rivière à Goyaves

Origine du nom : Petit Cul-de-sac désigne primitivement, en 1759, ce qui devient le petit bourg puis Petit-Bourg, comme une halte d'étape sur l'axe Basse-Terre - Pointe-à-Pitre.

Blason : il représente le Saut de la Lézarde du Parc national, ainsi qu'une grande écrevisse appelée localement ouassou, roi des sources.
A971180b

HISTORIQUE

Située sur la rive ouest du Petit Cul-de-sac marin, la ville de Petit-Bourg s'est développée dans une anse qui constitue au XVIIIᵉ siècle l'un des ports les plus actifs de la colonie. Un des premiers plans du bourg, datant de 1725, révèle un habitat concentré entre la Rivière de Onze Heures et le pied du Morne-Bourg, mais de grandes habitations cernent ce hameau. La première église et le presbytère occupent une position isolée, vers les hauteurs. À la veille de la Révolution, en 1787, la paroisse compte dix-huit sucreries, une cotonnerie, neuf caféières, trois cacaoyères et d'autres habitations, dont certaines sont vivrières. À cette même date, Petit-Bourg devient le siège de l'Assemblée coloniale de la Guadeloupe, transférée à Basse-Terre en 1790. La région se voue au développement agricole, et les ateliers des habitations sont le théâtre de nombreuses révoltes. Une partie des troupes de Victor Hugues, commandées par Pelardy, débarque à Petit-Bourg et se dirige vers le nord en contribuant à anéantir les anglo-royalistes du camp

de Saint-Jean. Un recensement de 1813 fait état de 221 Blancs, 200 libres et 2 544 esclaves vivant sur quinze habitations-sucreries, quarante caféières, trois cotonneries et dix habitations vivrières. L'étape de Petit-Bourg marque longtemps le terminus pour les diligences de la route allant de Basse-Terre à Pointe-à-Pitre, ouverte depuis 1765 par le comte de Nolivos. La crise sucrière de la fin du XIXᵉ siècle n'affecte guère la région. Les usines et distilleries continuent à fonctionner jusqu'à la Seconde Guerre mondiale. En 1940, Petit-Bourg compte dix distilleries en plus de l'usine Roujol.

CASE CRÉOLE
Morne-Bourg   A9711818

Cette case faisant face à la cassaverie fait partie de l'habitat traditionnel guadeloupéen, souvent organisé « en chapelet » le long des routes, et alternant cases individuelles et jardins. Ce « deux-pièces-case » se présente comme un volume rectangulaire, posé sur quelques grosses pierres et surmonté d'une charpente à deux pans, couverte de tôle. Les fenêtres sont remplacées par des portes au milieu de chaque paroi. L'intérieur est ainsi convenablement ventilé. Un jardin de fruitiers, de légumes et de condiments entoure la case sur trois côtés et accentue le caractère individuel de cette unité familiale d'autosubsistance. Il s'agit d'un espace d'habitation minimal, réunissant les fonctions du séjour et du repos, intégré dans un environnement naturel.

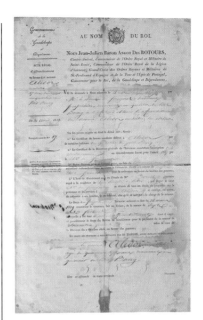

ACTE D'AFFRANCHISSEMENT D'UN ESCLAVE
1829
Collection particulière   A9711822

Cet acte officiel, signé du baron des Rotours, gouverneur de la Guadeloupe, fait état d'une demande d'affranchissement en date du 4 mars 1827, et déclare « libre et affranchi de toute servitude l'ancien esclave, nommé Alidor, mulâtre âgé de quarante ans ». Son maître, « Monsieur le Chevalier de Fougières, habitant-propriétaire du quartier de Petit-Bourg, demande son affranchissement contre une somme de 700 francs ». Le gouverneur adresse alors « un certificat de bonne conduite délivré à Alidor de notables habitants de Petit-Bourg ». C'est finalement deux ans après la demande, le 30 avril 1829, qu'Alidor est définitivement affranchi. Durant la Restauration, les affranchissements d'esclaves ne sont délivrés qu'avec réserve, surtout pour les femmes de moins de 50 ans, et ces actes, selon le gouverneur de l'époque, ne doivent intervenir que « comme récompense d'une vie laborieuse et exemplaire ou de services dûment constatés ». Ce document a été retrouvé, après le cyclone de 1928, dans la maison d'une dame Alidor.

FILTRE À EAU
Milieu du XIXᵉ siècle
Pierre poreuse

A9711811

L'eau potable posait autrefois un réel problème aux habitations, car la seule eau disponible provenait soit des mares soit des gouttières ou du canal. Pour plus de précautions, l'eau de pluie était donc filtrée naturellement par une pierre poreuse. Celle-ci est posée sur son support d'origine.

FILTRE À EAU ET ÉTAGÈRE À POTICHES
Milieu du XIXᵉ siècle

Terre cuite et porcelaine   *A9711815*

Ce filtre, plus élaboré que les filtres en pierre, apparaît au milieu du XIXᵉ siècle. L'étagère attenante est une planche percée supportant des pots à eau, denrée précieuse conservée de la sorte après filtrage. Les poteries gardent l'eau fraîche par effet d'évaporation. Ce petit mobilier est en général entreposé dans un endroit à l'ombre, dans la salle ou sur la galerie.

CASSAVERIE
Milieu du XIXᵉ siècle
Bois et fonte
Morne-Bourg   *A9711820*

Les hauteurs de Petit-Bourg, à Morne-Bourg en particulier, ont su préserver un habitat créole traditionnel où se côtoient anciennes cases et villas de notables. Cette cassaverie évoque le passé pré-colombien de la Guadeloupe. La culture du manioc a été introduite aux Antilles par les Amérindiens, qui ont mis au point la préparation alimentaire, par ailleurs fort complexe, de cette plante. Il s'agit, en effet, de neutraliser le principe toxique retenu dans les tubercules de manioc en faisant écouler le jus par pression. Ici, tous les ustensiles et foyers traditionnels sont en place sous un hangar. Les tubercules pelés fermentent d'abord dans des baquets, puis sont râpés sur une grage en métal, pressés, tamisés et émiettés avant

d'être portés sur l'une des larges platines circulaires, posées sur d'anciennes chaudières en fonte. Le produit est alors séché sans être cuit, et remué sans cesse avec une longue palette appelée rabot, pour empêcher la farine de coller à la platine. La farine blanchie est alors recueillie, puis commercialisée sur place dans des sachets. La galette de manioc, dite cassave, remplace le pain dès les débuts de la colonisation.

ROUE À EAU
1870-1880
Fonte

La Grippière   *A9711821*

En 1789, l'habitation-sucrerie La Grippière est l'une des plus importantes du quartier et appartient aux héritiers Deville. Elle est acquise en 1818 par Charles-Joseph Janvre de Lestortière, premier époux de Marie-Élisabeth Bébian. Celui-ci succombe, comme d'autres membres de sa famille, à la vague d'empoisonnement qui touche les habitations. Le marquis de Fougières, autre propriétaire victime de ces méfaits, décide alors de faire exécuter l'une de ses esclaves, la négresse Gertrude. En 1839, à l'occasion d'une folle enchère,

La Grippière devient propriété de Cécilia Ardène, et s'étend sur 357 hectares. Après l'abolition de l'esclavage, elle passe entre les mains de divers propriétaires avant de devenir une distillerie, qui reste en activité jusque vers le milieu des années 1960. Cette roue à eau, de fabrication anglaise *Fletcher of London*, et de grand diamètre, témoigne du désir de modernisation de l'activité sucrière dans les petites exploitations.

ROULEAU COMPRESSEUR À VAPEUR
Vers 1890

Fonte   *A9711823*

Les routes empierrées et celles en tuf, malmenées par les cabrouets et les diligences, nécessitent le recours fréquent à cette lourde machine, formée d'éléments de fonte rivetés. Un artiste mexicain vivant en Guadeloupe, Juan Frutos, s'est réapproprié ce rouleau compresseur.

PIERRE À CACAO
Début du XXᵉ siècle

Pierre et fer   *A9711813*

Le fruit du cacaoyer, ou cabosse, renferme des fèves. Elles sont d'abord débarrassées de la pulpe qui les enveloppe puis séchées et écrasées avant d'être réduites en pâte. Les fèves de cacao étaient autrefois écrasées sur une pierre légèrement creusée au centre, à l'aide d'une barre ronde. La pâte ainsi

obtenue, non dégraissée, prend en durcissant une forme bien particulière appelée bâton-*kako*.

MARTEAU ET PILON À CAFÉ
Début du XXᵉ siècle
Bois de courbaril
(L. : 65 cm)

           A9711812

MAISON
Début du XXᵉ siècle

Bois

Habitation L'Hermitage   *A9711810*

L'habitation L'Hermitage se consacre dès la fin du XVIIIᵉ siècle à la culture du café et des vivres, mais le défrichement commence réellement en 1807, date à laquelle les premiers bâtiments sont construits. Ce n'est qu'au milieu du XIXᵉ siècle que l'exploitation prend ce nom, et sa culture principale est l'ananas, destiné à la fabrication de conserves et de jus. À partir de 1908, il ne s'agit plus d'une propriété agricole, mais d'une

résidence privée. La maison, implantée sur une légère butte, est de plan rectangulaire et possède un toit couvert de tôle. Celui de la galerie est indépendant de celui de la maison proprement dite, permettant une meilleure résistance aux ouragans. Une galerie de façade, munie de colonnades en bois et rehaussée par une frise, se prolonge vers l'un des côtés de la maison, l'autre étant réservé à un cabinet d'angle plus récent. L'accès à la maison se fait par un escalier central flanqué de deux *dobann*, caractéristique des entrées des demeures créoles.

Cet imposant ustensile des petites caféières sert à éparcher les grains de café en les remuant les uns contre les autres avec le pilon. Ils perdent ainsi leur membrane pelucheuse, appelée parche ou parchemin. Le fruit mûr, la cerise, sèche sur des tiroirs puis est éparché avant d'être torréfié. La Guadeloupe ne produit quasiment plus de café. Celui-ci est importé de Colombie, bonifié puis emballé à la Guadeloupe.

CHEMINÉE
Début du XXᵉ siècle
Pierre et brique
Distillerie Saint-Jean A9711809

Petit-Bourg occupait autrefois une place importante dans l'économie de la Guadeloupe, par le nombre de ses habitations et distilleries. La distillerie Saint-Jean, ancienne habitation-sucrerie, propriété en 1764 de M. de Boubers, puis en 1836 de Maximilien Chevalier de Vernou, marquis de Bonneuil, dessert, en 1848, environ 86 hectares de canne à sucre. Elle est alors considérée comme une exploitation de moyenne importance. Au début du XXᵉ siècle, l'habitation devient distillerie et appartient à plusieurs propriétaires successifs, avant d'être détruite par le cyclone de 1928. La construction de cette cheminée

associe des moellons et des briques, ce qui laisse supposer des restaurations successives.

BERCEUSE
XXᵉ siècle
Bois A9711814

Meuble indispensable de tout intérieur créole, conservé avec soin, la berceuse s'accorde parfaitement aux galeries et au décor des maisons. Elle peut être à barreaux, ou munie de sièges et de dossiers finement cannés. Ce type de meuble est d'origine américaine : né aux États-Unis, il a transité par le Canada, vers 1825, avant d'être introduit aux Antilles où il s'est amplement diffusé. Cette berceuse, à colonnettes tournées, comprend un siège canné et des parties fines au décor végétal sculpté dans la masse.

BERCEUSE
XXᵉ siècle
Bois A9711824

Si la forme générale des berceuses reste constante, en revanche, des particularités régionales s'affirment, et certaines paraissent avoir été conçues en vue d'un usage précis. Un certain nombre d'entre elles est dépourvu d'accoudoirs, comme celles des couturières ou des *das* (nourrices), ce qui dans ce dernier cas facilite l'allaitement.

ÉGLISE NOTRE-DAME-DU-BON-PORT
1932
Architecte : Ali Tur, entrepreneur : Oswaldo
Béton armé A9711801

Le tremblement de terre de 1843, puis le cyclone de 1928 ont détruit les édifices antérieurs. L'actuelle église est érigée en 1932 dans le cadre du programme de reconstruction des communes et monuments guadeloupéens. La façade dénote, comme de nombreux autres monuments d'Ali Tur, un goût affirmé pour l'architecture mauresque, alors à la mode en Europe. Le choix est visible dans l'effet de niche suscité par un porche en creux, en plein cintre, et le décor à modillon sous la corniche supérieure. Le clocher, tour carrée indépendante de l'église, est édifié dans le prolongement du chœur, de même que le presbytère, également construit par Ali Tur. L'ancien cimetière, dit « des Blancs », se situait à gauche de l'église ; il est aujourd'hui reconverti en jardin public.

TOMBE DE MARIE-ÉLISABETH BÉBIAN
Vers 1935
Pierre et marbre A9711804

Comme le signale l'inscription sur cette tombe, d'inspiration néo-classique, Marie-Élisabeth Bébian, décédée en 1835 à l'âge de 31 ans, proche parente de Roch-Auguste Bébian, disciple de l'abbé de L'Épée, épouse, en secondes noces, Gaston de Sonis issu d'une importante famille de militaires. Ils ont quatre enfants, dont Louis-Gaston, né à Pointe-à-Pitre en 1825, qui quitte définitivement la Guadeloupe vers

l'âge de 11 ans, peu après la mort de sa mère. Il devient militaire de carrière et général de division en 1870, sert à Solférino, au Maroc, et s'illustre particulièrement au cours de la bataille de Loigny, dans la Beauce, en 1870.

MAISON
Vers 1950   A9711817

Vers les années 1950 et 1960, la région de Vernou acquiert une vocation résidentielle. En effet, bourgeois et notables décident de s'établir dans les hauteurs, suivant l'exemple d'un entrepreneur italien, M. Diligenti. Celui-ci avait acheté, quelques années auparavant, tous les terrains de l'actuelle route de Vernou et fait construire une villa de style colonial, significative du remplacement progressif du bois par le béton. Cette maison familiale témoigne de la mode des balcons pleins et des larges baies-vitrées, et comporte une terrasse fermée semi-circulaire. Ce style est lié à l'importation d'une architecture internationale, sans lien avec les traditions locales. Dans la toiture, deux lucarnes ventilent les combles.

ÉGLISE SAINTE-THÉRÈSE-DE-L'ENFANT-JÉSUS
1954-1964
Prise-d'Eau   A9711803

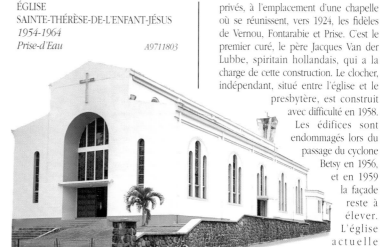

La paroisse de Prise-d'Eau, située dans les hauteurs de Petit-Bourg, est fondée en 1937 par le père Louis Gautier, après sa retraite de la cure de Petit-Bourg. Mgr Gay, évêque de la Guadeloupe, veut rendre le culte plus accessible à la population de Prise-d'Eau, répartie entre les communes de Petit-Bourg, Lamentin et Baie-Mahault, et relativement éloignée des bourgs. Les débuts des travaux de l'église commencent en décembre 1954. Le sanctuaire et son presbytère sont érigés sur des terres cédées par des donateurs privés, à l'emplacement d'une chapelle où se réunissent, vers 1924, les fidèles de Vernou, Fontarabie et Prise. C'est le premier curé, le père Jacques Van der Lubbe, spiritain hollandais, qui a la charge de cette construction. Le clocher, indépendant, situé entre l'église et le presbytère, est construit avec difficulté en 1958. Les édifices sont endommagés lors du passage du cyclone Betsy en 1956, et en 1959 la façade reste à élever. L'église actuelle n'est finalement achevée qu'en 1964 avec la pose de vitraux. L'édifice comprend une vaste nef très éclairée grâce à de grandes ouvertures au-dessus du porche en plein cintre et aux baies triples, dont les jambages sont rehaussés de maçonnerie. La nef, quant à elle, est rythmée de légères saillies verticales.

PRESBYTÈRE
1955
Brique et pierre
Prise-d'Eau   A9711802

Le presbytère est achevé avant l'église, en 1955, et béni en janvier de la même année. Son originalité est liée aux briques qui ont servi à sa construction, ainsi qu'aux tuiles utilisées en guise de toiture. Son architecture rappelle les maisons du nord de l'Europe, peut-être en raison de l'origine hollandaise des ouvriers mobilisés pour les travaux par le recteur de l'époque, le père Lasserre.

Petit-Canal

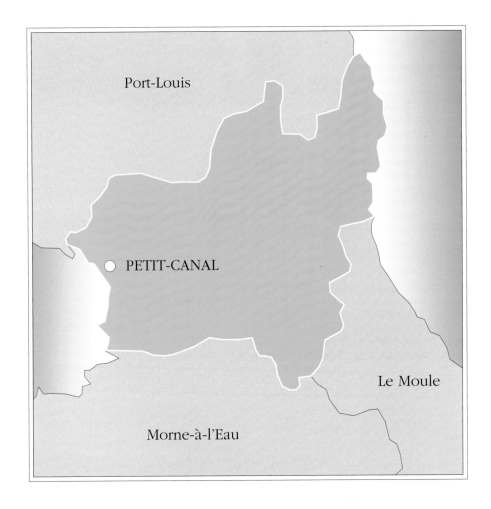

Port-Louis

PETIT-CANAL

Le Moule

Morne-à-l'Eau

Petit-Canal

Canton de Petit-Canal
Arrondissement de Pointe-à-Pitre
Superficie : 7 200 ha
Population 1990 : 6 590 hab.
Habitants : les Petits-Canaliens
ou les Canaliens
Cours d'eau : la Ravine Deville, la Ravine
Duval et la Ravine Gaschet

Origine du nom : du plus petit des canaux
creusés au XVIIIᵉ siècle par la population,
passant par le bourg et censé faciliter le
mouillage des bateaux.

HISTORIQUE

Situé dans le nord de la Grande-Terre, le territoire de Petit-Canal est un plateau calcaire, incliné d'est en ouest. Il s'élève au-dessus de l'Atlantique par une côte à falaises et s'abaisse vers la mer des Antilles, que borde une côte basse et marécageuse, domaine de la mangrove. C'est dans ce cadre naturel que, vers 1681, une première paroisse dite « du mancenillier » marque la première implantation humaine, et devient, dès 1730, Le Canal, après que les habitants ont réalisé un petit canal, centre économique du quartier jusqu'au XIXᵉ siècle. La création tardive de la paroisse est significative de la mise en valeur progressive de cette zone, dont le peuplement s'est lentement déplacé vers l'est, hors du site initial. Vouée d'emblée à la culture de la canne à sucre, la commune est la première à bénéficier de toutes les innovations économiques et sociales. Ainsi est-elle la première à entrer dans la révolution industrielle avec l'installation, en 1844, de l'une des premières usines centrales, celle de Duval. La période qui suit l'abolition de l'esclavage, en 1848, est marquée par

des troubles à Petit-Canal. Par la suite, les concentrations industrielles entraînent la disparition d'usines et distilleries, et rendent nécessaire la reconversion de l'économie locale.

ÉTANG BESNARD
Habitation Besnard
Route de Chabert
                              A9711916

Sans doute étang naturel, ce plan d'eau a joué un rôle important dans cette partie du nord de la Grande-Terre jusqu'aux années 1960, au cours desquelles se mettent en place les premières adductions d'eau. Pendant la période de sécheresse, les habitants de tous les hameaux alentour venaient s'y approvisionner. Tirées par des bœufs, les charrettes, où l'on avait disposé fûts métalliques ou futailles à rhum, formaient des convois imposants. En août 1872, la sécheresse semble avoir été exceptionnelle, comme le rapporte le bulletin agricole de la *Gazette officielle de la Guadeloupe* du 27 septembre : « La campagne souffre énormément du sec. Toutes les mares sont sèches à l'exception de celle de l'habitation Bénard qui fournit de l'eau même à une partie de la population de l'Anse-Bertrand. » L'imaginaire local explique cette préservation de la réserve de l'étang par la présence d'un *manman dlo*, une sirène.

MARCHES
XIXᵉ siècle
Pierre   *A9711906*

Les marches et le monument dit « de la liberté » forment un ensemble, et témoignent du glissement du bourg vers l'est. Au XIXᵉ siècle, le bourg longe le petit canal. Toutes les activités s'y concentrent, commerce, artisanat, marché. Peu à peu, elles se déplacent sur le plateau, auquel les marches permettent d'accéder et sur lequel se trouve déjà l'église. Selon la tradition, celles-ci auraient été construites au moment de la libération des esclaves, et offertes par les habitations et la fabrique. Leur dénomination de « marches des esclaves », ne prenant en compte qu'un témoignage tardif, indirect, est abusive.

MONUMENT DE LA LIBERTÉ
XIXᵉ siècle
Pierre
A9711905

MOULIN DE GODET
Pierre
Route de Port-Louis   A9711920

La vocation sucrière de Petit-Canal est très précoce, et la commune compte très vite un nombre appréciable de moulins. On en relève cinquante et un en 1822, dont quarante-six moulins à vent. Un certain nombre sont toujours en état de fonctionner à la fin du XIXᵉ siècle, et le territoire de Petit-Canal abrite encore trente-sept tours.

Ce petit monument, amputé de sa croix, commémore l'événement que constitue, à Petit-Canal comme dans l'ensemble des colonies françaises, l'abolition de l'esclavage décrétée en 1848. Une inscription est gravée sur son socle, énonçant simplement le mot « Liberté ». La même source écrite, relative aux « marches des esclaves », rapporte que des cérémonies de la fête du Travail et de la Liberté prenaient place autour de cet ensemble, au moment de l'Ascension.

VESTIGES DE CHAUDIÈRES
1844
Brique et fer
Usine Duval
Route du Gros-Cap
A9711922

Ces chaudières de l'usine Duval ont été les dernières en activité sur le site. Le domaine connaît une activité industrielle continue de 1844 à 1929, malgré quelques vicissitudes. L'exploitation Duval témoigne, comme d'autres, de l'entrée de la Guadeloupe dans la révolution industrielle. Au début des années 1840, Paul Daubré propose de réorganiser la production sucrière, en dissociant la culture de la canne de la fabrication du sucre. En 1844, il met en œuvre ses idées en créant l'usine Duval, l'une des premières usines centrales de la Guadeloupe. Le tremblement de terre de 1843, qui détruit la quasi-totalité des moulins de la commune, favorise l'expansion de son entreprise, qu'il dirige jusqu'en 1851. D'autres habitations de Petit-Canal se dotent de ce type de structure, comme l'usine Chabert en 1845, et Clugny en 1862. Plusieurs propriétaires se succèdent à la tête de l'exploitation Duval, jusqu'à l'absorption de l'usine en 1929 par les usines Beauport, de Port-Louis.

TOMBEAU
XIXᵉ siècle
Ciment et pierre
Cimetière   A9711907

L'organisation interne du cimetière de Petit-Canal est simple, et reproduit des clivages communs à l'ensemble de l'île.

À gauche de l'allée principale, des caveaux du XIXᵉ siècle délimitent la zone réservée aux grands propriétaires. La partie droite abrite les sépultures des autres catégories sociales. À l'écart de l'allée centrale, le manque d'organisation prévaut, rendant la circulation entre les tombes malaisée. Le mur de clôture du cimetière, surmonté d'un grillage en bois, est construit entre 1928 et 1929.

Prison la plus vaste de la Guadeloupe, cet édifice est surtout un centre de détention pour les auteurs de petits délits. Dans les années qui suivent l'émancipation des esclaves, ses locataires sont principalement des voleurs et des vagabonds. Au cours du XXᵉ siècle, une autre prison est édifiée dans le bourg, et celle-ci est transformée en fourrière pour les animaux en divagation. *(I. M. H. 1991)*

APPONTEMENT
Beautiran   A9711914

En activité jusqu'au début des années 1960, l'installation portuaire fut le lien privilégié de l'usine avec l'extérieur. Sans doute créé par les usines Clugny, l'appontement devint propriété de Beauport, et servit tant à la réception des produits de base, tels le charbon ou l'engrais, qu'à l'expédition du sucre. Ce trafic générait une activité soutenue, dont les vestiges des magasins de stockage témoignent. Des dizaines d'ouvriers travaillaient sur le site. Une flottille de chalands faisait la navette avec Pointe-à-Pitre, d'où les marchandises étaient expédiées en métropole.

VOIE FERRÉE
XIXᵉ siècle
Acier   A9711915

Le chemin de fer a suscité de nombreux projets à la Guadeloupe, dont le plus ambitieux était de relier

Le Moule à Pointe-à-Pitre. Aucun ne fut mené à bien. Aussi le chemin de fer fut-il réservé au transport de la canne à sucre, chaque usine développant son propre réseau. L'un des plus étendus, celui des usines Beauport, servait à la collecte des cannes dans tout le nord de la Grande-Terre. Le développement du transport par camions et tracteurs, la recherche des gains de productivité et la concentration industrielle ont conduit à l'abandon de ce mode de transport. Quelques kilomètres de voies subsistent encore à Petit-Canal.

ÉGLISE SAINT-JACQUES-ET-SAINT-PHILIPPE
1856-1931
Pierre et béton armé   A9711901

De par sa situation en bordure de la falaise, l'église paroissiale constitue d'emblée un point de repère éminent pour la navigation. L'édifice initial ayant été détruit par le tremblement de terre de 1843, un nouveau sanctuaire est élevé en 1856. L'état de ce dernier nécessite des réparations dès 1927, et le cyclone du 12 septembre 1928 rend impératifs les travaux précédemment envisagés. En 1931, c'est à la réfection et à l'aménagement de l'église, du

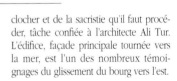

clocher et de la sacristie qu'il faut procéder, tâche confiée à l'architecte Ali Tur. L'édifice, façade principale tournée vers la mer, est l'un des nombreux témoignages du glissement du bourg vers l'est.

VESTIGES D'USINE À CONCRÉTOR
1870
Pierre
Section Balin A9711913

Le concrétor est une technique de fabrication de sucre en usage dans les colonies anglaises au XIXᵉ siècle, et connue à la Guadeloupe. Plusieurs descriptions de cet appareil demeurent. La plus simple présente le concrétor comme un vase de cuivre d'environ 2 mètres de longueur sur 1 mètre de largeur et 15 centimètres de profondeur. Ce parallélépipède est enchâssé dans un autre de même matière, l'intervalle de 10 centimètres entre les deux étant rempli d'eau portée à ébullition au moyen d'un fourneau. Ce dispositif est censé éviter que le sucre ne brûle. Des commerçants normands l'introduisent en 1870 à Petit-Canal, sans aucune aide des pouvoirs publics. L'expérience s'avère un échec : deux ans plus tard, aucune mention n'en est faite, dans aucun document à caractère économique.

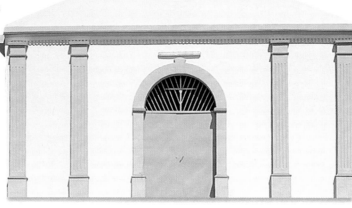

CHAPELLE SAINTE-ANNE
1910-1926
Pierre, maçonnerie et bois
Gros-Cap A9711903

Le projet d'une chapelle à Gros-Cap remonte à 1846, mais ne prend forme qu'en 1909 pour se concrétiser en 1910. En 1926, l'édifice s'agrandit, et atteint ses dimensions actuelles. Lieu de pèlerinage, la chapelle connaît, une fois l'an, une très forte fréquentation.

PRESBYTÈRE
Vers 1930
Béton, fer et tôle A9711904

Cet immeuble, dont la construction était prévue dès août 1928, n'est finalement réalisé que vers 1930. Il constitue pendant longtemps l'un des rares bâtiments sur deux niveaux de la commune. Cette demeure est construite dans le respect de pratiques traditionnelles de l'île, telles que la situation d'éléments comme la cuisine et la case à eau, placées à l'extérieur, à une dizaine de mètres de la maison.

MAIRIE
1932
Architecte : Ali Tur
Béton armé   A9711910

Comme beaucoup d'édifices publics, pour la plupart ravagés par le cyclone de 1928, la mairie est intégrée au programme de reconstruction de l'île confiée à Ali Tur au début des années 1930, de même que l'église paroissiale. Les deux éléments se distinguent par leur parfaite intégration à la structure de l'agglomération. Ils sont significatifs de la volonté d'adaptation au contexte local, qui marque l'ensemble de l'œuvre laissée à la Guadeloupe par cet architecte.

MAISON SOLÉ
Seconde moitié du XXᵉ siècle
Bois
Desvarieux   A9711909

Cette case créole, qui daterait de l'après-guerre, comporte quatre pièces, à savoir deux chambres, un salon et une salle à manger, auxquels s'ajoute une véranda. Elle constitue l'un des rares témoignages de ce type d'architecture dans la commune. Pourvue d'une façade régulière et décorée, elle est construite en bois du nord de la Grande-Terre selon les techniques traditionnelles. Avec le cyclone Hugo de 1989, les édifices de ce genre ont quasiment disparu, faisant place aux reconstructions en béton.

ÉGLISE DES MANGLES
1934
Béton armé   A9711902

BOIS DE DEVILLE
1946-1952   A9711917

Ce bois d'une trentaine d'hectares est le résultat de la politique d'aménagement forestier suivie par la Société anonyme des usines de Beauport (SAUB). Dès 1946, la société tente une première expérience de plantation de bois précieux. En 1952, avec le concours du Fonds forestier national, elle se lance dans l'opération Deville-Maisoncelle, avec l'ambition de planter 110 hectares en mahoganys à grandes feuilles, amandiers et autres bois. L'opération ne sera réalisée que partiellement, sur 34 hectares.

Au début du XXᵉ siècle, les autorités ecclésiastiques guadeloupéennes souhaitent un lieu plus salubre que le bourg pour la résidence des prêtres de la commune. Elles estiment par ailleurs qu'une église paroissiale sur un site plus central sera plus facilement fréquentée. Les dégâts causés à l'église du bourg par le cyclone de 1928 donnent l'occasion aux fidèles de la commune et au père Adriani de lancer leur projet de construction d'un second sanctuaire. Le 29 avril 1934, le nouveau lieu de culte est béni. Son architecture et sa décoration empruntent à différentes époques, et l'emploi des faïences de couleur bleue rappelle les *azulejos* du Portugal.

Pointe-à-Pitre

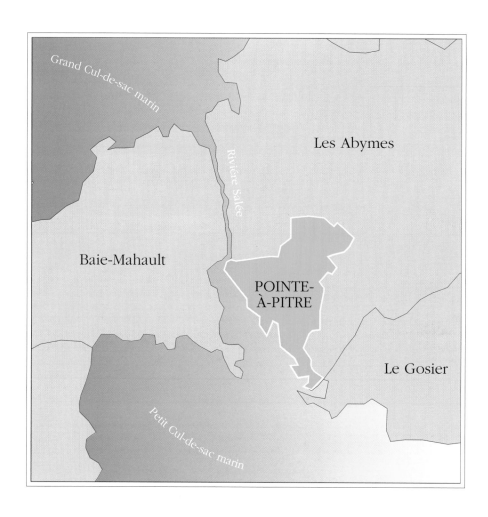

Pointe-à-Pitre

Canton de Pointe-à-Pitre
Arrondissement de Pointe-à-Pitre
Superficie : 266 ha
Population 1990 : 26 061 hab.
Habitants : les Pointois

Origine du nom : il pourrait s'agir de l'anthroponyme Pieter, pêcheur hollandais issu de la première vague de migrations, ou bien du nom de la Rivière à Pitres figurant sur une carte de la Guadeloupe illustrant l'ouvrage du père Du Tertre, au XVIIe siècle, ou encore d'un arbuste parasite du palétuvier, appelé en espagnol *pita* ou *pitera*.

Blason : l'argent représente l'innocence,
la virginité ; les rochers figurent
les deux îles dont Pointe-à-Pitre assure
la jonction ; les deux ponts évoquent
la communication facile et sûre que
constitue la ville, l'azur et les fleurs
de lis l'attachement à l'Empire français,
l'or représentant la richesse et le sinople
l'abondance, l'espérance et surtout
la mer.
A971200b

HISTORIQUE

Dès les débuts de la colonisation de la Guadeloupe, le site de Pointe-à-Pitre retient l'attention des agents royaux. Il présente de nombreux avantages naturels, qui en font d'emblée un concurrent potentiel de Basse-Terre. Pourtant, du fait de l'insalubrité de cette zone marécageuse, les autorités françaises hésitent longtemps à y établir un centre de peuplement. À partir de 1715 environ, le développement de la culture sucrière à la Grande-Terre renforce l'intérêt d'une telle implantation. Si la paroisse des Abymes se crée en 1726 et si les premières batteries défensives sont établies à proximité, sur l'îlet à Cochons, en 1730, le bourg ne se développe qu'avec lenteur, au fil des polémiques et des atermoiements. Avec la guerre de Sept Ans et l'occupation de la Guadeloupe par les Anglais en 1759, la mise en valeur du site du Morne-Renfermé par l'administration britannique, face aux handicaps naturels, donne une

impulsion décisive à ce qui devient cependant davantage un comptoir commercial qu'une véritable ville. Après la reconquête de l'île par les troupes françaises en 1763, l'effort de développement se poursuit sous la pression des habitants et négociants, grâce aussi à l'amélioration des structures de communication entre la Basse-Terre et la Grande-Terre, et à l'implantation en 1767 d'un tribunal d'amirauté. L'agglomération prend le nom de Pointe-à-Pitre en 1769. Sa destruction quasi complète au cours de l'incendie du 21 mars 1780 retarde à peine cette expansion. Reconnaissance implicite de son importance, c'est par Pointe-à-Pitre que commencent la conquête anglaise de l'île en avril 1794, et sa reconquête par Victor Hugues et Chrétien en juin de la même année. À la suite d'une insurrection le 21 octobre 1801, Pointe-à-Pitre devient le centre d'un conseil provisoire de gouvernement dont le pouvoir s'étend à toute la Guadeloupe, rapidement balayé par l'expédition bonapartiste du général Richepance dès 1802. Bien que dotée d'un conseil de ville, Pointe-à-Pitre ne bénéficie d'une véritable organisation municipale qu'en 1837. De nombreux désastres naturels sinistrent la commune : tremblement de terre du 8 février 1843, incendies en mai 1850 et en 1871, et épidémie de choléra en 1866. Cependant, Pointe-à-Pitre inlassablement se relève, et en 1880, apparaît à nouveau dynamique. Des travaux d'assainissement, ainsi que la création d'un pôle universitaire achèvent de conforter son rôle de ville principale de l'île, réaffirmé, malgré les ravages du cyclone de 1928, jusqu'à la fin du XXe siècle.

HISTOIRE GÉNÉRALE DES ANTILLES HABITÉES PAR LES FRANÇAIS
1667
Auteur : père Jean-Baptiste Du Tertre
Fonds Bogat
Bibliothèque municipale   A97120K4
Jean-Baptiste Du Tertre (1610-1687) est d'abord marin et soldat, avant d'entrer dans l'ordre des dominicains en 1635. Ce livre est le résultat de ses observations sur la faune, la flore, la population ou les techniques, ainsi que sur les événements historiques qu'il a pu connaître lors de ses deux séjours aux Antilles, en 1640 et en 1647. Surnommé l'Hérodote des Antilles, il laisse un ouvrage qui constitue encore à ce jour le témoignage le plus complet concernant les premières années de la colonisation.

NOUVEAU VOYAGE AUX ISLES DE L'AMÉRIQUE
1722
Auteur : père Jean-Baptiste Labat
Fonds Bogat
Bibliothèque municipale   A97120K3
Cet ouvrage du missionnaire dominicain Jean-Baptiste Labat (1663-1738) est édité après sa mission d'évangélisation menée dans les colonies. Trente ans après le père Du Tertre, il abonde en informations et en anecdotes sur les premiers temps de la colonisation, fournissant des renseignements principalement d'ordre historique, botanique, moral ou architectural. L'empreinte religieuse de l'œuvre est peu marquée, le père Labat n'ayant consacré que deux de ses dix années passées à la Guadeloupe à l'exercice de son sacerdoce.

MUR DE L'ANCIEN ARSENAL
XVIIIᵉ siècle
Collège Kermadec   *A97120C6*

Le mur de l'actuel collège Kermadec témoigne de l'occupation première du terrain. Un arsenal y est en effet implanté, abandonné dès 1840. À cette date, le terrain est loué et voué à recevoir une école. En 1879, il est vendu ; une école de filles est ouverte par les Sœurs de Saint-Joseph-de-Cluny. Elle est laïcisée en 1901. Après le cyclone de 1928, très dévastateur, l'école, initialement en bois, est reconstruite en béton.

PLACE DE LA VICTOIRE
(120 × 230 m)   *A97120C5*

Située face à la mer, couvrant une superficie de un hectare, la place de la Victoire est la plus vaste de la ville. Elle apparaît déjà sur un plan de 1775, sous l'appellation de Grand-Place. Alors plus petite, de forme carrée, elle consiste simplement en une savane ombragée de tamariniers. Nommée ensuite place Sartine en hommage à Antoine Sartine, comte d'Alby (1729-1801), ancien ministre de la Marine et des Colonies, elle prend son nom actuel en 1794, sous l'influence de Victor Hugues. En 1813, sous la domination anglaise, elle est rebaptisée place John-Skinner, du nom du major général gouverneur de la Guadeloupe.

ANCIENNE PRISON
XVIIIᵉ siècle
Cour intérieure
Rue Lethière   *A97120B1*

Derrière l'ancienne caserne d'infanterie se trouve la prison coloniale, devenue par la suite maison d'arrêt. Ce centre de détention existe déjà en 1794, puisque Victor Hugues, sous la Terreur, fait allusion à la « maison de la justice et de détention ». Le bâtiment était réservé aux hommes, les femmes étant placées dans une autre prison, implan-

tée sur la place de la Victoire. Les cellules n'étant plus adaptées aux modes actuels d'incarcération, la maison d'arrêt ferme en 1996.

SABLIER
1794
Place de la Victoire
A9712026

Victor Hugues, figure marquante de l'histoire guadeloupéenne, donne au port de Pointe-à-Pitre le nom de Port-de-la-Liberté, et change la place Sartine en place de la Victoire, afin de célébrer la victoire des sans-culottes sur les aristocrates, la libération des esclaves par la Convention, et la défaite des Anglais, achevée en décembre 1794. Des sabliers sont alors plantés comme arbres de la liberté.

PONT DE LA GABARRE
1806
Lauricisque　　　　　　*A97120M2*

Faisant office de frontière entre la Grande-Terre et la Basse-Terre, limite de Pointe-à-Pitre, le bras de mer de la Rivière Salée a longtemps été franchi grâce à une gabarre, sorte de chaloupe se déplaçant le long d'un câble. La gabarre disparue laisse son nom au pont de l'Union inauguré en 1806, qui relie les deux îles. Après avoir subi de nombreuses modifications destinées à rendre son utilisation plus pratique, il est définitivement abandonné aux piétons et aux cyclistes, au profit d'un second pont beaucoup plus large, facilitant la circulation des automobilistes. Ses larges piles laissent apparaître le système d'un ancien pont-levis permettant le passage des bateaux.

BITE D'AMARRAGE
XIXᵉ siècle　*A97120E2*

La tradition orale rapporte que ce fût de canon fit office de bite d'amarrage, mais son implantation assez éloignée de la Darse tend à remettre en cause cette assertion.

ÉCOLE BÉBIAN
XIXᵉ siècle
Maçonnerie, bois et tôle ondulée
Rue Bébian et rue Alsace-Lorraine
　　　　　　　　　　A97120L5

Cette maison, où vécurent les parents du général Ruillier (1869-1941), est un exemple de l'architecture urbaine pointoise de prestige. Elle se compose d'un rez-de-chaussée en maçonnerie, surmonté d'un étage en bois. Les ouvertures assurent une bonne ventilation et renforcent le caractère vertical du bâtiment. Les balcons, couvrant la totalité de la façade, jouent le même rôle de convivialité que la galerie pour la maison de campagne. La toiture, recouverte de tôle ondulée, laisse apparaître un galetas percé de chiens-assis. La cour, entourée de hautes grilles en fer forgé, permettait l'accès aux écuries, aujourd'hui démolies, qui se trouvaient au fond du jardin. Désormais, les murs recouverts de peintures naïves laissent apparaître la nouvelle fonction des lieux : une école maternelle.
(I. M. H. 1911)

MARCHÉ SAINT-ANTOINE
XIXᵉ siècle
Structure métallique
Place Saint-Antoine
　　　　　　　A9712097

Sur la plus ancienne place de Pointe-à-Pitre, qui s'est appelée successivement place Royale et place de la Liberté, se dressent les halles du marché Saint-Antoine, autrefois ceintes de grilles. Cet édifice métallique est un exemple significatif d'une architecture délibérément fonctionnelle. Conçue comme un vaste chapiteau, sa toiture décalée au faîtage assure une bonne ventilation de l'espace, permettant l'évacuation de la chaleur et des odeurs. *(Cl. M. H. 1992)*

PIGNON
XIXᵉ siècle
Ardoise
33, rue Achille-René-Boisneuf A9712059

La rue Achille-René-Boisneuf est l'une des plus anciennes de la ville, appelée Grande-Rue au XVIIIᵉ siècle. Ce pignon d'immeuble, outre sa fonction esthétique, permet une meilleure protection du bâtiment. Trois fléaux n'ont cessé, au cours du XIXᵉ et au début du XXᵉ siècles, de saccager Pointe-à-Pitre : les tremblements de terre, les cyclones et les incendies. Afin d'éviter la propagation des flammes, un arrêté municipal de 1872 exige de la population du centre-ville qu'elle limite dans les constructions l'usage du bois et qu'elle habille les pignons réalisés en maçonnerie. Ce revêtement protège également les façades de l'humidité.

CLOCHE
XIXᵉ siècle
Marché Saint-Antoine A9712098

Cette cloche, située au centre de la charpente du marché, a durant des années averti la population des grands événements : incendies, cyclones, décès, ou armistice. *(Cl. M. H. 1992)*

MARCHÉ À LA VIANDE
Marché Saint-Antoine A9712099

Lorsque les halles à viande de la rue Léonard sont démolies, à la veille des années 1960, des boxes maçonnés sont construits au fond de la halle du marché Saint-Antoine, afin d'abriter les étals des bouchers. Dans un souci d'hygiène, ces étals étaient fermés, empêchant les animaux en divagation, et tout particulièrement les chiens errants, de souiller les billots. *(Cl. M. H. 1992)*

MAISON MATHÉ
XIXᵉ siècle
Bois
Place de la Victoire A9712040

De nombreux exemples architecturaux d'immeubles bourgeois antillais se trouvent à Pointe-à-Pitre. La maison Mathé résume à elle seule toutes les caractéristiques de ce type d'édifice. Disposée à l'alignement du trottoir, elle se compose de trois étages avec combles, et abrite une activité commerciale au rez-de-chaussée. Les pièces de service, à savoir la cuisine et la salle de bains, sont détachées du bâtiment principal et implantées dans la cour. Les murs mitoyens et le rez-de-chaussée, en maçonnerie, supportent le reste de l'édifice, en bois, conformément à une méthode qui confère aux constructions une meilleure résistance au feu et aux séismes.

CHIENS-ASSIS
Bois et tôle
Maison Mathé
A9712041

Cette toiture couverte de tôle ondulée présente une pente à 40 degrés nécessaire à la bonne évacuation des eaux lors des pluies torrentielles. Elle est percée de lucarnes en chien-assis. Ces ouvertures s'ouvrent sur les combles appelés galetas, servant de lieu de séchage et de rangement mais très rarement habités, en raison de la chaleur qui s'y concentre.

MAISON FORIER
XIXᵉ siècle
51, rue Peynier   *A9712045*

FRISE
XIXᵉ siècle
Zinc ciselé et repoussé
16, rue Jean-Jaurès   A9712063

Élément décoratif, cette frise, appelée parfois « fanfreluche », sert à protéger l'édifice. Sa fine dentelle recouvre les débords de la toiture terminés par une planche de rive en bois, et empêche l'humidité de s'infiltrer dans les chevrons de la galerie et d'en pourrir la structure.

La maison Forier entre dans la catégorie des villas entre cour et jardin. Cet habitat bourgeois est une transposition de la maison rurale du maître, caractérisé par un rez-de-chaussée habitable ouvert sur la galerie. Il s'abrite derrière des grilles et s'entoure d'un foisonnement de verdure. Sa construction a été possible au XIXᵉ siècle, dans un quartier où les parcelles étaient plus grandes et où les contraintes du tissu urbain n'existaient pas.

PORTE
Bois
Place
de la Victoire
A9712042

Derrière l'une des portes-fenêtres de la maison pointoise se trouve une seconde porte, qui ouvre sur un couloir donnant un accès direct à la cour. Dans celle-ci sont installés la cuisine, traditionnellement séparée du reste du bâtiment, et l'escalier menant aux étages.

MAISON PETRELLUZZI
Bois
2, rue Jean-Jaurès   A9712044

L'originalité de cette maison réside dans ses volets pleins, derrière lesquels sont placées des fenêtres à persiennes. Les volets pleins se sont généralisés au XIXᵉ siècle, afin d'assurer une meilleure protection en cas de cyclone.

rique dans le but de constituer des collections botaniques. Aimé de ses patients, proche des préoccupations de la population, il occupe également la charge de conseiller municipal. Le 11 décembre 1866, jour de la mort de L'Herminier, le conseil municipal de Pointe-à-Pitre décide de lui élever un monument funéraire, inauguré le 11 décembre 1872.

BALCON D'ANGLE
Fer forgé
Rue Alsace-Lorraine et rue Dugommier
A9712048

Ce balcon d'angle construit sur la totalité de la façade assure à la fois une protection contre la pluie et une meilleure ventilation de l'étage, grâce à l'ouverture quasi permanente des portes-fenêtres. Il s'agit d'une réadaptation du principe des galeries dans les maisons rurales.

TOMBE
DU COMMANDANT BOUSCAREN
1880
Cimetière
A9712033

L'un des principaux lieux de recueillement du cimetière communal est la tombe du commandant Bouscaren (1832-1880). Voué à un personnage à propos duquel peu d'informations subsistent, un culte s'est développé autour de cette sépulture, probablement à partir de 1905-1910. Les bouquets de fleurs rouges qui recouvrent perpétuellement la tombe sont autant de signes de reconnaissance pour l'obtention d'intercessions par la population. Un buste du défunt, qui surmontait l'ensemble funéraire, a disparu, peut-être pour une utilisation à des fins magico-religieuses.

Né en 1802 à Basse-Terre, L'Herminier, fils de colon, consacre sa vie à la médecine. Il exerce à l'hôpital Saint-Jules. Il est également membre correspondant du Muséum d'histoire naturelle de Paris, et entreprend des expéditions en Amé-

ALLÉE PRINCIPALE
XIXᵉ siècle
Cimetière
A9712034

Créé officiellement en 1807, sur le Morne-Miquel, le cimetière de Pointe-à-Pitre est entouré d'un haut mur et clos par deux grilles. Il renferme une série de tombes presque semblables le long de l'allée centrale. Ces sépultures s'élèvent à la mémoire de familles bourgeoises de la ville, par opposition aux tombes de plein sol, petits *tumuli* de sable parfois bordés de lambis. De largeur et de hauteur identiques, décorées par une simple dalle verticale en marbre, elles évoquent, par leur architecture, les oratoires.

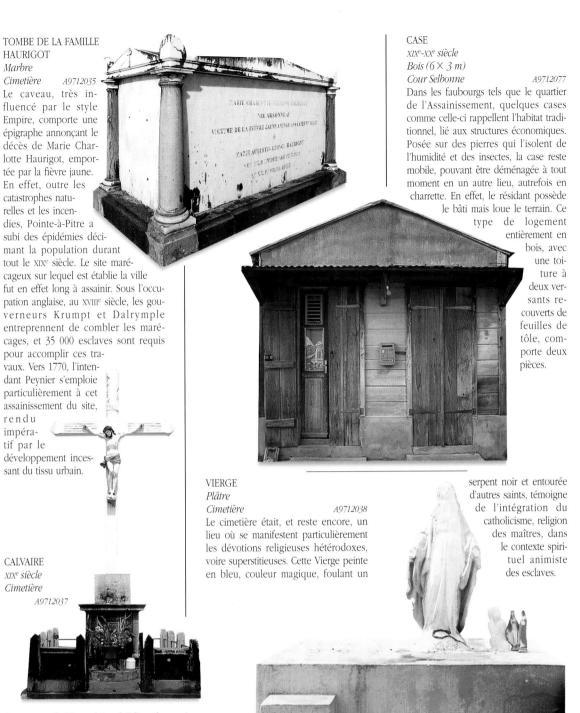

TOMBE DE LA FAMILLE HAURIGOT

Marbre
Cimetière   A9712035

Le caveau, très influencé par le style Empire, comporte une épigraphe annonçant le décès de Marie Charlotte Haurigot, emportée par la fièvre jaune. En effet, outre les catastrophes naturelles et les incendies, Pointe-à-Pitre a subi des épidémies décimant la population durant tout le XIXᵉ siècle. Le site marécageux sur lequel est établie la ville fut en effet long à assainir. Sous l'occupation anglaise, au XVIIIᵉ siècle, les gouverneurs Krumpt et Dalrymple entreprennent de combler les marécages, et 35 000 esclaves sont requis pour accomplir ces travaux. Vers 1770, l'intendant Peynier s'emploie particulièrement à cet assainissement du site, rendu impératif par le développement incessant du tissu urbain.

CALVAIRE

XIXᵉ siècle
Cimetière
          A9712037

Au sommet du Morne-Miquel, à l'emplacement d'une ancienne chapelle, un christ en croix surplombe un enchevêtrement de tombes. Lieu de dévotion, ce calvaire peint marque l'appartenance des Guadeloupéens à la religion catholique. Avant l'ordonnance du baron de Cluny en 1784, les cimetières étaient situés à proximité des églises.

CASE

XIXᵉ-XXᵉ siècle
Bois (6 × 3 m)
Cour Selbonne   A9712077

Dans les faubourgs tels que le quartier de l'Assainissement, quelques cases comme celle-ci rappellent l'habitat traditionnel, lié aux structures économiques. Posée sur des pierres qui l'isolent de l'humidité et des insectes, la case reste mobile, pouvant être déménagée à tout moment en un autre lieu, autrefois en charrette. En effet, le résidant possède le bâti mais loue le terrain. Ce type de logement entièrement en bois, avec une toiture à deux versants recouverts de feuilles de tôle, comporte deux pièces.

VIERGE

Plâtre
Cimetière   A9712038

Le cimetière était, et reste encore, un lieu où se manifestent particulièrement les dévotions religieuses hétérodoxes, voire superstitieuses. Cette Vierge peinte en bleu, couleur magique, foulant un serpent noir et entourée d'autres saints, témoigne de l'intégration du catholicisme, religion des maîtres, dans le contexte spirituel animiste des esclaves.

ANCIEN PRESBYTÈRE
1845
Bois
Place de la Victoire

Sur un terrain donné à la paroisse le 18 novembre 1788 par Jacques Banchereau, est édifié vers 1806 le premier presbytère de l'église Saint-Pierre-et-Saint-Paul, balayé comme une grande partie de la ville par le tremblement de terre de 1843. Un nouvel édifice est construit en 1845 au même emplacement, dans le cadre de la reconstruction contemporaine de la ville. Maison de type traditionnel, le bâtiment, qui jusqu'au cyclone de 1928 est recouvert d'ardoises, est entouré par un muret surmonté de grilles. Il constitue, avec l'église paroissiale de Pointe-à-Pitre et celle des Abymes, un exemple de la volonté d'introduire des matériaux métalliques dans certains édifices publics. Le presbytère possède deux entrées. L'entrée principale, dont l'escalier d'accès est en demi-lune et pavé, donne sur la place de la Victoire. Les galeries des façades nord, est et sud, soutenues par des colonnes métalliques alternées de garde-corps, remontent à la seconde moitié des années 1940. *(Cl. M. H. 1992)*

FAÇADE OUEST (détail)
1845
Bois
Ancien presbytère   A9712002

Seule la façade ouest du presbytère, donnant sur la place de l'Église, n'a pas été modifiée. En double épaisseur de bois, elle est dépourvue de galerie, mais possède une loggia en bois protégée par un auvent et surmontée d'un fronton triangulaire.

MAISON DE VILLÉGIATURE
XIXᵉ siècle
Îlet à Cochons   A9712064

Au large de la rade de Pointe-à-Pitre, des îlets de petite taille portent le nom des familles auxquelles ils ont appartenu. Sur chacun d'eux, se trouvent des maisons de villégiature, ou de « changement d'air » comme on les nomme aux Antilles. Balayées par les alizés, ces maisons sont conçues comme des cases aménagées, c'est-à-dire pouvant être agrandies petit à petit, en fonction des moyens financiers, mais aussi du nombre de personnes que compte la famille. Celle-ci, transformée en restaurant, appartient à l'écrivain Simone Schwarz-Bart.

SOUS-PRÉFECTURE
Milieu du XIXᵉ siècle
Place de la Victoire

L'actuelle sous-préfecture est située dans les locaux d'une ancienne caserne, édifiée au milieu du XIXᵉ siècle. Par opposition aux constructions civiles qui utilisent le bois, ce bâtiment imposant est construit en pierre, comme tous les bâtiments publics, afin d'en assurer la pérennité.

MUR MITOYEN
XIXᵉ siècle
Moellon, bois et tôle
Rue Dubouchage A9712065

Dès 1843, lors de la reconstruction de Pointe-à-Pitre après le grand tremblement de terre, certains principes de construction sont adoptés, décelables sur ce mur. L'architecte A. Petit conçoit un système grâce auxquels les immeubles en bois sont séparés entre eux par des murs mitoyens en maçonnerie, eux-mêmes corsetés dans une ossature métallique. Cette méthode rend l'ensemble solidaire et capable de résister aux secousses sismiques, et évite la propagation des incendies.

BUSTE DE L'AMIRAL GOURBEYRE
1848
Bronze
Place Gourbeyre A9712027

Le buste du contre-amiral Gourbeyre est inauguré le 7 juin 1848. Érigée entre l'église et le tribunal, cette statue célèbre un homme populaire. Jean-Baptiste Marie Augustin, baron de Gourbeyre, né à Riom (Puy-de-Dôme) le 30 octobre 1786, s'embarque comme mousse en 1800. Son dévouement pour la Guadeloupe remonte à 1809, date à laquelle, jeune aspirant de marine, il contraint les Anglais à fuir dans la baie du Moule. Devenu amiral, il est en 1830 baron de la Restauration, gouverneur de la Guyane de 1834 à 1841, puis de la Guadeloupe de cette date jusqu'à sa mort, causée par la fièvre jaune, en 1845. Son comportement lors du tremblement de terre de 1843, alors qu'il dirige avec intelligence les premiers secours, lui assure la reconnaissance de la colonie. Il repose au fort Louis-Delgrès, à côté de la tombe du général Richepance (1770-1802).

ÉGLISE SAINT-PIERRE-ET-SAINT-PAUL
1849
Architecte : A. Petit
Maçonnerie et structure métallique
Place Gourbeyre A9712003

Après le tremblement de terre de 1843, qui démolit l'ancienne église, dont la première pierre avait été posée en 1807, il est décidé d'en édifier une autre, avec remploi des matériaux d'origine. L'architecte Petit dessine cette façade d'inspiration néo-classique, comportant deux ordres superposés, dorique et ionique. Derrière la façade, la mise en place d'une architecture métallique, désolidarisée de la structure porteuse, a permis à l'édifice de ne pas disparaître lors des nombreux cyclones et incendies. Deux statues, placées dans des niches encadrant la porte centrale, représentent saint Pierre et saint Paul, entourés à leur tour par les quatre évangélistes. Afin d'assurer un éclairage optimal, de hautes fenêtres ont été prévues, destinées à recevoir des vitraux, aujourd'hui remplacés par des claustras.
(Cl. M. H. 1978)

CLOCHER
1872
Métal
Église Saint-Pierre-et-Saint-Paul
A9712004

Au moment de l'édification du clocher, 370 tonnes de charpente métallique de style Eiffel sont produites par l'usine Jolly d'Argenteuil (Val-d'Oise), afin de lui conférer une meilleure résistance aux catastrophes naturelles. La guerre de 1870 en retarde la livraison, et ce n'est qu'en 1872 que le clocher métallique est érigé. Il est implanté au niveau du chevet de l'église, et sert de porche d'entrée à l'arrière de l'édifice, permettant l'accès aux sacristies latérales.
(Cl. M. H. 1978)

CHARPENTE DE LA NEF CENTRALE
Architecture métallique
Église Saint-Pierre-et-Saint-Paul

A9712006

Selon le père Fabre, qui écrit dans les années 1930 : « La nef principale était limitée par deux rangées de colonnes en bois de courbaril, enveloppées dans une gaine de tôle étanche et couronnées de chapiteaux en fonte et en fer. Les piliers de fonte qui portent la charpente actuelle présentent le même aspect que présentaient ces colonnes de bois et de métal. Au-dessus des colonnes régnait une arcature maçonnée qui supportait les murs du haut, épais de 80 centimètres et revêtus sur leurs deux faces d'armatures métalliques reliées entre elles par des tirants de fer traversant la maçonnerie. » Cette architecture devait protéger le bâtiment des séismes, mais la commission de sécurité demande le remplacement des piliers en bois par des colonnes creuses en fonte, censées être couvertes de briques pour leur donner un aspect ancien. Cette solution est également abandonnée, pour des raisons financières. *(Cl. M. H. 1978)*

TRAVÉES
Poutres métalliques
Église Saint-Pierre-et-Saint-Paul

A9712005

Les éléments porteurs de la voûte ne sont finalement pas cachés par du staff, et l'ossature métallique de l'église est intégrée à la décoration de celle-ci. Poteaux aux caissons rivetés, chapiteaux travaillés de style gothique, poutres nues en treillis expriment avec clarté le parti constructif de l'architecture. *(Cl. M. H. 1978)*

LE MASSACRE DES INNOCENTS
1934
Maître verrier : Gerrer
Vitrail
Église Saint-Pierre-et-Saint-Paul

A9712013

Le cyclone de 1928 détruit l'ensemble des verrières de l'église. En 1934, de nouveaux vitraux sont commandés au maître verrier Gerrer, installé à Mulhouse (Haut-Rhin), et posés par la miroiterie Montmejean. Le cyclone Inès de 1966 anéantit à nouveau les verrières, à l'exception de deux éléments, aujourd'hui conservés à la sacristie. Les vitraux des impostes basses illustraient des scènes de la vie de Jésus, comme en témoigne celui-ci.

FONTS BAPTISMAUX
Début du XIXᵉ siècle
Marbre
Église Saint-Pierre-et-Saint-Paul

A9712009

Inspirés de l'art roman, ces fonts baptismaux rappellent la forme d'un calice. Ils font partie du premier mobilier liturgique de l'église paroissiale.

ARCHANGE
XIXᵉ siècle
Plâtre
polychrome
Niche latérale
Église
Saint-Pierre-
et-Saint-Paul
A9712010

Cette statue peinte dans un style saint-sulpicien constitue l'un des éléments principaux de la décoration de l'église. En effet, comme il n'y avait à la Guadeloupe ni sculpteur sur bois ni artiste connaissant les techniques du moulage, la paroisse devait commander son mobilier en métropole. De ce fait, l'église n'était décorée que de sculptures manufacturées, sans style propre aux Antilles. L'archange ici représenté est vraisemblablement Michel, identifiable à sa cotte de mailles et au fait qu'il terrasse un dragon.

ANGE
XIXᵉ siècle
Bois
Salle
des Trésors
Église
Saint-
Pierre-
et-Saint-
Paul
A9712011

Cette statuette d'ange soufflant dans une trompette fait partie, à l'origine, d'un ensemble de plusieurs éléments décoratifs ornant les anciennes orgues, aujourd'hui installées dans la cathédrale de Fort-de-France.

AUTEL
Vers 1850
Sculpteur : ateliers Bononi
Marbre
Église Saint-Pierre-et-Saint-Paul
A9712008

Cet autel en marbre de Carrare (Italie), des Pyrénées et du Portugal a été réalisé par les ateliers du maître Vincent Bononi. Il ne correspond pas à celui que l'archevêque Trouillé avait dessiné initialement, jugé trop fragile pour une région soumise aux tremblements de terre. L'autel originel se trouve aujourd'hui dans l'église paroissiale de Joyeuse (Ardèche).

SAINTE CÉCILE
Fin du XVIIIᵉ siècle
Bois
Église Saint-Pierre-et-Saint-Paul
A9712012

Cette statue longiligne représente sainte Cécile, patronne des musiciens, portant une lyre. Elle proviendrait des anciennes orgues, et n'est plus exposée dans l'église.

ANCIENNE MAIRIE
Vers 1850
Maçonnerie en brique enduite et bois
51, rue Achille-René-Boisneuf
A97120M0

La mairie de Pointe-à-Pitre est inaugurée le 5 avril 1885 en présence d'Armand Hanne, alors maire de la commune. Le rez-de-chaussée repose sur un vide sanitaire, tandis que le premier étage en bois est rythmé par des pilastres cannelés. À l'intérieur, la salle des délibérations est décorée de lambris. Le caractère officiel de cette structure administrative est renforcé par le choix de couleurs sobres. Théâtre d'affrontements violents opposant au début du XXᵉ siècle le socialiste Légitimus et le démocrate Boisneuf, la mairie témoigne de la vie politique et administrative de la cité. Devenue trop petite, elle est abandonnée au profit d'un nouvel hôtel de ville.
(Cl. M. H. 1987)

Pointe-à-Pitre

PILASTRES
1850
Bois et zinc
Ancienne mairie
A9712093

La façade de l'ancienne mairie est scandée par des portes-fenêtres ouvrant sur le balcon, séparées par de grands pilastres ioniques en bois supportant une corniche. Les débords de la toiture, terminés par une planche de rive en bois, sont recouverts d'une frise en zinc ciselé, commandée sur les catalogues des fonderies anglaises et

françaises. Cet élément décoratif est appelé « fanfreluche », en souvenir des dentelles des jupons. *(Cl. M. H. 1987)*

JARRE
XIXᵉ siècle
Terre cuite vernissée
Cour Externat Saint-Joseph-de-Cluny
A97120A4

Cette jarre servait initialement à récupérer les eaux de pluie.

Placée sous une gouttière recouverte d'un tamis servant de filtre, elle constituait des réserves destinées aux usages domestiques. Ce type de poteries était importé d'Aubagne (Bouches-du-Rhône), d'où son appellation créole, *dobann*.

EXTERNAT SAINT-JOSEPH-DE-CLUNY
1858
Brique enduite et bois
Rue François-Arago   *A97120M1*

En 1840, sur le Morne-à-Caille est ouverte la première école communale tenue par des religieuses, afin d'éduquer des jeunes filles esclaves. En 1853, l'externat est érigé sur ce même terrain, mais les locaux s'avèrent rapidement trop petits, étant donné le nombre croissant d'élèves. L'église achète alors un terrain, en 1858, et y construit ce bâtiment afin d'y transférer l'externat du Morne-à-Caille. La congrégation Saint-Joseph-de-Cluny s'installe à la Guadeloupe en 1882 pour éduquer les jeunes filles de la colonie, et cette institution lui est cédée. La structure de cette bâtisse doit son originalité au fait que

l'architecture coloniale y est mêlée à celle du second Empire. L'ensemble est constitué de deux corps de bâtiments d'un étage, disposés en H et reliés entre eux par une cour carrelée. Le rez-de-chaussée, comme le mur d'enceinte, est en brique enduite. Le premier étage en bois est surmonté d'un comble habitable recouvert d'ardoises d'Angers (Maine-et-Loire), conférant au bâtiment un caractère solennel.
(Cl. M. H. 1988)

TOITURES
XIXᵉ siècle
Tôle ondulée
Le Carénage   A9712083

L'ensemble de ces toitures permet de constater la diversité de leurs formes, mais présente également une unité exceptionnelle grâce à la seule utilisation de la tôle ondulée. Ce matériau de couverture, d'un rouge brun variant selon l'oxydation, est introduit après le tremblement de terre de 1893, remplaçant progressivement les couvertures végétales de paille de canne ou de feuilles de palmistes.

LYCÉE CARNOT
1862
Rue Jean-Jaurès   A97120A6

En avril 1780, le premier hôpital de la ville ouvre ses portes afin de soigner les grands brûlés du mois de mars de la même année. Cet hôpital militaire est entièrement détruit lors du séisme de 1843, et reconstruit à l'identique.

Achevé en 1862, il est transformé le 17 mai 1883 en lycée de la colonie, sous l'impulsion d'Alexandre Isaac. Son programme d'organisation avait suscité de nombreux débats au conseil général, entre les forces conservatrices et libérales,

et particulièrement entre les possédants blancs et la population de couleur, émancipée depuis peu et désireuse d'un accès massif au savoir. L'ensemble de l'élite guadeloupéenne a été formé dans cet établissement scolaire. *(I. M. H. 1979)*

USINE DARBOUSSIER
1869
Rue Raspail   A97120G0

Construite en bord de mer, au sud-est de la Darse, l'usine à sucre Darboussier, dirigée par Ernest Souques, devient rapidement le centre industriel le plus important de l'île. Participant au développement du Carénage, elle est alors le plus gros employeur de la région, et impose des bons portant son empreinte aux ouvriers et aux épiceries du quartier. Le produit fini, le sucre, est rapproché de son lieu d'exportation, alors que la canne, produit brut, est transportée des champs à la ville par les trains qui la contournent et traversent des zones qui deviendront ultérieurement les faubourgs. L'usine contribue particulièrement à la domination de la ville sur les campagnes sucrières des Abymes, voire de Baie-Mahault. Influente au cours du XXᵉ siècle, du point de vue économique, politique et social, elle ferme en 1980, à une époque où elle dispose de la plus grande capacité de broyage de la Guadeloupe.

ENTREPÔT
1870
Bois et maçonnerie
Quai Lefebvre   A97120E4

Sur les quais qui ceinturent la ville du sud à l'ouest, de nombreux hangars et entrepôts se succèdent. Sur les quais Foulons et Lefebvre se tenaient des fabriques de boissons gazeuses, de glace, d'ébénisterie. Ce grand entrepôt, bâtiment de plain-pied aux murs épais

percés de portes cintrées, est exemplaire de ce type d'architecture, et donne une idée de la configuration du quartier dans les années 1900.

MAISON BASSE
1870
Bois et tôle
16, rue d'Ennery   A9712039

Cette maison basse a conservé un passage sur le côté de son rez-de-chaussée, sorte de ruelle fermée par une porte donnant accès à une cour intérieure. Le jardinet domestique jouxte la cuisine, placée à l'extérieur afin d'éviter les risques d'incendie.

Pointe-à-Pitre subit de nombreux dommages dus au feu tout au long du XIXᵉ siècle, et le souci de s'en préserver est constant. Après les incendies de 1871, la municipalité cherche à concilier des exigences architecturales contradictoires, la menace des tremblements de terre ayant amené à reconstruire en bois, et celle du feu incitant à édifier en maçonnerie. Les dispositions prises par la suite tendent à être à la fois anti-incendie et anti-sismiques.

potable. L'alimentation en eau reste longtemps un problème dans un contexte géographique d'insalubrité chronique, dont l'épidémie de choléra de 1866 constitue une illustration dramatique, décimant dans la ville plus de 8 % de la population. *(Cl. M. H. 1992)*

MUSÉE L'HERMINIER
Vers 1880
Structure métallique
Rue Sadi-Carnot
et rue Jean-Jaurès
A97120K6

Construit après l'incendie de 1871 par la maison des agriculteurs, en mémoire de l'attitude courageuse du D^r L'Herminier lors du tremblement de terre de 1843, ce pavillon

abrite jusqu'aux années 1960 un musée d'Histoire naturelle consacré à la faune et à la flore locales. Les collections ont depuis été dispersées et ont disparu. Cette maison en parement de briques, marquée par une architecture massive, comporte des éléments qui allègent l'ensemble, tels que des colonnettes et des balustrades en ferronnerie.

MAISON NATALE
DE SAINT-JOHN PERSE
Vers 1870

54, rue Achille-René-Boisneuf *A97120L1*
Une plaque, déposée en 1975 par l'Association des jeux floraux, signale que cette maison fut le berceau du poète Saint-John Perse, né le 31 mai 1887. Demeure bourgeoise, cet édifice à deux étages est agrémenté d'une cour intérieure au fond de laquelle se trouvent les cuisines. *(I. M. H. 1996)*

FONTAINE PUBLIQUE
(détail)
1874
Fonte et pierre
Place Saint-Antoine *A9712096*
Au centre du marché Saint-Antoine, se dresse une fontaine traditionnellement appelée fontaine Couturier, du nom du gouverneur qui l'inaugure le 17 janvier 1874. Cette fontaine publique décorative est significative des importants travaux entrepris par le Dr Hanne, maire de la ville, pour assurer à la population un approvisionnement correct en eau

MUSÉE SAINT-JOHN-PERSE
Vers 1880
Ossature métallique
9, rue de Nozières
A97120H4

L'architecture de cette maison rappelle celle de La Nouvelle-Orléans (États-Unis). La tradition orale prétend en effet qu'elle fut destinée à doter l'héritière d'un cotonnier louisiannais. Le navire qui transportait les éléments de l'édifice ayant connu des avaries, son commandant aurait alors décidé de vendre la bâtisse aux enchères.

L'usine Darboussier l'acheta, et ses directeurs l'occupèrent jusqu'en 1960, d'où son autre appellation de « villa Souques-Pagès », du nom des deux premiers directeurs qui y résidèrent. Ce bâtiment entouré d'un jardin, à ossature métallique de style Eiffel, traduit une impression d'extrême légèreté, accentuée par les colonnettes du premier étage. En 1987, lors des cérémonies du centenaire de la naissance d'Alexis Léger, alias Saint-John Perse, la ville y inaugure le musée Saint-John-Perse. *(façades et toitures Cl. M. H. 1979)*

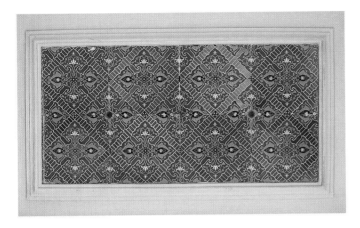

MOTIF DE FAÇADE
Vers 1880
Zinc émaillé (80 × 40 cm)
Musée Saint-John-Perse   A97120H5
La façade est habillée de faux carreaux de faïence, enserrés dans des pans de zinc peint rappelant les motifs des *azulejos*. Ces décorations colorées rythment le seuil et créent un contraste avec l'ensemble du bâtiment, dont les murs présentent un parement de petites briques jaunes. *(Cl. M. H. 1979)*

HACHES AMÉRINDIENNES
800
Pierre
Anciennes
collections du musée L'Herminier
Musée Saint-John-Perse
    A97120K7
Au rez-de-chaussée du musée L'Herminier, une série de médaillons présentant chacun une vingtaine de haches de la période amérindienne était accrochée au mur de la salle d'exposition. Arawaks ou caraïbes, ces haches avaient toutes été découvertes à la Guadeloupe, par des pionniers de l'archéologie.

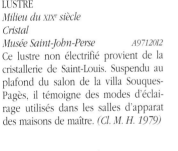

LUSTRE
Milieu du XIXᵉ siècle
Cristal
Musée Saint-John-Perse   A971020I2
Ce lustre non électrifié provient de la cristallerie de Saint-Louis. Suspendu au plafond du salon de la villa Souques-Pagès, il témoigne des modes d'éclairage utilisés dans les salles d'apparat des maisons de maître. *(Cl. M. H. 1979)*

LAMBRIS
Vers 1880
Bois
Salle à manger
Musée Saint-John-Perse
    A97120H6
Ces lambris confèrent à la pièce une solennité liée aux fastes des réceptions.
(Cl. M. H. 1979)

PLAFOND
Vers 1880
Zinc repoussé
Musée Saint-John-Perse   A97120H7
Le rez-de-chaussée de la maison était destiné aux réceptions, ce qui explique son décor luxueux, agrémenté d'un plafond à caissons en zinc repoussé, orné d'un motif de rosace et de frises. *(Cl. M. H. 1979)*

Pointe-à-Pitre

MÉRIDIENNE
Fin du XVIIIᵉ siècle
Bois
de mahogani
(187 × 54 cm)
Collections
permanentes
Musée
Saint-John-
Perse

A9712013

Cette méridienne ou sofa est en mahogani, plus connu sous le nom d'acajou rouge. Il s'agit du bois le plus utilisé dans les Antilles pour le mobilier. Très résistant aux termites, facile à tailler, d'une teinte très appréciée des ébénistes, il reste, comme c'est le cas pour ce meuble, travaillé dans la masse et non en placage. Tout salon créole possède une ou plusieurs méridiennes. Cette sorte de lit de repos n'est pas très confortable, mais très décorative.

TREMBLEMENT DE TERRE
DE LA GUADELOUPE
1843
Gravure sur bois (42 × 60 cm)
Collections permanentes
Musée Saint-John-Perse   *A9712018*

Pointe-à-Pitre subit le 8 février 1843 un tremblement de terre, qui survient à dix heures et demie du matin. Ce séisme, qui dure soixante-dix secondes, détruit la plus grande partie de la ville. Ce qui avait été épargné par le tremblement de terre est anéanti par l'incendie qui se déclare peu de temps après. Mille huit cents blessés et plusieurs milliers de morts sont dénombrés. Cette image d'Épinal montre l'ampleur de la catastrophe, et, en arrière-plan, des bateaux qui arrivent, évoquant l'important mouvement de solidarité mis en place en métropole, afin d'aider les sinistrés. Des fonds arrivent de toutes parts, et l'on considère qu'il s'agit de l'une des premières grandes catastrophes naturelles à bénéficier d'une forte médiatisation.

EX-VOTO
Vers 1850
(L. : 55 cm)
Collections permanentes
Musée Saint-John-Perse   *A9712011*

Cet ex-voto, réalisé par les ursulines de Quimperlé (Finistère) à partir de matériaux composites tels que feutrine, sable et plume, mélange des éléments des deux continents, Antilles et France métropolitaine. Des sœurs en robe répondent à des Amérindiens tirant leur canoë. Tortues et singes incarnent les tropiques dans l'imaginaire breton, où des feuilles de pommier cohabitent avec des cocotiers. Les religieuses ont vraisemblablement exécuté ce tableau afin de commémorer un fait important de la Guadeloupe, peut-être le tremblement de terre de 1843.

AUTOPORTRAIT
Vers 1870
Peintre : Amédée Léger
Huile sur toile (32 × 24 cm)
Collections permanentes
Musée Saint-John-Perse   *A9712019*

Le père de Saint-John Perse, Édouard Pierre Amédée Léger (1851-1907), réalise son autoportrait à l'âge de 20 ans. Avocat à Pointe-à-Pitre en 1873, et premier adjoint au maire, cet homme foncièrement républicain a laissé plusieurs traces de sa prédisposition pour le dessin.

TREMBLEMENT DE TERRE DE LA GUADELOUPE.

ROBE DE GRAND DEUIL

Fin du XIXᵉ siècle
Polyester
Collections permanentes
Musée Saint-John-Perse A9712015

La coupe de cette robe de deuil est celle de la grande robe, élément essentiel du costume féminin antillais, porté sans distinction par l'ensemble de la population. La partie supérieure est particulièrement soignée, et de petits plis garnissent le haut du corsage. Le bas des manches, garni d'un volant plissé, rappelle le détail de l'empiècement du devant et du dos de la robe. Au niveau de la taille, cinq plis creux et larges, où de nombreuses fronces donnent le volume de la jupe, partent d'un bourrelet. Une ceinture intérieure resserre le dos de la robe à la façon d'un corset. Par nature austère, cette robe est parfois égayée par le port d'un camée.

VEAU À DEUX TÊTES

Début du XXᵉ siècle
Réserves du Musée Saint-John-Perse
A97120K8

Faute d'entretien, les fonds du musée L'Herminier, qui avaient été constitués par la chambre d'agriculture, ont disparu. Des dizaines d'animaux présentés, ne subsiste que ce veau à deux têtes, intégré à la collection du musée vers 1900.

SAINT-JOHN PERSE

Photographie
de Lucien Clergue
Collections
permanentes
Musée
Saint-John-Perse
A97120L2

Alexis Léger, alias Saint-John Perse, naît le 31 mai 1887 à Pointe-à-Pitre. Il partage son enfance entre cette ville et les habitations familiales de Basse-Terre, Bois-Debout et La Joséphine. Il quitte la Guadeloupe à l'âge de 12 ans, pour aller s'établir avec sa famille à Pau. Une carrière diplomatique en Chine, un poste ministériel à Paris, et un exil aux États-Unis émaillent une carrière administrative en parallèle à une vie consacrée à la poésie. Cette dernière, marquée en 1911 par la parution d'*Éloges*, un premier recueil, est reconnue en 1960 par l'obtention du prix Nobel de littérature. Saint-John Perse n'est jamais revenu sur son île natale, mais il l'a rendue omniprésente dans l'ensemble de son œuvre.

CANNE ET CHAPEAU
DE SAINT-JOHN PERSE

Musée Saint-John-Perse A97120L8

Ces effets personnels du poète présentent un homme qui a constamment composé sa personnalité : adoption d'un pseudonyme, changement radical de sa graphie, rédaction de sa propre biographie dans la Pléiade. Sa vision du monde et de son écriture tirent néanmoins leur origine de ses liens profonds avec les Antilles.

BERCEUSE
Début du XXᵉ siècle
Bois de mahogani
Collections permanentes
Musée Saint-John-Perse A9712014

Aucun meuble n'est plus populaire, à la Guadeloupe, que la berceuse. L'origine de cet élément du mobilier créole est probablement américaine. Sa création serait due à Benjamin Franklin, qui aurait eu le premier l'idée de mettre des patins courbes à un fauteuil droit. Légère, cette berceuse ornée de colonnettes dites « à l'américaine » a été réalisée par des artisans de Vieux-Habitants.

CARTES POSTALES
À partir de 1903
(13,5 × 9 cm)
Collections permanentes
Musée Saint-John-Perse A9712017

Près de 2 000 cartes relatives à la Guadeloupe sont conservées au musée Saint-John-Perse. Image fidèle de la réalité, la carte postale apparaît à la Guadeloupe en 1901. Les premiers éditeurs de cartes, qu'ils soient antillais comme Phos, Boisel ou Catan, ou métropolitains comme Collas Charles et Cⁱᵉ, de Cognac, ou Caillé, se sont intéressés aux sites de l'île, mais aussi à Pointe-à-Pitre, Basse-Terre et aux petits métiers, ainsi qu'aux grands événements politiques.

LE GUADELOUPE
1908
Peintre :
Édouard Adam
Huile sur toile
(59 × 92 cm)
Collections permanentes
Musée Saint-John-Perse
A9712010

L'ancre apposée à côté de la signature du peintre indique qu'Édouard Adam portait le titre de peintre officiel de la Marine, issu du corps artistique le plus ancien, remontant à Richelieu. Du Havre (Seine-Maritime) où Adam résidait, il peint avec minutie

les paquebots de la Transatlantique, tel *Le Guadeloupe*, bateau fuselé à deux cheminées qui assurait régulièrement la ligne Antilles-métropole.

ÉLOGES
1911
Auteur : Saint Léger Léger
Édition originale (21 × 13 cm)
Musée Saint-John-Perse A9712010

En 1911, *Éloges*, premier recueil de poésie d'Alexis Léger, qu'il publie sous le pseudonyme de Saint Léger Léger, est édité par les soins d'André Gide. Cet ouvrage comprend *Pour fêter une enfance*, *Écrit sur la porte*, *Récitation à l'éloge d'une Reine* et *Éloges*. Alors qu'Alexis Léger n'est encore qu'un poète débutant, il exige des éditions de *La Nouvelle Revue française* l'annulation de cette édition, où selon lui trop d'erreurs de typographie se sont glissées, trahissant son texte. En 1925, sous la signature de ST-J. Perse, une seconde édition d'*Éloges*, avec des textes corrigés et augmentés, est publiée chez Gallimard.

COMBAT DE COQS
1936
Photographie de Pierre Verger
(50 × 40 cm)
Collections permanentes
Musée Saint-John-Perse A9712016

Lorsqu'en 1936, son appareil Rolleiflex en bandoulière autour du cou, Pierre Verger découvre la Guadeloupe, il est séduit par ce nouveau monde, dont le tricentenaire vient d'être commémoré. Il vient d'interrompre sa carrière de photographe grand rapporteur ; désormais, ses photographies ne sont plus des commandes, mais des souvenirs qu'il se fabrique, où émotion, plaisir et hasard s'entremêlent. Les trente-deux photographies offertes par Pierre Verger au musée Saint-John-Perse sont des témoignages de la Guadeloupe d'*antan lontan*, autrefois en créole, où est restituée l'atmosphère des pitts à coq, des marchés et des scènes de rue.

LETTRE À PAUL DORMOY
1952
Auteur : Saint-John Perse
Collections permanentes
Musée Saint-John-Perse A97120H9

Cette lettre, longue de six pages, est écrite par Alexis Léger alors qu'il réside encore aux États-Unis. Elle est destinée à l'un de ses oncles maternels, Paul Dormoy, resté à la Guadeloupe. Elle témoigne de l'impossible retour du poète sur son île natale. Elle constitue l'un des rares documents conservés où Saint-John Perse apparaît sans masque, et où un certain nombre d'idées reçues, principalement relatives à son détachement vis-à-vis de la Guadeloupe, sont remises en cause.

MASQUE
DE SAINT-JOHN PERSE
1969
Sculpteur : Andras Beck
Bronze et cire perdue
(L. : 63 cm)
Jardin du musée
Saint-John-Perse A97120H8

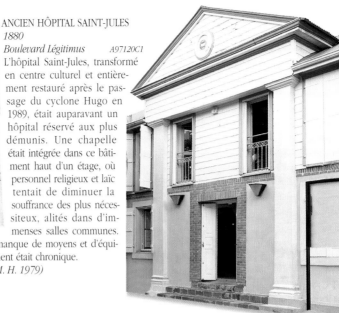

ANCIEN HÔPITAL SAINT-JULES
1880
Boulevard Légitimus A97120C1

L'hôpital Saint-Jules, transformé en centre culturel et entièrement restauré après le passage du cyclone Hugo en 1989, était auparavant un hôpital réservé aux plus démunis. Une chapelle était intégrée dans ce bâtiment haut d'un étage, où personnel religieux et laïc tentait de diminuer la souffrance des plus nécessiteux, alités dans d'immenses salles communes. Le manque de moyens et d'équipement était chronique.
(I. M. H. 1979)

Modelé en cire, selon un procédé propre à l'artiste, et coulé directement en bronze, ce masque est délibérément très mince, comme s'il n'avait pas de consistance matérielle. La bouche entrouverte, les yeux marqués par deux trous, et le front très haut se font fort d'exprimer l'âme et l'imaginaire de Saint-John Perse. La valeur expressive du modelage, sa vigueur et sa sobriété déterminent un mouvement à l'intérieur de l'image.

MUSÉE SCHŒLCHER
1885-1887-1984
(9 × 9,6 m)
24, rue Peynier A97120J1

En septembre 1883, Victor Schœlcher écrit de Londres au président du conseil général de la Guadeloupe, Guillot, pour « offrir à la Guadeloupe une collection de sculptures [...] formée peu à peu depuis de longues années ; elle consiste en bas-reliefs, statuettes, bustes, masques figurines, médaillons et médailles, en plâtre, marbre, porcelaine, faïence, terra cotta et cire. Cet assemblage d'objets d'art, sans être très considérable, l'est assez pour former un petit musée... » Après des discussions sur la localisation d'un éventuel musée, la municipalité pointoise donne un terrain derrière la mairie, qui vient d'être construite, et les travaux débutent en 1885. L'inauguration du musée a lieu le 21 juillet 1887, à l'occasion du 83e anniversaire de Schœlcher. Le bâtiment est de style classique, en moellons calcaires recouverts d'enduit à la chaux peint. Il comporte un rez-de-chaussée et un étage. Lors de travaux de rénovation en 1984, le plafond du premier étage est surbaissé, afin de permettre l'aménagement d'une petite salle d'exposition sous les combles. Le bandeau situé au-dessus de la corniche portait initialement l'inscription « Musée Schœlcher », en lettres de zinc encadrées de rosaces ornementales du même matériau. Au-dessus de chaque ouverture se trouvaient des guirlandes de zinc, et d'autres éléments de tôle peinte surchargeaient les panneaux entre les ouvertures du rez-de-chaussée.
(façade et toiture I. M. H. 1979)

MÉDAILLON ANTI-ESCLAVAGISTE
1788
*Porcelaine en pâte jaspée
noire (d. : 3 cm)*
Musée Schœlcher
A97120J5

Joshuah Wedgwood, fondateur de la manufacture de porcelaine anglaise de Straffordshire qui prit son nom, était membre du comité de l'*English Society for the Suppression of the Slave Trade*, Société anglaise pour la suppression du commerce des esclaves, fondée en 1787. Cette association avait pour emblème la représentation d'un esclave agenouillé et enchaîné, tendant les mains dans un geste de supplique. Wedgwood réalise en 1788 ce camée, qui reprend cette iconographie, au-dessus de laquelle il est possible de lire *Am I not a man and a brother ?*. Ne suis-je pas un homme et un frère ? Les camées, portés en bijoux, bénéficient d'une très grande vogue en Angleterre. Ils servent la cause de l'interdiction de la traite, survenue en Angleterre dès 1807.

AIGUIÈRE ET BASSIN
Vers 1810
Fabricant : manufacture de Marc Schœlcher
*Porcelaine de Paris dorée à l'or fin
(H. : 22 cm)*
Musée Schœlcher
A97120J4

Marc Schœlcher, père de Victor, naît à Fessenheim, en Alsace, en 1776. Vers 1789, il s'installe à Paris en tant que faïencier, rue de la Monnaie, et épouse Victoire Jacob le 20 juin 1796. En 1798, il acquiert une fabrique de porcelaine fondée en 1772 par un autre alsacien, Pierre-Antoine Hannong, dans le faubourg Saint-Denis. C'est dans ce quartier que naît Victor Schœlcher, le 21 juillet 1804. Ce dernier est envoyé par son père aux Antilles et au Mexique, en 1829 et 1830, vendre des porcelaines de la fabrique. C'est à l'occasion de ces voyages que Victor Schœlcher découvre la réalité de l'esclavage. À la mort de Marc Schœlcher, en 1832, son fils lui succède à la tête de la manufacture, qu'il ferme en 1834 afin de se consacrer entièrement à la lutte en faveur de l'abolition de l'esclavage. Les porcelaines signées Schœlcher, très prisées des amateurs de l'époque, sont particulièrement recherchées par les collectionneurs de porcelaines de Paris.

PLAN DU NAVIRE NÉGRIER
LA VIGILANTE
1823
Dessinateur : C. de Lasteyrie
Lithographie
Musée du château
Nantes, Loire-Atlantique
A97120N3

L'Angleterre interdit la traite en direction de ses colonies dès 1807. En 1815, lors du congrès de Vienne, Louis XVIII signe l'acte d'interdiction de la traite. À partir de cette date, de petits navires rapides s'équipent pour le transport clandestin d'esclaves vers les Antilles. L'un de ces navires, *La Vigilante*, originaire de Nantes (Loire-Atlantique), est saisi sur la Rivière Bonny, dans le golfe de Guinée, le 15 avril 1822, avec cinq autres bateaux. Il compte à son bord 225 hommes et 120 femmes captifs. Les bâtiments résistent, et des esclaves que l'on avait contraints à se battre sont tués au cours du combat. D'autres sautent à la mer, et sont dévorés par les requins. Le plan révèle les conditions dans lesquelles étaient détenus les prisonniers africains : couchés sur le dos ou assis à fond de cale, enchaînés les uns aux autres par les bras, ils avaient des colliers de fer autour du cou. Des menottes destinées à servir d'instruments de torture ont également été trouvées dans le navire. Le musée Schœlcher conserve une maquette en bois de *La Vigilante*, longue de 63 centimètres, réalisée d'après ce plan, et où l'entassement des captifs sous le pont est nettement visible.

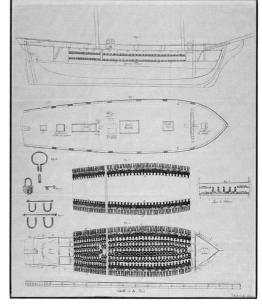

CLOCHETTE RITUELLE

XIXᵉ siècle
Ivoire (L. : 37 cm)
Musée Schœlcher
A97120J7

En 1845, Victor Schœlcher, dans sa quête de documents de première main relatifs à l'esclavage, effectue un voyage au Sénégal. En septembre 1847, il visite l'île de Gorée, d'où embarquent les esclaves pour les Antilles. Il revient en France le 3 mars 1848, à temps pour être nommé président de la commission d'abolition de l'esclavage créée par le gouvernement provisoire de la République. Schœlcher rapporte de son voyage des instruments de musique, ainsi que cette clochette nommée Lonflin. Elle est utilisée, en association avec un plateau divinatoire, par l'oracle Ifa du culte du Fa, de l'ethnie Yoruba, au Bénin. Le Fa est une puissance qui préside au destin de chaque individu. Ces clochettes sont le plus souvent en fer, plus rarement en ivoire. Celle-ci représente une femme enceinte agenouillée, identifiable comme telle à la position de ses mains sur son ventre. Le sculpteur a taillé dans l'ivoire le cache-sexe de perles de verre, qu'elle porte attaché à la taille par une cordelette.

FEUILLE DE RECENSEMENT D'ESCLAVES

1844-1848
Papier (40 × 26 cm)
Musée Schœlcher   A97120J6

Venus de la côte ouest de l'Afrique, les prisonniers africains deviennent esclaves dès leur achat par un maître. À la descente du navire négrier, ils possèdent encore leur nom africain de naissance, remplacé ensuite par un sobriquet qui leur est donné et qui varie selon les époques. Le XVIIᵉ siècle est une période où les noms de personnages historiques comme Charlemagne ou Sénèque sont nombreux, alors que le XVIIIᵉ siècle est plus marqué par des surnoms empruntés au registre théâtral, tels Valère ou Chérubin. Jusqu'à l'émancipation de 1848, les propriétaires d'habitations ou leurs représentants doivent tenir à jour une feuille de recensement des esclaves affectés aux travaux des exploitations agricoles. Ce document doit être tenu conformément aux directives de l'ordonnance royale du 11 juin 1839 sur les recensements aux colonies. La feuille de recensement mentionne le surnom ou le numéro de l'esclave, son sexe et son âge. Pour faciliter l'identification des esclaves, elle précise les traits caractéristiques, dont la couleur, noire ou « rouge », c'est-à-dire de teint foncé ou clair. Elle définit le type de travaux qu'effectue l'esclave sur l'habitation : gardien d'animaux, porteur d'eau, affecté à la houe, au sarclage des champs de canne, ramasseur de fumier, charron, ou charretier.

PINCETTES, PELLE À CENDRES ET TISONNIER

XIXᵉ siècle
Bronze et fer
Musée Schœlcher   A97120J8

Victor Schœlcher a hérité d'une fortune qui lui permet de dessiner et de faire réaliser même ses objets les plus personnels. Les motifs qui ornent le tisonnier, les pincettes et la pelle à cendres qu'il utilisait sont singuliers. Celui de la poignée des pincettes représente une sirène se hissant au moyen d'une corde à nœuds qui sort de la bouche d'une femme. Juste au-dessus, dans un cartouche, des enfants s'activent à des travaux de forgeron. Sur le manche du tisonnier et celui de la pelle, une femme jaillit des flammes d'un brasier qu'enserre un serpent. Elle pousse vers le haut un personnage qui paraît sans vie. La personnalité de Schœlcher, la rigueur méthodologique dont il fait preuve toute sa vie dans l'étude des idées ou des théories qu'il veut combattre ou défendre, permettent d'affirmer que les ornementations de ces objets ne sont pas seulement décoratives. Leur symbolique renvoie très probablement à l'une ou l'autre des préoccupations de Schœlcher pour la libération des opprimés, la promotion sociale ou la défense de la vérité.

LA RÉPUBLIQUE LIBÈRE L'ESCLAVE
1904
Sculpteur : Syamour
Bronze (98 × 61 cm)
Musée Schœlcher   A97120J3

La République, sous les traits d'une femme, tient sur l'avant-bras le livre des droits de l'homme. Elle relève de l'autre main un esclave libéré de ses chaînes. Cette plaque se trouvait à l'origine sur le monument érigé en l'honneur de Schœlcher dans la ville de Houilles (Yvelines), où il est mort le 26 décembre 1893. Elle a été arrachée du socle du monument au cours de la Seconde Guerre mondiale et cachée par le président de l'Assemblée, Gaston Monnerville, qui voulait éviter la récupération du bronze pour les usines d'armement.

BUSTE
DE VICTOR SCHŒLCHER
1913
Sculpteur : Bogino
Calcaire (H. : 2 m)
Musée Schœlcher   A97120J2

Ce buste avait été placé devant l'escalier du musée par le gouverneur de la Guadeloupe, Émile Merwart. Il porte d'ailleurs sur son socle l'inscription : « Érigé le 20 juillet 1913 sous les auspices du gouverneur Merwart. » En 1984, il est déplacé sur le côté droit du musée.

VOÛTE
1887
Bas-de-la-Source
          A97120F0

Cette voûte, construite à l'initiative du maire Hanne, permet l'évacuation des eaux jusqu'à la mer tout en évitant l'obstacle du Morne-à-Caille. Il s'agit d'un important travail d'assainissement. Le canal de la Voûte ayant été comblé, il devient rue de la Voûte, avant de prendre le nom de rue Vatable.

BUSTE
DU GÉNÉRAL FRÉBAULT
1892
Bronze
Place de la Victoire A9712029

Né en 1813 dans la Nièvre, sorti de l'École nationale polytechnique, Charles-Victor Frébault est nommé gouverneur de la Guadeloupe en 1859, s'attache principalement à l'amélioration et au développement du port de Pointe-à-Pitre. Sous son administration, la liberté du commerce et de la navigation est accordée aux colonies. En 1864, il regagne la métropole et est affecté au ministère de la Marine comme directeur de l'artillerie. En 1870, il se distingue à la bataille de Champigny. Député de la Seine en 1871, sénateur à vie en 1874, il consacre ses derniers jours à la transformation de l'artillerie de marine. Il décède à Paris, le 6 février 1888.

PLAQUES COMMÉMORATIVES
Fin du XIXᵉ siècle
Marbre
18, rue Schœlcher   A9712022

Ces deux dalles commémoratives, disposées symboliquement de part et d'autre d'une plaque de rue dédiée à Victor Schœlcher (1804-1893), évoquent deux événements qui lui sont relatifs et qui se situent immédiatement après le décret du 27 avril 1848 abolissant l'esclavage, dont Schœlcher fut l'un des principaux artisans. La première rappelle l'alliance victorieuse conclue entre Schœlcher et Perrinon, lors des élections législatives de 1849. La seconde marque le lieu de création, en 1850, du *Progrès*, journal de sensibilité schœlchérienne qui contribua à une prise de conscience des citoyens émancipés depuis peu.

GOUTTIÈRE
Fin du XIXᵉ siècle
Zinc
7, rue de Nozières A9712056

L'évacuation des eaux pluviales a toujours été une priorité pour les urbanistes. Les gouttières comme celles-ci témoignent d'une époque où le zinc n'était pas encore remplacé par le Fibrociment, moins oxydable.

MAQUETTE DE SAINTOISE
Bois de poirier et d'acajou
Carénage A97120L7

Réalisée par les chantiers Forbin, cette maquette permet de comprendre la configuration du canot traditionnel des pêcheurs guadeloupéens, la saintoise. Construite avec des bois locaux, du poirier pour les membrures et de l'acajou pour la coque, longue de 5 mètres, cette embarcation est relevée à l'avant et cintrée à l'arrière, avec une quille peu profonde.

Ary Leblond, il est attaché au musée de la France de l'outre-mer, aujourd'hui musée de l'Homme. Éloigné de son île natale, il continue à éditer de nombreux ouvrages en créole ou traitant des Antilles. Cette figure de la littérature antillaise meurt en 1983.

MAISON CHAMBERTRAND
6, rue Bébian A9712072

Au début du XXᵉ siècle, la rue Bébian est principalement habitée par des Blancs créoles travaillant dans le négoce. Gilbert de Chambertrand, fils d'un pharmacien installé dans cette maison, y naît le 13 février 1890. Adolescent, il écrit ses premiers poèmes, qui sont publiés dans le quotidien *Le Nouvelliste*. En 1919, il réside à Toulon, où il apprend la photographie. De retour à la Guadeloupe en 1922, il fonde une famille. Professeur de dessin au lycée Carnot, conservateur du musée Schœlcher, bibliothécaire, il écrit également des pièces de théâtre en créole et réalise des recueils de dessins humoristiques. En 1928, sa maison étant détruite par le cyclone, il part à Paris, où, aux côtés de l'écrivain réunionnais

COUR SELBONNE A9712076

Dans les quartiers périphériques de la ville, les cours sont apparues dès la fin du XIXᵉ siècle. Attirés par le travail que fournissait l'usine Darboussier, symbole de la prospérité sucrière, de nombreux ouvriers agricoles émigrent vers la ville, transportant leur case. Ils se rassemblent selon les règles du lakou campagnard, c'est-à-dire qu'ils forment un groupement de cases avec des dépendances et un jardin commun, commandé généralement par la maison paternelle. Ces quartiers, souvent insalubres, témoignent d'une organisation socioculturelle fondée sur une solidarité forte.

CASE À EAU
Années 1910
Bois
22, rue Lethière

A9712081

Lorsque le terrain ne permet pas de construire la case à eau, ou salle de bains, dans la cour, celle-ci est aménagée au premier étage, en prolongement de l'habitation principale. La fonction de cette pièce est alors visible dans la configuration générale du bâtiment.

TOITURE ET PARATONNERRE
Années 1910
22, rue Lethière

A9712080

Cette toiture à croupe débordante, agrémentée de lucarnes, présente la particularité d'être décorée de têtes de lance, éléments rappelant les découpes des faîtières dans les maisons de maître, mais qui remplissent surtout la fonction de paratonnerre. Cette façon de se protéger de la foudre dénote l'obsession, justifiée, de se préserver des incendies, dans une ville si souvent détruite par les flammes.

MAISON THIONVILLE
Vers 1900
7, rue Achille-René-Boisneuf   *A9712057*

Cet immeuble se caractérise par la variété des matériaux employés et des styles adoptés. Massif, construit à partir de poutres métalliques vraisemblablement récupérées sur des chantiers, il possède des balcons en fer forgé.

IMMEUBLE DE LA SOCIÉTÉ GÉNÉRALE
1900
Place du Marché

A97120D5

De tous les bâtiments pointois, l'ancien magasin de mode Au Bon Marché, dans les locaux de la banque actuelle, est certainement celui qui se rapproche le plus des architectures parisiennes de l'époque haussmannienne. Sorte de réplique des grands magasins de la capitale, il se caractérise par sa toiture en forme de coupole, surmontée d'un clocheton et recouverte de plaques de zinc. La peinture des façades est censée imiter la pierre de taille.

ENSEIGNE
1920
Rue Frébault   *A97120E7*

La rue Frébault, auparavant rue des Abymes, est la plus longue, la plus ancienne et la plus commerçante de la ville. Avant que l'activité commerciale ne bascule vers la zone industrielle de Jarry, tous les centres de négoce étaient concentrés, comme l'indique cette enseigne d'un important fabricant automobile, sur cette artère, qui part des quais pour rejoindre les boulevards extérieurs.

ANCIEN GRAND MAGASIN
1920
Rue Frébault   A97120D3

Le développement économique de Pointe-à-Pitre se situe à la fin du XIXᵉ siècle, avec l'installation de l'usine Darboussier, qui donne à la ville son statut de « capitale ». Les grands magasins, comme ici La Samaritaine, s'installent alors, en ouvrant des succursales. Contrairement aux autres boutiques de la rue Frébault, cette construction n'abrite aucun logement, mais elle est uniquement consacrée au commerce, avec une vitrine donnant sur les deux rues passantes. Un drapeau publicitaire flottait au sommet de sa façade d'angle aux arêtes strictes.

CINÉMA-THÉÂTRE LA RENAISSANCE
Début du XXᵉ siècle
Place de la Victoire   A97120K9

Afin de remplacer la salle de spectacle édifiée en 1860, décorée de peintures murales d'Armand Budan et incendiée en 1882, le cinéma-théâtre La Renaissance est construit au début du XXᵉ siècle. Il est édifié à l'emplacement des grandes écuries de M. Renard, qui élevait jusqu'alors des chevaux et des mulets venus d'Amérique du Nord et de Buenos Aires (Argentine). Pièces de théâtre, concerts et projections de films entretiennent la vie culturelle. Cette première salle de cinéma de la Guadeloupe, d'une capacité de 500 spectateurs, a su répondre à l'engouement populaire pour le septième art, avec des séances spéciales réservées au jeune public.

ESCALIER
Rue Frébault   A97120D4

Cet escalier est le seul élément décoratif subsistant d'une boutique qui fut un des premiers grands magasins de la ville. Ces balustres travaillés étaient destinés à évoquer les vastes boutiques parisiennes.

MAGASIN
Rue Frébault   A97120E9

Dés le début du XXᵉ siècle, arrivent à la Guadeloupe des Syriens et des Libanais. Au début marchands ambulants, certains font rapidement fortune dans le commerce. À Pointe-à-Pitre, ils s'installent rue Frébault. Les magasins, qui n'ont pas de vitrines, sont simplement fermés le soir par un rideau métallique. Sorte de bazar, où les produits de mercerie cohabitent avec la vaisselle ou encore la quincaillerie, ce type de boutique a pratiquement disparu, cédant la place à un commerce beaucoup plus spécialisé.

PORTE
Ferronnerie
Cinéma-théâtre La Renaissance
Place de la Victoire   A97120L0

La façade néo-classique du cinéma La Renaissance est percée en son rez-de-chaussée de cinq portes cintrées. Le travail de ferronnerie est très influencé par l'Art nouveau.

ANCIENNE POSTE
Rue Nozières et rue Gambetta   A9712095
Derrière ces lourdes portes métalliques, se tient au début du XXᵉ siècle la boutique dirigée par Mᵐᵉ Caille, femme du célèbre éditeur de cartes postales, qui propose les articles de la mode parisienne. C'est à sa place que, dans les années 1920, la poste est installée, avant d'être transférée sur les boulevards.

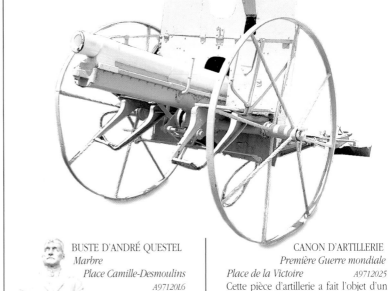

BUSTE D'ANDRÉ QUESTEL
Marbre
Place Camille-Desmoulins
A97120L6
André Questel (1869-1931) a contribué à l'implantation du mouvement mutualiste à la Guadeloupe, neuf ans après la promulgation de la loi de 1907. Philanthrope, propriétaire d'une grande partie du quartier où s'élève désormais son buste, il est également le fondateur de la crèche Merry-Elisée et de la Goutte de lait.

CANON D'ARTILLERIE
Première Guerre mondiale
Place de la Victoire   A9712025
Cette pièce d'artillerie a fait l'objet d'un remploi à dessein commémoratif, désormais voué aux soldats antillais partis sur les champs de bataille au cours de la Première Guerre mondiale. Le bilan des soldats décédés s'élève à presque 1 500 hommes.

MONUMENT AUX MORTS
Place de la Victoire   A9712024
À la fin de la Première Guerre mondiale, la municipalité de Pointe-à-Pitre décide d'élever un monument en mémoire de ses morts au combat. La patrie est représentée sous les traits d'une femme éplorée, tenant une couronne de palmes, qui rappelle la palme des martyrs de l'iconographie religieuse.

MAISONS
Bois
Rue Dugommier
A9712082

Cette série de cinq immeubles identiques, se caractérisant par une absence de balcon ou de frise, témoigne des constructions destinées principalement aux ouvriers venus travailler sur les chantiers de la reconstruction de la ville, après le cyclone

de 1928. Les immeubles s'alignent perpendiculairement à l'axe des rues, en bordure de trottoirs.

PATIO
1930
Architecte : Ali Tur
Tribunal
A9712086

Tout en restant fidèle au dépouillement décoratif lié à sa formation classique, Ali Tur, fort d'une culture méditerranéenne, dessine, quand cela est possible, un patio pour les édifices qu'il conçoit. Rythmé par des colonnes, avec en son centre un vaste bassin carrelé et une balustrade permettant de s'accouder, cet espace est un lieu de détente où les avocats, entre deux plaidoiries, viennent trouver repos et fraîcheur.

ANCIEN HÔTEL DILIGENTI
1930
Entrepreneur : Diligenti
Béton
Rue Wachter
A97120D9

L'ancien hôtel Diligenti est aujourd'hui le siège de la chambre de commerce et d'industrie. Il porte le nom de son concepteur, un entrepreneur italien venu travailler avec Ali Tur. Cet édifice monumental, autrefois le seul hôtel pour les visiteurs de passage, s'ouvre sur un jardin enserré par deux ailes rappelant les proues des navires, elles-mêmes rattachées au bâtiment central. Large porche, terrasses et balcons rythment une façade lisse et traduisent une maîtrise manifeste du travail du béton.

TRIBUNAL
1930
Architecte : Ali Tur
Béton armé
Place Gourbeyre
A9712085

Reconstruit à l'emplacement de l'ancien tribunal, intégralement détruit par le cyclone de 1928, ce bâtiment est l'une des réalisations de l'architecte Ali Tur (1889-1978). Après une enfance passée à Tunis, Ali Tur est formé à l'École des beaux-arts de Paris. Désigné en 1930 comme architecte au ministère des Colonies, il est chargé de la reconstruction de la Guadeloupe. Le tribunal de Pointe-à-Pitre résume l'esprit de ce concepteur, qui édifie des bâtiments imposants dans un style qui rompt avec la tradition, tout en respectant les facteurs climatiques. L'utilisation du béton armé lui fournit l'occasion d'épurer les formes et de n'utiliser qu'un vocabulaire appartenant à la plastique géométrique. Il remplace la corniche par des plans horizontaux successifs organisant des empilements dégradés de volumes.

SALLE D'AUDIENCE
Architecte : Ali Tur
Bois
Tribunal   *A9712087*

Le travail des boiseries et la découpe des boxes évoquent les moucharabiehs orientaux, qui conjuguent géométrie, rythme et fantaisie. Le plafond à caisson, uniformément blanc, tranchant avec les éléments sombres du mobilier et du carrelage, confère une impression de légèreté à cet ensemble confiné.

FAUTEUIL
1930
Salle d'audience
Tribunal
    A9712088

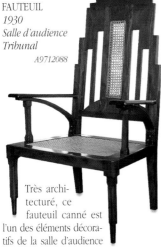

Très architecturé, ce fauteuil canné est l'un des éléments décoratifs de la salle d'audience du palais de justice. Conformément à l'esprit des architectes des années 1930, cet élément de mobilier s'intègre dans son environnement architectural et participe d'un souci d'harmonie jusque dans les moindres détails, qui nourrit l'impression d'ensemble.

GRILLE
Ferronnerie
Quai   *A97120M9*

Décorée d'ancres marines, très influencée par le style des années 1930, la grille de ce portail marque les limites de la capitainerie, et évoque l'époque révolue où le port de Pointe-à-Pitre était le poumon économique de la Guadeloupe.

LA CAPITAINERIE
1930
Architecte : Ali Tur
Béton
Quai Lardenoy
    A97120D1

Petit immeuble avec un étage en retrait, la capitainerie possède une tour décorée d'une horloge, qui n'est pas sans rappeler

le pavillon du tourisme de l'Exposition internationale des arts décoratifs de 1925 de Paris, conçue par Mallet-Stevens. Ali Tur a sans aucun doute été influencé par le développement des courants novateurs, tout particulièrement par les emboîtements de volumes lisses, comme en témoigne ce bâtiment.

MAISON « HAUT ET BAS »
45, rue Chambertrand   *A9712070*

Cet immeuble pointois, dans son adaptation aux conditions locales, témoigne des influences réciproques de l'habitat rural, de la case et de l'architecture française. Les parcelles constructibles étant exiguës en ville, les maisons se sont développées en hauteur, au lieu de s'étendre horizontalement, comme le font les cases. Ce type de bâtiment à deux étages surmontés d'un comble est nommé « haut et bas ». La verticalité de cette construction est renforcée par les portes-fenêtres disposées symétriquement.

GENDARMERIE
Fin des années 1920
2, rue Lamartine   A97120C4

Reconstruite après un incendie, juste avant le cyclone de 1928, cette gendarmerie est l'un des rares bâtiments de Pointe-à-Pitre à résister à la force des vents, sans doute en partie grâce à un choix précurseur

ANCIEN MAGASIN DE LÉGUMES
1930   A97120F3

des matériaux, qui exclut le bois. L'édifice possède deux entrées, l'une donnant sur la place de l'Église, l'autre sur la rue Lamartine et ouvrant sur une cour intérieure, où des escaliers conduisent aux appartements des gendarmes.

ENTREPÔTS
1930
Quai Foulon
                    A97120D0

Cet entrepôt évoque une période où l'activité du centre-ville était rythmée par les accostages incessants des paquebots, des cargos et des voiliers. Les quais délimitent ce quartier de l'import-export, dont la vocation est

désormais entièrement tournée vers le tourisme de croisière.

Derrières ces volets en caillebotis, étaient autrefois proposés, sur un étal en maçonnerie, les produits des petits jardins créoles, directement du producteur aux consommateurs.

BANQUE DE LA GUADELOUPE
1930-vers 1950
Architecte : Gérard Michel Corbin
Béton armé
Boulevard Légitimus   A97120D8

Créée en 1851, la Banque de la Guadeloupe s'est dotée en 1930 d'un immeuble situé dans le quartier de l'Assainissement. La clientèle de l'institution bancaire était reçue au rez-de-chaussée, et les appartements du directeur et de différents cadres étaient situés aux étages. Cet immeuble, dit Lebrère, avec son toit à terrasse, son bâti se ramenant à un volume massif, unique, où les courbes ont cédé la place aux angles vifs et où le blanc domine, rappelle l'architecture constructiviste des années 1920 en Europe, qui a utilisé le béton armé. Ce style d'architecture, introduit à la Guadeloupe par Ali Tur pour les commandes publiques, a été adopté dès 1935 par les architectes locaux pour l'ensemble des constructions, créant ainsi un nouveau style colonial. La Banque de la Guadeloupe ayant été l'objet d'une fusion en 1967, son siège social est depuis occupé par la Banque des Antilles françaises.

KIOSQUE
Années 1930
Architecte : Gérard Michel Corbin
Béton armé
Place de la Victoire   A9712094

NEF
1938
Église
Morne-Massabielle
          A9712015

Ce kiosque à musique conçu par l'architecte guadeloupéen Corbin est le premier témoignage de l'architecture en béton armé à la Guadeloupe. Imposant, conçu dans l'esprit des années 1930, avec des formes épurées, il remplace le fragile kiosque de style Napoléon III, détruit lors du cyclone de 1928. C'est l'un des lieux qui animent encore la place de la Victoire, notamment au moment du carnaval.

En 1937, il est décidé de doter la ville d'un second lieu de culte. Un terrain, rue Raspail, est retenu, mais les travaux sont interrompus, car les sols s'avèrent trop marécageux. L'église s'élève alors sur le Morne-à-Caille, à l'emplacement même d'une chapelle anéantie par le cyclone de 1928 un an après sa construction. Son clocher de 35 mètres, son escalier qui conduit à la grotte, sa nef lumineuse et son carrelage à motifs géométriques caractérisent cette nouvelle basilique, inaugurée en 1938.

ORATOIRE
Morne-Massabielle   A9712018

Dans des troncs d'arbres ou dans des abris maçonnés, comme pour cet oratoire, les fidèles, après avoir prié, se rendent dans des chapelles votives, où croyances et pratiques magiques cohabitent avec la foi catholique. Les représentations des images pieuses se transforment alors en quimbois.

ENSEIGNE
1940
Rue Wachter   A97120D2
Une longue tradition de consommation et de fabrication de la bière s'est développée aux Antilles, comme en témoigne cette enseigne apposée sur le fronton d'une manufacture. Aujourd'hui désaffectée, celle-ci n'a pas survécu au plan de rénovation urbaine de ce quartier élaboré dans les années 1960.

GROTTE À LA VIERGE
Morne-Massabielle   A9712017
Aménagée dans une falaise qui s'y prêtait, en contrebas de l'église, une grotte, réplique de la grotte Massabielle de Lourdes (Hautes-Pyrénées), est aménagée. Le nom de Massabielle, attaché à

un lieu de dévotion très populaire, s'est étendu à l'ensemble du quartier.

CHANTIERS VIVIÈS
Béton
8, rue Ferdinand-de-Lesseps   A97120M4

MAISON DE CHARLES BOISEL
Détail de façade
6 bis, rue Sadi-Carnot   A97120L4

Cette maison abrite dans les années 1940 le magasin de Charles Boisel. Sur son enseigne, on pouvait lire : « Représentation commerciale, photographie artistique, produits photographiques, cartes postales illustrées, vues du pays, phonographes, disques et accessoires, motocyclettes. » Boisel est formé à la photographie par Edgar Littée, et devient successivement conservateur du musée Schœlcher, photographe officiel du département, photographe de l'administration judiciaire en matière criminelle et éditeur de cartes postales.

Ce petit immeuble d'un étage est significatif des bâtiments des années 1940, influencé par l'architecture italienne : en béton, aux formes épurées, avec un toit à terrasse, un large balcon et de simples rideaux métalliques comme fermetures, il témoigne de la puissance des négociants après guerre.

FONTAINE
PUBLIQUE
1940
Fonte
51, rue Isaac
A97120B4

Avant que le confort moderne ne s'installe dans les résidences des faubourgs, ce type de bornes-fontaines, commandé sur des catalogues de mobilier urbain en métropole, et dont on dénombre environ une vingtaine à Pointe-à-Pitre, était la seule ressource en eau dans les quartiers périphériques.

PALAIS DE LA MUTUALITÉ
Seconde moitié des années 1940

A97120A0

Le palais de la Mutualité est construit tout de suite après la Seconde Guerre mondiale, sous l'égide de la Caisse coopérative de prêts. Les trois grandes ouvertures qui s'ouvraient sur un large balcon donnant sur les escaliers latéraux ont depuis été obstruées, réduisant du même coup le subtil jeu de vides et de pleins souhaité par l'architecte. Sa conception rappelle celle des cinémas ou des salles des fêtes.

CAGE D'ESCALIER
Seconde moitié des années 1940
Béton
Palais de la Mutualité A97120A1
Cet escalier ouvrant sur une paroi ajourée en béton témoigne de la maîtrise des architectes et des entrepreneurs de l'après-guerre, jouant avec la lumière, en l'adoucissant, et la ventilation, tout en sachant préserver des pluies l'intérieur du bâtiment.

SALLE DE RÉUNION
*Seconde moitié
des années 1940
Palais de la Mutualité*
A97120A2

Cette vaste salle de réunion a été conçue dans l'esprit des théories hygiénistes défendues par les partisans du mouvement moderne, qui visent à normaliser l'espace tout en facilitant au maximum son entretien : pauvreté des décorations, formes simples et lisses dans un matériau inattaquable par les insectes d'une couleur claire et unie. Le nombre important d'ouvertures permet, dans un climat tropical, une ventilation toute naturelle, à une époque où la climatisation n'existe pas encore.

ANCIENNE CLINIQUE SAINT-JOSEPH
1951
Rue Hennery A9712089
Bâtie à la fois sur le territoire de Pointe-à-Pitre et sur celui des Abymes, la clinique Saint-Joseph est la première structure médicale privée de l'île. Construite après guerre, à l'initiative du Dr Lemaistre, et d'une capacité d'une centaine de lits, elle répond à l'attente d'une bourgeoisie désireuse d'obtenir des soins de qualité. En effet, trop souvent, les patients peu confiants en la médecine locale et peu satisfaits du confort proposé préfèrent aller se faire opérer en métropole. Le bâtiment présente une architecture fonctionnelle, avec des balcons en terrasse destinés au repos des convalescents.

CHAPELLE SAINT-JOSEPH
Clinique Saint Joseph A9712090
Cette chapelle située au rez-de-chaussée permettait aux malades de prier. Une messe y était régulièrement donnée par le prêtre de la paroisse.

DÉCOR DE FAÇADE
*Béton et ferronnerie
Centre José-Marti
Rue José-Marti* A9712049
Cet élément décoratif précise la nouvelle affectation de l'immeuble sur lequel il est apposé. Acheté par la municipalité dans les années 1960, le bâtiment abrite actuellement ses services culturels. Très influencé par le style des années 1930, aux lignes sobres, cet immeuble divisé en plusieurs appartements est le premier de Pointe-à-Pitre a être doté d'un ascenseur.

ANCIENNE FABRIQUE DE LIQUEUR LITTÉE

1945
Architecte : Gérard Michel Corbin
Béton armé
Rue Delgrès   *A97120E3*

Cet immeuble abrite jusqu'en 1988 les fabriques de liqueur Littée, entreprise fondée en décembre 1919 par Edgar Littée, également connu sous le nom de Phos. La maison s'appelle alors Liqueur des Isles Fanny Littée. L'usine est reconstruite par Corbin après l'incendie de décembre 1944. Au rez-de-chaussée, se trouvaient l'administration et la boutique, au premier étage la fabrication des produits para-pharmaceutiques, au deuxième étage la fabrication et la mise en bouteille des sirops et liqueurs, enfin au dernier étage le stockage des bouteilles.

MONUMENT DES RÉSISTANTS GUADELOUPÉENS

Béton
Place Camille-Desmoulins   *A9712030*

De nombreux Guadeloupéens prennent une part active aux groupes de résistance métropolitains. Parmi eux, Tony Bloncourt, qui a donné son nom à une rue de Pointe-à-Pitre, s'illustre par sa participation au déraillement de l'express de Chantilly. D'autres résistants, restés à la Guadeloupe, manifestent ouvertement leur opposition au régime de Vichy, et certains partent en signe de dissidence. Un monument, décoré de la croix de Lorraine, est érigé à la mémoire de tous ces Guadeloupéens, morts pour la défense de leurs idées patriotiques.

CASES DE PÊCHEURS

Années 1950
Tôle
Lauricisque   *A97120F7*

Les cases de pêcheurs situées à Lauricisque, qui constituent un véritable village, sont construites uniquement à partir de matériaux de récupération. Le souci esthétique n'entre pas en ligne de compte dans ces habitations avant tout fonctionnelles, et qui servent au stockage des nasses et des filets. Seule exception à cette austérité implicite, la couleur des bâtiments, ajoutée grâce aux surplus de peinture récupérés des barques.

LOLO

Années 1950
Bois   *A97120F2*

Haut lieu de la sociabilité du quartier, le *lolo* est une boutique de proximité où l'on trouve tout l'approvisionnement quotidien nécessaire à la ménagère guadeloupéenne : riz, pois, bougies, allumettes, morue salée, lard, etc. C'est également un lieu d'échange, puisqu'il est aussi débit de boissons. Son surnom lui vient du fait qu'anciennement on pouvait acheter les articles à l'unité, c'est-à-dire au lot. Bien que la modernisation rapide de Pointe-à-Pitre ait grandement contribué à leur disparition, quelques *lolos* subsistent.

BALCONS À JARDINIÈRE
1950
Architecte : Gérard Michel Corbin
Béton
Boulevard Légitimus
A9712054

Comme en témoignent ces jardinières, l'architecture de l'après-guerre, très influencée par Ali Tur, se compose de formes géométriques simples et de volumes dépourvus de surcharges décoratives, ce qui constitue une rupture avec la tradition. Cette nouvelle conception trouve un compromis esthétique entre les pleins et les vides, les espaces ouverts et fermés.

IMMEUBLE AUDEBERT
Rue Dubouchage
A97120F4

Sur le quai Gatine, face à la Darse, à l'emplacement de l'ancien cinéma Le Rialto et du musée commercial détruits lors de l'incendie de 1950, cet imposant immeuble appartenant à la famille Audebert rappelle les

façades des palais génois, propriétés des négociants fortunés. La famille Audebert tenait un comptoir de matériaux de construction, ce qui explique sans doute que ce bâtiment soit placé près des quais, où les navires sont déchargés.

MAISON
Béton
Détail de façade
53, rue Victor-Hugo
A9712075

Dès les années 1950, l'utilisation du béton, jusqu'alors réservée aux grandes constructions publiques, se généralise. Pour le propriétaire d'une maison, l'emploi d'un tel matériau est souvent signe de réussite sociale. Les constructions privées délaissent donc le bois, jugé moins résistant et nécessitant beaucoup plus d'entretien. Ce choix modifie considérablement l'architecture antillaise, qui s'internationalise et se rapproche de l'architecture des années 1930, empruntant son vocabulaire à la marine, comme en témoignent ici les fenêtres-hublots de cette maison.

STADE ANTONIUS
Années 1950
Bergevin
A97120C2

Le stade Antonius est le complexe majeur et le plus ancien de la commune. C'est un lieu d'entraînement privilégié pour quelques champions de renommée internationale.

PLAQUE COMMÉMORATIVE DE MORTENOL

1959
Marbre
Rue de Nozières
et rue de l'Abbé-Grégoire   A9712021

Cette plaque indique le lieu où est né Sosthène Héliodore Camille Mortenol, le 29 novembre 1859. Après des études secondaires au collège diocésain de Basse-Terre, celui-ci est, après Perrinon, le second homme de couleur admis à Polytechnique, dont il sort en 1882 pour embrasser la carrière d'officier de marine. En 1895, il participe à la pacification de Madagascar aux côtés de Gallieni. En 1915, ce dernier, alors gouverneur militaire de Paris, lui confie la direction du service d'aviation maritime du camp retranché de Paris. Il contribue à la défense de la capitale face aux attaques aériennes allemandes en utilisant des projecteurs de forte puissance pour déceler les avions ennemis. Oriol écrit à son propos : « C'est à lui et à Gallieni que Paris doit son salut. » Mis à la retraite après la guerre, fait commandeur de la Légion d'honneur en 1921, il s'éteint à Paris le 22 décembre 1930.

BUSTE DE FÉLIX ÉBOUÉ

1962
Bronze
Place de la Victoire   A9712028

Félix Éboué naît à Cayenne en 1884. Élève brillant de l'École coloniale, il est envoyé à la Martinique en 1932, puis en Afrique, avant de devenir le premier Noir nommé gouverneur aux Colonies. Il exerce dès 1935 à la Guadeloupe, où il contribue au développement économique, social, culturel, voire sportif de l'île. Parmi ses réalisations les plus remarquables, figurent la construction du premier stade, des projets de cités ouvrières et l'aménagement des grands boulevards qui enserrent Pointe-à-Pitre. Parti de la Guadeloupe en 1938, il est gouverneur du Tchad lorsque la Seconde Guerre mondiale éclate. Sous son impulsion, ce territoire est le premier à se rallier au général de Gaulle. Décédé en 1944 au Caire, il repose au Panthéon, aux côtés de Victor Schœlcher.

CITÉ MALRAUX

1960
Architectes : Crevaux et Tessier
Béton
Quartier de l'Assainissement   A9712078

Sur le modèle métropolitain des cités-dortoirs, après les désastres causés dans les années 1950 par les cyclones, la ville de Pointe-à-Pitre s'engage dans une vaste opération de « décassage et de rénovation urbaine ». La cité Malraux est l'une des premières réalisations de ce programme, entrepris au plus fort du déploiement de la départementalisation, sans réel souci d'adaptation aux conditions climatiques locales, et proche des théories de Le Corbusier.

PLAQUE COMMÉMORATIVE DE LÉGITIMUS

1964
Marbre
121, rue Frébault   A9712020

C'est dans la rue la plus ancienne et la plus longue de Pointe-à-Pitre que vécut pendant trente ans Jean-Hégésippe Légitimus. Cet homme d'origine modeste, né à Pointe-à-Pitre en 1868, s'affirme très jeune comme défenseur de la race noire et membre du Parti socialiste. Dès 1892, il s'engage politiquement. En 1894, il entre au conseil général de la Guadeloupe, et en devient le président en 1898. Maire de Pointe-à-Pitre en 1904, puis député, il connaît de nombreux déboires politiques, qui l'obligent à renoncer dès 1914 à sa carrière. Décédé en 1944, cet homme controversé demeure l'un des initiateurs du Parti socialiste aux Antilles, et un farouche défenseur du monde ouvrier.

Pointe-Noire

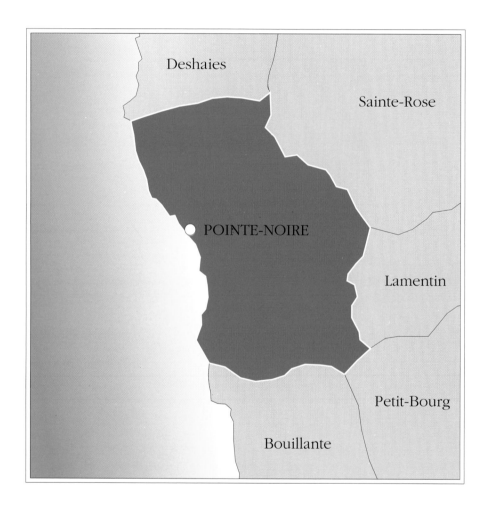

Deshaies

Sainte-Rose

POINTE-NOIRE

Lamentin

Petit-Bourg

Bouillante

Pointe-Noire

Canton de Pointe-Noire
Arrondissement de Basse-Terre
Superficie : 5 971 ha
Population 1990 : 7 561 hab.
Habitants : les Ponti-Néris
ou Négris-Pontins
Cours d'eau : la Rivière Grande Plaine, la
Rivière Colas, la Rivière Caillou, la Rivière
Baille Argent et la Rivière Petite Plaine

Origine du nom : de la couleur bleu-noir
des rochers volcaniques qui recouvrent
la pointe située au nord du bourg.

Blason : les deux scieurs de long
s'activant au pied d'un arbre, entre mer
et terre, témoignent de la tradition du
travail du bois qui a fait la réputation de
Pointe-Noire ; deux fleurs de balisier
encadrent le blason au bas duquel s'inscrit la devise de la commune : « Rex non
verba », Des actes non des mots.
A971210b

HISTORIQUE

*Pointe-Noire fait longtemps partie
d'une paroisse établie sur un vaste territoire recouvrant l'ensemble du nord
de la Basse-Terre, appelé paroisse du
Grand Cul-de-sac. À l'abri du vent,
sillonné de nombreux ruisseaux et tor-
rents, et composé de plusieurs mornes
aux pentes douces et à la terre fertile,
le territoire de Pointe-Noire devient
paroisse à part entière
en 1730. Sans doute
en raison de leur isole-
ment, ses habitants ont
longtemps nourri un
esprit d'indépendance,
refusant souvent de se
plier aux décisions du
pouvoir central. Pen-
dant la Révolution,
beaucoup choisissent
de rester fidèles à l'An-
cien Régime : certains
sont condamnés à
mort et fusillés,
d'autres s'enfuient
pour revenir après le*
*rétablissement de l'ordre ancien en
1803. Pointe-Noire connaît, tout au
long du XIXᵉ siècle et au début du XXᵉ
siècle, une longue période de déclin
aggravée par plusieurs catastrophes naturelles : tremblement de terre en
1843, épidémie de
choléra en 1865,
incendies en
1914, et cyclones
en 1865 et 1928.
La commune ne
sort de son isole-
ment qu'avec la
construction de la route
menant à Deshaies en 1957,
et de celle de La Traversée en 1967.*

PILIERS D'AQUEDUC
Début du XVIIIᵉ siècle
Pierre
Habitation Petite-Plaine   A9712151
Ces piliers constituent la partie termi-
nale de l'ancien canal qui conduisait
l'eau depuis la Rivière Petite Plaine
jusqu'au moulin à canne de l'exploitation. Cette sucrerie, créée dans les
premières années du XVIIIᵉ siècle, est
d'abord équipée d'un moulin à
mulets. Installé quelques années plus
tard, le système utilisant un canal et
une roue hydraulique pour fournir
l'énergie motrice s'avère plus perfor-
mant, mais nécessite d'importants travaux préalables. L'eau court, à fleur
de terre, sur 1,5 kilomètre, dans une
simple rigole. La fin du parcours, à
proximité des bâtiments, est maçonnée. Enfin, s'appuyant sur les piliers,
une gouttière en bois conduit l'eau
jusqu'à la roue qui entraîne le moulin
à canne.

ANCIENNE PRISON
XVIIIᵉ siècle
Pierre et tôle
A9712111

À l'origine
arsenal de la batterie située à proximité,
ce bâtiment devient par la suite prison
transitoire jusque dans les années 1950,
ainsi qu'en témoigne la fenêtre à barreaux. Les prisonniers y sont enfermés
jusqu'à leur transfert à Basse-Terre, par
étapes successives de bourg en bourg.
De l'édifice initial, construit sur un sol
de galets de rivière, ne subsiste qu'une
porte surbaissée avec son chaînage en
pierre. Le bâtiment est désormais complètement désaffecté.

CANONS
Fin du XVIIIᵉ siècle
Fonte   A9712112
Ces canons, ou « bouches à feu », rappellent l'activité défensive de la Pointe à
Batterie toute proche. La batterie,
aujourd'hui disparue, s'inscrivait à l'origine dans le système de défense occupant les points stratégiques de la
Côte-sous-le-Vent. Les canons, très abî-
més, l'un d'eux ayant explosé, ont
séjourné dans l'eau, sans doute jetés et
sabordés par l'ennemi.

Pointe-Noire

ANNEAU D'ATTACHE
XIXᵉ siècle
Fonte   *A9712139*

Cet anneau est scellé dans un mur en ruine, non loin de la prison. La mémoire populaire rapporte que les anneaux de ce type servaient autrefois à attacher les esclaves, aussi les appelle-t-on « anneaux de souffrance ». Selon une autre tradition, on y attachait les animaux en divagation, voire les mulets et les chevaux des visiteurs.

LIT À COLONNES
XIXᵉ siècle
Bois de courbaril
Gros-Morne   *A9712124*

Ce grand lit, originaire de la Dominique, offre une architecture très classique avec son solide châssis, son dosseret sobre et ses colonnes ouvragées. Le courbaril, bois dense et difficile à travailler, ne se prête pas aux fioritures. Les colonnes se présentent classiquement : un pied boule surmonté d'une section carrée au niveau du châssis, et des spirales décoratives sur la partie haute. Le motif en plateaux superposés est typique de la Dominique, tout comme le balustre qui orne le pied du lit. Par comparaison, le dosseret est plus simplement orné d'un boudin en anse de panier. La fortune du lit à colonnes, d'origine européenne, perdure tout au long du XIXᵉ siècle et même au-delà. Haut sur pied, il préserve son occupant des multiples insectes et rongeurs, tandis que ses colonnes donnent un cadre rigide à la moustiquaire. Un lit comme celui-ci était un signe manifeste de prospérité.

ÉGLISE NOTRE-DAME-DU-PORT
1853-1976
Maçonnerie   *A9712101*

L'église est construite face à la mer, sur une surélévation à laquelle on accède par une série de marches. Agrandie en 1976, elle a gardé son ancienne façade avec son fronton néo-classique, souligné par un chaînage en pierre volcanique. Les ajouts latéraux respectent le parti pris original : retranscription du chaînage par des colonnes et des corniches moulées en ciment, remploi de pierres anciennes pour l'entourage des portes en plein cintre, et préservation du contraste entre la pierre et l'enduit. Le plan en croix d'origine a néanmoins fait place à un simple plan allongé, rythmé par les chapiteaux de l'ancien périmètre et les persiennes des fenêtres. À l'intérieur, la voûte en ciment armé donne de l'ampleur à l'édifice. La sacristie est surmontée d'un petit clocher carré recouvert de tôle.

BLASON DE L'ARCHEVÊQUE FORCADE
1855
Marbre
Église Notre-Dame-du-Port   *A9712105*

Théodore-Augustin Forcade est nommé évêque coadjudicateur de la Guadeloupe en 1853, par décret impérial. Forcade est un habitué des missions lointaines, s'étant investi précédemment en Chine puis au Japon. Il consacre la toute récente église Notre-Dame-du-Port le 6 février 1855. C'est pour lui l'occasion de marquer la présence de l'Église catholique dans ce bourg très excentré. Ses armoiries, apposées à l'entrée de l'église, évoquent son passage dans la paroisse. Celles-ci surmontent un texte latin en lettres dorées commémorant l'événement. On peut y voir les insignes de sa charge, la mitre et la crosse, surmontées du chapeau d'évêque. Des branches d'olivier évoquent la passion du Christ au mont des Oliviers. On peut également y voir une allusion aux origines méditerranéennes de Forcade. Connu pour ses opinions ultramontaines, il reste très attaché aux droits de l'Église et à son enseignement, qu'il s'applique à développer à la Guadeloupe. L'archevêque Forcade meurt du choléra en 1885, à Aix-en-Provence (Bouches-du-Rhône).

CAVE DES PRÊTRES
Milieu du XIXᵉ siècle
Pierre et enduit
Cimetière   *A9712107*

L'édifice, en forme de temple romain, abrite les ossements des prêtres et des religieux de la paroisse. Il occupe une place d'honneur à l'entrée du cimetière. Un simple chaînage, rappelant l'architecture de l'église du bourg, vient agrémenter l'ensemble. Le caveau, appelé « cave des prêtres », est construit grâce à une souscription de la fabrique paroissiale. Parmi les prêtres dont la sépulture repose dans le caveau, figure le père Robert, qui relance la vie religieuse de la paroisse de 1853 à 1863, avec notamment la construction de la nouvelle église. C'est également au père Robert que l'on doit l'autel en marbre, la chaire en bois, et la cloche de l'église.

PORTAIL
Fin du XIXᵉ siècle
Pierre et fer forgé
Cimetière   *A9712106*

Ce portail sépare le cimetière de l'église attenante. Malgré l'arrêté du baron Clugny, interdisant en 1784 les cimetières dans l'enceinte des villes, la commune de Pointe-Noire préserve le sien derrière l'église. Les deux autres cimetières, de Baille-Argent et de Cato-Miaulan, qui existent également à l'époque, sont destinés aux pauvres de la paroisse. Quant aux sépultures des nantis, elles prennent place dans le cimetière de la ville, ce qui explique la présence de ce portail ouvragé, aux piliers cossus.

TOMBE À AUVENT
Début du XXᵉ siècle
Zinc
Cimetière   *A9712108*

Cette tombe d'un notable de Pointe-Noire se singularise par l'ampleur de la superstructure qui l'encadre, et par son toit en zinc à double pente, qui la protège des intempéries. L'architecture citadine et les motifs de décoration du début du XXᵉ siècle ont nettement influencé sa conception. Le manque de place dans le cimetière a enrayé la distribution symétrique initiale des tombes, et les sépultures les plus achevées sont désormais cernées de constructions plus ou moins chaotiques.

COLONNE COMMÉMORATIVE
1889
Sculpteur : Gauthier
Fonte polychrome
                    A9712104

À l'occasion du centenaire de la Révolution, la commune commande ce monument à l'artiste métropolitain Gauthier, et l'atelier Denouvilliers est chargé de la fonte. Sur les quatre faces, figurent les mots *Pax, Lex, Lux, Jus,* Paix, Loi, Lumière, Justice. Une colonne corinthienne soutient un buste de Marianne au bonnet phrygien, peint de couleurs vives, comme c'est l'usage à Pointe-Noire. La base du monument est ornée d'un décor floral mêlant festons, feuilles d'acanthes et feuilles de laurier, entourant des mascarons léonins. Le monument, fidèle à l'esprit de la IIIᵉ République, exalte les valeurs de la Révolution. La Terreur avait cependant sévi violemment à Pointe-Noire, où quelques opposants avaient été fusillés sans procès.

ENSEIGNE PUBLICITAIRE
Fin du XIXᵉ siècle
Fonte
Quartier Saint-Jean   A9712138

On ne sait plus à quoi correspond cet exemple de publicité du XIXᵉ siècle, mais son histoire témoigne des échanges importants qui se réalisaient entre Pointe-Noire et Basse-Terre. C'est avant-guerre que le propriétaire de cette maison, transporteur de métier, rapporte cette petite enseigne. Toutes les communications, passagers et marchandises, se font alors par mer, une fois par semaine. Le bateau, chargé de charbon, de bois et d'autres marchandises, arrive au port de Basse-Terre le matin et repart le soir, avec à son bord des produits de consommation courante. Le transporteur conserve l'enseigne et l'appose sur sa maison, où elle est toujours.

FAÇADE LATÉRALE SUD
Fin du XIXᵉ siècle
Bois d'acajou
et de goyavier
Maison
de maître
Habitation
Beauséjour
A9712115

Cette façade a retrouvé sa couverture d'essentes qui remplace le blindage en zinc posé dans les années 1960. La technique de pose et l'utilisation du bois de goyavier des montagnes respectent la tradition propre à Pointe-Noire. Blindage et essentes sont destinés à protéger les parties les plus exposées aux intempéries, notamment aux pluies d'hivernage. Les deux fenêtres donnant sur la galerie couverte de la façade est possèdent des persiennes fixes, tout comme les deux mansardes de part et d'autre du toit, configuration typique à Pointe-Noire.

MAISON DE MAÎTRE
DE L'HABITATION BEAUSÉJOUR
Fin du XIXᵉ siècle
Bois d'acajou et de goyavier
Gros-Morne   A9712114

Une carte militaire du XVIIIᵉ siècle mentionne déjà la présence, sur ce lieu, d'une habitation du nom de Gosse-Dessource. Aujourd'hui nommée Beauséjour, cette habitation possède, de fait, l'une des maisons de maître les plus anciennes de Pointe-Noire. Orientée est-ouest, celle-ci est située sur un morne qui domine toute la région de Pointe-Noire. En 1928, un cyclone endommage une partie de ses installations et entraîne une diminution de son activité d'habitation-caféière. Autrefois encadrée par son boucan à café et sa cuisine extérieure, la maison de maître possède des galeries superposées au premier étage et des ouvertures symétriques en bois brut. Les murs et la charpente sont entièrement en bois d'acajou, et les essentes des façades en bois de goyavier de montagne. Une cloison, ajourée en hauteur, permet une ventilation permanente.

DÉCERISEUSE
Début du XXᵉ siècle
Bois (200 × 100 × 150 cm)
Habitation Beauséjour   A9712142

Chaque fruit du caféier contient deux grains, inclus dans une « cerise », à la chair rouge. Aussitôt après la récolte, il faut enlever la cerise avant de laver puis de faire sécher les grains au grand soleil. La déceriseuse est la machine qui effectue ce travail. Dans sa forme la plus ancienne, son organe essentiel est un cylindre de bois rotatif. Ce cylindre est recouvert d'une feuille de cuivre comportant de nombreuses papilles qui font se détacher la chair. Ici, le bâti de la machine a été fabriqué par un artisan local. Le cylindre est mis en rotation par deux manivelles, actionnées chacune par un ouvrier. Au même moment, s'ébranle le plateau où tombent les grains de café, qui sont ainsi recueillis à l'arrière. La pulpe inutile est évacuée vers l'avant.

TORRÉFACTEUR DOMESTIQUE
Début du XXᵉ siècle
Fer
Habitation Beauséjour   *A9712122*
De fabrication locale et trouvé sur la propriété, ce torréfacteur sert à griller le café de la maisonnée. On tourne la poignée pour remuer les grains au-dessus d'un feu jusqu'à obtention d'un café bien grillé. Cette opération, souvent dévolue aux enfants, permet de mettre en valeur l'arôme des grains.

CLOCHE D'HABITATION
1950
Fonte
Habitation Beauséjour   *A9712123*
Cette cloche d'habitation porte la date de 1950 gravée à l'extérieur, ainsi qu'il est d'usage, et son lieu de fabrication, en l'occurrence ici, Bordeaux. Restaurée et remontée comme à l'origine, celle-ci provient de l'habitation Néron, au Moule. Symboles autrefois du travail servile, les cloches d'habitation ponctuaient de leur timbre le début et la fin du travail. La plupart du temps, en effet, seul le propriétaire du domaine disposait d'une montre.

MAISON PÉRIER
Fin du XIXᵉ siècle
Bois et tôle   *A9712121*
Cette maison sert successivement de presbytère provisoire, de pharmacie et de commerce. Si le rez-de-chaussée a été refait depuis sa construction, le premier étage garde son apparence d'origine. Peinte en deux couleurs, ainsi qu'il est d'usage dans les habitats citadins, la maison s'ouvre sur la rue principale du bourg. Sa façade ne comporte aucune fenêtre, mais cinq portes-fenêtres à persiennes et contrevents donnant sur une galerie. La construction, dans son ensemble, reflète les habitudes du XIXᵉ siècle. L'intimité du premier étage réservé à l'habitat est soigneusement protégée des occupations commerciales du rez-de-chaussée par un escalier et une porte-barrière. La cour arrière est également dévolue aux activités privées, et protège notamment les habitants des ardeurs du soleil couchant. Cette maison a échappé à l'incendie de 1914 qui ravage une bonne partie de Pointe-Noire.

COFFRE DE MARIÉE
Fin du XIXᵉ siècle
Bois d'acajou de Cuba
Collection particulière   *A9712125*

Destiné à l'origine à contenir la lingerie et les effets personnels d'une mariée, ce coffre possède des lignes sobres qui l'apparentent aux coffres des marins. Seule la nature du bois, un acajou rare, lui confère un certain raffinement. Le cadre aux quatre pieds tournés qui le supporte le transforme en meuble de rangement à placer dans une chambre. Ce meuble assez rare provient de l'île anglophone de la Barbade.

PONT SUR LA RIVIÈRE PETITE PLAINE
Début du XXᵉ siècle
Constructeur : atelier Eiffel
Maçonnerie et acier
Route coloniale   A9712110

C'est seulement en 1935 que la liaison routière est établie entre Pointe-Noire et Basse-Terre, et la construction de la route jusqu'à Deshaies, au nord, tarde jusqu'aux années 1950. Auparavant, le courrier et les voyageurs se déplacent à pied, à dos de mulet ou en canot. La route coloniale, envahie par la végétation et pleine d'ornières, franchit les rivières à gué. Pour cette raison, l'édification de chaque nouveau pont représente une étape importante dans le désenclavement de la commune. Les ateliers parisiens Eiffel fournissent à la Guadeloupe un grand nombre de ces ponts. Presque tous sont désormais doublés par un pont moderne, plus large. Faute d'entretien, ils disparaissent parfois, emportés par les crues.

étagères. Par rapport à cette riche ornementation, la partie buffet semble dénudée. La serrure entre les deux tiroirs est toutefois ornée d'un décor floral soigné.

BUREAU DU GÉREUR
Début du XXᵉ siècle
Bois d'acajou
Habitation Gros-Morne   A9712126

Ce petit meuble utilitaire a été réalisé dans une grande sobriété. Muni d'un pupitre, posé sur un plateau, et d'un unique tiroir, il est dévolu à la tenue des comptes de l'habitation. La forme simple et le poli du bois sont caractéristiques de la menuiserie de Pointe-Noire, dont la tradition est présente depuis le XVIIIᵉ siècle, en particulier dans la région des Plaines.

BUFFET À DEUX PORTES
Début du XXᵉ siècle
Bois de courbaril
Collection Roger Fortuné
Maison du Bois   A9712128

Les buffets connaissent un immense succès aux Antilles à la fin du XIXᵉ et au début du XXᵉ siècles. Ils comportent deux parties : une basse, sobre, qui sert de rangement, et une partie haute plus ouvragée, qui présente plats et pots. Le plateau, recouvert d'un marbre, sert de desserte. Les ornements floraux et fruitiers, symboles d'abondance, sont regroupés sur la partie haute. Un décor de médaillon, destiné à recevoir les armoiries ou les chiffres, est encadré de spirales et de feuilles d'acanthes très stylisées, et se termine, au milieu, par la représentation d'une pomme-cajou. Des colonnettes tournées, détail typiquement guadeloupéen, supportent les

GUÉRIDON
Début du XXᵉ siècle
Bois de mahogani « petites feuilles »
Collection Roger Fortuné
Maison du bois   A9712129

Ce guéridon présente un mélange de style européen et de fabrication locale. Le pied est sans doute tourné à la Guadeloupe, à partir d'une seule pièce de bois, et avec un tour à bois confectionné par l'artisan. Il appartient au type « bulbe à godrons » et se continue par trois pieds ornés d'enroulements de lignes. Il soutient un plateau en courbe et contrecourbe, à moulure dite « talon renversé ». Ce meuble imposant peut recevoir un plateau en marbre.

SCIE
XXᵉ siècle
Acier et bois
Maison du Bois   A9712132

Pendant deux siècles et demi, Pointe-Noire s'est fait une spécialité du sciage de long des bois, abondants dans la région. Toute une tradition, avec son vocabulaire, s'est ainsi établie. Le « chauffeur », juché sur l'échafaudage, ou « chantier », conduit la coupe, tandis que l'aide se tient en bas. La scie, douille en haut et halle en bas, est actionnée dans un seul sens et toujours dans le fil du bois. Les scieurs de long opèrent généralement en juin et juillet, et sont pêcheurs ou planteurs de vanille et de café le reste du temps. Ils peuvent néanmoins se réserver une période vers octobre, pour le bois dit « de la rentrée ». Les grandes pièces de bois sont mises à flotter, puis à sécher, avant de pouvoir être travaillées en charpenterie ou en menuiserie.

SCIE DE BOIS DE PLACAGE
Début du XXᵉ siècle
Acier et bois
Maison du Bois   A9712133

Si la plupart des meubles antillais anciens sont faits en bois massif, le bois de placage entre dans la fabrication de certaines pièces, comme les hauts buffets. Cette scie à monture doit être actionnée par deux personnes. La difficulté de son entretien réside essentiellement dans la préservation du coupant des dents. La plupart des outils sont fabriqués par l'artisan lui-même.

VARLOPE ET RABOT
Début du XXᵉ siècle
Bois
Maison du Bois   A9712130

Varlope et rabot sont des outils à fût, destinés à corroyer les pièces de bois afin de les rendre unies. La varlope, plus grande, précède le travail au rabot, utilisé pour la finition. Cette opération, suivie du lissage, fait ressortir le « fleuri » des bois tropicaux. Ces outils de fabrication locale ont perdu leurs fers et contre-fers.

TOUR DE CHARRON
Début du XXᵉ siècle
Bois et fer forgé
Maison du Bois   A9712135

Ce tour a servi à fabriquer les grandes roues à cabrouet, charrette à deux bœufs, utilisée pour transporter la canne du champ à l'usine. Il provient de Marie-Galante, dernier lieu où la pratique du charronnage peut s'observer encore actuellement. La roue se compose d'un moyeu en bois sapotille, ou savonnette, avec des rayons en bois de campêche et d'acomat batard, tandis que les jantes sont en poirier pays. Les cabrouets, quand ils existent encore, sont désormais munis de roues à pneus.

MAILLET
Début du XXᵉ siècle
Bois de tendre-à-cailloux
Maison du Bois   A9712131

Ce gros maillet est utilisé lors de l'assemblage à tenons et mortaises, dans le chevillage, technique largement répandue dans la région et introduite par les charpentiers de marine dès le XVIIᵉ siècle. Les maillets sont le plus souvent en tendre-à-cailloux ou en gaïac, bois denses et résistants dans lesquels on réalise également certaines pièces du moulin à canne.

PILON À CAFÉ
Début du XXᵉ siècle
Bois de tendre-à-cailloux
Maison du Bois   A9712137

Le mortier et son pilon, l'ensemble étant nommé « pilon à café », servent à casser la coque du café une fois séchée au soleil. L'opération suivante, le vannage, se fait sur un tray, qui enlève les dernières parches. Après quoi, le café est prêt pour la torréfaction. Mortier et pilon étaient fabriqués dans un bois très résistant, comme le tendre-à-cailloux. Aujourd'hui, ce sont des pilons hydrauliques qui font ce travail dans les quelques caféières encore en activité.

MOULIN À ÉGRENER LE COTON
XXᵉ siècle
Bois
Maison du Bois   A9712146

Ce moulin à coton, originaire des Plaines, sert à enlever les graines contenues dans le duvet. Il fonctionne manuellement et son maniement est généralement dévolu aux femmes. Le coton est l'une des cultures pratiquées à Pointe-Noire, à côté du café, de la vanille et du cacao, et témoigne d'une diversification des plantations aujourd'hui disparue. Le coton n'était pas destiné à l'exportation mais à la fabrication des matelas.

MAISON
Après 1914
Bois et tôle
Quartier Saint-Jean   A9712116

Cette maison a une fonction mixte : commerce au rez-de-chaussée, et habitation privée au premier étage. Elle est reconstruite après l'incendie du bourg en 1914. Le mur nord est protégé par des essentes en bois de goyavier. Les commerces de cette partie du bourg ont périclité, bien que situés en bordure de la rue principale.

MAISON
Après 1914-années 1960
Bois et ciment
A9712119

Cette maison à étage a été modernisée dans les années 1960. On suit facilement son évolution dans l'utilisation progressive du ciment, phénomène qui suit l'enrichissement des occupants. Le cœur en bois de la maison est conservé : c'est autour qu'ont été ajoutés les murs en dur. Piliers et balcons reproduisent fidèlement le schéma de la maison typique de Pointe-Noire. Le ciment est venu consolider la construction d'origine sans en changer l'esprit, et le blindage en tôle du mur nord a été conservé, ainsi que la symétrie des ouvertures. En bas, piliers et hautes portes rectangulaires rappellent la prospérité de cette ancienne épicerie. L'activité commerciale s'est concentrée, depuis, dans la partie haute de la ville.

MOULIN À MANIOC
XXᵉ siècle
Bois
Maison du Bois   A9712147

C'est en grageant le manioc avec ce moulin que l'on produit la farine de manioc, qui entre dans la composition des cassaves, des moussaches, du tapioca et des gâteaux. Le manioc est un tubercule dont on connaît à la Guadeloupe deux variétés : le doux et l'amer. Le doux sert à la consommation ordinaire, tandis que l'amer nécessite l'extraction de son suc, extrêmement corrosif, par ce moulin manuel.

MAISON
Après 1914
Bois, fer forgé et tôle
Quartier Saint-Jean   A9712118

Proche de la mer, cette maison se démarque de celles qui l'environnent. Seules les mansardes s'ouvrent sur le galetas, et le système de blocage des contrevents rappelle son lieu de construction. La balustrade et les montants en fer forgé sont caractéristiques de la région de Pointe-à-Pitre, ainsi que l'habitude de peindre les murs en blanc en surlignant certains éléments architecturaux d'une couleur vive. Les portes-fenêtres à persiennes mobiles permettent une ventilation variable. Les boutons en porcelaine blanche dénotent une touche de raffinement citadin dans cette minuscule maison dont l'entresol semble tronqué. Sur le côté, une porte permet d'accéder à une cour arrière, lieu d'intimité de la maisonnée.

contrevents est une tradition datant de l'entre-deux-guerres, et qui n'apparaît que très peu dans cette région de la Côte-sous-le-Vent. Les lucarnons du toit, en arc de cercle et recouverts de feuilles de tôle, sont en revanche assez rares.

MAISON DE MAÎTRE DE L'HABITATION GRANDE-PLAINE
Vers 1920
Bois et tôle   A9712154

Répertoriée dès le XVIIIe siècle, cette habitation-sucrerie devient distillerie à la fin du XIXe siècle. Construite tardivement, la maison de maître occupe une éminence située assez loin des bâtiments industriels. Édifiée par Saint-Cyr Pagésy, maire de Pointe-Noire dans les années 1920, elle est bâtie sur un sol en pierre de rivière et présente un plan rectangulaire. Sa construction tardive explique que la cuisine et le potager traditionnel, habituellement créés à part, dans une pièce attenante, afin d'écarter les risques d'incendie, fassent ici partie du bâtiment. D'autres caractéristiques des habitations de la Côte-sous-le-Vent sont ici néanmoins présentes, comme les galeries du rez-de-chaussée, et, au premier étage, la galerie couverte courant sur deux façades et assurant la distribution des chambres. Le bois est par ailleurs laissé à nu et les façades exposées aux pluies recouvertes d'essentes. Un barreautage simple au premier étage et un grand espace devant la maison assurent un espace suffisant au séchage du café, culture domestique remise en activité dans les années 1920. Les ouvertures des façades ouest et est sont symétriques, ce qui facilite la ventilation de la vaste et unique pièce du rez-de-chaussée. Le double chienassis, qui existe à l'origine sur le galetas de la façade ouest, a été arraché par un cyclone.

MAISON
Après 1914
Bois, fer forgé et tôle
Quartier Saint-Jean
A9712117

Cette maison, édifiée dans le style traditionnel de Pointe-Noire, a subi plusieurs transformations. Un balcon en fer forgé à volutes a remplacé la galerie en usage à Pointe-Noire, mais tout le système de soutien du toit a disparu. La peinture vive des portes-fenêtres et des

POUTRES ET CHEVILLAGE
Vers 1920
Bois de tendre-à-cailloux
Maison de maître
Habitation Grande-Plaine
A9712145

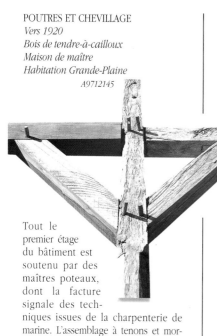

Tout le premier étage du bâtiment est soutenu par des maîtres poteaux, dont la facture signale des techniques issues de la charpenterie de marine. L'assemblage à tenons et mortaise est renforcé par un système de chevillage. Le premier étage répète le schéma du rez-de-chaussée, selon une tradition de la région des Plaines, haut lieu de la charpenterie.

MACHINE À LIMONADE
Vers 1950
Habitation Grande-Plaine
A9712153

La limonade est une boisson très appréciée aux Antilles. Après avoir fabriqué du sucre pendant deux cents ans, les propriétaires de Grande-Plaine diversifient, au XXᵉ siècle, leurs activités en raison de la crise sucrière : rhum agricole, café, cacao. En 1954, on modifie les bâtiments industriels de l'habitation pour créer une usine de limonade : « Grande-Plaine, scintillante et claire ». L'entreprise cesse son activité en 1960.

MONUMENT AUX MORTS
Vers 1920
Ciment polychrome
A9712103

MOULIN À CANNE
Début du XXᵉ siècle
Fabricant : Cuba et Cⁱᵉ
Fonte
Habitation Grande-Plaine
A9712152

Ce moulin à canne date de l'époque à laquelle l'habitation Grande-Plaine a cessé de fabriquer du sucre pour devenir uniquement distillerie. Ce modèle, d'origine américaine, comporte deux séries de trois rolles, afin d'obtenir un meilleur rendement en jus de canne. La production de l'établissement atteint 37 hectolitres d'alcool pur par an jusqu'en 1932, date à laquelle la production cesse.

Ce monument aux morts porte une plaque en marbre où sont gravés une cinquantaine de noms des Ponti-Néris victimes de la Première Guerre mondiale.

ANCIENNE MAIRIE
1933
Architecte : Ali Tur
Béton   A9712109

Un ancien édifice, construit sous la mandature du maire de Pointe-Noire Saint-Cyr Pagésy, est détruit par le cyclone de 1928. La mairie est reconstruite en dur par l'architecte d'origine cévenole et alsacienne. De plan rectangulaire et de dimension moyenne, la construction sobre et symétrique n'est pas sans rappeler l'architecture locale. Comme pour la plupart de ses créations, Ali Tur a pris en compte la direction des vents dominants, et l'édifice est ici bâti selon une orientation est-ouest. Un système de persiennes et des plafonds hauts permettent une ventilation intérieure. Le toit en terrasse est censé donner moins de prise aux vents cycloniques. *(I. M. H. 1992)*

MAISON TRADITIONNELLE
Années 1940
Bois   A9712120

Cette grande maison bourgeoise se dresse à l'entrée du bourg. Son architecture et sa construction répondent aux normes traditionnelles des maisons de la Côte-sous-le-Vent. Une spécificité citadine la distingue néanmoins des maisons de ce type isolées en campagne : les portes-fenêtres à persiennes sont venues s'adjoindre aux contrevents pour mieux protéger l'intimité de la maison. Le blocage, par une barre transversale, des fenêtres ouvertes contre la façade, sert également à leur fermeture de l'intérieur.

FOUR À PAIN
Années 1940
Fabricant : Meunier
Fonte
Boulangerie L'Arbre à pain   A9712149

C'est en 1960 que M. Obertan, artisan boulanger, achète au Moule ce four à bois en fonte, qui n'a pas cessé de fonctionner depuis. Au XXᵉ siècle, le pain se fait de moins en moins chez soi, et la création d'une boulangerie devient nécessaire. Transporté d'abord dans des paniers par des marchandes, le pain est par la suite vendu sur place. Le four occupe tout le fond de l'atelier. Avec ses deux fournées quotidiennes, il consomme une trentaine de kilogrammes de bois par jour. Les pains traditionnels ont pour nom pain canot, pain boule, pain natté, et banneton.

CASE DES HAUTS
Années 1950
Bois, zinc et tôle
Acomat A9712141

Ce deux pièces tombé en ruine est significatif de l'abandon progressif des cultures traditionnelles de la région de Pointe-Noire. Ses occupants quittent Les Hauts et les cultures vivrières, pour se rapprocher du bourg. La case est caractéristique de l'habitat rural de la région. De dimension modeste, elle est posée sur un sol en pierre de rivière et recouverte d'un toit en tôle à deux pans. Sans fenêtre, elle comporte néanmoins deux portes contrevents. Ses façades sont recouvertes d'essentes protectrices, et les coins de l'édifice renforcés par du zinc.

BILLET DE BANQUE DE 25 FRANCS
1942-1944
Collection particulière A9712156

Pendant la Seconde Guerre mondiale, la Banque de la Guadeloupe ne peut plus s'approvisionner en papier, et c'est à Philadelphie (États-Unis) que se fabrique cette coupure. Aussi subit-elle l'influence du dollar qui lui prête son papier mais aussi ses couleurs et son style. Le billet ne comporte pas de filigrane, mais un fond « Banque de la Guadeloupe » en vert et une carte ancienne déployée au recto. Le verso est plus sobre : un décor guilloché monochrome bleu entoure le visage d'une créole souriante, «en tête», c'est-à-dire coiffée d'un madras. Une ordonnance de 1944 met fin au privilège d'émission de la Banque de la Guadeloupe, qui passe à la Caisse centrale de la France d'outre-mer, deux ans avant la loi d'assimilation.

BILLET DE BANQUE DE 10 FRANCS
1960
Collection particulière A9712157

À partir de 1959, c'est l'Institut d'émission des DOM qui émet les billets communs aux trois départements de la Guadeloupe, de la Martinique et de la Guyane. Ce billet de 10 francs montre au recto le visage d'une femme coiffée d'un madras, sur fond de paysage créole baigné par la mer. Le verso évoque l'exploitation sucrière, avec un tableau d'ouvriers agricoles récoltant la canne, la sucrerie se détachant au loin. Un encadrement de fruits et légumes complète cette vision bucolique et doudouiste. Dès le premier janvier 1975, apparaissent les premiers billets de la Banque de France qui remplacent les billets bariolés des DOM.

CROIX GUYONNEAU
1944
Bois peint A9712102

Cette croix évoque la ferveur populaire des processions d'avant-guerre. Érigée le 26 mars 1944, pour célébrer la première visite de Mgr Gay dans la commune, elle est l'une des haltes de la procession faite en son honneur. Les journaux de l'époque conservent le souvenir de l'allée de barques fraîchement repeintes qui conduisait de croix en croix jusqu'à l'église. Au-dessus de la croix, un arc de triomphe fait de canots de pêche composait, à l'origine, un dais rappelant l'une des principales activités de la population de Pointe-Noire. Dans les années 1990, la croix est renversée lors de travaux, mais les Ponti-Néris exigent qu'elle soit conservée non loin de son emplacement initial.

BUFFET À DEUX PORTES
Début du XXᵉ siècle
Bois de courbaril
Collection Roger Fortuné
Maison du Bois
Pointe-Noire

Port-Louis

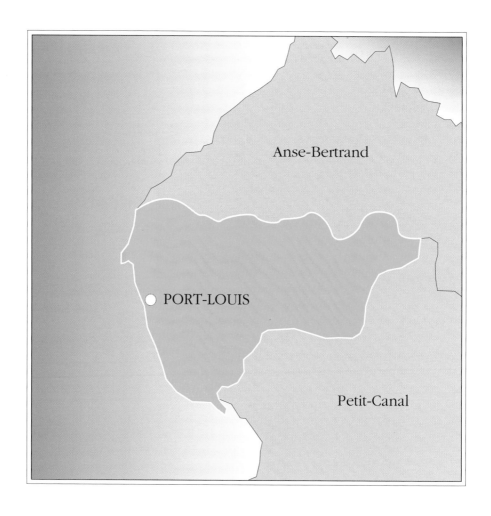

Anse-Bertrand

PORT-LOUIS

Petit-Canal

Port-Louis

Canton d'Anse-Bertrand
Arrondissement de Pointe-à-Pitre
Superficie : 4 400 ha
Population 1993 : 5 653 hab.
Habitants : les Port-Louisiens
Cours d'eau : la Ravine de Cassis
et la Ravine de Gaschet

Origine du nom : nom donné sous Louis XIV
en hommage au rayonnement de son
règne ; le complément « Port » souligne la
vocation maritime de la commune.

HISTORIQUE

*Dès 1732, un plan du bourg, appelé
Pointe-d'Antigues aux premiers temps
de la colonisation, fait mention d'une
église, d'un presbytère ainsi que d'une
fortification et de trois batteries défensives. Pendant la Révolution, Port-Louis
prend le nom de Port-Libre. En 1817, le
territoire de la commune ne produit
que du sucre. On compte vingt-huit
manufactures, dont vingt-six sucreries,
et autant de moulins. Le bourg est
assez vaste et bénéficie d'une rade
défendue par deux batteries, mais couverte par des récifs. Celle-ci ne peut
donc servir qu'aux navires de cabotage. La population compte alors 4 140
individus, dont 246 Blancs, 159 gens
de couleur libres et 3 735 esclaves. En
1848, les Port-Louisiens votent républicain à l'Assemblée législative, tendance
qui se confirme par la suite. En 1843,
la commune est en grande partie
détruite par un violent tremblement de
terre, puis, en 1863, elle est frappée par
le choléra et la sécheresse. La même
année, Auguste Souques, futur maire
de Port-Louis, transforme la « sucrote »
familiale de l'habitation Beauport en
usine sucrière. La fin du XIXe et le début
du XXe siècles sont marqués par des
troubles sociaux. En 1923, Port-Louis
compte 6 571 habitants. La municipalité conduite par Jacques Edwige, élu
en 1925, marque une période de
grands travaux d'urbanisation et de
désenclavement du bourg, ainsi qu'une
prise de parti en faveur des travailleurs
agricoles et industriels de l'usine de
Beauport. En février 1937, celle-ci est
paralysée par d'importantes grèves qui
débouchent sur des améliorations des
conditions de travail des ouvriers. Pendant la Seconde Guerre mondiale, la
lutte guadeloupéenne contre les autorités de Vichy, en particulier à Port-Louis,
s'organise autour du mouvement Pro
Patria. Le début des années 1950 est à
nouveau marqué par des conflits
sociaux et politiques très durs. La diversification de l'usine de Beauport, devenue également centre d'élevage et de
production laitière, avait fait de Port-
Louis le phare du développement agricole et industriel de la région. La
disparition des unités de production
entraîne la réorientation des activités
de la commune autour de la pêche, du
tourisme balnéaire et du projet de
construction d'un important port en
eau profonde, en 2005-2010.*

PLAN DE PORT-LOUIS
4 octobre 1732
*Dessinateur : François Amaudric
de Saint-Maure*
Dessin à la plume (130,5 × 146,2 cm)
1/2025
Cote : DFC Guadeloupe 10 PFA89 h
*Centre d'archives d'outre-mer
Aix-en-Provence, Bouches-du-Rhône*

A97122B3

Ce petit plan d'ensemble est l'un des
rares témoignages du bourg de Port-
Louis au XVIIIe siècle. Moins d'un siècle
après la colonisation, l'importante circulation maritime le long des côtes de
cette partie de la Guadeloupe favorise
l'établissement littoral du bourg. Port-
Louis possède alors un statut de rade
foraine : les navires peuvent y mouiller
quelques jours pour vendre leur cargai-
son et acheter les denrées des habitants, mais seulement du 15 juillet au
15 octobre. Ce plan signale déjà l'emplacement d'un important domaine
foncier autour de l'église et du presbytère, la place d'Armes, aujourd'hui
esplanade de l'Église et place Antilles,
ainsi que le tracé des deux routes, dont
l'une, en direction d'Anse-Bertrand, est
l'actuelle rue Schœlcher et l'autre, en
direction de Pointe-à-Pitre, est devenue
la rue Gambetta. Dès cette époque,
Port-Louis remplit une fonction militaire de surveillance du Grand Cul-de-
sac marin, comme l'attestent l'existence
d'une fortification au nord du bourg,
sur le site de l'actuel cimetière marin,
ainsi que celle de trois batteries défensives. Celles-ci sont détruites par les
bombardements anglais de 1809.

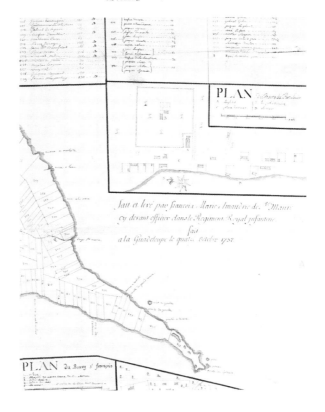

VESTIGES DE L'HABITATION DE BÉTIN
*Seconde moitié
du XVIIIᵉ-XXᵉ siècles*
Bétin   *A9712294*

L'habitation de Bétin couvre dès 1837 un territoire de 160 hectares. Par la suite, elle est englobée dans la Société anonyme des usines de Beauport. Le moulin date du XIXᵉ siècle, et le bâtiment du géreur, à proximité, des années 1930. Dans les années 1950, un mouvement de revendications sociales se lève dans l'habitation. Son géreur de l'époque, Euvremond Gène, devient quelques années plus tard, de 1963 à 1969, le secrétaire général guadeloupéen du parti communiste.

CITERNE
XXᵉ siècle
Béton armé
Vestiges de l'habitation de Bétin   *A9712295*

Au XVIIᵉ siècle déjà, le père Labat constatait le manque d'eau douce dans le nord de la Grande-Terre : « Ces avantages [naturels] sont furieusement balancés par le défaut d'eau douce, dont cette île, c'est-à-dire la Grande-Terre, est absolument dépourvue. »Aussi la construction de citernes privées, pratique très répandue, est-elle très tôt encouragée. Dès le début du XXᵉ siècle, la direction de l'usine de Beauport fait installer une douzaine de pluviomètres sur les habitations dont elle traite la canne. Bâties à l'extérieur ou creusées avec les enduits protecteurs adéquats, les citernes se présentent parfois sous des formes architecturales originales : l'habitation de Bétin possède ainsi une citerne sur pilotis.

VESTIGES DU MOULIN DE BELIN
*Fin du XVIIIᵉ-début
du XIXᵉ siècles*
Pierre
Section de Belin   *A9712243*

Près de trente moulins sont répertoriés sur le territoire de Port-Louis. Dans le nord de la Grande-Terre, ce sont pour la plupart des moulins à vent, aussi occupent-ils le plus souvent le haut d'un morne. Le moulin de Belin est situé dans la proche périphérie de l'usine de Beauport.

PUITS PRIVÉ
*Milieu
du XIXᵉ siècle*
Pierre
*et maçonnerie
Maison Roche*
A97122B1

Les puits privés, ouverts au voisinage qui vient s'y approvisionner en eau, sont en général d'une profondeur de 6 à 8 mètres. Certains puits peuvent être beaucoup plus profonds, et mesurer jusqu'à 20 ou 30 mètres, comme ceux de l'usine de Beauport, qui a procédé à plusieurs forages sur différentes habitations.

VESTIGES DU MOULIN DE BRUMENT
Fin du XVIIIᵉ-début du XIXᵉ siècles
Pierre (H. : 9 m env.)
Section de Brument   *A9712244*

USINE DE BEAUPORT
Photographie
Beauport   A9712240

En 1696, le territoire de Port-Louis ne compte que trois sucreries, mais, dès 1732, on en recense déjà vingt-six. Les domaines de canne à sucre s'étendent alors sur 150 à 200 hectares. Au milieu du XIXe siècle, l'abolition de l'esclavage et la concurrence de la betterave à sucre mettent fin au système traditionnel de l'habitation : les premières usines centrales apparaissent et les habitants deviennent de simples paysans. Au nord de la Grande-Terre, quatre usines centrales s'installent successivement : Duval en 1844, Bellevue en 1845, Clugny et Beauport en 1863. Les domaines sur lequel elles s'étendent dépassent les 1 000 hectares. Devenue usine, la « sucrote » de l'habitation Beauport, fondée par le docteur Armand Souques en 1788, se développe au point d'absorber, en 1890, les domaines de Bellevue et de Clugny. Vers 1890, de graves difficultés financières entraînent cependant la passation de l'usine à Fernand Clerc, un *béké* martiniquais. Dès 1908, toutefois, est fondée la Société anonyme des usines de Beauport (SAUB), qui consacre la mainmise des capitaux métropolitains sur l'économie de la région, le siège de la société étant fixé à Bordeaux (Gironde).

VESTIGES DE L'USINE DE BEAUPORT
1863-XXe siècle
Beauport   A9712241

De 1908 à 1929, le domaine de la SAUB passe de 8 000 à près de 12 300 hectares. Ayant annexé en 1929 les terrains de l'usine Duval, Beauport devient le cœur économique du nord de la Grande-Terre. Dans les années 1950, la

SAUB tente de sortir du « tout canne, tout sucre » et engage une politique de diversification. En 1956, une expérience d'élevage de bovins est menée à grande échelle et selon des méthodes scientifiques. On élève un croisement de la vache créole et du taureau hostein, qui permet un rendement de 2 250 litres de lait par bête et par an. La Société d'élevage de la Grande-Terre, section autonome de la SAUB, devient ainsi l'une des plus importantes fermes du Marché commun. Par ailleurs, la culture de la banane est entamée dès 1957 sur environ 50 hectares à Montalègre. Cette expérience est cependant abandonnée dès le début des années 1960 et ne sera renouvelée que trente ans plus tard, pour remédier à la crise sucrière. D'autre part, la SAUB ouvre une usine de fabrication de bois agglomérés à partir de la bagasse, le résidu de la canne à sucre. Elle investit enfin dans la pêche du thon, et même dans l'hôtellerie. En 1965, la SAUB, à son apogée, emploie plus de 2 100 ouvriers agricoles et industriels. La vente de terrains éloignés de l'usine et la politique de diversification trop accrue conduisent à un redressement judiciaire et à la fermeture de l'usine d'agglomérés en 1969. La succession des cyclones et des sécheresses entraîne une diminution de la production de canne, et le cyclone Hugo dévaste en 1989 les installations industrielles. La fermeture définitive a lieu l'année suivante.

PLANTATION DE MAHOGANYS
Usine de Beauport   A97122A7

L'implantation de ces bosquets entre dans le cadre de la politique de reboisement menée par la SAUB, qui crée des pépinières dans les années 1950, en partenariat avec l'administration des Eaux et Forêts. Près de 100 hectares sont ainsi reboisés. Pour assainir les terres humides de Lalanne, on plante des filaos, dont les branches sont souvent utilisées comme arbres de Noël, ainsi que des centaines de manguiers. Le bourg de Port-Louis est lui-même particulièrement boisé. Des amandiers et des poiriers ornent notamment les rues Schœlcher et Gambetta.

Port-Louis

LOCOMOTIVE DIESEL BROOKVILLE
XXᵉ siècle

Constructeur : Caterpillar
Garage Sicadeg

Beauport   *A9712242*

Dès le début du XXᵉ siècle, le nord de la Grande-Terre se couvre d'un réseau de voies ferrées permettant d'acheminer vers l'usine sucrière de Beauport les cannes chargées dans les stations de Berthaudière, de Girard, de Duval, de Cluny et de Balin. D'origine anglaise, les locomotives à charbon ont pour nom *Pierre, Odette, Jimmy, La Fernande* ou *Marine*. Elles transportent également le sucre vers les appontements de Rambouillet, à Port-Louis, d'abord, puis de Beautiran, à Petit-Canal. Le sucre est chargé sur des gabarres vers le port de Pointe-à-Pitre, avant d'être acheminé vers la métropole. Ces locomotives sont entretenues par des ouvriers mécaniciens, qui forment une sorte d'aristocratie ouvrière bien connue dans le nord de la Grande-Terre : Arsonneau Nombrot, Lucas Mondat et Barbes Mayeko. Dans les années 1950, la direction de la Société anonyme de l'usine de Beauport confie à un technicien de la SNCF la mise en conformité de son réseau ferroviaire, qui s'étend alors sur plus de 50 kilomètres. Cette locomotive diesel fait partie de la dernière génération utilisée sur ce réseau. Elle pouvait tirer des convois de vingt wagons d'une vingtaine de tonnes chacun.

SITE DE MONROC
Section de Monroc   *A9712247*

Dans les années 1950, l'usine de Beauport revendique les terres des petits

CASE AMÉNAGÉE DEMONTAIGNE
XIXᵉ-XXᵉ siècles

Bois et ciment

Route de la plage du Souffleur   *A9712270*

À l'origine, la case traditionnelle est une construction simple et mesure environ 3 mètres sur 6. Par la suite, elle devient case aménagée,

paysans pour les intégrer à son domaine. À Monroc, la petite paysannerie entre alors en lutte contre la direction de l'usine. Affrontements et prolongements judiciaires défrayent quelque temps la chronique.

CROIX DE RAMBOUILLET
1865

Maçonnerie
Rue Achille-René-Boisneuf

    A9712211

Deux ans après que la commune a subi à la fois une épidémie de choléra et une importante sécheresse, on élève une croix à l'extrémité de la rue Achille-René-Boisneuf, dans le quartier de Rambouillet. Renversée par les cyclones de 1899, de 1908 et de 1928, elle est à chaque fois relevée et restaurée grâce aux souscriptions des fidèles.

suivant la tendance des années 1960, notamment après le cyclone Inès de 1966. Pour garantir un espace d'ombre et de fraîcheur, on crée une galerie. La cuisine est rebâtie en dur et une grille est parfois installée sur le devant. Des dentelles décoratives ornent la frise.

ÉGLISE
NOTRE-DAME-DU-BON-SECOURS
1891-1894-XXᵉ siècle

Pierre, maçonnerie et bois   A9712201

La paroisse Notre-Dame-du-Bon-Secours est créée vers 1730 et célèbre sa fête patronale le jour de la Visitation, le 2 juillet. Dès 1817, Boyer Peyreleau la décrit comme une « église grande et bien entretenue ». La même année, un incendie ravage l'édifice. L'église est alors reconstruite sur le modèle de celle d'Anse-Bertrand. En mars 1827, le baron des Rotours, gouverneur de la Guadeloupe, inaugure la pose de la première pierre, et le bâtiment est achevé deux ans plus tard. Il est cependant à nouveau mis à bas par le tremblement de terre du 8 février 1843. Dès le mois de décembre 1847, toutefois, l'abbé François Touboulic officie dans un sanctuaire neuf. Le 28 juin 1890, un second incendie détruit une nouvelle fois l'édifice, et les vastes docks de l'usine de Beauport, situés au quartier de Rambouillet, servent alors de chapelle et de presbytère. La municipalité conduite par Marc Beutier prend en charge la reconstruction de l'église, dont la charpente métallique est commandée à Anvers (Belgique). En 1894, la nouvelle église est consacrée par Mᵍʳ Soulé, et une plaque de marbre est placée pour cette occasion à droite de l'entrée. Dans son numéro du 13 mars 1894, *Le Courrier de la Guadeloupe* décrit la cérémonie : « Nouveau phœnix macédonien renaissant de ses cendres, le joli bourg de Port-Louis était sorti mieux bâti et plus coquet des flammes qui avaient dévoré son quartier le plus riche. »

NEF
XIXᵉ-XXᵉ siècles
Maçonnerie et bois
Église Notre-Dame-du-Bon-Secours A9712203

En 1989, l'église est très endommagée par le cyclone Hugo. Les travaux de restauration permettent entre autres de recouvrir de bois la charpente métallique, et de réaliser ainsi dans la nef une voûte entièrement lambrissée.

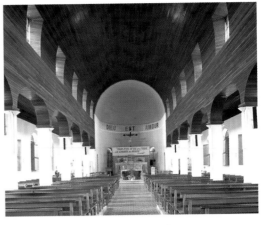

AUTEL
XVIIIᵉ siècle
Marbre de Carrare
Église Notre-Dame-du-Bon-Secours
    A9712204

Après l'abolition de l'esclavage, en 1848, l'abbé François Touboulic propose qu'un hommage particulier soit rendu aux nouveaux libres. Une inscription est gravée sur l'autel, témoignage rendu à Dieu par les anciens esclaves de Port-Louis.

PRESBYTÈRE
1891-1894
Bois   A9712208

Reconstruit après l'incendie de 1890, le presbytère semble avoir hérité, malgré la sobriété de son style, du type architectural de la maison de maître des habitations rurales. La ventilation est assurée au rez-de-chaussée par de nombreuses portes-fenêtres à persiennes. La construction est surélevée afin de la protéger de l'humidité, mais surtout à cause des inondations provoquées par les mini raz de marée qui immergeaient autrefois les alentours, avant la construction en 1957-1958 du mur de protection.

INTÉRIEUR
XIXᵉ-XXᵉ siècle
Bois et carrelage
Presbytère   A9712209

LA QUESTION DU PRESBYTÈRE
1926
Auteur : Jacques Edwige
Presbytère   A9712218

Les curés de la paroisse ont consigné leurs souvenirs dans un registre noir intitulé *Livre de paroisse ou Historique de l'église de Port-Louis*, qui fournit des informations historiques assez fiables sur la société, la pratique religieuse, et la connaissance de Port-Louis. Dans les années 1925, un différend oppose le curé au maire Jacques Edwige. Par la loi de séparation de l'Église et de l'État de 1905, la municipalité est devenue propriétaire des terrains de l'Église, sur lesquels elle entend construire des écoles publiques. Par ailleurs, elle réclame un loyer pour le presbytère, qui appartenait auparavant à la paroisse. Face au refus de celle-ci, le curé est sommé, en mars 1926, de quitter

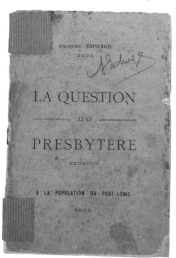

le presbytère. L'église est fermée. Le ton monte entre les deux parties, et l'évêché menace d'excommunier le maire. Ce dernier publie alors une brochure intitulée *La Question du presbytère*, destinée à éclairer la population de Port-Louis. Le conflit s'apaise grâce aux interventions du gouverneur, en 1928. Par la suite, en signe de réconciliation, le maire offre un harmonium à la paroisse.

TOMBES
Seconde moitié
du XIXᵉ siècle
Sable et lambi
Cimetière marin
Quartier du souffleur   A9712281

Ces tombes sont celles de trois religieuses venues de métropole, et appelées les « âmes spirituelles ». Le cimetière marin a pris place dans le prolongement de la plage du Souffleur au nord du bourg. À l'origine, un cimetière d'esclaves existait à droite du chemin conduisant aux plages de Démaré. Lors de la

Toussaint et de la fête des Morts, les 1ᵉʳ et 2 novembre, les tombes sont particulièrement fleuries et illuminées à l'aide de bougies. Selon le géographe Eugène Revert, qui vécut et enseigna à la Martinique dans les années 1930, « il est explicitement admis que les âmes des trépassés reçoivent alors la permission de revenir voir le décor terrestre et de passer quelques heures de minuit à minuit, dans l'intimité des leurs ».

TOMBE
XXᵉ siècle
Zinc et fer forgé
Cimetière marin   A9712213

Cette ancienne tombe, manifestement abandonnée, a été envahie par un bananier. Avant le réaménagement en dur du cimetière marin dans les années 1960, la plupart des tombes se présentaient sous la forme de monticules de sable entourés de conques de lambi ou de tôle de zinc. Les cercueils étaient eux-mêmes en zinc avant l'adoption des cercueils en bois.

ABATTOIR

Photographie A9712248

Le poirier presque centenaire, situé à coté de l'ancien abattoir du quartier du Souffleur, a résisté au passage du cyclone Hugo, qui a dévasté 75 % de la couverture végétale du bourg, dont le sablier de Rambouillet. Ce arbre servait à attacher tous les samedis les bovins qui étaient ensuite menés à l'abattoir. Ce dernier bâtiment, appelé « sénat » par les habitants de la commune parce qu'il était un lieu de rencontres et de discussions, a été détruit par le cyclone en 1989.

CHAPELLE
Début du XXᵉ siècle
Bois
    Quartier du Souffleur   A9712292

CHAPELLE DE LA PIETÀ
Début du XXᵉ siècle
Maçonnerie
    A9712293

CHAPELLE
DÉMARÉ-POINTE D'ANTIGUES
    Début du XXᵉ siècle
    Maçonnerie   A9712212

Le territoire de la commune comporte de nombreuses chapelles, dont celle de l'usine de Beauport, les deux chapelles situées avant et après le pont des Morts dans le quartier du Souffleur, la chapelle privée de la famille Naudillon dans le *wet* du Souffleur et la chapelle de la Pietà, sur lesquelles l'Église catholique affirme n'avoir aucun contrôle. Celles-ci sont des lieux de dévotion fervente, où la communauté chrétienne des Antilles vient prier, réciter des chapelets, chanter et déposer des fleurs, des bougies et des ex-voto au pied des statues de la Vierge et des saints.

MAISON BOURDON
XXᵉ siècle
Bois et tôle
Rue Gambetta
    A9712266

JARRE
1910-1920
Pierre
Maison Charles-Edwige   *A9712286*

Bien avant l'utilisation des barils et des fûts en bois, les jarres servaient à conserver les produits alimentaires et l'eau, en particulier dans les régions arides, comme au nord de la Grande-Terre. On les plaçait notamment sous des gouttières afin qu'elles recueillent l'eau de pluie. Le filtrage de l'eau était assuré par une pierre à eau, ou de préférence par un tamis. Devenues rares, ces jarres, et notamment les *dobann*, sont désormais recherchées, comme les anciennes chaudières à sucre, pour la décoration des patios, des jardins et des *lakous*.

MAISON
XXᵉ siècle
Bois, béton, fer et tôle   *A97122A9*

À l'instar de la plupart des maisons bourgeoises traditionnelles, cette demeure est entourée d'une vaste galerie. Le toit est soutenu par des colonnes avec des arcades en anse de panier. Quoique plus petite, cette maison offre des similitudes avec le presbytère.

MAISON
XXᵉ siècle
Bois,
maçonnerie et tôle
Rue Schœlcher
       A97122B0

Les maisons sont appelées « haut et bas », comme celle-ci, quand elles possèdent de un à trois étages, et que les ouvertures correspondent d'un étage à l'autre.

WET DU SOUFFLEUR
1920-1930
(100 env. × 2 m)
Quartier du Souffleur
       A9712283

Les *wet*, ou ruelles, tissaient autrefois le maillage urbain avant les grands travaux d'assainissement et le percement des grandes artères, en particulier dans la zone du stade, les quartiers de Rodrigue et de Zéphys-Rambouillet. Ils servaient notamment de raccourcis entre les différents quartiers et rues. Le *wet* du Souffleur reste le plus connu de Port-Louis. Il était un espace de jeux, de billes ou de lutte.

MAISON CHARLES
Vers 1950
Bois, parpaing et tôle
Wet du Souffleur
       A9712297

Très exposée aux raz de marée, cette maison est représentative des constructions aux matériaux multiples présentes sur le littoral. Celle-ci se distingue par son allure cocardière. Son propriétaire, ancien résistant dans les FFL, y a fait figurer les drapeaux français, anglais et américain.

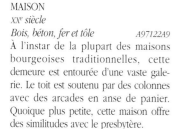

ANCIENNE PRISON
1923
Pierre, maçonnerie et tôle
Rue Schœlcher   A9712224
Située à une dizaine de mètres de la caserne de gendarmerie, la prison a très peu servi. Elle fait désormais office de local pour des associations.

MAISON LUMON-HADDAD
1930
Bois, zinc et tôle
Rue Schœlcher et rue Alexandre-Isaac
                                A9712264
Les façades en bois de cette maison sont recouvertes de plaques, de bandes et de pièces de zinc, destinées à la protéger à la fois de l'humidité en période d'hivernage, de l'air salin et des insectes. Cette maison porte le nom des Haddad, premiers commerçants syro-libanais à s'être installés dans le bourg en 1962.

MAISON ROCHE
1930
Bois et tôle
Rue Achille-René-Boisneuf   A9712265
Cette case créole typique, au bois nu, avec galerie, comporte dans sa cour intérieure un puits datant de la première moitié du XIXᵉ siècle.

RÉVERBÈRE
1930-1931
Constructeur :
Établissements
Laurence
Fer et fonte
(H. : 3 m env.)
Rue Achille-
René-Boisneuf   A9712234
De 1927 à 1932, la municipalité conduite par Jacques Edwige fait installer des réverbères dans le centre de la ville, principalement dans les rues Schœlcher, Gambetta, Charles-Caignet et Achille-René-Boisneuf. Seule cette dernière artère, longue de 800 mètres environ, possède encore une douzaine de ces réverbères, sauvés et restaurés en juillet 1966, et raccordés au réseau électrique en 1975.

MAISON ANTONIDES
1930
Bois, fer forgé, zinc et tôle
Rue Schœlcher   A9712272
Cette maison appartient au type de construction « haute et basse ». Les ouvertures du rez-de-chaussée correspondent à celles de l'étage. Sa faible profondeur, liée à l'étroitesse du terrain, est compensée par le fait que le rez-de-chaussée est prolongé par un aménagement du *lakou*, la cour intérieure.

ANCIENNE JUSTICE DE PAIX
1931

Architecte : Ali Tur

Béton armé

Rue Achille-René-Boisneuf   A9712220

Le bâtiment de la justice de paix est le premier édifice public construit après le cyclone de 1928. Il occupe l'emplacement de l'ancienne mairie, qui avait été bâtie en bois. Le rez-de-chaussée se compose de cinq salles dont l'une sert de salle de détention. Une grande salle de garde, où se déroulent les procès, occupe l'étage. Port-Louis étant chef-lieu de canton jusqu'en 1949, le bâtiment correspond à l'ancienne organisation de la justice dans la colonie. M. Mégas y exerce à l'époque les fonctions de juge de paix. L'hydrométrie et l'ensoleillement ont conditionné en grande partie l'architecture d'Ali Tur. Dans sa plaquette intitulée *Ali-Tur 1929-1937. Itinéraire d'une reconstruction*, l'architecte Christian Galpin rapporte les propos du célèbre architecte : « D'une part,

j'eus toujours soin d'orienter tous mes bâtiments de manière à ce qu'ils puissent être traversés de part en part par la brise (les ouvertures et les percements sont souvent implantés par groupe de trois), et j'eus soin, d'autre part, de remplacer les panneaux de portes, les vitres des fenêtres et même certaines parties des cloisons intérieures par des lames de persiennes orientables suivant les besoins. » Le bâtiment abrite désormais les services de la police municipale et de la douane.

MONUMENT AUX MORTS
1931

Béton et marbre

Rue Achille-René-Boisneuf   A9712216

Inauguré le 11 novembre 1931, ce monument porte les noms des vingt Port-Louisiens morts lors de la Première Guerre mondiale. Au total, 11 020 Guadeloupéens furent mobilisés pendant le conflit, et 8 700 envoyés au front, où 1 470 périrent. Parmi les vingt victimes de la commune figure le nom du jeune Étilce Saint-Éloi, assassiné pour des motifs raciaux par des officiers américains, en 1919, après la fin des hostilités, à Saint-Nazaire. D'autres militaires noirs des contingents coloniaux, déjà blessés ou mutilés, furent également violentés à cette occasion. À la suite de ce meurtre, la Chambre des députés vota à l'unanimité le 25 juillet 1919 un texte proposé par les deux députés guadeloupéens, Gratien Candace et Achille-René Boisneuf, et celui de la Réunion, Georges Boussenot, qui réaffirmait l'égalité des droits du citoyen devant la loi républicaine au-delà des préjugés de confession, de caste ou de race. Ce texte exhortait en outre le gouvernement à exécuter les poursuites judiciaires qui s'imposaient.

ANCIEN DISPENSAIRE ET MATERNITÉ
1931

Architecte : Ali Tur

Béton armé

Rue Gambetta   A9712221

Dans les années 1940-1960, l'action préventive du dispensaire, où l'on vient régulièrement passer une visite médicale, s'avère de première importance dans une région où l'hygiène laisse souvent à désirer. Contrairement à ce que laisse supposer l'autre dénomination du dispensaire, les accouchements n'ont pas lieu dans ces bâtiments, mais on y suit les grossesses à risque et on y pratique les campagnes de vaccination ainsi que la prévention maternelle. Le dispensaire a désormais perdu sa fonction sanitaire et ses nombreuses salles servent de locaux à des associations. L'usine de Beauport, de son côté, possédait son propre dispensaire, principalement destiné à son personnel.

GROUPE SCOLAIRE
1932
Architecte : Ali Tur et Gérard-Michel Corbin
Béton
Rue des Écoles   *A9712219*

Pour faire face aux reconstructions après le passage du cyclone de 1928, la commune de Port-Louis obtient du Crédit foncier colonial un prêt important. Les travaux concernent de grosses réparations de l'église et de la place d'Armes, la construction d'une justice de paix, d'une halle à poisson et à viande, d'une mairie, d'un dispensaire et d'un groupe scolaire. Jacques Edwige, maire de l'époque, fait appel à Ali Tur, architecte mandaté pour toute la Guadeloupe, et à Gérard-Michel Corbin, architecte et agent voyer de la commune. Un plan d'occupation du sol est par ailleurs mis en place : on opte pour une structure en damier et le percement de larges artères. Le groupe scolaire remplit plusieurs fonctions. Jusque dans les années 1980, il sert d'école aux Port-Louisiens, mais aussi à de nombreux enfants venus du nord de la Grande-Terre. Il fait par ailleurs office de salle des fêtes et de salle de théâtre. Il sert aussi de bâtiment de repli en cas de cyclone. Enfin, sous les deux cours de récréation intérieures, se trouvent des citernes géantes d'une contenance de 200 000 litres.

HÔTEL DE VILLE
1932
Architectes : Ali Tur et Gérard-Michel Corbin
Béton armé, pierre et fer forgé
Rue Gambetta   *A9712222*

Ce bâtiment est édifié dans le cadre des reconstructions après le cyclone de 1928, sur un terrain ayant appartenu aux familles Devarieux, Corenthin et Barbotteur. Si la main-d'œuvre participant au chantier est locale, les cadres et les techniciens sont d'origine européenne, en particulier italienne et espagnole. En 1935, l'ingénieur Robert, inspecteur des Travaux publics de la colonie écrit : « C'est avec cette main-d'œuvre inéduquée au début, mais qui s'est adaptée très vite, que tous les grands travaux ont été exécutés. On peut juger par les résultats obtenus, de l'importance de la transformation apportée ces dernières années dans la valeur professionnelle des ouvriers locaux. » Sa vaste salle de délibération est ornée d'un imposant miroir et de tableaux de papillons d'Amérique du Sud et de Guyane, et fait également longtemps office de salle des fêtes. L'édifice est inauguré par l'évêque et reçoit en juillet 1937 la visite officielle du gouverneur Félix Éboué, premier gouverneur de couleur, nommé par le Front populaire.

ANCIENNE HALLE À VIANDE ET À POISSON
1932
Architecte : Ali Tur
Béton
Rue Achille-René-Boisneuf   *A9712227*

Construites par la Société d'entreprise industrielle, les halles ont longtemps été un lieu de marché animé, en particulier le dimanche. Elles tombent en désuétude dans les années 1970 jusqu'à leur réhabilitation au début des années 1990. La structure sert désormais de bibliothèque et de centre municipal d'activités socioculturelles.

MAISON HENRI-EDWIGE
1936
Ciment, bois et tôle
Rue Sony-Rupaire   *A9712273*

Cette villa créole est achetée par Henri Edwige en 1936, pour écourter, d'après sa fille Lise Edwige, le trajet vers l'école, située en face. Malgré son retrait par rapport à la rue, la maison reste traditionnelle dans son architecture.

MAISON ISIMAT-MIRIN-MOZART
1942-1944
Maçonnerie et béton
Rue Schœlcher
A97122B2

Figurant parmi les premières maisons construites en dur dans le bourg, cette maison est l'une des nombreuses applications des principes architecturaux d'Ali Tur dans les constructions urbaines, comme en témoignent les matériaux utilisés, le large toit-terrasse, l'architecture aérée avec galerie et colonnes. Elle est édifiée par l'un des maîtres artisans maçons de la commune, Trébor Espérida.

COMMODE
XIXᵉ-XXᵉ siècle
Bois
Maison Reinette   *A9712287*

MAISON REINETTE
1944-1947
Bois et ciment
Rue Schœlcher
A9712263

L'architecture « métisse » de cet immeuble exprime une certaine originalité et une liberté de forme dans sa construction. Le rez-de-chaussée, en dur, est surmonté d'un étage et d'un galetas en bois.

ARMOIRE
XIXᵉ siècle
Bois
Maison Reinette   *A9712290*

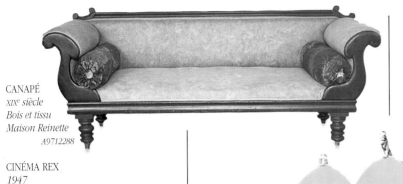

CANAPÉ
XIXᵉ siècle
Bois et tissu
Maison Reinette
A9712288

TEMPLE HINDOU
XXᵉ siècle
Pierre et maçonnerie   *A9712214*
Port-Louis compte une forte communauté indienne. Installée dans les sections de Lalanne, Fauvette, Belin et Beauplan, celle-ci a su préserver une part de ses traditions culturelles et cultuelles. Les temples colorés en sont les symboles, lieux de rituels, survivances de l'Inde.

CINÉMA REX
1947
Pierre, brique et maçonnerie   *A9712249*
Le projet de construction de ce cinéma de deux cent cinquante places est mené à bien par François Mimi, dentiste installé à Port-Louis dans les années 1940. Le Rex est inauguré en 1947, et la première projection a lieu en 1949. Trois séances ont lieu toutes les semaines, le jeudi, le samedi et le dimanche. Le Rex a longtemps été le seul cinéma du nord de la Grande-Terre. Mais, comme d'autres cinémas de quartier, il a dû fermer après avoir été de moins

PONT DES MORTS
1948-1949
Béton armé
Quartier du Souffleur
A9712284
Sur la route de la plage et du cimetière se trouve le pont des Morts. Construit sous la mandature municipale de la liste Hilaire-Nadir, il marquait autrefois la limite nord du bourg. Selon certains témoignages, ce pont était un « révélateur social » : lors des cérémonies funéraires, le curé acceptait, moyennant une contribution financière, de franchir ce pont et d'accompagner le

MATALOM
XXᵉ siècle
Terre cuite et peau de cabri
Collection de M. Lalsingué   *A97122A2*

en moins fréquenté. Cette baisse de la fréquentation s'explique principalement par l'installation de la télévision à la Guadeloupe à partir de 1964 et la concentration des salles à Pointe-à-Pitre.

corbillard et la procession jusqu'au cimetière, distant de un kilomètre de l'église. Dans l'autre cas, il abandonnait le cortège au Pont-des-morts, à mi-parcours, selon la pratique dite « de la demi-conduite ».

Dès les années 1950, on vient admirer et applaudir les groupes de musiciens indiens qui se produisent le samedi de la fête patronale de Port-Louis, sur la place de l'Église, après avoir salué le maire de la commune. Ces groupes jouent également aux mois de juin et d'août, à l'occasion des cérémonies d'hommage, et plus généralement lors des veillées funèbres indiennes. Dans les années 1960, une équipe de chercheurs américains et suédois, composée d'ethnologues, de musicologues et d'anthropologues, a procédé à un enregistrement de ces prestations musicales. Les musiciens utilisent entre autres le matalom, ou *chal a Trinidad*, un tambour à deux peaux.

TALOM
XXᵉ siècle
Métal
Collection particulière A97122A3
Le talom, ou *dhola in Trinidad*, est un genre de cymbale couramment utilisé par les musiciens indiens de Port-Louis ou de Saint-François.

TIMBALES
XXᵉ siècle
Aluminium
Collection particulière A9712259
Dans les années 1940 et 1950, ces pots recyclés, qui sont à l'origine des boîtes de conserve ou des boîtes de lait Nestlé, servent à boire du café, du chocolat ou de l'eau. Sur les marchés, les commerçants les emploient comme instruments

de mesure. Ils sont aussi utilisés au moment de la récolte sucrière. La donneuse d'eau va chercher l'eau à plusieurs centaines de mètres du lieu de travail et circule entre les ouvriers qui réclament à boire. De la main droite, elle puise l'eau dans un seau de 15 litres qu'elle porte sur la tête, et remplit une boîte de conserve de 1 litre qu'elle tient de la main gauche. Elle verse ensuite l'eau dans le quart du coupeur ou de l'attacheuse. Par tradition, seuls les ouvriers ont le droit de boire l'eau de la porteuse. Une formule créole témoigne de la présence nécessaire de l'eau sur les lieux de travail : « *Pa ti ni koupé kann si pa ti ni dlo bou nou buvé* », il n'y a pas de coupe de la canne si l'eau n'est pas là.

VESTIGES DE BASSIN DE DÉTIQUAGE
XXᵉ siècle
Béton A9712296
Cette structure permettait d'améliorer l'état sanitaire des troupeaux, en particulier ceux des petits exploitants. Un couloir en entonnoir conduisait les bovins vers le bassin d'eau mélangée à des produits préventifs phytosanitaires destinés à éliminer les tiques. Pour encourager les colons et les petits propriétaires méfiants à l'égard du procédé, l'usine Gardel, concurrente de celle de Beauport, payait les tiques au litre.

MARCHÉ MUNICIPAL
1952-1953
Béton armé
Rue Gambetta A9712223
La construction du marché, première réalisation de l'équipe municipale de Charles Edwige, entraîna des polémiques politiques et administratives. Très fréquenté jusque dans les années 1980, le marché a vu son activité décroître en raison de l'évolution des modes alimentaires et de la concurrence des grandes surfaces et autres légumeries. Mais le marché de Port-Louis est surtout célèbre à la Guadeloupe pour abriter l'un des bals publics les plus réputés, celui de la fête des Marins et des Marchands, le lundi de la fête patronale en juillet. Des orchestres de renom s'y sont produits comme le Carribeau Jazz, le Fairness Jazz, les Aiglons ou encore le Typical Combo.

FEUX
1952-1953
Béton armé
Wet du Souffleur   *A9712228*

Le littoral guadeloupéen est balisé par quatre grands phares – à l'îlet du Gosier, à l'îlet de Petite-Terre, à l'île de la Désirade et à la Pointe de Vieux-Fort – et par soixante-dix feux, dont celui de Port-Louis. Ce dernier est construit sur une hauteur de 11 mètres. L'alimentation des feux est d'abord à gaz, puis il est électrique à partir des années 1970. La portée du feu jaune est de 11 milles et celle du blanc de 9,5 milles.

INSTRUMENTS DU STEEL-BAND
1956
Acier
Collection particulière   *A9712239*

Le *steel-band* est un genre musical, désormais traditionnelle, de la Caraïbe. Il est arrivé à la Guadeloupe avec les ouvriers d'usines sucrières originaires de Sainte-Lucie et d'Antigua. L'orchestre est uniquement constitué d'instruments à percussion, formés de fûts d'essence de 200 litres, coupés et martelés, que l'on frappe à l'aide de baguettes, pour donner des sonorités voulues. Les bidons donnent donc le rythme mais également les mélodies et l'harmonie. Le groupe de Port-Louis, constitué de six musiciens, est aujourd'hui connu internationalement. Une école de musique *steel-band* a été ouverte dans la commune.

ABREUVOIR
Vers 1960
Maçonnerie
Section Pichon   *A9712248*

Parallèlement à la culture de la canne à sucre, l'élevage bovin assure aussi des revenus intéressants. La plupart de ces animaux sont de race créole ou importées d'Europe (France, Pays-Bas) ou d'Amérique. Les mares, qui se sont asséchées ou comblées, ne suffisant plus à abreuver le bétail, des abreuvoirs sont construits dans les années 1960.

FERME-JARDIN
1962
Bois et tôle
Brument   *A9712246*

À la fin des années 1950, la direction de la SAUB entame une politique de diversification de ses activités. En 1956, elle s'engage, avec la Société d'élevage de la Grande-Terre, dans des expériences d'élevage intensif et rationnel. En 1958, elle prend part à l'expérience de pêche du thon en haute mer initiée par la Cofranpec, la Compagnie française de pêche dans les Caraïbes. À Brument, aux abords de l'usine sucrière, une dizaine d'hectares sont consacrés aux cultures maraîchères, vivrières et tropicales. Jusqu'en 1966, les chercheurs et botanistes de l'Irat, l'Institut de recherche agricole tropicale, y expérimentent diverses espèces végétales. Par la suite, le site de Brument devient, sous la direction de M. Mounssamy, une ferme d'approvisionnement des services de l'armée, des prisons et des hôpitaux, et surtout de la population du nord de la Grande-Terre et particulièrement port-louisienne. Des ventes populaires avaient lieu le samedi. Cette expérience, qui emploie vingt ouvriers agricoles, est par la suite abandonnée. La ferme, toujours en activité, sert à l'élevage de caprins et à la culture de la banane et du melon.

PLACE ANTILLES
1962-1963
(110 × 15 m)   A9712231

La place rectangulaire Antilles, du nom de la mer qui lui fait face, est construite entre 1959 et 1963, en face de l'église et dans le prolongement de son esplanade. Elle fait souvent office de *bik*, ou lieu de rencontre et de concerts, ainsi que

d'« agora bourdonnante » au moment des échéances électorales. Lors de la fête patronale, une vingtaine de bars en planches de bois et à bâches s'y installent. Enfin, c'est de cette place qu'on tirait le traditionnel feu d'artifice, face à la mer.

PRESSOIR À CANNE
XXᵉ siècle
Fonte, fer et aluminium
(H. : 120 cm)
Collection particulière
                   A9712261

Il est nécessaire de passer deux fois la canne dans le pressoir pour en extraire le *vesou*. Parfumé de citron, ce jus peut être consommé immédiatement et constitue en l'état un excellent rafraîchissement. Les pressoirs à

canne, autrefois actionnés manuellement, le sont souvent désormais électriquement. On compte environ une dizaine de ces appareils à Port-Louis. Ils figurent généralement dans le *lakou*, où l'on trouve par ailleurs cocotiers, cannes à sucre, arbres à pain, arbres fruitiers, et plantes médicinales destinées aux infusions. Quand le terrain s'y prête, on installe parfois une batterie de « boîtes à crabes », pièges à crustacés. Si le *lakou* ne comporte pas nécessairement un puits, il possède presque toujours de nombreux fûts pour recueillir l'eau de pluie grâce à un système de gouttières.

VESTIGES DE L'ANCIENNE GENDARMERIE
XXᵉ siècle
Rue Schœlcher   A9712226

Il ne reste plus rien de l'imposante bâtisse en bois de la gendarmerie, autrefois entourée d'une clôture de fer, et qui est entièrement détruite en 1989 par le cyclone Hugo. Depuis les années 1970, le bâtiment abritait le centre communal de Sécurité sociale, une nouvelle caserne ayant été construite. Dans la mémoire port-louisienne, la gendarmerie se distingue pour avoir fait l'objet de la seule attaque insurrectionnelle antivichyste de la Guadeloupe, le 30 avril 1943. Certains témoins rappellent qu'il s'agissait d'un jour de pluie, et que le commando de résistants du nom de Pro Patria attaqua vers 16 heures. Cette action occasionna la mort de trois résistants et fit de nombreux blessés. En guise de représailles, la commune fut investie jusqu'en juillet 1943 par les troupes de fusiliers marins de la *Jeanne-d'Arc*, qui imposèrent le couvre-feu et commirent de nombreux actes de pillage et exactions. Un blocus par mer fut même instauré, et la rade surveillée par le navire de guerre *Barfleur*. Comme devait le dire plus tard un survivant de l'attaque dans les colonnes du journal *L'Étincelle* du 9 mai 1964 : « Port-Louis avait bien mérité de la Guadeloupe. Cette cité martyre a fait preuve d'incontestables qualités d'héroïsme et d'un amour remarquable de la liberté. »

CITERNE
XXᵉ siècle
Béton armé
Ancienne gendarmerie   A9712280

En 1932, l'administration de la colonie réalise une étude prospective concernant les citernes d'eau, à partir d'un recensement de 1931. Le rapport conclut au caractère non avantageux de ce système de conservation à grande échelle : « Le système des citernes est, à dotation égale (100 litres par habitant et par jour), plus coûteux à installer qu'un réseau de distribution. Aussi ce système ne pourrait-il être envisagé que pour de faibles débits, par exemple, une vingtaine de litres par jour et par habitant. »

Il n'en reste pas moins que les citernes de l'église et de la mairie rendent un grand service aux Port-Louisiens en période de carême entre les années 1930 et 1960. Tombées dans l'oubli du fait de l'adduction d'eau, elles sont à nouveau utilisées après le passage du cyclone Hugo, qui endommage le réseau d'eau. Elles servent enfin de point d'approvisionnement aux sapeurs-pompiers en cas d'incendie.

MANGROVE
Démaré-Pointe d'Antigues *A9712258*

La mangrove-marais a donné son nom à ce lieu, appelé Démaré en créole. Ce type de sol sablonneux est particulièrement sensible aux séismes, comme l'indique l'étude du tremblement de terre de 1843, qui a montré l'existence d'un phénomène de glissement de terrain. Dans les années 1960 et 1970, la plupart des programmes politiques préconisent l'assèchement de cette mangrove-marais pour des raisons d'hygiène, mais aussi

pour des contraintes démographiques et d'urbanisation. Ainsi, le nord du bourg actuel a pu s'établir après une conquête de 20 hectares environ sur les marais. Depuis les années 1980, les écologistes et les scientifiques défendent cet écosystème, espace de reproduction de la faune, qui est aussi un espace de chasse et de transit pour les oiseaux migrateurs.

PUITS PUBLIC
XXᵉ siècle
Pierre
Rue Schœlcher *A9712278*

Ce puits public situé près de la caserne de la gendarmerie, d'une profondeur d'environ 12 mètres, ne sert pratiquement plus. Il est un vestige de la question récurrente de l'eau dans cette région du nord de la Grande-Terre.

CANOT DE PÊCHE
XXᵉ siècle
Bois
Port de pêche de Zéphyr
Rambouillet *A9712299*

Dès l'origine, la pêche occupe une part importante de l'activité économique de Port-Louis, le Grand Cul-de-sac marin étant une zone très poissonneuse. Jusque dans les années 1980, il existait à Port-Louis deux aires de halage, celle du Souffleur et celle de Rambouillet, où l'on recensait de nombreux pêcheurs saintois. Les canots d'autrefois, de 3 à 4 mètres de longueur, sont devenus rares, et la voilure a disparu au profit des moteurs,

MAISON CHABEN
XXᵉ siècle
Bois et tôle *A9712268*

Une plaque posée sur la façade de cette maison rend hommage au chanteur port-louisien Gaston Germain-Calixte, dit Chaben (1922-1987), qui a marqué les mémoires avec ses chansons souvent autobiographiques et iconoclastes. *Zonbi baré mwen*, une chanson de son premier disque, suscite l'intervention du clergé. Le *boula gyel*, c'est-à-dire la bouche et le claquement des mains, constitue toute la mélodie et l'accompagnement des premiers

qui permettent aux pêcheurs d'agrandir leur rayon de pêche au-delà du Grand Cul-de-sac marin, jusqu'à Antigua et La Désirade. Cependant, les courses de canots à voile connaissent un certain regain. Au nouveau port de pêche de Zéphyr, une plaque rend hommage aux marins-pêcheurs de la commune morts en mer une vingtaine de 1927 à 1982.

PETIT BANC
XXᵉ siècle
Bois
Collection particulière *A9712260*

Installé devant la case, sous la véranda, le banc contribuait autrefois à une forme de convivialité familiale et de voisinage. Longtemps disparus, les bancs tendent à retrouver leur place, sous l'impulsion d'artisans ébénistes, tant dans certains établissements scolaires que lors de « veillées d'oralité », où chacun est prié d'apporter son *ti ban la*, son petit banc.

enregistrements. Ces morceaux étaient écoutés, aux Antilles, lors de veillées funèbres. L'association Atylié Chaben organise chaque année une cérémonie à la mémoire du chanteur, et anime une école de percussion.

Port-Louis

Saint-Barthélemy

SAINT-BARTHÉLEMY

Saint-Barthélemy

Canton de Saint-Barthélemy
Arrondissement de Saint-Barthélemy-
Saint-Martin
Superficie : 25 000 ha
Population 1990 : 5 039 hab.
Habitants : les Saint-Barths

Origine du nom : de Bartholomé, frère de
Christophe Colomb, qui donne son nom à
l'île lors de son deuxième voyage.

Blason : sous les fleurs de lis
de la couronne de France, la croix rappelle que l'île a été la propriété de
l'ordre de Malte. Entre les pieds des
pélicans, emblème de l'île, le listel porte
l'ancien nom caraïbe de
Saint-Barthélemy : Ouanalao.
A971230b

HISTORIQUE

*Ancienne colonie française rattachée
au domaine de la Compagnie des
Indes occidentales basée à Saint-
Christophe, l'île est occupée dès 1648
par les Français, sur décision du
commandeur Lonvilliers de Poincy.
Doté d'un sol pauvre et d'un climat
très sec, elle n'offre aucun potentiel
économique, mais demeure un enjeu
stratégique dans le nord de la Caraïbe.
Les habitants y développent davantage
la flibuste et la pêche que la culture de
la canne ou du coton. En 1784, l'île
est cédée au roi de Suède contre un
droit d'entrepôt à Göteborg. Treize
gouverneurs suédois se succèdent,
dont Salman Mauritz von Rajalin, qui
transforme le carénage en port franc
appelé Gustavia, libre d'entrée
et sans droit. L'île s'enrichit,
mais subit au XIXᵉ siècle de
nombreuses calamités,
dont le grand incendie de
1852 et les cyclones de
1867 et 1873. Elle grève le
budget de la Suède, qui la
rétrocède à la France en
1878, conformément aux
vœux des Saint-Barths. Elle
est alors rattachée à la colonie de la*

*Guadeloupe. Après de nombreuses
années d'économie de subsistance,
grâce à la pêche, au petit élevage et
aux cultures vivrières, l'île vit désormais principalement du tourisme.*

CLOCHER SUÉDOIS
Vers 1785
Pierre et bois
Gustavia   *A9712327*
L'édifice communément appelé « clocher
suédois » est un campanile de l'époque
suédoise servant à donner l'alerte. L'horloge, de 1920, est une dette de guerre de
l'Allemagne. Le clocher surveille la baie,
qui est envahie en 1801 par les Anglais,
excédés par la bienveillance que le gouverneur suédois témoigne aux Français
en accordant, depuis plusieurs années,
asile et ravitaillement aux navires de
Victor Hugues.

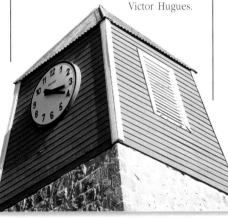

Après de nombreuses tractations, la cour
de Suède obtient le départ des Français
l'année suivante. Le port franc de Gustavia retrouve un intense trafic, avant
l'amorce de son déclin, à partir de 1820.

GUÉRITE
Fin du XVIIIᵉ-début du XIXᵉ siècle
                                A9712317

L'agglomération principale de l'île, Gustavia, s'installe autour d'un port naturel
entouré de mornes sur lesquels quatre
forts, édifiés par les gouverneurs suédois, protègent le carénage. Cette gué-
rite fait partie du fort Gustave, qui
pouvait croiser ses feux avec le fort
Oscar. Sa position dominante lui permettait de servir de vigie, car toutes
les îles environnantes étaient à vue.
C'est aujourd'hui un site d'observa-
tion météorologique.

MAISON MAGRAS
Première moitié du XIXᵉ siècle
Pierre et brique
Gustavia   *A9712311*
Édifiée à l'époque suédoise, cette maison appartenait à une famille de commerçants d'origine anglaise. Les fenêtres
à guillotine et les briques rouges, qui
revêtent la façade, soulignent le
caractère britannique du bâtiment. Le rez-de-chaussée comprenait les entrepôts et les
établissements commerciaux.
Les appartements luxueux,
meublés dans le style colonial
britannique, avec des canapés,
des commodes et des ber-
ceuses, occupaient l'étage. Par
la suite, l'édifice a accueilli un
cours privé, réservé aux filles
de la bourgeoisie locale.

Saint-Barthélemy

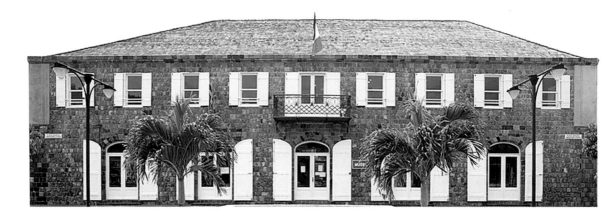

WALL HOUSE
1820
Roche volcanique
Gustavia   *A9712312*

Cette grande bâtisse suédoise est construite au milieu du quartier commercial de La Pointe. Il témoigne du dynamisme et de l'intensité des relations commerciales de l'île à l'époque suédoise, de 1785 à 1878. Le rez-de-chaussée, aménagé en salle de restauration et en bar, ainsi que l'hôtel de l'étage accueillent de nombreux commerçants de passage. La toiture est emportée par un cyclone ou par un incendie en 1848. Avec le déclin commercial de l'île, il est probable que les propriétaires ne sont pas en mesure de la reconstruire. Le bâtiment reste en ruine, d'où son nom de Wall House, jusqu'à sa restauration totale en 1994. À cette date, il accueille la bibliothèque municipale et le musée, créé en 1990, qui abrite une collection archéologique et de nombreux objets traditionnels.

COSTUMES TRADITIONNELS
XVIIIe-XXe siècles
Musée de Saint-Barthélemy   *A9712326*

HACHE
Ve-IXe siècles
Lambi
Musée de Saint-Barthélemy
A9712301

NASSE
Bois de bambou
Musée de Saint-Barthélemy   *A9712323*

Outil de pêche d'origine caraïbe, la nasse permet la capture de poissons et de crustacés. Autrefois en clisses de bambou, elle est désormais fabriquée avec du grillage métallique.

Les premiers habitants de l'île sont les peuples précolombiens, les Taïnos ou les Arawaks, vers 500 av. J.-C., puis les Caraïbes, sans doute originaires d'Amérique du Sud, implantés au cours de plusieurs migrations successives. Ces peuples vivaient principalement de pêche, recherchant particulièrement le *strombus giga*, nom savant du lambi, ainsi que les burgaux. Le lambi entrait également dans la fabrication d'outils, comme les haches, les aiguilles ou les pointes diverses. La lèvre du lambi, assez large, taillée puis polie, devenait un instrument tranchant d'une grande utilité.

Les différences de langage et d'activité ont abouti à scinder la population de l'île en deux groupes sociaux. Située « au vent », la population parle créole, et vit d'élevage et d'agriculture. Le costume traditionnel des femmes est constitué d'une grande robe bleue aux manches longues et d'une coiffe, parfois blanche, qui se rabat sur le visage, comme les coiffes normandes ou bretonnes. « Sous le vent », la population parle patois et développe des activités maritimes : la pêche et le commerce avec les autres îles. Les robes, aux manches longues, ont des motifs variés, souvent simples et sombres. La coiffe est appelée « calèche » ou « quichenotte ».

MAQUETTE DE PIROGUE
Bois de gommier
(L. : 4,50 m env.)
Musée de Saint-Barthélemy A9712322

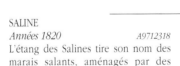

La pirogue, d'origine précolombienne, a longtemps constitué le moyen exclusif de navigation côtière et de pêche pour les marins de l'île. La coque était creusée dans un tronc de gommier, arbre au bois assez tendre venu de la Martinique ou de la Dominique. Les coques importées étaient relevées par deux planches, et permettaient de se déplacer à la rame ou à la voile. Lors des fêtes patronales, des régates appelées boulines étaient organisées.

ANCIEN PHARE
Années 1930
Cuivre
Musée de Saint-Barthélemy A9712324

Habitacle de cuivre équipé d'une verrière de couleurs verte, jaune et rouge, le phare était installé sur la colline, à l'entrée de la rade de Gustavia. Une lampe à huile placée à l'intérieur était allumée le soir, puis éteinte le matin. Le cadran rouge signalait le secteur où se trouvaient des écueils et des îlots, tandis que le secteur vert indiquait les zones sans danger. Le phare est remplacé au début des années 1960 par un phare automatisé.

SALINE
Années 1820 A9712318

L'étang des Salines tire son nom des marais salants, aménagés par des ingénieurs suédois au début des années 1820. D'importants travaux de construction de digues et de canalisations assurent l'arrivée de l'eau de mer à marée haute. À la fin de la saison sèche, le sel se cristallise au fond des bassins et la récolte peut avoir lieu. Le sel est longtemps utilisé pour la conservation du poisson et de la viande. Après une longue période d'inactivité, due à la concurrence des îles voisines, dès le milieu du XIXᵉ siècle, la saline est de nouveau exploitée des années 1930 jusqu'à la fin des années 1960.

URNE D'AUGUST NYMAN
1814
Marbre
Musée de Saint-Barthélemy A9712309

L'urne d'August Nyman est étroitement liée à l'émeute du 22 septembre 1810, qui éclate à Gustavia en réponse aux agissements du représentant de la justice, Anders Bergsted. Désobéissant aux ordres, le sergent-major Nyman refuse de tirer sur la foule. Bergsted est exilé aux États-Unis et Nyman, acclamé comme un héros. À sa mort, en 1814, la population reconnaissante organise une souscription afin d'ériger un monument à sa mémoire. Sur le côté de l'urne, le texte en suédois rassemble les donateurs sous l'appellation de « nombreux amis différents quant à leur langue et leur couleur, mais unis dans leurs larmes ».

ÉGLISE NOTRE-DAME-DE-L'ASSOMPTION
1821-1828-1840
Roche volcanique
Gustavia   A9712306

L'édification de l'église débute en 1821, à l'instigation du père Emmanuel Vich, qui profite de l'élan de reconstruction entraînant l'île après le passage d'un cyclone. Elle est achevée en 1928, sous la responsabilité de l'abbé Collet. Très abîmée par le cyclone de 1837, elle n'est complètement réparée que trois ans après. La convention, signée entre Louis XVI et Gustave III, stipule que les Suédois doivent respecter la foi des habitants. Ainsi, les gouverneurs manifestent la même bienveillance envers la confession catholique de la population d'origine française, qu'envers le culte protestant.

TOMBE DE JOHAN NORDERLING
1828
Pierre et marbre
Cimetière suédois
Quartier de Lorient   A9712308

Johan Norderling est gouverneur de Saint-Barthélemy de 1819 à 1828, date à laquelle, remplacé par le gouverneur Haasum, il se retire dans sa propriété de Saint-Jean. Il meurt peu après, des suites d'un accident de cheval, qui le précipite dans un ravin.

MAISON DINZEY
XIXᵉ siècle
Pierre et bois
Gustavia   A9712310

Cet ensemble se compose de plusieurs bâtiments adaptés au climat, dotés de persiennes facilitant l'aération et d'une architecture parasismique. L'aspect nordique de cette demeure, avec les bardeaux horizontaux de la façade et les fenêtres à guillotine, tranche avec sa structure typiquement antillaise : si le rez-de-chaussée, destiné à abriter un commerce, est maçonné, notamment afin d'éviter les incendies, la structure du premier étage fait appel au bois, matériau plus souple, qui absorbe les vibrations amplifiées du sol. Sir Richard Dinzey, né en 1790 à Saba, achète ce terrain en 1822, année de son mariage avec Eliza Petersen. Il est probable que la maison soit édifiée à la même époque. À l'origine plus petite, elle a ensuite été agrandie progressivement. C'est l'un des rares édifices de style suédois qui subsistent encore sur l'île.

(I. M. H. 1990)

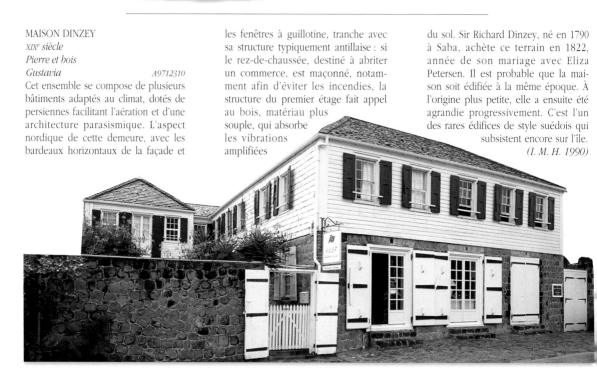

MAIRIE
1850
Pierre et bois
Gustavia   *A9712315*

La mairie actuelle est l'ancien palais des gouverneurs suédois de l'île. Le soubassement de pierre, peu vulnérable au feu, était réservé aux dépôts et aux magasins, tandis que l'étage abritait l'administration et la résidence du gouverneur.

CLOCHER
Fin du XIXᵉ siècle
Roche volcanique et bois
Église Notre-Dame-de-l'Assomption
          A9712303

ÉGLISE ANGLICANE
XIXᵉ siècle
Pierre
Gustavia   *A9712305*

ÉGLISE NOTRE-DAME-DE-L'ASSOMPTION
1855-1871
Calcaire
Quartier de Lorient   *A9712304*

La construction de cette église, à l'instigation du premier curé du quartier de Lorient, l'abbé Eugène Lecouturier, débute en 1855. Les pierres sont transportées en canot depuis le quartier du Petit-Cul-de-Sac. Les blocs sont ensuite soudés à la chaux, fabriquée sur place à partir de morceaux du récif corallien appelé « caye à chaux ». Grâce à la participation bénévole de la population « du vent de l'île », l'édifice est achevé en 1870, et inauguré en décembre 1871.

Le clocher de l'église est construit plus tardivement que le corps principal de l'édifice. Les pierres volcaniques utilisées sont également appelées *fire stones*. La toiture est réalisée en essentes.

Ce temple est construit par les responsables locaux de confession anglicane qui arrivent dans l'île au début des années 1850. De nombreux Suédois, adeptes des religions réformées, luthérienne ou wesbyenne, participent à son édification. Plusieurs fois endommagée par des cyclones, l'église est régulièrement reconstruite grâce aux contributions des fidèles. La cohabitation entre les catholiques et les anglicans s'est toujours bien déroulée à Saint-Barthélemy, sans heurt majeur.

CIMETIÈRE SUÉDOIS
XIXᵉ siècle
(60 × 60 m)
Quartier de Public   *A9712307*

Ces tombes en marbre, importées de Suède ou d'Angleterre, sont couvertes d'inscriptions en anglais retraçant la vie des défunts. Elles témoignent de l'importante communauté suédoise établie sur l'île, lorsque la Suède espérait faire du port de Gustavia la base d'un déploiement colonial aux Antilles. Le cimetière est devenu, au XXᵉ siècle, une sorte de lieu de pèlerinage pour tous les Suédois qui visitent l'île.

CASE
Fin du XIXᵉ siècle
Bois et maçonnerie   *A9712329*

Cette case traditionnelle est divisée en deux pièces par un panneau de bois ajouré. Ses fondations sont constituées d'un socle maçonné, qui l'isole de l'humidité du sol. La façade est recouverte d'essentes qui la protègent des intempéries. L'emploi de la tôle ondulée ne se généralise qu'après le cyclone de 1928, quand ce matériau devient bon marché. Ce type de demeure, modeste, n'est peint que rarement.

MAISON DE BOURG
Vers 1930
Bois et béton armé
Gustavia   *A9712331*

Les galeries entourant cette maison lui confèrent un style colonial peu courant sur l'île. L'utilisation d'un matériau spécifique à chaque étage est dictée, comme dans le reste des Antilles, par le souci de se protéger des cyclones et des incendies.

CASE À VENT
Début du XXᵉ siècle   *A9712333*

La case à vent est l'habitation typique de la côte au vent, dans la partie nord-est de l'île, la plus soumise aux alizés. Ses murs très épais sont constitués de grosses pierres recouvertes d'un enduit de chaux. Celui-ci, soumis à la très forte érosion éolienne, doit être restauré tous les ans. Par ailleurs, afin d'offrir la meilleure protection, le mur, face au vent, est toujours plein. Les volets sont encastrés dans l'épaisseur du mur, dont l'ouverture est biseautée sur un seul côté, face au vent. Ainsi, celui-ci les plaque naturellement contre le mur.

ANCIEN PHARE
Années 1930
Cuivre
Musée de Saint-Barthélemy

Saint-Claude

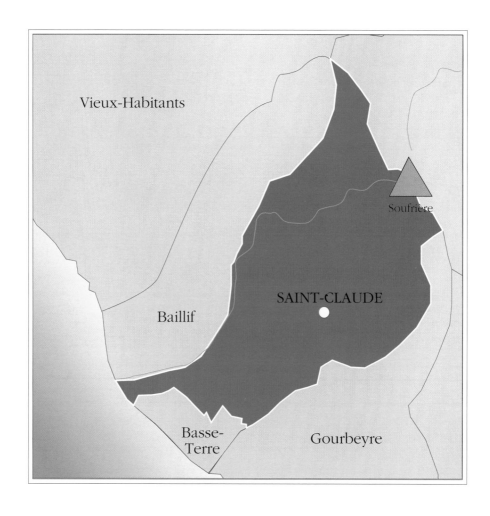

Vieux-Habitants

Soufrière

SAINT-CLAUDE

Baillif

Basse-
Terre

Gourbeyre

Saint-Claude

Canton de Saint-Claude
Arrondissement de Basse-Terre
Superficie : 3 430 ha
Population 1990 : 10 287 hab.
Habitants : les Saint-Claudiens
Cours d'eau : la Rivière des Galions,
la Rivière Saint-Louis, la Rivière des Pères,
la Rivière Rouge, la Rivière aux Écrevisses,
la Rivière Noire et la Rivière aux Herbes

Origine du nom : du patronyme du premier
supérieur des carmes de la Guadeloupe, le
révérend père Joseph de Saint-Claude.

Blason : les montagnes désignent la
Soufrière, le bleu, les eaux abondantes
sur le territoire de la commune ;
anthuriums et balisiers, symboles de la
forêt tropicale, rappellent la présence
du Parc national de la Guadeloupe ;
1838 marque l'installation effective des
autorités communales après la
création de la commune.
A971240b

HISTORIQUE

Le territoire de la commune est occupé dès les débuts de la colonisation, dans les années 1640. Il constitue le territoire agricole de la ville de Basse-Terre pour la culture de la canne à sucre et dela production sucrière. À partir des années 1720, les hauteurs sont mises en valeur par l'introduction du café. Le territoire de Saint-Claude est ravagé à plusieurs reprises lors des débarquements anglais de 1691, lors de la guerre de la Ligue d'Augsbourg, de 1703, pendant la guerre de Succession d'Espagne, et de 1759, durant la guerre de Sept Ans. En 1766, la paroisse de Saint-Pierre-du-Matouba est créée pour des Allemands et des Alsaciens qui avaient tenté une installation infructueuse à Kourou, en Guyane. C'est à Saint-Claude qu'en 1810 le capitaine-général Ernouf se rend aux Anglais. Le décret colonial du 20 septembre 1837 institue la commune de l'Extra-Muros, avec l'extra-muros de la paroisse Saint-François (comprenant la Rivière des

Pères, les montagnes de Bellevue et de Beausoleil), l'extra-muros du Mont-Carmel (constitué de la Montagne de l'Espérance et des Gommiers) et la paroisse de Saint-Pierre-du-Matouba. La commune prend le nom de Saint-Claude en 1858.

HABITATION DAIN
1651
Section Dain
                    A9712443
Fondée par les révérends pères carmes, l'habitation Dain, autrefois nommée habitation du Mont-Carmel, est la plus ancienne de la Guadeloupe, et résulte d'un don du gouverneur Charles Houël. L'un des pères carmes, le père Joseph de Saint-Claude, éponyme de la commune, a également laissé son nom à la Rivière de Saint-Claude, actuellement Rivière Noire, et à un lieu-dit, la

Savane-de-Saint-Claude, où se trouvent la mairie, l'église et le cimetière communal. Les revenus de l'habitation doivent à l'origine permettre aux pères de subsister sans aide extérieure. Elle est constituée d'une sucrerie, installée autour d'un canal, et d'une maison rectangulaire en pierre, à laquelle on accède par une allée bordée de palmiers royaux.

DISTILLERIE DESMARAIS
XVIIᵉ-XXᵉ siècles
Bois et tôle   *A9712441*
Dès 1665, le site abrite une habitation-sucrerie, propriété d'Hubert de Loöre, protestant hollandais. Jusqu'en 1872, l'exploitation appartient aux descendants de François Godet Desmarais. Elle

passe ensuite aux mains d'Auguste Cabre et de sa famille. Au XXᵉ siècle, la sucrerie n'est plus rentable, et l'habitation Desmarais devient une distillerie. L'énergie hydraulique est abandonnée au profit de la vapeur. Plus tard, on adjoint une confiturerie à l'exploitation, qui cesse dans les années 1990.

CASE DE TRAVAILLEURS
XXᵉ siècle
Bois, maçonnerie et tôle
Distillerie Desmarais
A9712442

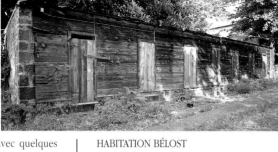

Les « cases à nègres », nom traditionnel des petites et fragiles habitations des esclaves, sont à l'origine bâties avec quelques poteaux de bois et une couverture en paille de canne à sucre. Elles sont individuelles ou familiales. Les « cases à travailleurs » qui les remplacent, outre la disparition du vocable de « nègres », marquent un changement : elles se constituent de longs bâtiments où se côtoient plusieurs familles qui forment des agglomérations. Ces bâtiments rudimentaires adoptent progressivement, au fil des reconstructions, l'usage des toitures en tôle ondulée.

PIERRE GRAVÉE
1713
Roche volcanique (40 × 60 cm)
Habitation L'Îlet
A9712440

Cette pierre gravée, posée par la famille Duquery, est la base du chaînage d'angle de la maison principale. Elle commémore le baptême de Marie-Élisabeth-Henriette, fille aînée d'Henri Duqueruy et de Marie Renault, son épouse. Celle-ci est alors âgée de 7 ans, âge du baptême protestant. Cet événement religieux, célébré solennellement, laisse supposer que l'enfant a pu rencontrer un pasteur. Or, si la communauté protestante est riche et influente à la Guadeloupe, aucun de ses pasteurs n'est autorisé à officier dans l'île, l'obédience protestante étant illégale à l'époque. Il faut donc penser que l'enfant a été conduite dans une autre île ou qu'un pasteur est venu clandestinement. Une autre pierre de l'habitation, gravée en 1717, mentionne une jeune sœur d'Henriette, Jeanne Duquery.

HABITATION BÉLOST
XVIIIᵉ siècle
Roche volcanique, bois et tôle
Section Bélost
A9712408

Cette ancienne habitation-sucrerie est l'une des dernières à avoir été construites sur le territoire de Saint-Claude. Son terrain, situé sur un promontoire rocheux qui domine la ville de Basse-Terre, n'offre en effet aucune possibilité d'acheminement de l'eau nécessaire, en tant que force motrice, à l'exploitation agricole. Le 8 février 1762, un accord est signé avec les carmes voisins, qui autorise à faire transiter sur leur propriété l'eau ponctionnée dans la Rivière aux Herbes. La maison est construite à l'initiative de Jean-Baptiste Dupuy-Désislets, qui possède déjà plusieurs sucreries contiguës au domaine de Bélost. Elle est bâtie en pierre, et non en bois comme habituellement, signe de la prospérité de son premier propriétaire. Son plan quadrangulaire deux fois plus long que large, traditionnel, indique l'origine locale de ses concepteurs et de ses constructeurs. Le corps du bâtiment possède un vaste toit où la tôle remplace les essentes. Celui-ci se prolonge en une avancée qui abrite une galerie faisant le tour de la maison. Derrière le bâtiment, se trouve un réservoir d'eau alimentant le canal qui longe la cuisine, séparée du corps principal, où l'eau est ensuite acheminée vers la sucrerie située en contrebas. L'ensemble, comportant un moulin, des chaudières à sucre et des bâtiments industriels, date du XVIIIᵉ siècle.

ANCIENNE BATTERIE
XVIIIᵉ siècle
Pierre
Habitation Bélost
A9712409

La plate-forme sur laquelle se trouve l'habitation Bélost est consolidée par un grand mur en demi-lune qui supporte une ancienne batterie. Celle-ci, liée à d'autres sucreries situées à la même altitude, fait partie de la première ligne de défense du chef-lieu de la colonie. Créée lors de l'occupation anglaise de 1759 à 1763, la sucrerie Bélost continue en effet à servir de point d'appui lors des affrontements contre les Anglais de 1794 et 1810, ou lors des événements révolutionnaires, comme la reconquête de l'île par Victor Hugues, la venue contestée du commissaire de la Convention en 1794, ou la lutte contre les insurgés qui refusent le rétablissement de l'esclavage en 1802.

HABITATION PETIT-PARC
XVIIIe siècle
Bois et tôle
Petit-Parc A9712426

Cette habitation-caféière est créée au moment où le café est introduit à la Guadeloupe, sur des terres conservées comme réserve par le gouverneur Charles Houël. Son fils les vend en 1719 à des habitants qui possèdent des terres plantées en canne à sucre à une altitude inférieure, et qui ont anticipé l'expansion de la culture du café. Cette habitation passe successivement aux mains de plusieurs familles et l'exploitation fonctionne jusqu'aux années 1930. À cette époque, la culture de la banane remplace peu à peu celle du café, pour la supplanter après la Seconde Guerre mondiale. Si les bâtiments industriels ont été abandonnés, la grande case a conservé son style de maison de maître, avec son vaste toit recouvrant une galerie qui fait le tour de la maison. La petite case est construite sur le même modèle.

MAISON DE MAÎTRE DE L'HABITATION BEAUVALLON
XVIIIe siècle
Pierre et tôle
Section Beauvallon A9712410

Cette habitation est à l'origine le centre d'un vaste domaine agricole qui s'étend sur la plus grande partie du territoire devenu la commune de Saint-Claude, de la mer jusqu'aux hauteurs du Matouba. Ce domaine se consolide lors de l'occupation anglaise de 1759 à 1763. Son créateur, Jean-Baptiste Dupuy-Désislets, bénéficie de la fortune de ses deux épouses successives, associée à ses propres biens. Il devient propriétaire de sept sucreries contiguës, au moment où la demande de sucre et de rhum s'accroît, la France ayant perdu une grande partie de ses colonies américaines. Il est aussi l'instigateur d'une expérience originale dans les hauteurs du Matouba, la création d'un élevage de bovins, appelé « hatte », avec des colons alsaciens et allemands. Dupuy-Désislets possède également des caféières, où travaillent des esclaves lorsque l'activité diminue dans les sucreries. L'habitation Beauvallon, autrefois appelée Bellevue, sert de résidence principale à ce riche entrepreneur. Aussi reflète-t-elle la puissance de ce dernier, par les matériaux utilisés et par son agencement. Celui-ci utilise largement l'espace, tout en conservant un plan classique, axé autour du canal acheminant l'eau nécessaire aux usages domestiques et à l'exploitation. De plan rectangulaire, la maison repose sur une terrasse surélevée qui lui donne une certaine majesté, dominant les bâtiments industriels et les habitations des esclaves puis des ouvriers, en contrebas. La sucrerie fonctionne comme distillerie jusqu'à la Seconde Guerre mondiale.

VESTIGES DE CASE À CYCLONE
XVIIIe siècle
Pierre
Habitation Beauvallon A9712411

La propriété possède une ancienne « case à vent » ou « case à cyclone », aménagée sous la maison. On y accédait autrefois par une trappe sous le plancher du salon et elle était pourvue d'une sortie vers l'extérieur. Elle servait de refuge en cas de cyclone.

VESTIGES DE CITERNE
XVIIIe siècle
Pierre et ciment
Habitation Beauvallon A9712412

Cette citerne monumentale reçoit l'eau de pluie du toit et fournit l'eau de boisson. Elle est un signe de démarcation par rapport aux habitations plus modestes.

ENGRENAGES
XVIIIᵉ-XXᵉ siècles
Bois d'acajou
Habitation Reiset A9712420

Ces engrenages, entraî-nés également par la roue hydraulique, font tourner un rouleau qui ôte, aux grains fraîche-ment cueillis, la cerise, peau rouge qui recouvre au départ les grains. Ils sont confectionnés en bois d'acajou, qui résiste aux termites.

ROUE HYDRAULIQUE
XVIIIᵉ-XXᵉ siècles
Bois et zinc
Habitation Reiset
Section Morin A9712419

Ancienne sucrerie créée au XVIIᵉ siècle, l'habitation Reiset fait partie, à l'origine, d'un ensemble d'habitations qui se suc-cèdent sur les flancs de la montagne de l'Espérance. Toutes utilisent le même canal, qui capte les eaux de la Rivière du Gommier et celles de la Ravine Chaude. Cette exploitation doit son nom à l'un de ses propriétaires, François-Phi-libert Reiset, payeur et receveur général de la Guadeloupe après la Révolution. Achetée au XIXᵉ siècle par les Cabre après l'abolition de l'esclavage, elle est intégrée à leur propriété et transformée en caféière. Elle fonctionne jusque dans les années 1950. La roue hydraulique de l'ancienne sucrerie a été conservée et entretenue en utilisant les mêmes matériaux que ceux d'origine, c'est-à-dire le bois renforcé de cercles de zinc. Elle faisait autrefois fonctionner les différents éléments de la boniferie à café dont la déceriseuse.

PILONS
XVIIIᵉ-XXᵉ siècles
Bois de tendre-à-cailloux
Habitation Reiset A9712418

Ces pilons sont confectionnés en tendre-à-cailloux, acacia local très dur et imputrescible. Entraînés à travers un jeu de transmission par la roue hydraulique, ils se soulè-vent puis retombent dans des où sont placés les grains de café décerisés et séchés. Cette opéra-tion permet d'ôter la parche, peau épaisse et cassante, ayant l'aspect du parchemin, d'où son nom.

CHEMIN DE PÉNÉTRATION
1766-1903
Le Matouba A9712425

Lors de la restitution de la Guade-loupe à la France, à la suite du traité de Paris de 1763, le gouver-nement local tire les conséquences de la défaite devant les troupes anglaises, et décide de tracer une route d'intérieur qui doit relier la Grande-Terre à Basse-Terre. Le projet coïncide avec l'arrivée des Alsaciens et des Allemands sur les hauteurs de la ville de Basse-Terre. Ceux-ci doivent se consacrer à l'élevage de bovins et à la construction de cette route. L'ap-probation du roi est donnée le 18 novembre 1767, mais arrive plus tard à la Guadeloupe. Les esclaves des plantations sont sollicités pour la construction, mais les habitants refusent de partager leur main-d'œuvre. Par ailleurs, les militaires estiment finale-ment qu'il est dangereux d'ouvrir une route qui permettrait de surprendre Basse-Terre par l'arrière, aussi le projet est-il abandonné, bien qu'une piste ait été tracée. Victor Hugues, commissaire de la Convention en 1794, l'utilise pour prendre à revers les Anglais réfugiés dans le chef-lieu, et fait par la suite entretenir le chemin, qui prend le nom de trace Victor Hugues. Abandonné après la Révolution, celui-ci est réamé-nagé par les Anglais entre 1810 et 1816, puis à nouveau délaissé. Tout au long du XIXᵉ siècle, diverses tentatives sont faites pour en retrouver le tracé et en 1903, le club des Montagnards reprend les travaux. L'Office national des Forêts se charge par la suite de son entretien. Le chemin est actuellement intégré au Parc national de la Guadeloupe.

PONT DE NOZIÈRES
1772-XXᵉ siècle
Fer forgé
Petit-Parc   A9712416

Après la guerre de Sept Ans et l'occupation anglaise (1759-1763), l'administration de M. de Nozières, gouverneur général des Îles-du-Vent, réexamine tout le système de défense de l'île. Construit en 1772, ce pont doit mettre en relation les chemins de la paroisse du Matouba et ceux de Basse-Terre, dont le terroir s'est fortement agrandi en direction de la montagne. Il remplace l'ancien chemin qui passait par le fond de la Rivière Noire et le long de deux dangereuses falaises abruptes. Bâti primitivement en bois, ce pont peut être facilement détruit en cas d'invasion

anglaise. En cas d'alerte, Le Matouba doit pouvoir servir de réduit, où les femmes, les enfants, les esclaves, les troupeaux et les biens les plus précieux peuvent être mis à l'abri dans cette partie montagneuse bien délimitée par des rivières encaissées, et facilement défendable.

NYMPHE
Début du XIXᵉ siècle
Métal émaillé
Collection particulière
                    A9712429

À l'origine, cette statue surmontait une vasque qui recueillait l'eau s'écoulant de l'amphore. Élevée sous l'administration du maire Adolphe de Lagarde (1901-1914) sur la place de la mairie, elle est par la suite déplacée sur la place du marché, qu'elle agrémente, tout en servant au lavage des légumes. Caractéristique des soucis esthétiques de la fin du XIXᵉ et du début du XXᵉ siècles, elle doit son édification à la prise de conscience par les autorités de l'importance de l'assainissement de l'eau potable, à la suite de la grande épidémie de choléra de 1865-1866, qui fait disparaître une partie importante de la population. Lors de l'aménagement de la place du marché dans les années 1970, la fontaine est démantelée et le

descendant du donateur récupère la statue, alors que la vasque est transportée dans une école de la commune.

MAISON
Début du XIXᵉ siècle
Pierre et tôle
Section Choisy   A9712437

Cette maison, de modeste dimension, est édifiée selon l'architecture classique de la région. La robuste maçonnerie est agrémentée par les piédroits et les encadrements des ouvertures en pierre de taille. Les volets en bois comportent tous de lourdes barres destinées à résister aux cyclones. La terrasse dallée est particulièrement vaste, comme dans toutes les habitations-caféières : elle sert en effet au premier séchage du café, avant que les grains ne soient portés dans les boucans.

CLOCHE D'HABITATION
Milieu du XIXᵉ siècle
Fondeur : Villain
Fonte
Section Choisy   A9712436

Cette cloche, fondue au Havre (Seine-Maritime), occupe toujours le même emplacement, à l'angle de la terrasse, derrière la maison principale. Sur son support élevé, elle domine les cases des travailleurs pour les appeler à l'ouvrage. Elle porte en moulage l'inscription « habitation Cabre », du nom du fondateur de cette habitation-caféière.

AQUEDUC
Début du XIXe siècle
Pierre, mortier et bois
Section Choisy A9712432

La présence d'un canal d'eau courante est fondamentale pour la commodité d'exploitation d'une habitation. Ici, l'eau provient de cinq sources, situées sur les hauteurs de la propriété. Après avoir fourni à la maison l'eau d'usage courant, puis alimenté des bassins, des abreuvoirs et des lavoirs, l'eau arrive sur l'aqueduc, appelé aux Antilles la « masse-canal ». Elle sert alors à faire tourner la roue actionnant les machines de la propriété, et en premier lieu, des moulins à roucou. Plus loin, une seconde roue entraîne les mécanismes nécessaires à la préparation du café.

LAMMOIR À CHOCOLAT
Milieu du XIXe siècle
Fabricants : Beyer frères
Fonte et grès
Section Choisy A9712433

Cet appareil sert à fabriquer des plaques de chocolat, à partir de poudre de cacao. L'exploitation où il se situe cultivait et récoltait autrefois le cacao. Un premier appareil, appelé « malaxeur » ou « mélangeur », permet de mélanger la poudre de cacao et le sucre. Un foyer, au niveau inférieur, chauffe doucement le mélange. Deux gros rolles, en grès, mus par la roue hydraulique, malaxent la pâte. Les trois rouleaux du lammoir laminent ensuite la pâte, qui est enfin découpée.

PIERRE TOMBALE
XIXe siècle
Roche volcanique et marbre
Cimetière de la famille Cabre
Section Choisy A9712403

La famille Cabre possède une grande partie des terres de la commune au XIXe siècle et jusqu'au milieu du XXe siècle. Le cimetière d'habitation, au centre de leurs propriétés, est créé par le fondateur de la dynastie, arrivé de Douai (Nord) juste avant la Révolution. L'évolution du style des tombes met en valeur la « créolisation » de la famille. La plus ancienne, datant de 1824, édifiée en marbre importé, dans un style néo-classique, manifeste la richesse nouvelle de la famille. Par la suite, la roche volcanique locale remplace peu à peu le marbre, qui n'est conservé que pour la plaque funéraire, alors que le style même des tombes évolue de plus en plus vers un art mortuaire local.

BOUCAN
Début du XIXe siècle
Pierre, bois et tôle
Section Choisy A9712435

Le séchage des grains de café débarrassés de leur cerise est une opération essentielle pour la qualité du produit final. Dans ce bâtiment, appelé boucan, les grains sont étalés aux deux niveaux supérieurs, sur le sol en bois. Les grands panneaux de façade se relèvent totalement vers l'intérieur, grâce à un système de poulies et de cordes. L'orientation est au sud-ouest, pour profiter du soleil le plus chaud, et pour abriter les grains des pluies venant de l'est. Le niveau inférieur renferme des moulins à roucou, entraînés par une roue hydraulique qui s'appuie sur le pignon nord.

MOULIN À ROUCOU

Vers 1870
Fabricant : Brissonneau
Fonte
Section Choisy   A9712438

Le roucou est une plante tinctoriale dont se servaient déjà abondamment les Amérindiens. À la fin du XIXᵉ siècle, la Guadeloupe en est le premier producteur mondial. L'armée française l'utilise pour teindre les pantalons garance jusqu'aux premières années de la Première Guerre mondiale. Vers 1850, M. Périollat, habitant blanc créole, met au point des machines industrielles performantes, permettant de recueillir le colorant. Ces moulins à roucou, directement nés des études de M. Périollat, se retrouvent à Saint-Claude, à Trois-Rivières et à Vieux-Habitants.

CIMETIÈRE D'HABITATION

XIXᵉ siècle
Habitation
La Joséphine
Le Matouba   A9712402

Le cimetière de l'habitation La Joséphine est un exemple des cimetières présents dans les exploitations agricoles éloignées du centre et de l'église. La caféière La Joséphine, située en altitude, servait autrefois de maison secondaire et Saint-John Perse (1887-1975), enfant, y venait avec ses parents à la saison des pluies. Les tombes, recouvertes de plaques en roche volcanique pour la plupart, mais parfois aussi en marbre, sont celles des différents propriétaires du lieu. On y trouve celle de Charles Antoine Le Dentu (1801-1888), président de la chambre d'agriculture de Basse-Terre de 1867 à 1885. À cette époque, celui-ci fait de son habitation un véritable jardin botanique en y implantant des espèces peu connues, dont quelques-unes subsistent, comme un chêne d'Amérique ou un arbre à boulets de canon.

RÉSIDENCE PRÉFECTORALE

1855-1900
Bois
Morne-Houël   A9712405

Lors de leur dernière occupation de la Guadeloupe (1810-1816), les Anglais installent leur résidence d'été sur les hauteurs, au Matouba, dans l'ancien presbytère. Dans les années 1830-1840, elle est fortement dégradée et nécessite d'importantes réparations. Par manque de fonds, le gouverneur Fiéron décide, en 1849, de s'installer dans les trois pavillons du Camp Jacob, originairement construits pour le colonel d'infanterie et pour la direction du génie. Après avoir hésité entre réparer la résidence du Matouba et agrandir la nouvelle maison de campagne du gouverneur, les instances locales choisissent la seconde solution en 1855. Quarante-deux ouvriers sont employés pour les travaux. Longue maison en bois à un étage, la résidence constitue un exemple du savoir-faire des artisans locaux fortement impliqués dans les constructions en bois. Ce matériau est plus largement utilisé dans la construction à la Guadeloupe que dans les autres îles, car le domaine montagneux et forestier est assez étendu. Les essences utilisables pour l'ébénisterie sont variées et relativement abondantes, comme l'acajou, dit « amer ».

ESCALIER
XIXᵉ siècle
Fer forgé
Résidence préfectorale   A9712406

Cet escalier en colimaçon permet d'ac-céder au premier étage. Il s'intègre dans un ensemble architectural pour lequel il n'est pas prévu à l'origine. Son installation est motivée par le désir de donner un aspect majestueux et moderne à la véranda sous laquelle les gouverneurs recevaient autrefois leurs invités lors de grandes soirées mondaines.

BASSIN
XIXᵉ siècle
Roche volcanique
Résidence préfectorale   A9712407

Le bassin et sa fontaine, monumen-taux, ornent un jardin planté d'arbres et d'espèces végétales exotiques.

ANCIENNE CASERNE D'INFANTERIE
1850-1860
Pierre, brique et fer forgé
Camp Jacob
Morne-Houël   A9712417

En 1806, le gouverneur Ernouf installe sa résidence d'été sur les hauteurs de Morne-Houël et fait transformer l'église et le presbytère de Saint-Pierre-du-Matouba en maison de campagne. En 1808, devant la menace anglaise, il fait établir des retranchements et construire un magasin à poudre ainsi que des casernes pour les troupes. C'est là qu'il capitule en 1810 devant les Anglais, qui agrandissent la résidence et embellissent ses abords. Lors de la restitution de la Guadeloupe à la France en 1815, on juge l'établissement trop excentré par rapport à la ville de Basse-Terre, aussi, l'amiral Jacob préconise-t-il, en 1829, son déplacement vers Morne-Houël, à Saint-Claude. Mᵐᵉ de Montéran, à qui appartiennent les terrains, accepte d'abord de louer la surface nécessaire à l'implantation du camp, mais en 1844, le gouverneur Gourbeyre a recours à l'ex-propriation d'environ 30 hectares pour l'établissement du camp. Celui-ci com-prend des casernes pour les hommes de troupe, des pavillons d'habitation pour les officiers, des écuries et un hôpital militaire, construits de part et d'autre de la route qui mène vers le sommet de la Soufrière. Les casernes sont alignées de chaque côté d'une large allée. Chaque bâtiment, de plan rectangulaire, est prévu pour soixante hommes et com-porte un étage que l'on peut atteindre par un escalier métallique. Le toit à quatre pans est couvert de tuiles et non d'essentes, les murs sont en pierre, la brique venant en renfort. Les balus-trades, les colonnes et la charpente sont métalliques. Lorsque les troupes aban-donnent le camp après la Seconde Guerre mondiale, les bâtiments sont affectés à des activités civiles ou vendus à des particuliers. Les ateliers de la direction de l'artillerie, qui constituent l'arsenal du Camp Jacob, sont transfor-més en asile d'aliénés dès 1952. Les bâtiments de l'ancienne caserne d'infan-terie, quant à eux, abritent les salles de classe d'un centre de formation profes-sionnelle pour adultes.

CADRAN SOLAIRE
1846
Roche volcanique et fer forgé
Camp Jacob   A9712421

Situé près de la gendarmerie, installée dans les anciens bâtiments du quartier d'artillerie, ce cadran solaire est le témoin des recherches scientifiques effectuées par les officiers rési-dant sur place au XIXᵉ siècle. Du fait de la latitude tropi-cale, il est fixé parallèlement au sol, car le soleil est orienté au sud, au zénith ou au nord en fonction des saisons. L'instal-lation d'un cadran solaire à cette latitude suppose des calculs très précis. Sur le socle, sont gravées la latitude et la longitude exactes du lieu, et sur la lame, sa date d'installation, 1846, ainsi que le mot « Artillerie ».

HÔPITAL MILITAIRE
1860-1880
Brique, acier et tôle
Camp Jacob

A9712415

La construction de l'hôpital se réalise par étapes à partir de 1860. La troupe installée à son niveau appartenait à l'infanterie, la troupe d'artillerie se trouvant un peu plus bas. L'hôpital militaire doit remplacer celui de Saint-Louis à Basse-Terre. Son plan en U et les matériaux utilisés sont caractéristiques des bâtiments militaires de la seconde moitié du XIX⁰ siècle, où l'acier remplace large-ment le bois, et la brique la pierre. On peut mettre en paral-lèle cet édifice avec les deux hôpitaux mili-taires construits en 1825 à Basse-Terre et à Pointe-à-Pitre, de plan et de style simi-laires, mais dans lesquels la pierre et le bois sont abondamment utilisés.

SYNDICAT D'INITIATIVE
XIX⁰ siècle
Pierre et bois
Camp Jacob

A9712428

Ce pavillon présente une architecture très particulière pour la Guadeloupe, et ne ressemble pas aux autres bâtiments du Camp Jacob conservés. Il sert sans doute à l'origine de résidence à un offi-cier de rang supérieur, ce qui explique-rait son allure délibérément majes-tueuse : le rez-de-chaussée et le premier étage sont en pierre de taille avec un escalier ouvragé. Le second étage, plus rare, est à colombage, mode de construction très peu utilisé à la Guade-loupe contrairement à la Martinique. Du côté de la façade, le toit est percé d'un chien-assis. Celui-ci, plus haut et plus étroit qu'habituellement, renforce l'origi-nalité de cette maison. Entre les deux guerres mondiales, le pavillon sert de cuisine pour les militaires.

MAIRIE
1860
Pierre, acier et tôle

A9712413

La commune étant de création tar-dive, par décret colonial du 20 sep-tembre 1837, elle ne possède pas à ses débuts d'hôtel de ville, et les pre-mières municipalités se réunissent au domicile du maire, jusqu'au don de Mme de Montéran. Les matériaux utili-sés ainsi que le style sont représenta-tifs de construction des édifices officiels de cette époque et s'intè-grent dans l'ensemble architectural du quartier, marqué par les bâtiments militaires du Camp Jacob qui se construit au même moment.

ÉGLISE SAINT-AUGUSTIN
1860
Pierre et tôle

A9712401

Cette église remplace la chapelle de l'habitation des Le Pelletier de Monté-ran, famille présente dans la commune depuis le début du XVIII⁰ siècle. Au milieu du XIX⁰ siècle, l'héritière de la propriété, Mme de Montéran, fait don à la commune, qui vient d'être créée, d'un terrain sur lequel se trouvent la chapelle et le cimetière de la famille, afin d'y construire la mairie. Le cimetière devient communal et une église est élevée. Celle-ci est représentative des construc-tions religieuses de l'époque, mais s'ins-pire, pour sa façade, des édifices religieux d'Amérique latine.

PAYSAGE
1805-1835
Dessinateur : Joseph Coussin
Mine de plomb et fusain sur papier
Salle des délibérations
Mairie   *A9712423*

Ces paysages de Guadeloupe ont été réalisés par Joseph Coussin (1773-1836) lors de ses excursions dans l'île, notamment dans la région de Basse-Terre. Né le 5 novembre 1773 à Saint-Claude, Coussin passe les premières années de sa vie à la Guadeloupe, qu'il ne quitte que vers 1800. De retour au pays natal, il est nommé greffier plumitif au tribunal de Basse-Terre le 5 juillet 1805. Le 21 janvier 1809, il est envoyé comme greffier en chef au tribunal de première instance de Pointe-à-Pitre. Il revient à Basse-Terre avec ce titre le 19 avril 1813, et le 1er mars 1815, il reçoit la commission de greffier en chef de la cour d'appel de son père, qui s'est démis en sa faveur. Né Coussinblanc, il signe tous ses actes sous le nom de Coussin, sans doute pour les distinguer de ceux de son père. Curieux de tout, artiste, collectionneur de minéraux et écrivain, Coussin publie en 1824 un roman inspiré de la vie des Amérindiens, *Eugène de Cerceil ou les Caraïbes.* Érudit, il aime recevoir les intellectuels qui passent en Guadeloupe, et leur fait découvrir les sites qu'il apprécie, en particulier la Soufrière et ses environs.

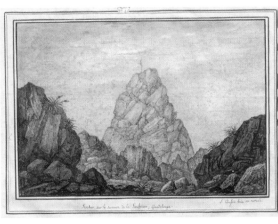

BAINS JAUNES
1887
Route de la Soufrière   *A9712424*

Ces sources thermales se trouvent sur le chemin menant à la Soufrière. Au XIXᵉ siècle, il est d'usage d'y faire halte pour la nuit, lors des ascensions du volcan. Un *ajoupa*, sorte d'abri provisoire, est généralement construit par les guides pour les riches randonneurs, et l'eau est retenue dans une mare naturelle. En 1887, le chemin est pavé par l'armée et des bassins sont aménagés ainsi qu'un abri en dur. Celui-ci est reconstruit par le club des Montagnards pendant l'entre-deux-guerres, et il est consolidé par l'association La Renaissance après la Seconde Guerre mondiale. Après l'éruption du volcan en 1976, à la suite de modifications du sol en profondeur, l'eau se refroidit. Malgré cela, les bassins sont restaurés, et une Maison du Volcan destinée aux touristes est édifiée, remplaçant l'abri.

PAYSAGE
1805-1835
Dessinateur : Joseph Coussin
Mine de plomb et fusain sur papier
Salle des délibérations
Mairie   *A9712422*

Dans les années 1950, le maire de Saint-Claude, Rémy Nainsouta, fait l'acquisition des dessins de Coussin au nom de la municipalité de Saint-Claude. Les cyclones et les mauvaises conditions de conservation en font disparaître un certain nombre. Ceux qui subsistent sont encadrés par l'artiste local Irénée Aristide.

ROUE HYDRAULIQUE

Fin du XIXᵉ siècle
Fonte et acier (d. : 5 m)
Habitation Grand-Val

A9712430

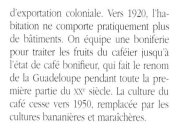

Cette roue date de l'époque à laquelle la Guadeloupe se modernise. De fabrication industrielle, et donc importée, elle possède un axe, des bras et des joues en fonte. Les augets, en tôle galbée, ont presque tous disparu. Elle était autrefois alimentée par un canal, construit à Grand-Val à partir du XVIIIᵉ siècle pour les besoins de la caféière, puis de la sucrerie Grand-Parc, en aval. Avant l'installation de cette roue, de nombreuses roues en bois se succèdent à cet emplacement. Lors de l'installation de la glacière, le canal est dérivé : l'eau entraîne dès lors deux roues simultanément, l'une en bois, pour la glacière, l'autre en métal, pour le traitement du café.

conduit à la création de plusieurs glacières dans l'île à partir de 1880. La plupart utilisent une roue hydraulique, comme à Grand-Val, mais certaines fonctionnent à la vapeur. La glacière de Grand-Val cesse de fonctionner vers 1920, probablement parce que le site, se trouvant isolé, rend la distribution incommode.

d'exportation coloniale. Vers 1920, l'habitation ne comporte pratiquement plus de bâtiments. On équipe une boniferie pour traiter les fruits du caféier jusqu'à l'état de café bonifieur, qui fait le renom de la Guadeloupe pendant toute la première partie du XXᵉ siècle. La culture du café cesse vers 1950, remplacée par les cultures bananières et maraîchères.

MONUMENT DE DELGRÈS

1948
Grand-Parc
Le Matouba

A9712404

Ce monument commémore le sacrifice de Louis Delgrès. En mai 1802, celui-ci refuse le rétablissement de l'esclavage en Guadeloupe et résiste jusqu'à la mort, avec ses partisans, aux troupes envoyées de métropole par le Premier consul et commandées par Richepance. Le monument s'élève près du lieu des derniers combats, dans l'habitation d'Anglemont. Il est érigé lors du 100ᵉ anniversaire de l'abolition de l'esclavage, sous l'impulsion de Rémy Nainsouta, maire de Saint-Claude.

" LA GUADELOUPE ILLUSTRÉE "

289. - La Glacière de Matouba

GLACIÈRE

Début du XXᵉ siècle
Carte postale
Habitation Grand-Val

A9712431

En 1820, un navire de Boston (États-Unis) chargé de glace et de viande fraîche arrive à Basse-Terre. L'événement est très apprécié par tous les habitants aisés, qui attendent désormais chaque hiver l'arrivée de bateaux. À partir de 1860, le débit de glace et de comestibles conservés dans la glace fait l'objet d'une concession décennale. L'invention du principe de réfrigérateur en 1860

BONIFERIE

Début du XXᵉ siècle
Caféière Sablon
Le Matouba

A9712439

La caféière Sablon est créée vers 1765 par Jean-Marie Pupil du Sablon, qui défriche le terrain et s'y installe. Pendant plus d'un siècle, l'exploitation reste dans la famille. On y cultive principalement du café, mais aussi du cacao et du roucou, selon les contingences du marché

Saint-François

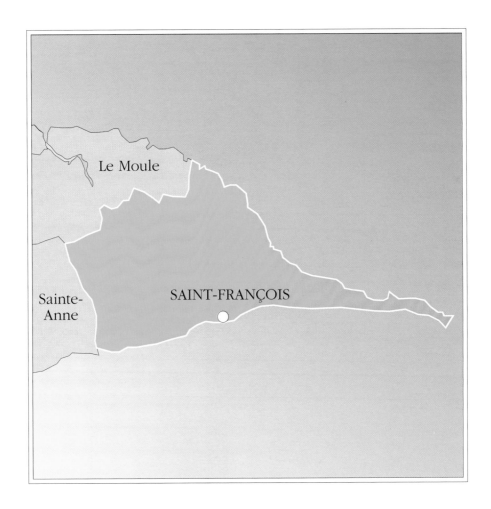

Le Moule

Sainte-
Anne

SAINT-FRANÇOIS

Saint-François

Canton de Saint-François
Arrondissement de Pointe-à-Pitre
Superficie : 5 600 ha
Population 1990 : 7 987 hab.
Habitants : les Franciscains

Origine du nom : de saint François d'Assise, patron de la paroisse.

Blason : le moulin à vent et les champs de canne, d'une part, la mer et la pêche, d'autre part, évoquent les deux vocations de la commune, terrienne et maritime.
A971250b

HISTORIQUE

Les fouilles effectuées dans des sites importants comme la Pointe des Pies ou l'Anse à la Gourde attestent une occupation très précoce du territoire de Saint-François par les populations amérindiennes, dès le début du Ier millénaire av. J.-C., et de façon continue. La paroisse de Saint-François, dite encore paroisse des Châteaux, existe au moins depuis 1695, et peut-être dès 1638. Dès ses origines, elle est desservie par les capucins, qui la placent sous la protection de saint François d'Assise. Jusqu'à la fin du XVIIIe siècle, le quartier cultive principalement du coton. Si la présence de la canne, repoussée aux limites ouest et nord, peut paraître marginale, elle donne pourtant naissance, dès les premières décennies du XVIIIe siècle, à de grands domaines exploités par d'importants ateliers d'esclaves. En 1794, la commune prend momentanément le nom d'Égalité. La vocation sucrière s'impose dès la Restauration : en 1820, le quartier compte trente-six manufactures à sucre, et quarante et un moulins, dont onze à bêtes et trente à vent. Liée à l'abolition de l'esclavage et aux craintes des colons de manquer de main-d'œuvre pour cultiver la canne, l'arrivée des immigrants indiens s'opère entre 1854 et 1889. L'usine centrale de Sainte-Marthe rythme la

vie locale de 1868 à 1974. Dévastés par le cyclone de 1928, le bourg et sa campagne sont à nouveau ravagés par l'ouragan Hugo, en septembre 1989. Le tourisme est désormais la ressource principale ; la pêche et une agriculture de maraîchage constituent des activités d'appoint non négligeables.

FRAGMENT DE VASE
300-600

Céramique peinte et incisée (L. : 22 cm)
Musée Edgar-Clerc, Le Moule A9712550
Dans les années 1960, Edgar Clerc a pratiqué quelques fouilles archéologiques dans la partie nord-est du site de l'Anse à l'Eau, à la limite des communes de Saint-François et du Moule, au sujet desquelles peu de renseignements demeurent. Sur la dune côtière, une soixantaine de mètres carrés ont été dégagés sur une profondeur d'1,60 à 1,90 mètre, laissant apparaître trois niveaux stratigraphiques. Les deux niveaux inférieurs se rapporteraient à des phases mal définies du Cedrosan saladoïde. Le mobilier céramique recueilli révèle divers vases et fragments de céramique peinte et incisée, accompagnés d'adornos. Le niveau supérieur a livré des vestiges postsaladoïdes, qui restent à dater précisément. De nombreuses pierres à trois pointes, souvent fragmentées, sont issues principalement du niveau moyen.

GALET GRAVÉ
500-800

Calcaire (H. : 13,5 cm)
Musée Edgar-Clerc, Le Moule A9712551
Le site naturel de la Pointe des Pies et de l'Anse Champagne se présente à l'origine comme une vaste zone de mangrove de bord de mer, abritée par un petit promontoire rocheux d'origine calcaire. Il ne reste aujourd'hui qu'une petite plage, qui a fait l'objet d'une fouille de sauvetage. Un niveau archéologique profond a livré des restes alimentaires d'origine marine, associés à un outillage lithique et coquillier, sans présence de céramique. Une datation radiocarbone fait remonter l'occupation du site à une période comprise entre 997 et 949 av. J.-C., soit la plus ancienne connue à la Guadeloupe. Il s'agit du premier indice avéré d'une présence de groupes mésoindiens ou précéramiques dans l'archipel, plusieurs siècles avant l'arrivée des premiers horticulteurs porteurs de céramique. La fouille et des ramassages de surface ont révélé en outre des vestiges qu'il est possible de rapporter principalement à une phase tardive du Cedrosan saladoïde, avec du mobilier céramique peint et gravé et au moins deux pierres à trois pointes. Un galet calcaire, de forme allongée, a été gravé à une extrémité d'un signe évoquant une vulve. La pièce apparaît comme l'une des très rares représentations féminines connues dans les cultures amérindiennes des Antilles. Un petit cimetière d'époque historique a été installé dans les niveaux supérieurs de la plage de la Pointe des Pies.

SÉPULTURE PRÉCOLOMBIENNE
1000-1200
DRAC
de la Guadeloupe,
Basse-Terre
A9712501

Près de cinquante sépultures ont été mises au jour, dans des fosses au milieu des habitations, et font de l'Anse à la Gourde le plus important site funéraire précolombien connu dans les Petites Antilles. Les vestiges dénotent un traitement des morts et des rites funéraires particulièrement complexes avant l'enfouissement définitif. On observe des corps en position fléchie, des squelettes complets ou incomplets, en connexion anatomique ou non, ou encore des crânes isolés. Certaines fosses renferment plusieurs individus, avec des squelettes entiers ou seulement une partie du corps. Des offrandes sont associées à quelques sépultures. Ainsi, cinq d'entre elles, dont celle-ci, présentent une poterie recouvrant la tête ou une partie du corps. Les restes alimentaires indiquent clairement une économie tournée vers le milieu marin, avec la pêche, la récolte de coquillages, la capture d'oiseaux et de mammifères marins. Les fragments de platines à manioc soulignent que ce régime était complété par les produits d'une horticulture de racines.

COQUILLAGE GRAVÉ
400-600
(L. : 9,2 cm)
DRAC de la Guadeloupe, Basse-Terre
A9712547

À quelques kilomètres de la Pointe des Châteaux, le site précolombien de l'Anse à la Gourde fait l'objet, depuis 1995, de fouilles très importantes. La stratigraphie du site qui couvre plus de 4 hectares s'avère complexe, avec la succession d'au moins quatre grandes phases culturelles d'occupation amérindienne s'échelonnant sur plus d'un millénaire. Les installations les plus anciennes appartiennent à une phase récente de la série Cedrosan saladoïde, entre 400 et 600 environ. Les occupations postérieures se rattachent à différentes phases de la série Troumassoïde, de 800 à 1400. Les fouilles en cours ont révélé d'imposantes structures d'habitat, avec des maisons en bois de forme circulaire ou ovalaire, allant jusqu'à 12 mètres de diamètre, présentant des trous de poteaux creusés dans le rocher. Parmi le très important mobilier archéologique recueilli, céramique, lithique ou autre, la qualité exceptionnelle de l'outillage et des parures en coquillages est particulièrement remarquable.

PLAN DE SAINT-FRANÇOIS (détail)
4 octobre 1732
Dessinateur : François Amaudric
de Saint-Maure
Dessin à la plume (130,5 × 146,2 cm)
1/1364
Centre d'archives d'outre-mer
Aix-en-Provence, Bouches-du-Rhône
A9712542

Au début du XVIIIe siècle, Saint-François est, avec Sainte-Anne, le deuxième bourg de la côte sud de la Grande-Terre. Le plus souvent symbolisé par une simple église sur les cartes générales, ce détail d'un plan général de l'île livre ici à grande échelle une structure semblable à celle de Sainte-Anne. L'artère des Cinquante Pas du Roi sert d'appui à l'expansion du bâti vers l'intérieur des terres. La concentration nécessairement portuaire au début de la colonisation explique la répartition littorale des bourgs, encore décelable aujourd'hui.

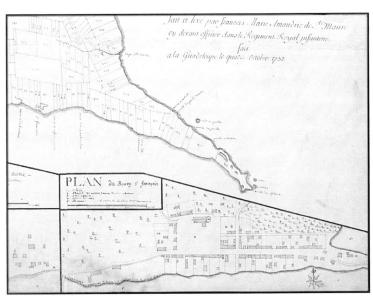

CHEMINÉE DE SAINT-JACQUES
Fin du XVIIIᵉ siècle
Maçonnerie de calcaire et de brique
(H. : 10 m)
Section Saint-Jacques   A9712529

Les vestiges de l'ancienne habitation-sucrerie Saint-Jacques, les plus importants de Saint-François, témoignent de ce que fut le domaine vers 1870, au moment où il cessa de broyer ses cannes et de fabriquer du sucre. Alors propriété de 101 hectares appartenant aux frères Joseph Alexandre et Charles Alexandre Desilles Blanchet, elle livre ses cannes à l'usine Zévallos, et fait travailler vingt-cinq immigrants indiens et onze immigrants africains. En 1880, elle est adjugée à Stanley Auguste Duchassaing fils, copropriétaire de l'usine de Zévallos. La sucrerie a conservé le massif de maçonnerie de l'équipage, avec ses trois foyers munis de leurs évents. La maçonnerie est faite de calcaire tout-venant, avec recours à la pierre taillée et à la brique pour les ouvertures en plein cintre des foyers. La cheminée à section carrée est construite en gros blocs calcaires sous enduit, avec blocage de tuileaux. Il s'agit là du système traditionnel, où la cuisson du *vesou* s'opère à feu nu.

MOULIN DE CHASSAING
Fin du XVIIIᵉ-début du XIXᵉ siècle
Moellon calcaire   A9712522

Le 3 juillet 1830, les époux Jean-Pierre Guillaume Bardon et Marie Anne Rivière, « habitants » propriétaires à Saint-François, mais qui, à partir de cette date, semblent surtout résider à Bordeaux (Gironde), vendent la moitié de leur habitation-sucrerie Fonds Caraïbe, 201 hectares et soixante-dix-huit esclaves, à Jean-Baptiste Adolphe Chassaing, négociant à Pointe-à-Pitre. Celui-ci laisse son nom à la propriété. Le toponyme initial témoigne de ce qui est arrivé aux terres caraïbes, qui, très tôt dans le XVIIIᵉ siècle, ont été confisquées par les colons, avant même le passage à une économie franchement sucrière. De l'ancien bâtiment consacré à la fabrication du sucre, reconverti en hangar agricole, il reste sur le site actuel peu d'éléments qui rappellent sa fonction première, exception faite des bouches voûtées des anciens foyers. En revanche, le moulin à vent, s'il a perdu sa coiffe et ses ailes, a conservé son mécanisme de broyage. Ce moulin aurait été le dernier à tourner à Saint-François et dans la Grande-Terre, peu après la Première Guerre mondiale.

MOULIN À VENT DE SAINT-JACQUES
Vers la première moitié du XIXᵉ siècle
Moellon calcaire (H. : 9 m)
Section Saint-Jacques   A9712531

Le moulin à vent de Saint-Jacques est construit sur une petite élévation de terrain. L'évacuation du *vesou* vers la sucrerie, située en contrebas, qui s'opérait au moyen d'une gouttière en bois, en était d'autant facilitée. La baie principale s'ouvre à 1,40 mètre au-dessus du sol extérieur. Le déchargement de la canne se faisait donc à hauteur du sol intérieur depuis le cabrouet. Les esclaves qui travaillaient à l'intérieur du moulin passaient par l'escalier de la baie annexe sud, composé d'une volée de sept marches, tandis que le plan incliné de la baie nord servait à évacuer la bagasse. La présence d'anneaux scellés à la base de la tour est habituelle ; ils servaient à immobiliser les ailes. La date de cette construction demeure inconnue. Un moulin à vent figure à cet emplacement, alors propriété d'un M. Nadau, sur la carte des ingénieurs géographes du roi, datant de 1764. Mais, compte tenu de la maçonnerie en brique des marches d'escalier, une reprise totale ou partielle du bâtiment, après 1843, est probable.

MÉCANISME
1850-1860
Fonte
Moulin de Chassaing   *A9712523*

À l'origine, le moulin comportait un mécanisme composé de trois rolles verticaux entraînés par un grand arbre, qui, par une suite d'engrenages, était lui-même actionné par le mouvement des ailes, transmis par le petit arbre horizontal. Ce dispositif habituel était celui qui donnait le plus faible taux d'extraction du *vesou*. Plutôt que de passer directement au moulin à vapeur et à cylindres horizontaux, qui donnait de meilleurs rendements, mais qui coûtait cher, les propriétaires ont préféré retenir une solution mixte, couplant l'énergie éolienne avec l'utilisation de cylindres horizontaux. Les modifications indispensables à la transmission du mouvement se sont traduites par le déplacement du système broyeur, en fonte, vers l'extérieur, avec renvoi d'angle assuré par les roues coniques dentées. Un embrayage à griffe placé sur le grand arbre métallique permettait de désolidariser les rolles des ailes, ce qui n'était pas possible dans le dispositif classique. Celui-ci était particulièrement dangereux, puisque rien ne pouvait sauver le bras de l'esclave qui était happé et broyé en même temps que le paquet de cannes.

PIERRE GRAVÉE
1826
Pierre
Moulin de Bien-Désiré   *A9712521*

Au-dessus du cœur naissant d'un soleil ou d'une roue, le cartouche porte gravée la mention : « Fait par Victor le 7 7bre 1826. » Seule la liste des esclaves attachés à l'habitation-sucrerie à cette date pourrait permettre de dire s'il s'agit de l'un d'entre eux, ou d'un « nègre à talent », qui se loue pour un maître extérieur : en nombre toujours insuffisant, maçons et tailleurs de pierre étaient en effet particulièrement recherchés dans la colonie. Depuis le début du XIXe siècle, l'habitation, d'une superficie de 158 hectares, est propriété du colon Pierre Charles Néron Beauclair, qui s'en défait en 1858. Possesseur de deux autres sucreries dans la commune, Labarthe ou Bellevue, de 1824 à 1855, et Celcourt ou Les Palmistes de 1838 à 1852, il y a détenu au total, sous la monarchie de Juillet, près de 400 hectares, et quelque deux cents esclaves, ce qui en faisait l'un des planteurs les plus puissants de Saint-François. Par l'une de ses filles, il était le beau-père d'Hector Parisis de Zévallos, propriétaire de l'habitation puis de l'usine du même nom. C'est en 1884 que l'habitation Bien-Désiré, vendue par Louis Joseph Collin de La Roncière, entre dans le patrimoine de l'usine Zévallos, devenue propriété de Stanley Auguste Duchassaing fils.

ANCIENNE PRISON
XIXe siècle
Pierre   *A9712515*
Les jambages, les arcs outrepassés des fenêtres, l'arc en plein cintre de la porte manifestent l'existence d'un certain art de la pierre, moins répandu toutefois à la Guadeloupe que celui du charpentier. L'ancienne geôle de Saint-François, suivant le terme ancien qui prévaut aux Antilles, a par la suite été reconvertie en fourrière.

Thomas Legrand pourrait être éventuellement un libre de couleur ou un artisan d'origine européenne qui aurait fabriqué ou installé le mécanisme du moulin.

MOULIN DE GUYOT
1843
Moellon calcaire, pierre et brique
(H. : 3,90 m)
Façade nord   A9712526

INTÉRIEUR DU MOULIN DE BELLE-ALLÉE
1827
Maçonnerie de moellon calcaire et pierre de taille   A9712520

Signe d'un équilibre précaire, l'habitation-sucrerie Belle-Allée, dite aussi Demeuille ou Montchéry, passe tout au long du XIXᵉ siècle de propriétaire en propriétaire, Blancs créoles ou de la métropole, jusqu'à son rachat en 1881 par l'usine centrale de Sainte-Marthe. Ce moulin présente l'originalité d'être l'un des quatre moulins portant une épigraphe de la commune. En 1827, Saint-François compte trente moulins à vent et huit à bêtes. À l'adjudication de 1864, la mise en valeur de Belle-Allée est assurée par les anciens esclaves, devenus travailleurs casés sur l'habitation, et par quarante-trois immigrants indiens. L'acte de vente décrit le moulin à vent muni de ses « cylindres verticaux » (les rolles broyeurs), de ses ailes et de ses voiles, et estime que le tout, avec la maçonnerie, a besoin de « quelques réparations ». Il ne reste désormais de l'ensemble que la seule enveloppe de pierre. À l'intérieur, le mécanisme a disparu, et il ne subsiste plus qu'une partie des poutres qui soutenaient le plancher supérieur.

ARC DE LA BAIE PRINCIPALE
1827
Maçonnerie de moellon calcaire et pierre de taille
Moulin de Belle-Allée   A9712519

Dans le double cartouche qui se trouve au-dessus de la baie principale, plus rien ne reste de ce qui a figuré au registre inférieur. Le cartouche supérieur, mieux conservé, porte une inscription gravée dans la pierre, qui peut se comprendre de deux manières : « Legrand Thomas fit/Par Marc maître maçon 1827 », ou « Legrand Thomas/fait par Marc maître maçon 1827. » L'emploi du prénom simple pour le second personnage indique qu'il s'agit d'un esclave qui appartenait à l'habitation ou à un maître de l'extérieur louant ses services.

Propriété de Pierre Favreau et de Jean-Baptiste Gaignard à la fin du XVIIIᵉ siècle, l'habitation-sucrerie L'Espérance tire sa seconde appellation de la famille Guyot, qui la possède de 1812 à 1862. Construit de manière traditionnelle en moellons calcaires liés par un mortier constitué de chaux, de sable et de sirop de batterie, le moulin de Guyot a une allure élancée, qu'accentue la hauteur des baies. La baie principale, dos aux vents d'est comme pour tous les moulins, recevait les cabrouets de canne, tandis que les baies annexes, au nombre de deux, servaient à évacuer la bagasse. L'utilisation de la brique pour les arcs en plein cintre souligne l'insuffisance chronique des tailleurs de pierre, particulièrement demandés en cette année 1843 où la colonie, exsangue, se relève lentement du tremblement de terre qui l'a ravagée.

CLOCHE D'HABITATION
1844
Fondeur : Jules Mollo
Fonte
Moulin de Dévarrieux
A9712524

Sur les habitations, les longues journées de travail étaient rythmées par une cloche, généralement mentionnée dans les inventaires qui accompagnent les mises en vente et les changements de propriétaires. Celle-ci, conservée à côté du moulin à vent de l'ancienne habitation-sucrerie Dévarrieux, est antérieure à l'abolition de l'esclavage. Importée de France comme toutes ses semblables – il n'y a pas de fonderie sur l'île –, elle est signée et datée par l'artisan bordelais qui l'a fabriquée.

MOULIN DE GUYOT
1843
Moellon calcaire, pierre et brique
Façade principale   A9712525

Au-dessous de la petite niche qui surmonte la baie principale, un double cartouche indique que le moulin a été reconstruit après le séisme de 1843. La plaque du bas s'orne d'un soleil à quinze branches, qui s'élève au-dessus d'une inscription : « MAN OROS/ENTREPREN/11 OCTOBRE/2/1 843. » Le nom de Man Oros, vraisemblablement celui du maître maçon, tranche sur les noms d'origine européenne des esclaves, en usage sur les autres moulins. Son origine africaine, des Agnis du groupe akan, au Ghana ou en Côte d'Ivoire, est des plus plausibles. L'homme est sans doute arrivé dans la colonie par le biais de la traite clandestine, qui se pratiquait encore, bien qu'interdite, durant les premières années de la monarchie de Juillet. La promotion de Man Oros au rang de maçon – spécialité très recherchée sur les habitations, le plus souvent aux mains d'esclaves nés dans l'île – prouve la qualité de l'homme, et permet de saisir sur le vif, dans le maniement de la langue française et de l'écriture, le processus d'adaptation qui transformait les bossales en créoles.

TOMBE DE LA FAMILLE PAUVERT
1871-1880
Marbre, ciment et fer forgé
Cimetière communal   A9712508

Décédé le 7 juin 1871 à Pointe-à-Pitre, Amédée Pauvert a joué un rôle décisif dans l'histoire sucrière de Saint-François, en faisant passer la commune à l'âge de l'industrie, de la vapeur et de l'usine. Caractérisé par sa monumentalité, le caveau qui lui est consacré est très proche, par sa forme et sa décoration composite, de ce qui est construit au cimetière parisien du Père-Lachaise dans les premières années de la IIIᵉ République. La tombe surélevée, qui s'inspire des sarcophages, est traitée comme un petit mausolée. Le fronton en trapèze appartient à un type plus ancien de tombeau, en vogue en France dans les premières décennies du XIXᵉ siècle. Ce qui est typique de son temps est le mélange d'éléments décoratifs néo-classiques – ce fronton, l'entablement, les pilastres à chapiteau qui flanquent la porte en un dégradé symétrique – et de détails empruntés au baroque, comme ces volutes sortantes latérales qui adoucissent la rigueur du parti pris géométrique. Une grille en fer forgé signe le triomphe des valeurs bourgeoises, qui, au XIXᵉ siècle, étendent la notion de propriété privée à la maison des morts.

MAISON DU MAUDUIT
1885
Bois   A9712510

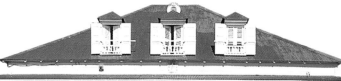

Rust François Louis Pauvert, l'un des enfants du créateur de l'usine de Sainte-Marthe, fait construire cette demeure à l'occasion de son mariage avec Adrienne Cabre. À la différence de Zévallos, les références de cette maison de maître sont purement locales, qu'elles soient guadeloupéennes ou martiniquaises. Le bois du nord de la charpente a peut-être été importé de métropole, mais une autre tradition le fait venir de Virginie ou de Louisiane. Ce sont des charpentiers du pays, en revanche, qui ont exécuté le travail, sur les plans de Louis Pauvert lui-même. La disposition d'origine était différente de celle qui existe aujourd'hui. Toutes les pièces étaient au rez-de-chaussée, la zone la plus fraîche, qui bénéficie de l'isolement thermique assuré par l'important volume du grenier et de la bonne ventilation apportée par les portes-fenêtres qui donnent sur la galerie. Le nom de la maison, également orthographié Maud'huy, provient d'un patronyme de colons guadeloupéens, attesté dans l'île au XVIIIᵉ siècle.

CANAPÉ
Vers 1830-1840
Bois d'acajou
Maison du Mauduit
                    A9712535

Meuble lié à un mode de vie, où les visites entre habitations voisines revêtaient une grande importance, le canapé est fabriqué à la Guadeloupe plus tardivement qu'en métropole, sans doute pas avant la monarchie de Juillet. Ce modèle offre un compromis entre banc et canapé, conservant des formes régionales métropolitaines du premier la raideur du dossier, composé d'une seule planchette, et retenant du second l'ornementation limitée au piétement. Les trois tores, répétés à chaque extrémité des pieds antérieurs, signent son origine locale.

canapés rembourrés de crin, sans doute importés de métropole, sont mentionnés dans les intérieurs de colons ou de notables. Les courbes élégantes du dossier de ce meuble, inspirées de ce qui se fait en métropole sous Napoléon III, contrastent avec la rigidité du piétement, héritée de la première moitié du XIXᵉ siècle. Mais si les influences stylistiques venues de l'extérieur sont évidentes, l'ébéniste local qui l'a conçu a imposé sa marque en travaillant le bois dans la masse, et en donnant aux moulures du dossier un aspect plus fruste, qui tranche avec la fluidité de l'ensemble.

CANAPÉ
Vers 1830-1840
Bois d'acajou
Maison du Mauduit   A9712534

Les canapés, tels qu'ils apparaissent dans les inventaires dressés par les notaires de Guadeloupe à la Restauration et sous la monarchie de Juillet, se trouvent dans la salle où l'on reçoit, où l'on dîne et où l'on tient salon. Ils accompagnent alors la table, les chaises et le buffet. Leur raideur implique qu'ils soient parfois rendus moins inconfortables, comme celui-ci, par l'ajout d'un matelas.

SOFA
Vers 1860-1880
Bois d'acajou
Maison du Mauduit
                    A9712536

Version plus confortable du canapé, le sofa devient, dans la seconde moitié du XIXᵉ siècle, le meuble par excellence de la sociabilité bourgeoise. Dès la Restauration, toutefois, des

ANCIEN GÉNÉRATEUR À VAPEUR
Brique et fonte
Hôtel La Plantation   A9712532

C'est entre 1862, date des premières demandes de crédit pour renouveler l'équipement, et 1865 que Louis Sébastien Amédée Pauvert modernise son habitation-sucrerie de Sainte-Marthe en la dotant de machines à vapeur. Vers 1900, l'usine traitait entre 220 et 250 tonnes de cannes par jour, soit de 22 000 à 25 000 tonnes par campagne, et produisait environ 2 200 tonnes de sucre par an. Dans les années 1960-1970, où elle est propriété d'Amédée Huyghues Despointes, elle broie jusqu'à 1 400 tonnes de cannes par jour. Fermée en 1974, elle est rasée en 1990, pour laisser la place à l'hôtel La Plantation, où elle ne survit plus que dans le bâtiment en brique réfractaire de son ancien générateur à vapeur. D'origine américaine, ces Babcock et Wilcox à tubes d'eau sont issus d'un

brevet remontant à 1867, mais leur installation à l'usine ne date que des lendemains de la Seconde Guerre mondiale. Un générateur plus récent a été transporté à l'usine Gardel.

et Sainte-Anne entre 1817 et 1824. Quant à l'édifice actuel, restauré en 1932, son caractère tardif est significatif de la précarité des bâtiments publics et religieux face aux désastres naturels endémiques. Les objets du culte offerts par la famille Pauvert lorsque celle-ci possédait l'usine de Sainte-Marthe ont disparu lors du terrible cyclone de 1928. Ali Tur, qui a réalisé la sacristie et le clocher de l'église, est également l'architecte de plusieurs bâtiments à Saint-François, dont la gendarmerie, un groupe scolaire et le bureau du Trésor public.

MAISON DE BOURG
XXᵉ siècle
Bois
Rue de la Fraternité   A9712512

Par rapport à la campagne, où l'architecture domestique se réduisait jusqu'à la Seconde Guerre mondiale à l'opposition entre maisons d'habitation

VESTIGES DE MACHINE À VAPEUR
Années 1860-1870
Hôtel La Plantation   A9712533

Cette machine à vapeur provient de l'ancienne usine Sainte-Marthe. À double expansion, sans marque de fabrique, elle a dû actionner les moulins broyeurs installés dans les années 1862-1865. Le passage à la vapeur, qui s'est opéré lentement à la Guadeloupe, devient dans ces années décisives un élément essentiel de la transformation de l'économie sucrière. L'alimentation en eau de l'usine de Sainte-Marthe, indispensable à la production de la vapeur et à l'imbibition de la canne, était assurée par deux puits, l'un situé à l'usine même, l'autre à Bois-David, au Moule.

ÉGLISE
XXᵉ siècle
Béton   A9712552

Si la paroisse de Saint-François remonte au XVIIᵉ siècle, elle n'a pas toujours été desservie de manière continue. Conséquence de la désorganisation révolutionnaire, les débuts du XIXᵉ siècle sont particulièrement difficiles, avec le partage des tâches pastorales entre les curés des quartiers proches, Sainte-Anne et Le Moule en 1803, Le Gosier

ou d'usine et cases des travailleurs agricoles ou industriels, les bourgs ont développé une architecture spécifique. La demeure en bois à un étage, au toit à quatre pans, sans galerie, y tenait une place importante. Sa forme et sa structure la situent entre l'ancienne maison de maître de certaines habitations guadeloupéennes et la case élémentaire, dite case « deux pièces ».

CASE RURALE
XXᵉ siècle
Bois peint
Section Bragelogne   A9712516

Dans cette case rurale, l'accent est mis sur le travail du bois, aussi bien dans les poteaux ou les chapiteaux d'angle cannelés, que dans le garde-corps ajouré de la galerie. Le décor floral sculpté au-dessous de l'appui de fenêtre est la marque supplémentaire du talent de l'artisan. L'utilisation de la couleur, le blanc et le bleu de l'avant-corps et des poteaux tranchant avec le jaune des murs, est en revanche un mode de décoration relativement récent. Jusqu'aux lendemains de la Seconde Guerre mondiale, la peinture des cases était limitée aux bourgs de pêcheurs : le propriétaire utilisait pour sa demeure la peinture qui lui restait après s'être occupé de sa barque. Ce type de case qui, en réalité, appartient plus au bourg qu'à la campagne véritable, était le signe, dans les terres d'usine, d'un certain niveau social, et concernait employés ou contremaîtres. Les plus pauvres des travailleurs, en revanche, ne connaissaient que la case « deux pièces » sans galerie, montée en gaulettes chandelles revêtues d'un mélange de bouse de bœuf et de terre, avec une couverture en paille de canne.

GALERIE À BALUSTRADE
XXᵉ siècle
Bois
Rue de la République   A9712514

Les maisons à galerie ou à balcon sont fréquentes dans la Guadeloupe de la seconde moitié du XIXᵉ siècle, et l'architecture traditionnelle conserve volontiers ce mode d'agencement au XXᵉ siècle. Le balcon est souvent en fer, et la galerie en bois. Cette dernière, comme ici, est un véritable espace habitable, que la balustrade contribue à décorer et à ventiler. La disposition actuelle de la maison, avec magasin au rez-de-chaussée et appartements à l'étage, correspond là aussi à une pratique ancienne.

CASE
XXᵉ siècle
Bois
Rue
de la République
           A9712513

Le souvenir de la construction « poteaux en terre », poteaux de bois fichés dans la terre, très fréquente dans la Guadeloupe des XVIIIᵉ et XIXᵉ siècles, surtout pour les cases serviles et certains bâtiments utilitaires, se retrouve dans ces « poteaux sur sole ». La façade principale s'étire en longueur parallèlement à la rue, avec les deux portes pour seules ouvertures. La rupture de pente du toit, formant auvent, abrite la galerie, qui demeure ici un espace de transition entre l'extérieur et l'intérieur, sans devenir la véritable pièce que l'on trouve dans les versions plus élaborées. Si l'origine du modèle est rurale, il convient de la chercher non pas dans la case la plus simple, en forme de bloc, mais dans les habitations modestes des petits colons. Inversement, son côté urbain était certainement plus affirmé avant la Seconde Guerre mondiale, à l'époque où la case rurale de Saint-François était très souvent la case en gaulettes.

MONUMENT AUX MORTS
Entre-deux-guerres   *A9712540*

Parmi les thèmes choisis dans les monuments aux morts de la Première Guerre mondiale, l'un de ceux qui mettent le plus en évidence l'ampleur du sacrifice consenti est celui du soldat bercé dans son dernier sommeil par la mère patrie. Loin de l'héroïsme de circonstance et de la propagande officielle, nombre de communes ont choisi de se reconnaître dans cette expression

de la compassion et du tragique. Celle-ci se veut d'autant plus forte dans ce groupe, en dépit de l'expression impersonnelle de la figure féminine, que le traitement des personnages renvoie à l'image de la douleur absolue que l'Église a popularisée dans ses pietà. Cette version profane avait de surcroît l'avantage d'avoir été commercialisée à un grand nombre d'exemplaires, ce qui en diminuait sensiblement le coût pour les communes commanditaires, mais ôtait toute possibilité d'adaptation aux réalités du lieu. L'égalité post mortem entre les combattants coloniaux et les soldats de la métropole rejoint celle que le gouverneur de la Guadeloupe prêchait aux premiers appelés du service militaire national, qui, en octobre 1913, s'embarquaient pour la France – en réalité, pour la Tunisie – : « l'égalité devant les devoirs et les droits de la loi militaire comme devant ceux des lois civiles de la République ».

TOMBE LATCHOUMAN BIKA
1937
Ciment
Cimetière des Raisins-Clairs   *A9712509*

Première commune indienne de Guadeloupe, Saint-François a l'originalité de posséder un cimetière qui était primitivement réservé aux nouveaux immigrants. Cette tombe témoigne par la double utilisation de la croix de l'adoption de la religion catholique, alors qu'au départ l'enterrement à l'écart du cimetière communal du bourg correspondait plutôt à un processus d'exclusion. Si ces sépultures n'offrent pas de caractéristiques spéciales, elles attestent, par l'abandon de la crémation, une remarquable évolution des mentalités depuis 1854, l'année où commencent à débarquer les premiers engagés indiens. Les rites de la mort conservent toutefois

quelques traits spécifiques, hérités des pratiques de la communauté d'origine, tamoule ou calcutta.

TEMPLE INDIEN DE KALI-DEVI
1993
Béton et ciment blanc enduit
Section Saint-Jacques   *A9712504*

Indiscutable originalité des communes à forte présence indienne, les temples et les petites chapelles se sont multipliés à la faveur du courant identitaire qui s'affirme dans les années 1990. Leur présence dans la campagne est signalée par des mâts arborant un drapeau rouge, ici couleur de Vishnou, dans d'autres lieux de culte invocation à Nagourmira. À Saint-François et pour l'ensemble de la Guadeloupe, la plupart des temples honorent la déesse Maliemmin, issue du panthéon tamoul. Les autres vénèrent Kali, à l'origine divinité des « Calcuttas », Indiens originaires du nord de l'Inde. Ce temple est dédié à cette déesse, qui porte ici l'un de ses noms véritablement indiens, Kali Devi, alors qu'à la Guadeloupe elle est plus connue sous l'appellation populaire de Kalimaï. Entre la théologie hindouïste et sa version locale, les réinterprétations sont sensibles, même si l'idée de fond est la même. Kali Devi est la déesse-mère, la grande déesse de la fécondité, en même temps que de la mort et de la destruction. Ici, elle est celle de la vengeance, et « celle qui a terrassé Satan ».

MAHABIL
1993
Sculpteur : Ramassamy
Plâtre
Temple de Kali-Devi A9712507

À l'entrée du temple se trouve la statue du demi-dieu Mahabil, connu aussi sous le nom de Hanouman, dont la longue queue rappelle que, dans la célèbre épopée hindouiste du *Ramayana*, il est le roi des singes, fidèle lieutenant du dieu Rama. Incarnation de Vishnou, il porte une écharpe rouge. Sur la paume de sa

main droite figure un pentagramme, destiné à écarter le mauvais œil. Sa couronne a été décorée par Rama lui-même, pour le remercier d'avoir sauvé son épouse, la belle Sita, en comblant le détroit qui sépare l'Inde du Sri Lanka. Ces réminiscences du *Ramayana* ont pu arriver à la Guadeloupe avec les premiers immigrants, mais leur connaissance véritable reste étrangère aux cultes indiens de Guadeloupe. Le catholicisme n'a pas entièrement disparu, au moins comme référence explicative, puisque, dans ce polythéisme complexe, Vishnou est parfois présenté comme l'avatar du Saint-Esprit.

KALI
1997
Sculpteur : Ramassamy
Plâtre
Collection particulière A9712506

Exécutée par le propriétaire du temple pour une commande privée, cette statue représente la déesse Kali, ou Kalimaï, dont le culte est célébré à la Guadeloupe par les « Calcuttas ». Le vert y symboliserait l'air, la fécondation, le jaune le soleil, le rouge le feu, le blanc l'espace. L'aspect redoutable de l'avatar le plus redouté de Kali, Kali la noire, représentée dans son pays d'origine avec dix ou vingt bras armés, ornée d'un collier fait de têtes humaines, la langue tirée, les dents en croc, les épaules ruisselant de sang, ne se retrouve ici que dans l'épée qu'elle brandit et la couleur rouge des vêtements. La recherche d'une fidélité aux représentations proprement indiennes de Kali s'affiche dans le nom peint au bas de la statue, « Maha Kali Maïammar », traduit par Kali la Grande Mère. Mais celui-ci met bien en évidence une donnée historique fondamentale des cultes indiens à la Guadeloupe, le processus de créolisation, ici perceptible dans la variante locale du nom Mariamman, « Maïammar », et dans la synthèse qui s'opère entre deux divinités distinctes, Kali et Mariamman.

CHAPELLE INDIENNE SAINT-PRIX
Années 1990
Constructeur : Vincent Saint-Prix
Béton peint
Bois Vipart A9712541

Plus modestes que les temples, les petites chapelles indiennes sont aussi plus nombreuses. À Saint-François, leur architecture ne se distingue pas de celle de l'habitat domestique, qu'elles ont suivi dans sa modernisation. De la case en tôle ondulée, on est ainsi passé à la maison en maçonnerie, flanquée d'un mât et éventuellement ornée d'une fresque. Cette chapelle est d'autant plus intéressante qu'elle a été édifiée et qu'elle est desservie par un créole qui n'appartient pas à la communauté indienne. Elle est flanquée de deux petits autels extérieurs ; seules les déesses Maliemin et Kali ont le droit d'être honorées à l'intérieur du bâtiment consacré. L'ensemble est significatif des influences diverses qui ont pu se combiner pour arriver à produire les cultes indiens de Guadeloupe. La présence du figuier-banian, devant la chapelle, rappelle que le demi-dieu gardien du temple Mandeviran, appellation locale de la divinité hindoue Madouraïviran, abandonné en son très jeune âge dans la forêt, en fait sa résidence. Le mât tricolore, référence explicite au drapeau national français, et son pavillon sont dédiés à Nagourmira. Ce personnage, honoré ici sous le nom de Naguromira, est un saint musulman originaire de Nagour, dans la partie sud-est du pays tamoul, que les Indiens de Guadeloupe, Tamouls ou « Calcuttas », vénèrent dans tous leurs lieux de culte. Son drapeau est décoré avec des étoiles, un bateau et une main.

Saint-Louis

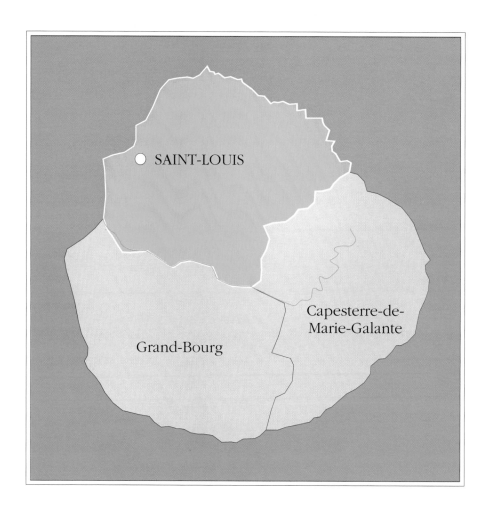

SAINT-LOUIS

Capesterre-de-Marie-Galante

Grand-Bourg

Saint-Louis

Canton de Saint-Louis
Arrondissement de Pointe-à-Pitre
Superficie : 5 628 ha
Population 1990 : 3 412 hab.
Habitants : les Saint-Louisiens
Cours d'eau : la Rivière Saint Louis
et la Rivière du Vieux Fort

Origine du nom : la mention « Saint-Louis ou M. de Boisseret » apparaît sur une carte foncière de l'île, vers 1750-1760, à l'emplacement du bourg, alors que cette partie de l'île est toujours appelée le quartier du Vieux-Fort. En 1850, la commune devient Vieux-Fort Saint-Louis, puis Saint-Louis.

Blason : sous la couronne de marquis,
l'arbre peut évoquer le radical bois,
de la famille de Boisseret,
à laquelle appartenait le marquisat
de Marie-Galante au XVIIᵉ siècle.
A971260b

HISTORIQUE

Les nombreuses haches de pierre amérindiennes retrouvées dans les vallées de la Rivière Saint Louis attestent l'étendue des cultures sur brûlis pratiquées par les Arawaks, puis par les Caraïbes. Ces derniers coopèrent avec les 50 colons français installés dans un fortin en 1648. Une vingtaine d'entre eux suit bientôt son capitaine en Martinique, alors que ceux qui restent subissent en 1653 les représailles de viols commis à la Dominique. Leurs têtes sont fichées sur des pieux sur la plage du Massacre. Après les luttes franco-anglaises, à partir de 1708, Vieux-Fort reprend vie, et se constitue en paroisse vingt ans plus tard. Une courte période d'indépendance républicaine s'achève par une nouvelle occupation des Anglais, alliés aux royalistes de l'île. En 1794, ils sont défaits au Trou Massacre. L'esclavage est alors aboli jusqu'en 1802. Après le séisme de 1843, la paroisse est déplacée de la baie du Vieux-Fort à celle de Saint-Louis. Après le cyclone de 1865, le bourg se restructure autour de

l'église. Les marais constituent un obstacle à son développement, jusqu'à leur comblement en 1951.

VESTIGES DE LA BATTERIE
DE CHALET (détail)
Vers 1790
Calcaire
Belle-Hôtesse   *A9712617*
Parmi les vestiges des dix batteries de l'île de Marie-Galante, ceux de la batterie de Chalet se trouvent à quelques pas du Trou Massacre, lieu traditionnellement attribué à l'embuscade du 8 novembre 1794, où les occupants anglais furent décimés.

MOULIN À VENT AGAPY (détail)
Début du XIXᵉ siècle
Pierre de taille, fer et fonte
Route de Vieux-Fort   *A9712621*
Ce moulin est situé au centre de la région des Bas, près des ruines de la sucrerie à laquelle il appartenait. Sa machinerie, désormais écroulée, comporte à l'origine des rolles verticaux.

CROIX COMMÉMORATIVE
DE L'ABOLITION
1849
Place de l'Église
                    A9712604

Lors de la signature du décret du 27 avril 1848 abolissant l'esclavage, la population de Saint-Louis se compose de 578 esclaves et de 620 hommes libres, noirs, blancs ou métis. Le chanoine Augustin Nicolai organise, dès 1849, une fête commémorative. La croix est sans doute érigée à l'occasion de ce premier anniversaire. Le mot « liberté » apparaît sur une pierre au centre du socle.

Saint-Louis

TOMBE DES BRIGADIERS
Vers le milieu du XIXᵉ siècle
Calcaire
Cimetière   A9712608

Le cimetière est installé entre la rivière et la mer, dans le sable de la plage. La tombe des Brigadiers, non datée, peut être rattachée à la période 1843-1865. Le séisme de 1843 détruit les bâtiments publics du bourg, qui avaient été reconstruits sur la colline de Courbaril. L'archiviste Ballet rapporte par ailleurs que « les locaux de la mairie et de la gendarmerie ont été broyés » lors du cyclone du 6 septembre 1865. Il n'en reste que quelques vestiges au lieu-dit Brigade.

1844. L'édification de la première église – qui pouvait accueillir quatre cents personnes –, inaugurée en 1848 sous le patronage de Saint-Louis, ainsi que son agrandissement en 1859 reviennent probablement au chanoine. La fondation de l'église a fourni un élément structurant pour le bourg en cours de reconstruction après le cyclone de 1865.

TOMBE DE LA FAMILLE PIGEONNEAU
1872
Pierre
Cimetière   A9712606

Cette tombe est probablement la plus ancienne du cimetière, dans lequel les tombes datées sont rares, et où l'espace limité est réutilisé pour de nouvelles sépultures. Elle se distingue des autres sur le plan architectural, car elle est décorée de deux petites niches pouvant recevoir des urnes cinéraires. La famille Pigeonneau n'a pas laissé de descendant à Marie-Galante.

DALLE FUNÉRAIRE D'AUGUSTIN NICOLAI
1861
Marbre
Église   A9712602

Cette dalle funéraire rend hommage à Augustin Nicolai, inhumé à l'intérieur de l'église même. D'origine corse, le chanoine Nicolai arrive à Saint-Louis en

CALVAIRE
1919
Pierre
Cimetière   A9712605

Les abords de ce calvaire, en particulier la tombe anonyme, font l'objet d'une dévotion particulière à la Toussaint : on y dépose fleurs et bougies à la mémoire des défunts dont la tombe n'a pas été retrouvée. La fête des Morts est, aux Antilles, chargée d'une grande valeur symbolique, émotionnelle et esthétique : les cimetières sont illuminés durant la nuit, afin de nier l'obscurité souterraine.

PLAQUE FUNÉRAIRE DE LA FAMILLE CHALIAC
1920
Marbre
Cimetière   A9712607

Après la mort de son mari en 1920, Man Chou Chou Chaliac a continué à gérer la distillerie agricole familiale. D'abord habitation sucrière Mayombé-Grand-Bassin, ayant fait l'objet d'une expropriation, cette distillerie appartient à la famille Chaliac de 1923 à 1931.

Début du XXᵉ siècle
Bois et tôle
Section Grelin   A9712614
De délicates frises dentées en bois ornent la véranda de cette maison campagnarde. Le contour d'un soleil y a été tracé par perforation. Dans le quartier, cette maison est la seule à conserver ses portes et fenêtres sous forme de persiennes en bois permettant de moduler la lumière et de laisser passer l'air frais.

GRANDE MAISON MOUSTIQUE
Fin du XIXᵉ siècle
Bois
Section Moustique   A9712613
Cette maison a probablement été habitée par le propriétaire de la distillerie Moustique, E. Bastanaud, maire de la commune de 1925 à 1929.

FOUR À PAIN
Début du XXᵉ siècle
Pierre et brique
Section Courbaril   A9712638
Une famille commerçante construit ce petit four à pain pour satisfaire les besoins de sa clientèle. Elle fournit du pain aux gens du quartier de Courbaril, mais aussi au bourg de Saint-Louis. Pendant la Seconde Guerre mondiale, la Guadeloupe connaît de véritables difficultés en matière de ravitaillement. La farine de blé fait défaut et le besoin en pain se fait sentir. De nombreuses mesures sont prises par les autorités pour éviter tout gaspillage. Ainsi, l'arrêté du 28 octobre 1940 réduit la quantité de farine à panifier par les boulangers. Le prix du pain augmente. Les familles aisées sont les seules à pouvoir encore s'en procurer, alors que les familles modestes consomment du fruit à pain et de la farine de manioc. La plupart des fours à pain sont détruits par le cyclone de 1956. Ce four à pain est resté intact, protégé par sa toiture.

TÊTE DE LIT
Début du XXᵉ siècle
Forgeron : P. Axipé
Fer
Collection particulière
Section Grelin
                                          A9712632
Le lit est celui d'un forgeron de la distillerie de Bielle qui l'a réalisé lui-même. Les métiers de forgeron, de cordonnier ou de blanchisseur sont des secteurs où les Marie-Galantais ont su exceller.

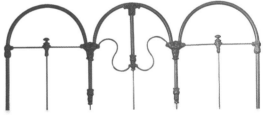

BERCEUSES
Début du XXᵉ siècle
Bois
Collection particulière
Section Grelin
                                          A9712634
Ces berceuses, très travaillées, avec la partie supérieure du dossier sculptée, le siège et l'élément central du dos en tressage de rotin et les moulures aux divers montants sont typiques du mobilier créole. Les accoudoirs sont plus écartés à l'avant qu'à l'arrière dans un souci de confort. La berceuse est sans doute le plus populaire des meubles antillais.

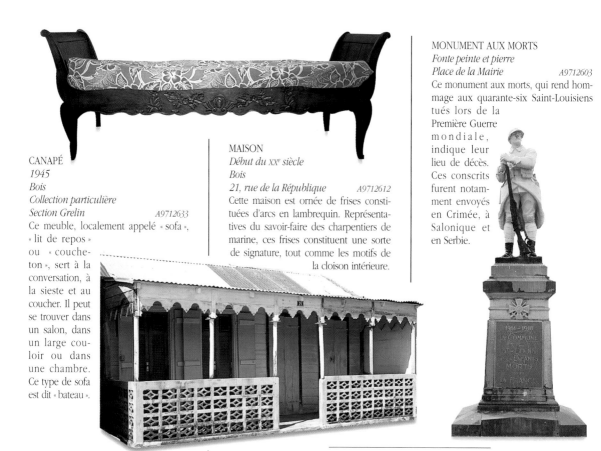

CANAPÉ
1945
Bois
Collection particulière
Section Grelin   A9712633

Ce meuble, localement appelé « sofa », « lit de repos » ou « coucheton », sert à la conversation, à la sieste et au coucher. Il peut se trouver dans un salon, dans un large couloir ou dans une chambre. Ce type de sofa est dit « bateau ».

MAISON
Début du XXᵉ siècle
Bois
21, rue de la République   A9712612

Cette maison est ornée de frises constituées d'arcs en lambrequin. Représentatives du savoir-faire des charpentiers de marine, ces frises constituent une sorte de signature, tout comme les motifs de la cloison intérieure.

MONUMENT AUX MORTS
Fonte peinte et pierre
Place de la Mairie   A9712603

Ce monument aux morts, qui rend hommage aux quarante-six Saint-Louisiens tués lors de la Première Guerre mondiale, indique leur lieu de décès. Ces conscrits furent notamment envoyés en Crimée, à Salonique et en Serbie.

MAISON
Début du XXᵉ siècle
Bois et tôle ondulée
16, avenue des Caraïbes   A9712611

La véranda de cette maison est ornée de frises à motifs géométriques. C'est dans cette demeure que sont nés José et Camille Hildevert, deux musiciens guadeloupéens. Camille, l'aîné, entre comme saxophoniste dans l'orchestre Les Vickings, dont il devient l'un des leaders sous le pseudonyme de Camille Sopran'n. Après avoir quitté la Guadeloupe, il rencontre Charlie Parker et Robert Mavounzy puis fonde le groupe Le Camille Sopran'n World Jazz.

VESTIGES DE LA DISTILLERIE KARUKÉRA
1913
Fer et fonte
Rue du Cimetière   A9712618

Cette distillerie témoigne de l'essor de l'économie marie-galantaise de 1913 à 1928. Pendant la Première Guerre mondiale, la France métropolitaine, plongée dans le conflit, ne peut plus fournir d'alcool. Or, celui-ci constitue une matière première indispensable à la fabrication de poudre et d'explosifs. L'augmentation brutale du prix du rhum et la forte demande en alcool vont alors favoriser l'industrie guadeloupéenne, notamment marie-galantaise. Deux distilleries apparaissent dans cette région, la première à Grand-Bourg, qui produit le rhum industriel Rinaldo et la seconde à Saint-Louis, fabriquant du rhum agricole Karukéra. Karukéra est gérée et exploitée par une société anonyme qui lui permet de se moderniser et de devenir, en 1923, la principale distillerie de l'île. Plusieurs fois soumise à des catastrophes naturelles, elle ferme ses portes en 1935.

ANCIENNE MAIRIE
Vers 1930
Architecte : Ali Tur
Place de la Mairie   A9712616
Une tour semblable à celle d'une mosquée, rappelant la Tunisie natale de l'architecte, assure la jonction entre deux façades de l'ancienne mairie de Saint-Louis. Le sommet de cette tour est orné de trois petites cloches, qui distinguent ce bâtiment des autres mairies de l'île.

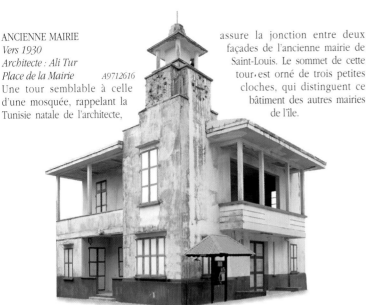

ARMOIRE
1930
Menuisiers : Déodade
et Théodore Marcellus
Bois
Collection particulière
Rue Hégésippe-Légitimus   A9712630

BUFFET GARNI
1935
Bois et verre
Collection particulière
Rue de la République   A9712624

POT ET BOUILLOIRE
1939
Étain
Collection particulière
Rue de la République   A9712627

L'armoire est le plus ancien meuble connu aux Antilles. Après avoir servi à ranger le linge d'autel et les objets sacrés chez religieux, elle apparaît au XVI siècle dans les maisons. Basse, elle sert à ranger la vaisselle et se nomme buffet. Haute, comme ici, elle contient le linge.

LUSTRE
1931
Laiton et cristal
Collection particulière
Rue de la République   A9712628
Au début de l'électrification à Saint-Louis, ce lustre était rarement allumé, car le courant n'était distribué que quelques heures par jour.

BOÎTES DE MÉNAGE
1944
Aluminium
Collection particulière
Rue de la République
A9712626

Ces pots, dans lesquels sont conservés des aliments secs, témoignent de la vie quotidienne au lendemain de la Seconde Guerre mondiale. Considérés comme des objets de peu de valeur, ils ont presque partout disparu.

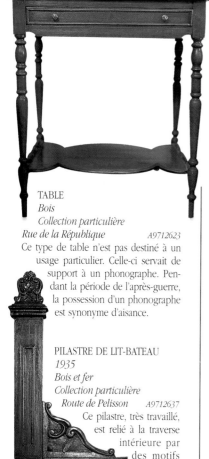

TABLE
Bois
Collection particulière
Rue de la République   *A9712623*

Ce type de table n'est pas destiné à un usage particulier. Celle-ci servait de support à un phonographe. Pendant la période de l'après-guerre, la possession d'un phonographe est synonyme d'aisance.

PILASTRE DE LIT-BATEAU
1935
Bois et fer
Collection particulière
Route de Pelisson   *A9712637*

Ce pilastre, très travaillé, est relié à la traverse intérieure par des motifs sculptés. Le « lit de travers » ou « lit à rouleaux » est prévu pour être placé contre un mur ou

dans une alcôve. Il n'est sculpté ou décoré que sur un côté. Muni de roulettes, il constitue le seul objet précieux d'un intérieur par ailleurs modeste.

CASE EN GAULETTES
Seconde moitié du XXe siècle
Bois
Vieux-Fort   *A9712615*

Pendant la période esclavagiste, les Noirs d'Afrique sont logés dans des cases construites en gaulettes, alors appelées cases à nègres. Ces cases doivent résister aux cataclysmes naturels et aux attaques de nombreux insectes xylophages. La charpente, souvent construite en acomat rouge ou en campêche, est appelée squelette de la case. L'artisan comble ensuite les murs par des gaulettes tressées, petites perches en bois chandelle. À l'intérieur, les murs sont recouverts de chaux. La toiture, généralement à deux pentes, est

constituée de feuilles de canne ou d'herbe de marais. Après l'abolition de l'esclavage, chaque famille s'approprie un bout de terrain pour y construire sa propre case. À Vieux-Fort, les habitants vivent longtemps dans ces cases, jusqu'au ravage du cyclone Cléo de 1956, qui les détruit presque toutes. Celle-ci a été reconstruite à l'initiative de son propriétaire.

MAISON À ÉTAGE
Milieu du XXe siècle
Bois
Rue Légitimus et avenue Jerpan   *A9712609*

Cette grande maison dominait les cases en bois sans étage du reste du bourg. Ses vingt et une ouvertures témoignent d'une recherche architecturale raffinée. Durant quelques années, la poste de Saint-Louis occupe le rez-de-chaussée de cette demeure.

BERCEUSES
Début du XXᵉ siècle
Bois
Collection particulière
Section Grelin
Saint-Louis

Saint-Martin

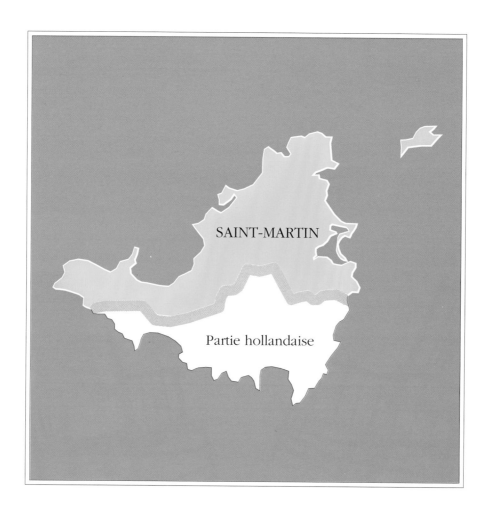

SAINT-MARTIN

Partie hollandaise

Saint-Martin

Canton de Saint-Martin
Arrondissement de Saint-Martin-
Saint-Barthélemy
Superficie : 5 000 ha pour la partie
française
Population 1995 : 32 819 hab.
Habitants : les Saint-Martinois

Origine du nom : du saint éponyme Martin
de Tours, dont c'était la fête le jour de la
découverte de l'île par Christophe Colomb.
Une autre tradition affirme toutefois que
l'île tire son nom d'un colon français,
Saint-Martin.

HISTORIQUE

*Le peuplement de l'île par de petits
groupes de semi-nomades mésoindiens
originaires du Venezuela est attesté vers
1800 av. J.-C. Ceux-ci se sédentarisent
vers 400 av. J.-C. et façonnent des poteries de style saladoïde. Après plusieurs
siècles d'échanges de céramiques entre
les îles de la Caraïbe et le continent sud-
américain, ces premiers potiers saladoïdes vont constituer la base de
multiples cultures « antillaises » identifiées par un foisonnement de nouveaux
styles de décorations sur céramiques à
partir de 800 et ce, jusqu'au début de
la colonisation européenne. Il n'est pas
certain que Christophe Colomb ait vu et
baptisé l'île lors de son deuxième voyage
en 1493 mais le nom de Saint-Martin
est mentionné pour la première fois sur
une carte espagnole en 1516. Au début
du XVIIe siècle, quelques colons, notamment français, s'installent ; les Hollandais viennent chaque année collecter le
sel dans les grandes salines naturelles.
Les Espagnols, possesseurs théoriques de
l'île, renoncent à y maintenir un fort
doté d'une garnison en 1647. Dès lors,
les Français et les Hollandais établissent
un partage de l'île, scellé le 23 mars
1648 sur le mont des Accords. La mise
en valeur de la zone française ne
débute qu'en 1770, avec l'autorisation
accordée aux étrangers de posséder des
terres. La canne à sucre soutient une
vie économique prospère, avec pour
corollaire un nombre grandissant d'esclaves. Une société cosmopolite va
naître, largement anglophone, liée à
l'économie sucrière et au négoce*

*international. Mais, le terrible cyclone
de 1819 amorce le déclin d'une culture
de la canne qui s'achève en 1915 et à
laquelle se substitue l'exploitation des
salines. Cette activité économique disparaît à son tour vers 1960. Depuis, le
tourisme constitue la principale ressource de Saint-Martin.*

**HACHE
AMÉRINDIENNE**
*1800 av. J.-C.
Conque de lambi
Musée de Marigot*
A9712751

Cette
hache est
le plus ancien
outil découvert
dans l'île et provient
du site de Norman
Estate. Le lambi, plus grand
gastéropode marin des Antilles, est
pêché par les populations amérindiennes en grande quantité. La lèvre
extérieure du lambi est utilisée pour la
fabrication d'outils et de parures. Les
gouges ou haches de forme pétalloïde
servent pour le travail du bois, notamment la fabrication des pirogues. Les
premiers habitants des îles de la
Caraïbe utilisaient cet instrument.

MOULAGE DE SÉPULTURE
*300-600
Résine (130 × 80 cm)
Musée de Marigot*
A9712747
Cette sépulture a été découverte parmi
un ensemble de tombes sur le site de
Hope Estate. L'état de conservation
exceptionnel des ossements et des
offrandes a per-
mis de recons-
tituer le rituel
funéraire. La
femme inhumée
directement en
terre est instal-
lée en position
fœtale dans une
fosse de petite
dimension.
Trois plats en
terre cuite, dont
deux compor-
tent des décors
attribués aux
séries saladoï-
des caractéri-
sées par des décors peints en blanc sur
rouge, sont déposés en offrande.

FIGURINE DE CHIEN
*300 av. J.-C.-100 ap. J.-C.
Céramique (H. : 10 cm)
Musée de Marigot*
A9712749
Découverte dans les couches les plus
anciennes du site de Hope Estate,
cette figurine représente un chien qui
constituait le décor d'un plat de style
huecey caractérisé par des décors
incisés et modelés. Le chien est le
plus grand mammifère terrestre ren-
contré dans cette région du monde
avant l'arrivée des Européens.

FIGURINE D'OISEAU
300-600
Céramique (L. : 10 cm)
Musée de Marigot   *A9712748*

Un adorno, tel celui-ci, est une figurine
modelée, appliquée sur le bord d'un
vase en terre cuite et qui fait fonction
d'anse. Représentant les faces de créa-
tures mythiques, les adornos sont réalisés par les agriculteurs arawaks. Il s'agit
ici d'une représentation d'oiseau recouverte d'un engobe rouge typique des
séries saladoïdes. Certains oiseaux font
en effet partie de l'univers
mythologique des po-
pulations amérin-
diennes des
îles Caraïbes.

POMMEAU DE DAGUE, SABRE ET BOULETS DE CANON
XVIIIᵉ siècle
Fer et cuivre
Musée de Marigot   *A9712758*

L'île de Saint-Martin
est le siège de nom-
breuses batailles, car elle est
convoitée par différentes nations
européennes, parmi lesquelles la
France, l'Angleterre, la Hollande et l'Espagne. Les fortifications et instruments
de guerre que l'on retrouve çà et là
dans l'île témoignent d'une période
trouble de l'histoire de Saint-Martin qui
change dix-huit fois de nationalité
entre 1648 et 1850.

ALAMBIC
XVIIIᵉ siècle
Cuivre
Musée de Marigot   *A9712752*

Cet alambic intervient dans la distillation de la mélasse fermentée
recueillie à la purgerie afin d'obtenir
du rhum. Il s'agit d'un récipient dans
lequel on fait bouillir le mélange
alcoolisé. Au-dessus, est fixé un serpentin appelé couleuvre. Cette dernière est mise à tremper dans une
citerne, permettant la condensation
des vapeurs d'alcool. Le rhum ainsi
obtenu est assez fort.

OBJETS AMÉRINDIENS
300-600
Céramique, pierre et coquillage
Musée de Marigot   *A9712750*

Plus de trente sites d'occupation amérindienne ont été répertoriés dans l'île de
Saint-Martin, dont celui de Hope Estate
d'où proviennent des céramiques parmi
les plus anciennes de l'arc antillais. De
nombreux objets en os, en pierre ou en

coquillage, ainsi que des
céramiques richement dé-
corées témoignent de la
maîtrise artisanale des cultures amérindiennes qui se
succèdent jusqu'aux derniers
Arawaks installés à l'ouest de l'île
entre 1350 et 1550.

OUTILS DE CULTURE
DE LA CANNE
XIXᵉ siècle
Fer
Musée de Marigot   A9712757

À partir de la seconde moitié du XVIIIᵉ siècle, Saint-Martin devient une île à sucre. Elle compte jusqu'à trente-cinq sucreries dans la seule partie française au début du XIXᵉ siècle.

L'introduction de la canne à sucre s'accompagne d'une rapide augmentation de la population et d'un bouleversement ethnique avec l'arrivée de nombreux esclaves déportés d'Afrique. L'abolition de l'esclavage dans les colonies françaises en 1848 confirme le déclin de cette industrie et la dernière sucrerie ferme ses portes en 1915.

MUR D'ESCLAVE
XVIIIᵉ siècle
Pierre   A9712730

Les murets en pierre furent édifiés par les esclaves travaillant aux champs à l'apogée de l'industrie sucrière. Les sols très pierreux de l'île de Saint-Martin rendent difficile la pratique de l'agriculture. Dès leur première installation, les colons ont dû épierrer les terrains avant de les cultiver. Par la suite, ces murs en pierre sèche servent également d'enclos pour le bétail, notamment dans la partie nord de l'île. Ils sont parfois appelés « murs d'esclaves » en mémoire de ceux qui les ont édifiés.

SITE ARCHÉOLOGIQUE
DE HOPE ESTATE
550 av. J.-C.-450 ap. J.-C.
Carrière de Grand-Case   A9712701

Le site de Hope Estate, qui couvre 2 hectares, est un important gisement archéologique. Les vestiges d'anciennes civilisations agraires des Antilles ont été découverts sur ce plateau. Un village amérindien, organisé de façon circulaire et comportant une vaste place centrale, a été érigé par les premiers céramistes ayant migré d'Amérique vers les îles de la Caraïbe en 300 av. J.-C. et occupé jusqu'en 450. Plusieurs sépultures et une roche ornée de pétroglyphes attestent l'existence de rites religieux.

PÉTROGLYPHE
450
Pierre
(150 × 110 × 120 cm)
Hope Estate   A9712705

Saint-Martin compte deux spécimens de pierre gravée. Le pétroglyphe illustre le détail à une série de visages réduits à leur expression la plus primitive et façonnés sous forme de dépressions au niveau de la bouche et des yeux. L'un des pétroglyphes de Hope Estate représenterait une tortue marine. Ces figures anthropomorphes et zoomorphes sont

des représentations de divinités issues de la mythologie amérindienne, et indiquent certains des lieux où devaient se dérouler des cérémonies religieuses.

ENTRÉE DU FORT SAINT-LOUIS

1760-1789-XIXᵉ siècle
Pierre et chaux
Route du fort
Saint-Louis
Quartier
de Marigot

A9712726

Sous l'impulsion de Jean-Sébastien de Durat, la population de Marigot édifie ce fort sur un morne afin de défendre les entrepôts du port de Marigot, où sont stockés les produits récoltés sur les habitations tels le café, le sel, le rhum et le sucre

de canne. Ce monument militaire se délabre très vite et fait l'objet de restaurations et de modifications au XIXᵉ siècle, avant de tomber de nouveau à l'abandon.

MAGASIN À POUDRE

1760-1789
Pierre et chaux
Fort Saint-Louis

A9712727

Le magasin à poudre constitue un point stratégique lors des batailles plus ou moins violentes qui secouent le fort. Dès les premiers échos de la Révolution, les Hollandais l'occupent afin de prévenir une attaque républicaine. La reconquête du fort, et donc de l'île, se fait sans peine ni violence en 1795, la poursuite des échanges commerciaux primant sur les dissensions politiques. Si Saint-Martin est occupé par les Anglais de 1801 à 1803, puis de 1810 à 1816, la plus grande gloire du fort est d'avoir repoussé une attaque anglaise en 1808.

PURGERIE

1770
Pierre et mortier
Habitation Saint-Jean
Quartier de Marigot

A9712735

Ce bâtiment remplit la fonction de purgerie à l'intérieur de l'habitation-sucrerie. La purgerie abrite les formes, poteries poreuses dans lesquelles on met le « sirop-batterie » ou gros sirop, c'est-à-dire le jus de canne cuit. Une partie de ce *vesou* s'écoule par les pores de la poterie pendant trois mois environ. Sa fermentation donne enfin un rhum de qualité médiocre. Quant au jus resté figé dans les formes, il est cuit à nouveau et se cristallise en sucre brut.

TOMBE D'ANN DESMONTS ET DE SÉBASTIEN DE DURAT

Début du XIXᵉ siècle
Marbre (2 × 1 m)
Habitation Saint-Jean

A9712713

Ann Desmonts et Sébastien de Durat reposent dans le cimetière familial commun aux deux sucreries voisines de Saint-Jean et Morne-Fortune. La vie d'Ann Desmonts est représentative de celle des propriétaires sucriers.

Née en 1762 en zone hollandaise, d'un père d'origine hugenote et d'une mère native de la possession anglaise d'Anguilla, elle est anglophone et de religion réformée. À 15 ans, déjà propriétaire de l'une des plus grandes sucreries de l'île, elle se marie avec le fils du gouverneur de l'île hollandaise Saint-Eustache. Veuve et mère de trois enfants, elle se remarie en 1789 avec Jean-Sébastien de Durat, gouverneur depuis 1785 de Saint-Barthélemy et de la partie française de Saint-Martin, qui lui donne cinq enfants. De nouveau veuve en 1814, elle administre la sucrerie Saint-Jean jusqu'à sa mort en 1841.

CANON
XIXᵉ siècle
Rue de la République
Quartier de Marigot   *A9712728*

Les canons, autrefois posés sur des affûts de bois, sont mis à contribution lors des batailles opposant les habitants de Saint-Martin aux flibustiers anglais aux XVIIIᵉ et XIXᵉ siècles. Un rapport de 1821 précise le nombre et la position de ces canons installés au fort Saint-Louis. La première batterie défend l'entrée de la rade tandis qu'une deuxième bat la baie de la potence. La batterie numéro 3 garde le chemin du Nord alors que la dernière protège l'entrée du bourg, la route du Sud et le port. Toutes les pièces sont importées de France ou d'Angleterre.

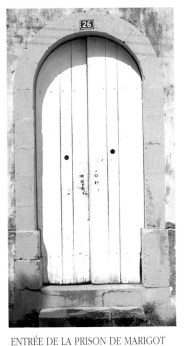

ENTRÉE DE LA PRISON DE MARIGOT
1789
Pierre et chaux
Rue de Perrinon
Quartier de Marigot   *A9712725*

La prison de Marigot est construite sous les ordres de Jean-Sébastien de Durat, en même temps que le fort qui défend la baie du bourg. Elle est utilisée jusqu'en 1968.

PONT DE DURAT
1789
Pierre et chaux
    A9712729

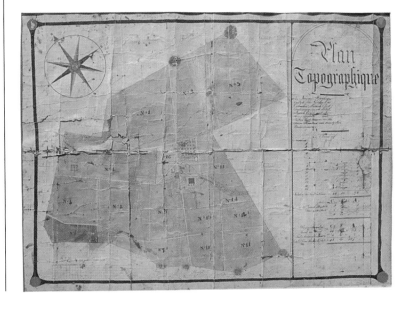

Ce pont de pierre permet de franchir une petite ravine qui déverse les eaux de ruissellement des mornes environnants dans l'étang de Gallisbay. Il est baptisé, conformément au souhait de la population, en l'honneur du gouverneur de Durat, comme le mentionne une pierre de taille autrefois placée au centre du parapet. Celle-ci est enlevée en 1793 par des révolutionnaires, qui la tiennent pour un symbole du pouvoir des aristocrates.

PLAN TOPOGRAPHIQUE
1792
Papier aquarellé
Habitation Golden Grove
Quartier du Colombier   *A9712738*

Sur le plan de l'habitation-sucrerie Golden Estate, on distingue les bâtiments figurés en rouge, maison, moulin à bêtes, sucrerie, ainsi que les cases des esclaves. Cette petite propriété de 50 hectares est presque totalement cultivée en canne. Elle est limitée par les crêtes de la vallée du Colombier et des arbres matérialisent les bornes.

CHAUDIÈRE À SUCRE
Milieu du XIXᵉ siècle
Fonte (d. : 160 cm)
Habitation Golden Grove   A9712739

Un équipage de sucrerie est composé de cinq ou six de ces grandes cuves, appelées chaudières. De taille décroissante, chacune porte un nom propre, relatif à sa taille ou à sa fonction : la grande, la propre, la lessive, le flambeau et la batterie. Elles sont utilisées simultanément dans chaque habitation-sucrerie de l'île afin de concentrer le jus de canne, ou *vesou*, et d'en tirer le gros sirop. La plupart proviennent de la grande fonderie écossaise Carron

à Falkirk. La finesse de la fonte comme le profil élaboré témoignent de la suprématie de l'industrie britannique à l'époque.

MOULIN À BÊTES
Fin du XVIIIᵉ siècle
Pierre et mortier (H. : 2,5 m, d. : 18 m)
Terres Basses
Quartier de Marigot   A9712737

D'un type élaboré, ce moulin à bêtes comprenait un mécanisme broyeur installé sur un socle maçonné dans la partie centrale, au niveau bas. Trois tunnels traversaient la masse : le premier était destiné à apporter les cannes à sucre ; le deuxième, diamétralement opposé, permettait d'évacuer la bagasse en direction des fourneaux ; le troisième servait au passage du *vesou*, ou jus de canne, vers la sucrerie. Le trottoir annulaire, au niveau supérieur, supportait des mulets attelés au rolle central du moulin broyeur.

VESTIGES D'HABITATION-SUCRERIE
Fin du XVIIIᵉ-XIXᵉ siècles
Calcaire et maçonnerie
Habitation Spring A9712732

L'habitation Spring est l'une des plus importantes de Saint-Martin de par sa superficie et de par la richesse de ses terres. La production de sucre y débute en 1772 et se poursuit durant un siècle. En 1880, la propriétaire Elizabeth French entreprend de grandes réparations ainsi que de profondes transformations destinées à faire de Spring une sucrerie-rhumerie moderne. La cheminée en calcaire, unique dans l'île, est édifiée en 1883 à cette occasion. La production de rhum cesse en 1915.

MAISON
Début du XIXᵉ-XXᵉ siècles
Bois, pierre et chaux
Rue de la Liberté
Quartier de Marigot   A9712718

Cette maison figure sans doute sur un plan de Marigot de 1806, qui mentionne un édifice de même dimension à l'emplacement qui lui correspond.

Bien qu'elle ait probablement subi de nombreuses réfections, dues à la violence des cyclones, elle illustre un type d'habitat propre au bourg de Marigot et qui en borde les artères principales, formant ainsi le tissu urbain du bourg ancien. Le rez-de-chaussée, constitué de matériaux résistants, s'ouvre sur une cour aménagée et ombragée et supporte un premier étage construit en bois sur le modèle de la case traditionnelle. Les familles aisées, qui occupent ce style de maison, attachent une grande importance à la décoration de la façade, reflet de leurs prétentions sociales.

ÉGLISE DE MARIGOT
1841-1842
Pierre et chaux
Route du fort Saint-Louis
Quartier de Marigot A9712707

En 1815, un rapport décrit la situation des catholiques à Saint-Martin : « Point d'église ni de presbytère. L'île étant habitée par des Anglais protestants, le nombre de catholiques se réduit à quelques Français, la plupart si malheureux qu'ils ne peuvent entretenir un curé... » De rares hommes d'Église visitent sporadiquement l'île au début du XIXe siècle. Entre 1836 et 1841, plusieurs curés se succèdent jusqu'à ce que le père Wall s'installe à Saint-Martin. Il y fait alors construire l'église catholique de Marigot, consacrée le 15 mai 1842. Les extensions formant le transept sont ajoutées en 1871 et en 1872.

ANCIENNE MAIRIE
1845
Rue de la République
Quartier de Marigot
A9712724

Cette maison est habitée une centaine d'années puis elle est louée à la commune après la destruction de la précédente mairie lors d'un incendie. Elle accueille alors les services municipaux de 1938 à 1947.

MAISON DE MAÎTRE
Milieu du XIXe siècle
Bois
Quartier de Bellevue
A9712721

Cette maison de maître abritait les propriétaires de l'habitation-sucrerie de Bellevue. Construite au sommet de la colline afin de surplomber l'exploitation, elle est en outre située de façon à éviter que fumée et odeur n'incommodent ses habitants. La construction apparaît modeste, tant par ses dimensions que par son style, conformément à la plupart des maisons de maître de Saint-Martin. Construite en partie avec des bois de récupération, elle comporte des cloisons de dimensions variables. Les murs extérieurs sont recouverts d'essentes qui assurent leur protection contre les intempéries. La maison appartient à la famille Fleming-Hodge, l'une des plus anciennes de la région.

ÉGLISE DE GRAND-CASE
1842
Pierre et chaux
Grand-Case A9712709

Cette église catholique doit sa construction au père Wall, d'origine irlandaise, sous le ministère duquel le catholicisme progresse légèrement, notamment chez les libres de couleur et principalement les femmes, bien que cette confession reste minoritaire. Il bénit cette réalisation le 12 juin 1842 et dote ainsi l'île d'un second lieu de célébration liturgique romaine. Elle est par la suite désignée pour abriter un maître-autel en bois de grande valeur.

VESTIGES DE MOULIN À BÊTES

Seconde moitié du XIXe siècle
Fonte, bois et maçonnerie
Habitation Spring
Quartier de Marigot　　　*A9712733*

Symbole de l'activité sucrière de l'île, le moulin à bêtes se compose de trois parties distinctes. Un socle maçonné recueille le jus de canne et maintient le bâti en bois qui supporte le mécanisme. Ce dernier comporte trois rolles verticaux, de fabrication anglaise, dotés d'engrenages. Le rolle central se prolonge par quatre bras qui permettent d'atteler les mulets tractant l'ensemble. Seul ce type de moulin est utilisé dans l'île.

PIERRE GRAVÉE

1883
Mortier (20 × 70 cm)
Habitation Spring　　　*A9712734*

L'inscription indique la date d'achèvement des travaux de restauration initiés en 1880. Elle est gravée sur une pierre placée à l'intérieur des bâtiments de la sucrerie de l'habitation Spring, au-dessus de la zone où se cuisait le jus de canne.

TOMBE DE FRANÇOIS AUGUSTE PERRINON

1861
Marbre et ciment
Cimetière de Marigot
　　　A9712711

François Auguste Perrinon, homme de couleur né à Saint-Pierre en 1812, a participé au courant d'idées abolitionnistes qui a précédé l'émancipation des esclaves des Antilles françaises.

Actionnaire dans les sociétés exploitant les salines de Saint-Martin, notamment celle de Grand-Case, il tenta de prouver scientifiquement que les esclaves affranchis et rémunérés selon leur rendement fournissaient un travail de meilleure qualité. En 1847, dans son ouvrage *Résultat d'expériences sur le travail des esclaves*, il apporte la preuve de la nocivité et de l'inutilité des méthodes coercitives propres à l'esclavage. L'année suivante, il fait partie de la Commission d'abolition de l'esclavage au sein de laquelle il prône le versement d'une indemnité aux esclaves victimes de la traite clandestine depuis 1818. Élu à l'Assemblée constituante avec Victor Schœlcher, il décide de se retirer à Saint-Martin après le coup d'État du 2 décembre 1851 et reprend l'exploitation de ses salines jusqu'à sa mort le 2 janvier 1861.

SALINE DE QUARTIER D'ORLÉANS

XIXe siècle
Baie Orientale　　　*A9712731*

La saline d'Orient est concédée à la famille Beauperthuis qui développe sur 7 hectares l'industrie du sel pendant la seconde moitié du XIXe siècle. La récolte et l'exportation du sel constituent une très grande source de revenus entre le milieu du

XIXe et celui du XXe siècles. Les premières demandes de concession se manifestent en 1840 et concernent les salines de Grand-Case et de Chevrise. Des murets en pierre et des digues en terre permettent d'isoler les différentes sections des étangs afin que le sel cristallise naturellement à la saison sèche après évaporation. Le produit ainsi obtenu est exporté en Amérique du Nord, en Europe et à Terre-Neuve pour la conservation de la morue. La dernière saline cesse son activité en 1961.

MEULE À SEL
1872
Fonte (3 × 3,5 × 1,5 m)
Quartier de Grand-Case

A9712740

À l'époque de son fonction-nement, la meule à sel est mise en mouvement par une petite machine à vapeur inté-grée. Lorsque la Société Méry d'Arcy obtient la concession d'exploitation des salines de Grand-Case et de Bretagne en 1842, elle aménage les étangs naturels et équipe le site d'une voie ferrée, d'un embarcadère ainsi que de divers bâtiments. La meule à sel, placée près du quai, per-met d'expédier un produit prêt à l'emploi.

MACHINE À VAPEUR
Fin du XIXᵉ-début du XXᵉ siècles
Fonte
Îlet de
Tintamarre

A9712745

Lors d'un voyage aux États-Unis, Van Romondt acquiert un équipement mécanique complet, dont ce pilon de faible puissance fonctionnant à la vapeur, pour son exploitation coton-nière à Tintamarre. Le cotonnier est une plante indigène connue des Amérin-diens, dont la culture s'est régulièrement poursuivie dans les régions sèches à sol léger. L'industrialisation de la production cotonnière en Amérique du Nord, à la fin du XIXᵉ siècle, favorise l'installation en Guadeloupe de petites usines, dont celle de Tintamarre.

MAISON EN GAULETTES
Fin du XIXᵉ-
début du XXᵉ siècles
Rue des Écoles
Quartier
de Grand-Case

A9712717

Cette maison illustre un type de construction très répandu jusqu'au début du XXᵉ siècle à Saint-Martin comme dans toutes les Caraïbes, du fait de son faible coût, dû notamment à l'emploi de matériaux locaux. Les murs sont faits de gaulettes, à savoir de branches de petites sections qui proviennent du *bush*, tressées et consolidées par un enduit à base de chaux. D'abord couvertes de feuilles de canne à sucre, les maisons en gau-lettes se dotent d'une toiture compo-sée d'essentes à partir de la fin du XIXᵉ siècle.

ÉGRENEUSE À COTON
Vers 1900
Fonte
Îlet de Tintamarre

A9712744

Cette machine intervient au cœur de la chaîne de production du coton. Après la cueillette, il faut égrener, puis tasser les fibres dans de grands sacs avant de les expédier. La mécanisation de toutes ces opérations engage un matériel important, notamment un générateur de vapeur qui entraîne l'égreneuse à l'aide de courroies. L'équipement se complète d'une presse formant les balles de coton.

Saint-Martin

type traditionnel, reprend les caractéristiques des autres maisons du quartier. Le méthodisme a été fondé au XVIIIe siècle en réaction au ritualisme anglican. L'importance du peuplement d'origine anglaise explique sa présence sur l'île. En 1816, un laïc nommé John Hodge, débarque d'Anguille, s'installe à Cod Bay et introduit la confession méthodiste dans la partie hollandaise. Sa prédication s'adresse surtout aux esclaves des deux parties de l'île. La population servile du territoire français est massivement attirée par la nouvelle confession qui s'adresse aux plus pauvres.

VESTIGES DE COTONNERIE
Début du XXe siècle
Pierre et mortier
Îlet de Tintamarre   *A9712742*
En 1902, M. Van Romondt crée une exploitation qui traite son coton dans une manufacture moderne, avant de l'expédier en balles. Durant le premier quart du XXe siècle, Van Romondt est surnommé le « roi de Tintamarre », car il a crée une monnaie interne utilisée dans la seule boutique de l'île. Cette « royauté » s'éteint en 1931.

ÉGLISE MÉTHODISTE
Vers 1920
Quartier
de Marigot
                A9712754
Cette église est à l'origine de forme rectangulaire avant l'édification d'une extension. Son architecture, de

bassement de pierre qui offre ici la particularité d'être ouvragé. Le module originel en bois est complété par une extension en béton au cours des années 1950. Un module similaire est habituellement ajouté à l'arrière de la construction.

SÉCURITÉ SOCIALE
Début du XXe siècle
Bois, pierre et chaux   *A9712722*
Cette maison bourgeoise est représentative du type d'habitat spécifique au bourg de Marigot.

MAISON
Première moitié du XXe siècle
Pierre, béton, bois et chaux
Boulevard de Grand-Case
Quartier de Grand-Case   *A9712715*
Le phénomène de consolidation des habitations apparaît au début du XXe siècle avant de se vulgariser après la Seconde Guerre mondiale. Cette habitation est construite sur un sou-

PUITS-ABREUVOIR
1921
Pierre, chaux
et ciment
Ravine Paradis
A9712755

Les petits bassins, qui cernent le puits, permettent aux animaux de s'abreuver. Saint-Martin étant une île sans rivière, les premiers colons doivent s'adapter à ces rudes conditions climatiques en construisant de nombreux puits et en installant des citernes pour récolter l'eau de pluie.

CASE TRADITIONNELLE
Vers 1930
Bois
A9712720

Cette construction rassemble les caractéristiques architecturales de la case saint-martinoise. Elle se compose d'un module de base de 12 pieds sur 24, divisé par une cloison. Ses dimensions sont prédéfinies par la taille des planches qui proviennent principalement des États-Unis et du Canada. La galerie en façade est considérée comme une pièce à part entière, véritable transition entre la rue et l'intimité de la case. Elle est ornée de frises de type *gingerbread* qui permettent à l'artisan de faire montre de sa maestria.

PALAIS DE JUSTICE
Vers 1930
Architecte : Ali Tur
Béton armé
Rue de la Liberté
Quartier de Marigot A9712723

Le palais de justice est le seul bâtiment construit à des fins administratives dans la commune de Saint-Martin. Après le passage ravageur du cyclone de 1928, on fait appel à l'architecte Ali Tur qui conçoit un bâtiment à l'architecture typiquement coloniale. De dimension très modeste, le palais de justice présente une forme simple et massive qui tranche sur le bâti traditionnel des alentours.

MONUMENT DE LA FRONTIÈRE
1948
Ciment A9712714

Après l'abandon de Saint-Martin par les Espagnols en 1648, les quelques familles françaises et hollandaises, installées pour cultiver le manioc, préviennent leurs autorités respectives qui décident de prendre possession de l'île. Les Hollandais arrivent les premiers et tentent d'empêcher le débarquement des Français venus de l'île Saint-Christophe. Le gouverneur de Saint-Christophe, Longvillier de Poincy, entreprend alors un débarquement en force qui réussit. Les deux nations concluent un traité de coopération le 23 mars 1648 sur le mont des Accords. Celui-ci partage l'île en deux : la partie nord, soit plus des deux tiers de l'île, devient possession française alors que le sud revient aux Hollandais. Trois cents ans plus tard, l'édification d'un obélisque commémore la cohabitation entre les nations française et hollandaise et marque la frontière symbolique entre les deux parties de l'île. Par ailleurs, le traité, toujours en vigueur, autorise la libre circulation des biens et des personnes.

PANIER À SEL
1960
Liane
Musée de Marigot A9712753

Retenu par un panier, le sel est secoué dans l'eau afin d'être lavé et blanchi,

après avoir été récolté à la main dans les étangs à la saison sèche. Il est ensuite transporté dans de grandes barques à fond plat appelées flats, puis déchargé sur les berges avant d'être mis en sac et exporté. Le sel constitue une importante ressource pour l'île de 1840 à 1960.

Sainte-Anne

Morne-à-l'Eau

Le Moule

Saint-François

Le Gosier

SAINTE-ANNE

Sainte-Anne

Canton de Sainte-Anne
Arrondissement de Pointe-à-Pitre
Superficie : 8 027 ha
Population 1990 : 16 934 hab.
Habitants : les Saintannais
Cour d'eau : la Rivière de l'Anse
à la Barque

Origine du nom : de la sainte éponyme, patronne de la paroisse.

HISTORIQUE

Une chapelle Sainte-Anne-de-la-Grande-Terre est mentionnée sur ce site en 1670, avant l'existence de la paroisse, attestée en 1691, et dévolue aux capucins. Au milieu du XVIIIe siècle, le bourg encore récent est le siège de la sénéchaussée de Grande-Terre, et de l'amirauté instituée en 1742. Les Anglais ayant incendié le bourg en 1759, la sénéchaussée est transférée à Pointe-à-Pitre huit ans plus tard. L'importance économique du quartier, principal pôle commercial de l'île avec la Martinique, n'est cependant pas amoindrie. En 1790, Saint-Anne est le quartier le plus peuplé de la Guadeloupe, et présente, par sa répartition démographique, un profil particulièrement esclavagiste. L'importance de la population servile favorise sans doute le climat de révolte qui agite la région. Les 15 et 16 mai 1791, s'ourdit l'un des premiers complots d'esclaves de la période révolutionnaire : le bourg doit être incendié et les blancs massacrés. Mais il est dénoncé, et les quelques esclaves séditieux sont torturés à mort. En août 1793, une insurrection, associant une grande majorité d'esclaves et quelques libres de couleur, s'assure la quasi maîtrise des campagnes et provoque le pillage de nombreuses habitations. Les milices parviennent cependant à se regrouper

dans le bourg et réduisent les groupes d'insurgés, avec le soutien de détachements venus en renfort des quartiers environnants, et dirigés par le gouverneur de Pointe-à-Pitre lui-même. Une brève période d'émancipation débute en 1794, année du débarquement de Victor Hugues à Sainte-Anne, où commence la campagne militaire qui aboutit à la reconquête de l'île. Au lendemain du rétablissement de l'esclavage, les cultivateurs d'une vingtaine d'habitations se soulèvent en octobre 1802. Vingt-huit membres des familles de propriétaires sont égorgés. Les insurgés tentent, comme en 1793, de s'emparer du bourg, mais sont repoussés par la population. La répression est sans ménagement. Vers 1830, Sainte-Anne compte au nombre des principaux quartiers producteurs de canne, de loin la première culture de la commune. L'émancipation ne modifie pas radicalement les rapports entre les propriétaires et l'ancienne population servile, l'administration coloniale s'employant à récompenser ceux qui conservent leur dévouement à l'égard de leurs anciens maîtres. La vocation sucrière de la commune se confirme à la fin du XIXe siècle. Saint-Anne dispose, en 1885, de la première superficie cannière de la Guadeloupe. Elle compte trente-quatre sucreries, dont trois dotées d'une usine à vapeur. Le déséquilibre entre grandes propriétés sucrières et très petites exploitations vivrières amplifie les conflits sociaux du début du XXe siècle, liés à la crise du sucre qui annonce le déclin de l'économie sucrière.

STATUETTE
Vers le XIIIe siècle
Céramique (H. : 10 cm)
DRAC de la Guadeloupe, Basse-Terre
A9712821

La facture de cette statuette permet de la situer dans la période suazoïde (900-1200), et constitue par conséquent une expression de la culture troumassoïde. Les céramiques de cette ère, aux formes simples, se caractérisent par des surfaces raclées et des incisions larges, peu profondes, comme les yeux bridés de cette figurine anthropomorphe. Le site de la Pointe du Helleux, d'où provient ce modelage, a connu plusieurs occupations précolombiennes successives. Des restes de coquillage, de crabes et de poissons attestent une large exploitation du milieu marin.

MARE « GRAND MAISON »   A9712811
Le sol argileux de Sainte-Anne retient l'eau de pluie dans certaines dépressions naturelles ou artificielles du terrain. Ces mares constituent une réserve d'eau pour le bétail, en prévision de la saison sèche.

FONDATIONS DE MOULIN À BÊTES
Début du XVIIIᵉ siècle
Maçonnerie (d. : 16 m)
Section La Souche   *A9712815*

À la création de la sucrerie de l'habitation, en 1715, le mécanisme destiné à broyer la canne est installé sur cette plate-forme circulaire, sur laquelle des animaux, généralement des mulets, tournent en rond afin d'entraîner les rolles. Un muret, atteignant 60 centimètres de hauteur pour les parties les plus élevées, retient les terres du côté de la pente. En 1788, la tour du moulin à vent est construite, mais le moulin à bêtes subsiste. Il fonctionne durant les périodes sans vent, et en période d'hivernage, propice aux cyclones, lors de laquelle les ailes sont démontées.

sein du conseil municipal de Sainte-Anne au XIXᵉ siècle. Les moulins à vent sont nombreux dans cette commune aride de Grande-Terre. Les mécanismes étaient conçus selon des modèles très proches. Dans la partie basse, un châssis en bois maintenait le jeu de broyage qui était relié par un grand axe vertical aux ailes extérieures. Des anneaux de fer, incrustés dans la maçonnerie à environ un mètre du sol, servaient à immobiliser ces dernières, quand elles étaient au repos. Dans sa partie haute, l'arbre se terminait par une roue horizontale dentée, où venait engrener la couronne entraînée par les ailes. Celles-ci, comme la coiffe, ont été ajoutées pour faire du moulin un lieu touristique.

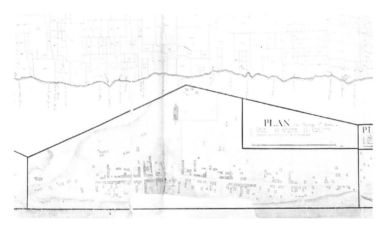

PLAN DE SAINTE-ANNE
4 octobre 1732
Dessinateur : François Amaudric de Saint-Maure
Détail de dessin (130,5 × 146,2 cm)
1/1350
Cote : DFC Guadeloupe 10 PFA 89
Centre d'archives d'outre-mer
Aix-en-Provence, Bouches-du-Rhône
          A9712820

Détail d'un vaste parcellaire de la Grande-Terre, ce plan livre la description d'un des principaux bourgs de l'île. Son tracé linéaire parallèle à la mer est typiquement hérité des Cinquante Pas réservés au Roi pour permettre une libre circulation des vaisseaux, l'édification de bâtiments civils et militaires, et l'installation des pêcheurs et artisans indispensables à la vie économique de l'île.

MOULIN À VENT
Fin du XVIIIᵉ-début du XIXᵉ siècle
Pierre
Section Chateaubrun   *A9712823*

Cet édifice a appartenu à l'habitation Chateaubrun, dont les propriétaires ont souvent exercé des responsabilités au

PONT GALBAS
1835
Rivière de l'Anse à la Barque   *A9712806*

Le pont Galbas fait partie de l'ancienne route coloniale reliant Pointe-à-Pitre à Sainte-Anne. Avec deux autres ponts, situés comme lui à l'ouest du bourg, il donne son nom au quartier des Trois-Ponts.

TOUR DE MOULIN À VENT
1774
Calcaire et roche volcanique
Section Gissac   *A9712813*

Ce moulin porte le plus ancien millésime de la Guadeloupe. Il est l'une des rares constructions agricoles à avoir résisté au tremblement de terre de 1843, peut-être grâce à l'exceptionnelle épaisseur de ses murs. La disposition des ouvertures est inhabituelle : deux portes, en plein cintre, servent à l'entrée des cannes à sucre, et à la sortie de la bagasse. Une petite fenêtre, au sud-est, éclaire la zone de travail, et une seconde, à l'étage, permet d'entretenir les mécanismes. Le *vesou* s'écoule le long d'une saignée pratiquée dans le sol.

PIERRE GRAVÉE
1774
Roche volcanique
Moulin de Gissac   *A9712814*

Les quatre clefs de voûte en lave portent diverses gravures. Sur le cartouche de la façade principale, un cœur enferme une fleur de lis et les initiales D. G. Ces dernières renvoient peut-être à Gabriel d'Albis de Gissac, propriétaire de l'habitation à cette époque. Mais ni la fleur de lis, ni la grande croix latine pattée n'évoquent les armes de cette famille comtale, originaire de l'Agenais, et longtemps protestante. Quant à la clef de voûte de la fenêtre supérieure, elle porte l'inscription H.K.FCT. Il s'agit sans doute de la signature du maçon, vraisemblablement dénommé Kiquandon, qui a réalisé cet édifice (FCT pour *fecit*).

VESTIGES DE SUCRERIE
XVIIIᵉ-XIXᵉ siècle
Pierre
Section Dupré   *A9712812*

Un acte de 1732 mentionne l'existence, à cet endroit, d'une sucrerie appartenant à Jean Antoine Dupré. En 1770, elle passe aux mains de la famille Melse, d'origine hollandaise.

CHAPELLE DES TROIS PONTS
XIXᵉ siècle   *A9712807*

Une chapelle figure déjà à l'emplacement de ce monument sur le premier plan de Sainte-Anne, établi en 1730. L'édifice actuel commémore le jubilé de 1865.

CITERNE
     A9712816

Cette construction servait à recueillir l'eau de pluie ruisselant du toit de l'ancienne église. À Sainte-Anne, l'eau constitue une ressource peu abondante et la saison sèche y est plus marquée qu'en Basse-Terre.

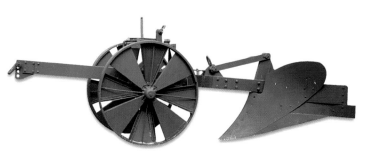

SOC DE CHARRUE
Fin du XIXᵉ-début du XXᵉ siècle
Métal
Hôtel Caravelle   *A9712824*
Ce soc de charrue provient de la sucrerie

Gardel, au Moule, la seule encore en activité dans l'île. Il a été offert, dans les années 1980, par Amédée Huyg-hues-Despointes, ancien propriétaire et directeur de l'usine.

BUSTE DE VICTOR SCHŒLCHER
XXᵉ siècle
Béton   *A9712804*
Victor Schœlcher, militant anti-esclava-giste d'origine alsacienne, préside la Commission d'abolition de l'esclavage, dont les travaux aboutissent à l'émanci-pation de la population servile, fixée par le décret du 27 avril 1848. L'année suivante, il est élu député de la Guade-loupe à l'Assemblée nationale, mais il cède sa place à Louisy Mathieu, Noir natif de l'île.

ÉGLISE
1930-1935
Architecte : Ali Tur
Béton armé   *A9712801*
À la suite du passage dévastateur du cyclone de 1928, Ali Tur, architecte du ministère des Colonies, est mis à la disposition de la commune de Sainte-Anne. À l'instar des cinq autres édifices religieux qu'il conçoit lors de la même période, la façade de ce bâti-ment est sculptée et travaillée en volume, tout en conservant une symétrie rigoureuse.

NEF
1930-1935
Architecte : Ali Tur
Béton armé
Église   *A9712803*
La conception de cette nef, qui s'écarte des canons esthétiques locaux à l'époque de sa construction, est influen-cée par le mouvement Art déco. L'im-pression d'espace provient davantage du volume de la nef que de la superfi-cie de l'édifice.

Cet arbre d'une taille exceptionnelle, bien que planté à l'intérieur des terres, sert d'amer aux marins-pêcheurs de la commune.

CASSAVERIE
XXᵉ siècle
Bois et tôle A9712819

La cassave, galette de manioc, occupe une place importante dans l'alimentation traditionnelle. Sa préparation passe par l'étalement d'une bouillie sur un grand disque de métal, appelé platine. Cette cassaverie en contient deux, chauffées chacune par un foyer alimenté dans la cuve qui soutient la plaque.

MONUMENT AUX MORTS
XXᵉ siècle
Béton A9712805

Les sacrifices endurés par la population, de Sainte-Anne comme du reste des Antilles françaises, ont largement favorisé l'accès de la Guadeloupe et de la Martinique au statut de départements français en 1946. L'« impôt du sang », versé lors de la Première Guerre mondiale, entretient et développe le sentiment patriotique. En outre, il donne plus de poids aux revendications favorables à la départementalisation. De 1940 à 1943, les deux îles, coupées de la métropole, vivent sous la férule de l'amiral Robert, vichyste, qui instaure un régime raciste. Le retour à la république renforce l'aversion de la population pour les régimes d'exceptions, y compris le régime colonial, même si ce dernier était sans commune mesure avec celui de Robert.

HÔTEL CARAVELLE
Vers 1970
Béton armé A9712825

Après la Seconde Guerre mondiale, l'emploi du béton se systématise, car ce matériau offre une résistance accrue aux assauts récurrents des cyclones. La plupart des bâtiments, dont la construction est soumise à des impératifs de rendement, suivent une architecture calquée sur celle des édifices européens monolithiques. La voûte de cet hôtel, à l'inverse, par la souplesse de ses courbes, illustre l'avènement de nouvelles formes nées de la maîtrise de la technique du béton armé et répondant à la nécessité d'assurer une ventilation optimale. Sa structure rappelle plus les réalisations de Le Corbusier, dont les architectes locaux Crevaux et Tessier sont les héritiers, que l'architecture d'Ali Tur, la première à faire appel au béton à la Guadeloupe.

Sainte-Rose

SAINTE-ROSE

Grand Cul-de-sac marin

Lamentin

Grande Rivière à Goyaves

Baie-Mahault

Pointe-Noire

Sainte-Rose

Canton de Sainte-Rose
Arrondissement de Basse-Terre
Superficie : 11 800 ha
Population 1997 : 15 206 hab.
Habitants : les Saint-Rosiens
Cours d'eau : la Grande Rivière à Goyaves,
la Rivière Moustique, la Rivière Salée,
la Rivière Nogent et la Ravine la Ramée

Origine du nom : de sainte Rose de Lima.

Blason : le champ de l'écu est aux
armes de Gilbert de Crapado, comte de
Lohéac. En chef, le voilier évoque l'activité de la pêche et de la voile. Les deux
épis de canne à sucre rappellent la principale culture de la commune.
A971290b

HISTORIQUE

*En 1635, 400 colons français, conduits
par Du Plessis et Charles de L'Olive,
débarquent à la Pointe Allègre. Au
début de la colonisation, l'endroit porte
le nom de Grand-Cul-de-sac. Il s'appelle
ensuite Saint-Pierre, puis Sainte-Rose, et
devient, le 26 novembre 1790, une
commune à part entière. En 1794, Victor Hugues lui donne le nom de Tricolore, mais la Restauration rétablit celui
de Sainte-Rose. En 1710, par la grâce
de Louis XIV, le domaine de Pierre-
François-Gilbert de Crapado est devenu
le comté de Lohéac. La construction de
l'église Saint-Pierre, en 1740, fonde le
bourg. Au début du XIXᵉ siècle, la commune se développe administrativement.
Dix-huit sections correspondant aux
anciennes grandes habitations-sucreries du début du XVIIIᵉ siècle se structu-
rent en centres de vie sous l'impulsion
des différentes équipes municipales. La
commune a vu naître trois hommes
célèbres, le scientifique Daniel Beauperthuy, le poète et écrivain Nicolas Cam-
penon, premier Guadeloupéen élu à
l'Académie française, et le poète Privât
d'Anglemont. Sainte-Rose s'illustre dans
la lutte anti-esclavagiste, et des esclaves
marrons résistent dans les montagnes
de la région. Comptant jusqu'à soixante*

*planteurs au début du XXᵉ siècle, Sainte-
Rose est, avec Le Lamentin et Baie-
Mahault, l'un des bassins canniers les
plus importants de la Guadeloupe. La
vocation agricole de la commune se
confirme. En 1989, elle possède 2 200
hectares de terres cultivées.*

MOULIN ET SUCRERIE DE LA RAMÉE
1799
Encre de chine et aquarelle
Archives de l'Académie des sciences,
Paris A9712952

L'eau acheminée par l'aqueduc coule
sur la roue en bois. Le moulin à
rolles verticaux broie la canne, dont
le jus est dirigé vers la sucrerie.
Celle-ci se reconnaît à la cheminée
qui fume et aux abondantes buées
qui s'échappent des ouvertures. Les
ouvriers sont, à cette époque de la
Révolution, des hommes libres. Cette
importante sucrerie, s'étendant sur
375 hectares et employant 135
hommes, sert de centre d'expérimen-
tation à Thomas Hapel de Lachenaie.
Ce chimiste, devenu habitant-sucrier

à Sainte-Rose, étudie les rendements
de diverses cannes et l'amélioration
de la fabrication du sucre, mais aussi
les maladies des hommes, du bétail
et des plantes cultivées, ainsi que
l'hygiène alimentaire. Il est correspondant de sociétés savantes et de
l'Institut de France. En 1808, à son
décès, la municipalité de Sainte-Rose
lui rend hommage en plaçant sa
tombe à l'écart, tout contre l'église.

AQUEDUC
XVIIIᵉ siècle
Maçonnerie
Habitation La Ramée A9712932
Source d'énergie pour les bâtiments
industriels de la sucrerie La Ramée,
l'aqueduc, *masse-canal* en créole,
conduit l'eau vers le moulin à canne. Le
mur épais d'un mètre est évidé, en sa
partie supérieure, du canal proprement
dit, et se prolonge par une gouttière jusqu'à la roue. Le porche facilite la circulation des hommes et des charrettes
entre les champs et la manufacture.

VESTIGES DE CASE À PAYE

XVIII siècle   *A9712908*

Après l'abolition de l'esclavage, une main-d'œuvre payée à la tâche vient de Chine, du sud de la péninsule indienne ou d'Afrique, pour travailler sur les habitations. Les Noirs sont appelés « Congos », les Indiens « Coolies », et les autres travailleurs « Chinois ». C'est dans la case à paye que les ouvriers des habitations-sucreries viennent percevoir, à la quinzaine, leur salaire.

POUDRIÈRE

XVIII siècle

La Pointe Le Boyer   *A9712922*

Cette poudrière témoigne de la lutte des puissances coloniales française, anglaise et espagnole pour la domination des îles à sucre. Deux autres structures défensives ont participé à la défense de Sainte-Rose : la batterie de La Pointe Madame et la batterie de Saint-Pierre.

TOMBE DE MADAME DE LÉOTARD

1826

Maçonnerie et marbre
Section Léotard   *A9712947*

La tombe isolée de Marie-Anne Victoire Gertrude Coutel de Montgai, la deuxième épouse de René de Léotard, constitue le seul vestige de l'habitation-sucrerie Léotard Son épitaphe interpelle le passant : « Un de profundis s'il vous plaît pour le repos de son âme.»

MACHINE À VAPEUR

1830-1835
Fonderie : Nillus
Fonte (3,5 × 3 × 1 m)
Section Subercazeaux
                              A9712924

Dernier vestige d'une importante sucrerie, sur les bords de la Grande Rivière à Goyaves, cette machine à vapeur est à balancier. Cet élément, constitutif des premières machines à vapeur et utilisé jusqu'en 1850, transmet le mouvement vertical du piston au vilebrequin qui le transforme en mouvement rotatif. La machine, construite au Havre (Seine-Maritime), a été installée pour compléter l'installation hydraulique, insuffisante dans ce quartier plat et assez peu arrosé. Ces modernisations interviennent afin de faire face plus efficacement à la concurrence des productions cubaines de sucre de canne et métropolitaines de sucre de betterave. Mais sa puissance est de 8 chevaux environ, et ses performances médiocres. Environ dix ans plus tard, le cylindre change de position par rapport au volant. Il est finalement placé en position horizontale, ce qui devient le système désormais presque universellement adopté. Il n'existe plus dans le monde qu'un petit nombre d'exemplaires conservés de ce modèle archaïque.

ÉGLISE SAINTE-ROSE
1843-1846
Pierre et béton A9712902

La première église Sainte-Rose, commencée en 1740 et achevée douze ans plus tard, est riche, car le comte de Lohéac s'est engagé à la subventionner régulièrement. L'église paroissiale, devenue probablement Sainte-Rose à ce moment-là, est transférée sur le morne, quand le bourg s'étend le long du littoral. L'église s'effondre lors du tremblement de terre de 1843. Elle est reconstruite sur le même site. Le cimetière, fidèle à la tradition de l'époque, jouxte l'église. L'unique horloge publique de Sainte-Rose est installée sur la façade de l'église depuis 1927.

CONSOLE
Milieu du XIXe-début du XXe siècle
Bois de mahogani (85 × 90 × 45 cm)
Collection particulière A9712941
Cette console à pieds droits tournés à la main est inspirée du style anglais pour le décor en boule des pieds. La tablette supérieure est complétée par un bandeau galbé, orné de feuilles et de fleurs. Ce décor n'est plaqué qu'après la finition du meuble. Élément d'appoint des intérieurs aisés, la console peut se trouver dans toutes les pièces de la maison. Elle décore par exemple le salon, sert de dressoir dans la salle à manger ou de table dans l'office, orne un couloir ou un vestibule.

FONTS BAPTISMAUX
XIXe siècle
Marbre rose
Église Sainte-Rose A9712903

Cette cuve baptismale, offerte lors de la consécration de l'église, est composée d'une vasque et d'un balustre.

MONUMENT AUX MORTS
1929
Parvis
Église Sainte-Rose A9712906
Ce monument aux morts est érigé à la mémoire des fils de la commune tombés au combat pendant la Première Guerre mondiale.

CONSOLE
Milieu du XIXe-début du XXe siècle
Bois d'acajou (100 × 85 × 35 cm)
Collection particulière A9712942
Cette console en bois massif sert de desserte. La tablette supérieure forme une corniche ne comportant pas de tiroir. La décoration repose sur un jeu de courbes et de contre-courbes, qui met en valeur le poli du bois.

TOMBE
DE JUDE LE BOYER
1855
Pierre et marbre

A9712948

Cette tombe fait partie du cimetière privé de l'habitation-sucrerie Le Boyer, désormais intégrée à la ville. Cette famille garde la propriété jusqu'à la fin du XIXᵉ siècle. Elle fournit des capitaines de milice au quartier, qui se succèdent jusqu'à la Révolution. À cette époque, Denis Le Boyer devient maire de la commune. En 1837, son fils Jude occupe cette charge à son tour. Il repose près de son épouse, Marie-Antoinette Hapel Lachenaie, fille du célèbre scientifique.

ABATTOIR
Fin du XIXᵉ siècle
Structure métallique   *A9712953*

MÉDAILLE
DE LOUIS-DANIEL BEAUPERTHUY
Fin du XIXᵉ siècle

A9712943

Louis-Daniel Beauperthuy est né en 1807 à Sainte-Rose. Devenu médecin, il démontre en 1854 que la fièvre jaune est transmise par un moustique. Il étudie aussi la teigne, la dysenterie, la scarlatine et la lèpre. Le gouvernement anglais lui confie la direction de la léproserie de la Guyane anglaise. Le docteur Backevel, un Trinidadien, l'accompagne, pour s'initier à ses méthodes. Beauperthuy s'éteint en 1871.

FONTAINE PUBLIQUE
1874
Bronze
Fondeur : Fonderies du Val-d'Oise
Place de la Mairie   *A9712921*

Cette sculpture est composée d'une Marianne centrale et de sept angelots. La disposition des pièces et l'organisation de la place reprennent symboliquement la topographie et les distributions spatiales des lieux de production de l'époque.

Sainte-Rose

POTICHES
Fin du XIXᵉ siècle
Terre cuite
Collection particulière
A9712937

Alors que la vaisselle en verre, en porcelaine ou en faïence vient obligatoirement d'Europe, les ustensiles quotidiens sont souvent en poterie de fabrication locale. L'argile utilisée provient des marigots où s'accumulent les eaux de pluie et les boues. Les établissements importants, comme celui de Terre-de-Bas, qui produit des briques, des tuiles et de gros récipients, sont rares. Des petites entreprises, particulièrement nombreuses à Saint-Martin au milieu du XIXᵉ siècle, se limitent à la fabrication de potiches.

RÉCHAUD ET CANARI
Fin du XIXᵉ siècle
Terre cuite
Collection particulière
A9712936

Ce réchaud à charbon de bois, avec son plateau creux à trous, ressemble à ceux que l'on rencontre fréquemment en Afrique de l'Ouest. La grande rusticité du canari rappelle la vaisselle des Amérindiens.

JARRE
Fin du XIXᵉ siècle
Poterie (H. : 80 cm)
Collection particulière
A9712938

Au XIXᵉ siècle, les jarres comme celle-ci, venant d'Aubagne (Bouche-du-Rhône), remplies d'huile ou d'autres produits alimentaires, sont promptement réutilisées. Certaines sont placées sous une gouttière pour récupérer l'eau de pluie. D'autres contiennent l'eau dans une réserve appelée « case à eau », qui fait également fonction de salle de bains. Ces jarres sont nommées par déformation *dobann* en créole.

ÉGRUGEOIR À SEL
Début du XXᵉ siècle
Marbre
Collection particulière
A9712940

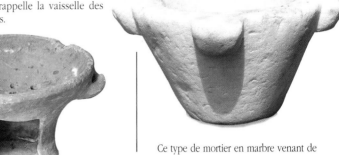

Ce type de mortier en marbre venant de la métropole appartient à une famille aisée. Au début du XXᵉ siècle, les familles plus modestes possèdent aussi des mortiers, mais ils sont fabriqués localement, en bois de gaïac. Complétés par un pilon, ils servent à écraser le sel, mais aussi le poivre et le café. Le sel se vend en barres.

MACHINE À VAPEUR ET MOULIN À CANNE
Vers 1915
Fabricant : Manlove Alliott Fryer et Cᵉ
Fonte
Distillerie Bellevue
A9712929

Cet ensemble monobloc, regroupant machine à vapeur et moulin à canne, datant de l'ouverture de la distillerie, témoigne d'un goût du modernisme chez les propriétaires, J. Reimonenq et A. Bon. Le choix de la vapeur comme source d'énergie, alors que le site dispose d'un canal, dénote une recherche de productivité.

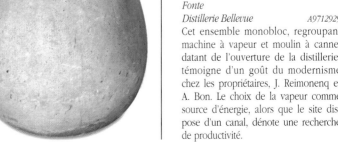

GÉNÉRATEUR DE VAPEUR
1930
Fabricant :
Établissements Mariolle
Distillerie Bellevue   A9712930
Fabriqué à Saint-Quentin (Aisne), ce générateur de vapeur à tubes de fumée alimente une nouvelle machine à vapeur installée en 1930, lors d'une importante rénovation quand la famille Reimonenq devient seule propriétaire. Une cheminée métallique sur socle maçonné complète l'ensemble.

FER À REPASSER ET CHAUFFERETTE
Années 1920
Fonte (L. : 13 cm)
Collection particulière   A9712939
Ce fer à repasser est accompagné d'une chaufferette à braises de charbon de bois. Ce type de fer à repasser, fabriqué dans les Ardennes, figure dans un catalogue de vente de 1929 sous la marque Le Guadeloupéen. Il est vraisemblablement destiné à la lingerie et aux chemisiers, ornés de plis et de dentelles, caractéristiques du costume créole. Il reste un objet familier de l'intérieur antillais jusque dans les années 1960.

MAIRIE
1929-1949
Architecte : Gérald-Michel Corbin
A9712910
Les colonnes sont mises en valeur par leur couleur, tranchant sur la façade blanche du bâtiment. Cet hôtel de ville a vu le jour grâce à l'opiniâtreté du maire Joseph Reimonenq. Devenu ensuite trop petit pour abriter les besoins croissants de la commune, il a été agrandi d'un étage par la municipalité conduite par Virgile Chathuant, en 1949.

LOCOMOTIVE À VAPEUR
Vers 1930
Usine du comté de Lohéac   A9712934
À l'origine, quand la canne est traitée sur place dans l'habitation-sucrerie, le trajet est court de la plantation au moulin. Des cabrouets tirés par des bœufs suffisent alors à transporter les cannes. Puis, les usines dites « centrales » rachètent d'anciennes habitations-sucreries. Le propriétaire de l'habitation, gardant parfois ses terres et sa maison, mais cessant de faire du sucre, cultive alors seulement ses cannes et devient planteur.

L'usine centrale du comté de Lohéac, de sa création en 1906 à sa fermeture en 1976, traite les cannes d'un grand nombre de propriétés de la région. Le transport est assuré par des chemins de fer à voie étroite, dont les rails se voient encore en maints endroits. La zone desservie va de la limite de Deshaies au bourg de Sainte-Rose. Cette locomotive à vapeur, comme le reste du matériel de l'usine du comté, est achetée après les dégâts du cyclone de 1928. Depuis que les cannes de Sainte-Rose sont traitées à Gardel, au Moule, elles y sont acheminées par camion.

CAISSES DE CUISSON
Vers 1930
Métal (H. : 4 m env., d. : 2,5 m env.)
Usine du comté de Lohéac   A9712933

La dernière cuisson du jus de canne, faite sous pression réduite afin de diminuer la température d'ébullition, se passe dans ces grandes colonnes calorifugées. L'usine, créée par Charles Morazzani, puis reprise par la famille Aubéry dans les années 1930, a pendant soixante-dix ans animé la commune de Sainte-Rose, en offrant de nombreux emplois.

MAISON PRINCIPALE
1940
Bois, béton et tôle
Distillerie Séverin   A9712925

Cette maison comporte deux niveaux, surmontés d'un galetas éclairé par des lucarnes. La galerie de l'arrière a conservé ses poteaux en bois et sa frise décorée, alors qu'ailleurs le béton s'y est substitué. Comme toutes les maisons habitées par les propriétaires de l'habitation-sucrerie, elle est placée sur une petite éminence, ce qui permet aux propriétaires de jouir du paysage et de surveiller la distillerie, en contrebas. La maison principale, dite « grand'case » au XVIIe siècle, est également appelée maison de maître.

MAISON BLANCHE
Vers 1935
Architecte : Ali Tur
Quartier
Bord-de-Mer-du-Bourg
    A9712911

La Maison Blanche, premier édifice administratif de Sainte-Rose, a servi successivement de mairie, d'école, de bureau de poste, de salle des fêtes et de musée. La qualité et l'originalité de son architecture semble lui avoir conféré une exceptionnelle adaptabilité.

PRISE D'EAU
Vers 1830
Maçonnerie
Distillerie Séverin
    A9712949

Destinée à dévier une partie de l'eau pour alimenter le canal et la roue hydraulique, cette prise d'eau est une simple construction, maçonnée dans le lit de la Rivière Premier Bras. Cependant, la prise d'eau et le canal nécessitent un entretien fréquent, car chaque tempête les endommage. Faute d'entretien, les canaux qui circulaient à la Guadeloupe sont désormais en grande majorité à sec.

**BASSIN
DE RETENUE**
Fin du XIXᵉ siècle
Maçonnerie
Distillerie Séverin
                    A9712927

À partir de 1880, ce petit bassin est aménagé sur le canal pour en régulariser le débit. Par la suite, cet ouvrage utilitaire, situé tout près de la maison, est transformé en élément décoratif, par l'adjonction des potées fleuries.

**TONNEAUX
ET OUTILLAGE DE TONNELLERIE**
XXᵉ siècle
Distillerie Séverin   *A9712923*

Jusque dans les années 1960, la canne, le sucre et le rhum symbolisent l'économie des Antilles, fondée à l'origine sur le système esclavagiste de la plantation et ensuite sur la mise en place d'une production capitaliste. À la Guadeloupe en 1899, la canne à sucre recouvre 44,7 % des terres cultivées,

ROUE HYDRAULIQUE
1920
Fer et fonte
Distillerie Séverin   *A9712926*

Cette roue de fabrication locale, la dernière en fonctionnement à la Guadeloupe, entraîne toujours le moulin à canne de la distillerie. Les bras en fer en U, plus modernes, montrent qu'elle a été rénovée.

c'est-à-dire plus de 24 000 hectares, et occupe 42,5 % de la main-d'œuvre, soit plus de 31 000 travailleurs. Chaque sucrerie emploie des artisans pour fabriquer des tonneaux en bois local, étiquetés afin d'identifier le producteur. Ils contiennent le sucre et le rhum qui voyagent vers la métropole. L'utilisation principale de ces tonneaux est désormais le vieillissement du rhum, pour lequel les fabricants préfèrent le bois de chêne importé de métropole.

**ÉCOLE
DE MORNE-ROUGE**
Milieu du XXᵉ siècle
Architecte : Ali Tur
Section Morne-Rouge
                    A9712914

Après le cyclone du 12 septembre 1928, Ali Tur est engagé pour assurer la reconstruction d'une centaine de bâtiments publics, mairies, écoles, palais de justice ou dispensaires.

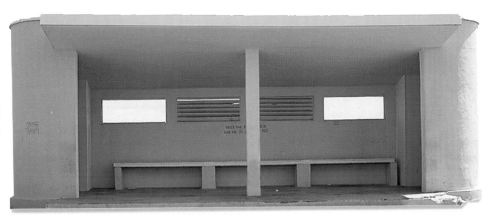

ABRI ROUTIER
1949
Architecte :
Gérald-Michel Corbin
Section Morne-Rouge
                    A9712913
Halte et refuge des
voyageurs, l'abri de
Morne-Rouge signale
l'entrée de la section.

ÉGLISE NOTRE-DAME-DU-ROSAIRE
1951
Architecte : Tessier
Béton et pierre
Section Cadet   *A9712905*
Depuis 1878, les habitants font parvenir
des pétitions au gouverneur de la Guadeloupe afin d'obtenir une chapelle. En
1950, le père Magloire, curé de la
paroisse de Sainte-Rose, est à l'origine
de la construction de deux autres sanctuaires sur le territoire de la commune,
Saint-Laurent à Duzer et Notre-Dame-
du-Rosaire à Cadet. Le terrain de cette
dernière est cédé au diocèse par les
Sucreries coloniales.

PONT DE LA BOUCAN
Fer et maçonnerie   *A9712950*
Ce pont à une voie, au garde-corps
boulonné à croisillons, a probablement
été fabriqué en métropole et envoyé en
pièces détachées. Des culées en maçonnerie supportent le pont.

ÉCOLE
1945
Béton et pierre
Section Duzer   *A9712915*
Le style de ce bâtiment scolaire est ins-
piré des cases créoles.

Terre-de-Bas

TERRE-DE-BAS

Terre-de-Bas

Canton des Saintes
Arrondissement de Basse-Terre
Superficie : 945 ha
Population 1990 : 1 507 hab.
Habitants : les Saintois

Origine du nom : issue du vocabulaire de navigation, l'expression « terre d'en bas » désigne une terre à l'abri du vent : l'île est en effet située « sous le vent » de Terre-de-Haut.

Blason : le voilier saintois évoque l'activité principale des habitants, la pêche ; les trois enfants sortant du baquet rappellent la légende relative à saint Nicolas de Myre ; les tourterelles sont des oiseaux familiers de l'île ; sur le listel doré, le 9 août 1882 commémore la date de création de la commune, qui obtient alors son autonomie par rapport à Terre-de-Haut.
A971300b

HISTORIQUE

Les îles formant l'archipel des Saintes ont servi d'escale aux Caraïbes au cours de leur navigation de cabotage entre la Dominique et la Guadeloupe. La fouille, en 1995, du site archéologique de Grande-Anse, à Terre-de-Bas, a permis la mise au jour d'une sépulture, de tessons et de nombreux restes de céramiques. L'archipel des Saintes est d'abord peuplé par des colons envoyés par Charles Houël, seigneur propriétaire de la Guadeloupe de 1643 à 1664. Décimés par les Caraïbes, ils ne peuvent s'y maintenir. On retient la date de 1682 comme le véritable début de la colonisation de Terre-de-Bas, île plus propice aux cultures vivrières que sa voisine, parce que mieux arrosée. Après leur installation précaire, soumise d'abord aux harcèlements des Caraïbes, les colons subissent les incessantes hostilités franco-anglaises, dont l'arc antillais, dans son ensemble, est le théâtre. En 1696, la petite garnison de Terre-de-Bas compte une soixantaine d'hommes armés. D'après le recensement de 1687, la paroisse des Saintes, consacrée à saint Nicolas de Myre,

compte une seule église, localisée à Grande-Anse. Les premiers habitants, parmi lesquels figurent des huguenots français et des Hollandais, exploitent d'abord des indigoteries et des cultures vivrières. Une carte topographique établie en 1765 mentionne l'ancienne habitation Houelche au-dessus de l'Anse à Dos, deux autres habitations situées au centre de l'île, près de l'Étang, et l'habitation Fidelin, au pied du Morne-Paquette, abritant une importante manufacture de poterie. En 1772, Terre-de-Bas compte 191 habitants libres et plus de 563 esclaves. Outre les cultures vivrières et les indigoteries, les cultures du café et du coton se développent, ainsi que la pêche, activité des Saintois. Pendant la Révolution, l'archipel ne forme qu'une seule commune, bien que depuis l'Ancien Régime, deux paroisses distinctes aient été fondées. Le 9 août 1882, un décret consacre le partage des deux îles et institue en commune Terre-de-Bas, alors peuplé de 842 habitants. En 1951, la commune en compte 1 421.

CÉRAMIQUE PRÉCOLOMBIENNE
XIIᵉ-XIIIᵉ siècles
Terre cuite (H. : 5 cm)
Service régional de l'archéologie
DRAC de la Guadeloupe, Basse-Terre
A9713018

Le site précolombien de Grande-Anse, repéré en 1994, constitue le premier village amérindien découvert aux Saintes. En 1995, les fouilles menées sur place mettent au jour un ensemble de céramiques caractéristiques. On découvre notamment des platines à manioc avec pieds, et une petite figuration anthropomorphique appelée *adorno anthropomorphe suazan troumassoïde*. Cette céramique correspond à celle qui a été

découverte dans les îles au sud de la Guadeloupe, et qui daterait du XIᵉ, XIIᵉ ou XIIIᵉ siècle de notre ère. Des coquillages, en particulier la lèvre du lambi, semblent avoir servi pour la manufacture d'outils et d'ornements. Parmi les objets travaillés retrouvés à Grande-Anse, figure un fragment de pierre à trois pointes de très grande taille, avec une base d'environ 25 centimètres. Les restes alimentaires indiquent par ailleurs une nette prédominance des ossements de poissons, mais aussi de coquillages et de tortues de mer. La sépulture d'un adulte de sexe masculin enterré en position fœtale, assis dans une fosse, a également été découverte. Le squelette, dont la tête, manquante, a vraisemblablement été enlevée intentionnellement par les Amérindiens de Grande-Anse, est antérieur à l'occupation *suazan*, et date des années 690-980.

ANCIENNE BATTERIE
DU CHEVAL MARIN AVEC CANON
XVIIIᵉ siècle
Pierre   *A9713006*
Situé sur un promontoire dominant la passe du sud, ce fortin témoigne de la vocation militaire et stratégique des Saintes lors des hostilités franco-anglaises. Plusieurs canons en fonte seraient tombés à l'eau, en contrebas.

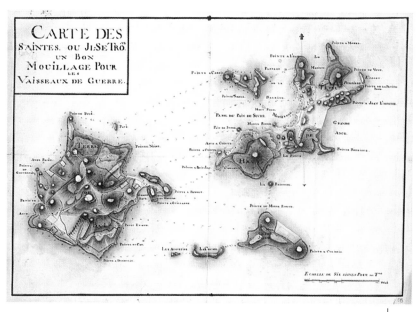

CARTE DES SAINTES
1770
Auteur : anonyme
Encre et aquarelle (53,5 × 74 cm)
1/14437
Cote : DFC Saintes 14PFB/5
Centre d'archives d'outre-mer
Aix-en-Provence, Bouches-du-Rhône
A9713017

L'archipel des Saintes est ici méticuleusement cartographié, répondant ainsi à la volonté qu'avait Louis XV d'avoir un rendu exact de ses possessions d'outre-mer. Ce document de l'administration militaire fait état des mouillages et de la répartition des batteries de côte avant l'édification des forts. Riche en toponymie, le dessin est également précis dans le découpage parcellaire du territoire, avec ses haies et ses allées de séparation, alors fréquentes dans le paysage.

VESTIGES DE LA MANUFACTURE DE POTERIE
XVIIIᵉ siècle
Roche volcanique et bois
La Grande-Baie
A9713007

Fondée vers 1760, la manufacture de poterie, appelée « fabrique de La Grande-Baie », comporte entre autres un bâtiment principal, des fours, un moulin à bêtes, un puits et des chaudières à sucre. Le bâtiment principal servait à la fabrication et au stockage des pots, jarrets, briques et carrelages. On y trouvait cinq ou six tours de potier classiques et un atelier de moulage de brique. Il était situé à quelques mètres du rivage, ce qui facilitait le chargement des pirogues utilisées pour les livraisons. Plusieurs fois détruit par les tempêtes, le bâtiment fut réparé à la hâte après chaque nouveau désastre, ce qui explique la qualité médiocre de la maçonnerie.

VESTIGES DE FOURS
Vers 1765
Roche volcanique et brique
Vestiges de la manufacture de poterie
A9713008

Ces fours de taille importante sont utilisés pour faire cuire les grandes poteries. À la fin du XVIIIᵉ siècle, il en existe une dizaine du même type, situés au sud de la Basse-Terre et à Terre-de-Bas. Leur activité concerne la fabrication des « formes à sucre » qu'utilisent la plupart des sucreries de ce temps. Au niveau inférieur, les foyers qui étaient alimentés au bois. Au-dessus, un sol, percé d'orifices pour laisser passer les gaz chauds, accueille les pots à cuire. On accède au four par une porte située à l'arrière. L'intérieur, voûté, est calorifugé par des briques réfractaires. En haut, d'autres orifices permettent l'évacuation des fumées. Le foyer, aux claveaux de pierre soigneusement ouvragés, témoigne de la part de ses auteurs d'une parfaite maîtrise de la taille de la pierre. Esclaves, ces artisans étaient pour cette raison appelés « esclaves à talent ».

VESTIGES DE CITERNE
Vers 1830
Roche volcanique et brique
Vestiges de la manufacture de poterie
A9713011

Aux Saintes, l'approvisionnement en eau douce a pendant longtemps posé problème. La fabrique de poterie de La Grande-Baie, de son côté, en nécessite de grandes quantités, ne serait-ce que pour imbiber l'argile et lui donner sa plasticité. C'est pourquoi on construit dans la manufacture une grande citerne, entièrement au-dessus du sol, le rivage étant à proximité. Elle est soutenue par des contreforts. L'escalier extérieur, qui permet d'aller prélever l'eau, lui donne l'allure d'une maisonnette. La citerne reçoit l'eau de sa propre toiture ainsi que de celle du bâtiment principal.

VESTIGES DE MOULIN À BÊTES
Vers 1850
Pierre de taille
Vestiges
de la manufacture de poterie A9713010

La terre servant à la poterie provenait principalement des zones marécageuses du Marigot, à Terre-de-Haut. Mais on en extrayait également à Terre-de-Bas et à Trois-Rivières. Avant tout préparatif, les mottes de terre doivent être écrasées. Pendant longtemps, on a frappé les mottes avec une barre de fer. Le moulin à bêtes constitue un réel progrès par rapport à cette pratique. Une barre horizontale pivote sur un axe central auquel elle est fixée en son milieu. Elle est reliée d'un côté à une meule en pierre, qui circule dans une gouttière où elle écrase la terre, de l'autre à un mulet, qui entraîne l'ensemble. C'est l'un des rares moulins de ce type connus en Guadeloupe.

PIERRE TOMBALE
DE JEAN-MARIE GRIZEL
DE SAINTE-MARIE
1818
Roche volcanique et marbre
A9713005

Cette tombe discrète comporte une épitaphe poétique en l'honneur de Grizel de Sainte-Marie (1764-1818), notable de Terre-de-Bas. Commandant du quartier des Saintes, il est propriétaire, à partir de 1811, avec son beau frère, Jean-Baptiste Fidelin, de la poterie de Terre-de-Bas. La tombe porte l'inscription suivante : « Dans ce petit coin de la terre, que l'océan étroitement resserre, il vécut un homme de bien qui sut, durant sa vie entière, de tous les malheureux se montrer le soutien. »

RAMPE PAVÉE
Début du XIXᵉ siècle
Roche volcanique
Petites-Anses   A9713012

La localité de Petites-Anses, où se trouvent les principaux édifices communaux, s'étend dans une légère dépression entourée de collines qui bouchent les vues sur la mer pourtant à proximité, et d'où venaient les risques d'attaques ennemies. Au XVIIIᵉ siècle, toutes les rues de Petites-Anses sont pavées par les esclaves. L'accès à un petit port, aujourd'hui aménagé en marina dans l'une des baies en contrebas, se fait par une ancienne rampe assez abrupte et ombragée, qui permettait autrefois la circulation des charrettes à bœufs.

VIERGE ÉCRASANT LE DÉMON
XIXᵉ siècle
Stuc polychrome
Église Saint-Nicolas-de-Myre
A9713003

ÉGLISE SAINT-NICOLAS-DE-MYRE
Début du XIXᵉ siècle
Pierre et tôle
Petites-Anses   A9713001

Lorsque le père Labat se rend aux Saintes, en 1696, il y trouve, en résidence à Grande-Anse de Terre-de-Bas, le père Lucien, de l'ordre des carmes, curé des deux îles. L'emplacement de l'église actuelle, à Petites-Anses, date du début du XIXᵉ siècle, au moment où Jean-Marie Grizel de Sainte-Marie commande le quartier. Celui-ci fait reconstruire l'église après l'incendie d'un premier édifice en bois. Un inventaire paroissial, datant de 1853, fait état d'une église bâtie en pierre avec deux chapelles sur les côtés. Le clocher adossé au chœur de l'église sert pendant longtemps de presbytère, et le cimetière, clos, entoure déjà l'édifice. Certaines tombes y sont cernées de conques de lambi, et une croix dédiée à saint Nicolas honore les disparus en mer. Le plafond de la nef est lambrissé et se présente sous forme de carène de navire renversée. Le clocher octogonal fait office de chapelle funéraire, et abrite les tombes de deux anciens curés.

SAINT NICOLAS
Début du XIXᵉ siècle
Stuc polychrome
Église Saint-Nicolas-de-Myre   A9713002

Un inventaire datant de 1858 mentionne déjà la statue de saint Nicolas dans l'église de Petites-Anses. Elle a été restaurée à Strasbourg à l'initiative de l'ancien maire de la commune, et ses couleurs ont été nettement ravivées. La représentation du saint, avec à ses pieds un saloir duquel sortent trois jeunes enfants, évoque la légende selon laquelle saint Nicolas aurait ressuscité trois enfants, dont un boucher avait découpé les corps afin de les manger. Saint Nicolas est parfois invoqué comme le patron des marins.

Cette statue n'est mentionnée dans aucun des inventaires paroissiaux. Elle date probablement de la même époque que le saint Nicolas dont la Vierge partage la dévotion dans l'église de Petites-Anses.

FONTS BAPTISMAUX
Début du XXᵉ siècle
Roche volcanique
Église Saint-Nicolas-de-Myre
A9713004

Placés sous la statue de saint Nicolas, les fonts baptismaux sont formés d'une seule masse sculptée dans la roche volcanique.

VUE DES SAINTES
Vers 1826
Peintre : Fortier
Aquarelle (44 × 67,5 cm)
Cote : DFC Saintes 14PFB/56
Centre d'archives d'outre-mer
Aix-en-Provence, Bouches-du-Rhône

A9713016

Cette vue des Saintes est prise des hauteurs du quartier des Trois-Rivières, en Guadeloupe. Entre Terre-de-Haut et Terre-de-Bas, le peintre a fait paraître, au loin, l'île de la Dominique. La légende permet de situer, entre autres, le fort Joséphine, sur l'îlet-à-Cabrit, et le fort Napoléon, sur le Morne-à-Myre, à Terre-de-Haut. D'autres noms de lieux, comme La Redoute ou La Vigie, restituent les autres postes militaires anciens de ce carrefour maritime.

SALAKO
XXᵉ siècle
Bambou
et tissu
Collection
particulière

A9713013

Ce chapeau élaboré fait partie de la panoplie traditionnelle du pêcheur saintois. On le réalise à Terre-de-Bas à partir de lamelles de bambou fixées par un fil de pêche à un bouchon central en balsa.

De forme cylindrique, la coiffe et le dessus sont recouverts d'un tissu uni ou à rayures madras. Vraisemblablement d'origine asiatique, le modèle de ce couvre-chef serait arrivé avec des ouvriers de la poterie de La Grande-Baie, ou par l'intermédiaire de marins qui servaient en Annam (Indochine) dans l'armée française.

SAINTOISE
XXᵉ siècle
Bois

A9713014

Ce type de bateau, dont la forme est spécifique aux îles des Saintes, rappelle certaines embarcations du Finistère français. Il est traditionnellement fabriqué en bois du pays, par des charpentiers de marine qui lui dessinent une quille peu profonde compensée par une importante voilure. Son originalité ne tient pas tant à sa taille, de 3,50 à 5 mètres, qu'à sa voilure composée d'un foc à l'avant et d'une grande voile triangulaire à l'arrière. Aujourd'hui, la plupart des saintoises, appelées aussi « boat », sont dotées d'un tableau arrière pouvant supporter un moteur horsbord. Ces embarcations servent principalement à la pêche côtière à la senne ou à la traîne.

Terre-de-Haut

TERRE-DE-HAUT

Terre-de-Haut

Canton des Saintes
Arrondissement de Basse-Terre
Superficie : 522 ha
Population 1990 : 1 527 hab.
Habitants : les Saintois

Origine du nom : issu du vocabulaire de la marine, « de-Haut » indiquant que l'île est située plus au vent que sa voisine, Terre-de-Bas.

HISTORIQUE

L'archipel des Saintes est découvert par Christophe Colomb le 4 novembre 1493 à l'occasion de son second voyage, et ainsi baptisé par référence aux fêtes de la Toussaint. Les premiers colons, venus de la façade maritime française, s'installent sur ces îlets déserts entre 1648 et 1652. Terre-de-Haut, dont l'aridité des terres et l'absence de sources empêchent la culture de la canne et l'implantation d'exploitations sucrières, constitue cependant, grâce à sa rade vaste et bien abritée, un site stratégique important. Longtemps considéré comme le « Gibraltar des Indes occidentales », Terre-de-Haut suscite la convoitise des Anglais. Les batailles navales se succèdent de 1666 à 1816, jusqu'à l'application du traité de Paris qui restitue définitivement la Guadeloupe et ses îles proches à la France. En 1782, la bataille des Saintes met un point final à la guerre d'Indépendance d'Amérique : malgré la défaite face aux Anglais de la flotte commandée par le comte de Grasse, la signature du traité de Versailles, en 1783, reconnaît l'indépendance des États-Unis, et oblige l'Angleterre à restituer à la France quelques-uns des territoires perdus en 1763. Cet attachement de la Marine française à la rade motive l'installation d'une tour de vigie, de deux forts et de nombreuses batteries. En septembre 1865, un violent cyclone ravage les Saintes : pénitencier, maisons et bateaux au mouillage sont détruits. En novembre, l'épidémie de choléra qui sévit à la Guadeloupe touche Terre-de-Haut où meurent 60 personnes, soit le dixième de la population. Durant la Seconde Guerre mondiale, sous les ordres de l'amiral Robert, Terre-de-Haut redevient un poste de guet destiné à surveiller le trafic maritime, une escale pour les hydravions et les navires de guerre basés à la Martinique, un centre de détention et un lieu de casernement pour une section d'artillerie et un détachement de 250 hommes.

RADE DES SAINTES   *A9713125*

France et Angleterre se disputent très tôt la suprématie des mers et la possession des sites les plus avantageux. Le 2 août 1666, l'escadre anglaise, qui croise dans le canal des Saintes, s'attaque à deux vaisseaux français qui mouillent dans la rade. Le traité de Paris, en 1814, restituant à la France ses colonies sous conditions, insatisfait les Anglais. Ceux-ci acceptent de céder la Guadeloupe, mais désirent à tout prix conserver la rade de Terre-de-Haut afin d'y transférer leur arsenal d'Antigue. Ils vont jusqu'à proposer d'offrir Sainte-Lucie à la France en échange des Saintes. Ce marchandage échoue et la rade reste française. En 1818, Philibert, sous-directeur des Fortifications, fait remarquer que « la rade des Saintes est considérée par les marins comme une des plus sûres des Antilles ». En 1856, le ministre de la Marine Hamelin déclare : « Nous possédons dans les mers des Antilles deux points dont l'importance est de premier ordre : la rade de Fort-de-France à la Martinique, celle des Saintes près de la Guadeloupe. » Depuis le milieu du XIXe siècle, les navires-écoles français, *L'Iphigénie*, *Le Dugay-Trouin* et *Le Jeanne-d'Arc*, viennent en rade des Saintes pour y faire travailler leurs élèves-officiers, et marquer l'attachement de la Marine française à ce minuscule archipel.

MAISON JEAN CALO
Début du XIXᵉ-XXᵉ siècles
Rue Jean-Calo A9713121

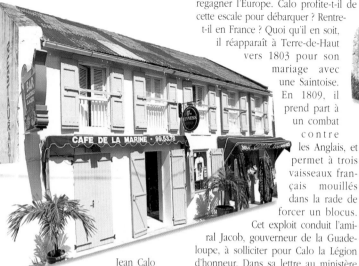

Jean Calo (1764-1841), marin du roi, héros incontesté d'un haut fait d'armes, pilote du port, aubergiste et conseiller municipal, est aussi le fondateur de l'une des plus grandes familles de l'île. Paradoxalement, il faut attendre la fin du XXᵉ siècle pour que soit reconnue l'authenticité de son existence, pourtant attestée depuis messidor an XI (1803) par un acte de mariage. Calo participe à la bataille des Saintes

en 1782. Son vaisseau, *Le Sagittaire*, accompagne un gros convoi marchand au mouillage de Basse-Terre avant de regagner l'Europe. Calo profite-t-il de cette escale pour débarquer ? Rentre-t-il en France ? Quoi qu'il en soit, il réapparaît à Terre-de-Haut vers 1803 pour son mariage avec une Saintoise. En 1809, il prend part à un combat contre les Anglais, et permet à trois vaisseaux français mouillés dans la rade de forcer un blocus. Cet exploit conduit l'amiral Jacob, gouverneur de la Guadeloupe, à solliciter pour Calo la Légion d'honneur. Dans sa lettre au ministre de la Marine, Jacob écrit : « La conduite de ce marin m'a paru présenter un ensemble de rectitude, de jugement, de vaillance et de générosité de sentiment fort remarquable chez un homme presque obscur jusqu'alors. » Le gouverneur continue en insistant sur « ce brave marin qui a servi longtemps sur ces vaisseaux et qui est maintenant un des principaux propriétaires et est très considéré aux Saintes ».

prison simple pour plus d'un an ainsi que les condamnés à la réclusion, aux travaux forcés ou à la déportation qui attendent leur transfert en Guyane. À partir de 1867, le gouvernement de Napoléon III décide de réserver le pénitencier de Guyane aux Antillais, aux Indiens, aux Africains et aux Indochinois. Si l'on en croit le colonel Lévy, directeur du Dépôt des fortifications en 1871, le pénitencier de l'Îlet-à-Cabrit ne compte que des hommes de couleur. Les locaux disciplinaires sont de « véritables tombeaux de pierre ». Les détenus sont assis au sol, tête et dos appuyés contre le mur, les pieds fixés à une barre de justice.

CITERNE
1805
Roche volcanique et tôle
Fort Joséphine
Îlet-à-Cabrit

A9713111
Vers 1777, on édifie au sommet du morne de la Pointe de Sable une redoute d'abord nommée fort de la Reine, rebaptisée en 1805 fort Joséphine. Elle est détruite par les Anglais en 1809. Quelques travaux sont effectués en 1840-1841, mais les projets de reconstruction sont définitivement abandonnés en 1866. Les installations sont utilisées pour y loger un pénitencier. Le fort possède une citerne de 129 m³.

LOCAL DISCIPLINAIRE DU PÉNITENCIER
Vers 1860
Roche volcanique (2 × 1,50 × 2,50 m)
Fort Joséphine
Îlet-à-Cabrit A9713112
Le pénitencier reçoit les condamnés à la

STÈLE FUNÉRAIRE
1838
Marbre
Route de Pompierre A9713124
Cette stèle funéraire se dresse à l'écart de toute habitation et loin du cimetière. Elle porte l'inscription suivante : « Pour souvenir, Jean-Auguste Moulinie, né à Bordeaux le 11 novembre 1782, décédé à la Guadeloupe le 15 janvier 1838. »

L'extrait des actes de baptême de la paroisse Sainte-Croix de Bordeaux mentionne : « Le même jour [7-10-1782], né la veille, a été baptisé Jean, fils légitime de Arnaud Moulinier, charpentier de marine, et de Catherine Devoulve de Saint-Michel. Parrain : Jean Moulinier - Marraine : Jeanne Devoulve qui n'a su signer. Signé : Jean Moulinier, Arnaud Moulinier. » Les archives municipales de Bordeaux précisent d'une part que le patronyme Moulinier et ses variantes sont répandus dans la région, et d'autre part que cet enfant est le seul Molinie pour l'année 1782. Ce colon est sans doute le fondateur de la famille Molinie de Terre-de-Haut.

TOUR DE LA VIGIE
1843
Roche volcanique
(H. : 8 m, alt. : 309 m)
Sommet du Chameau   A9713114
En 1809, les Anglais se rendent aisément maîtres des Saintes grâce à l'absence d'ouvrage fortifié défendant le sommet de l'île. Dès la restitution des Saintes à la France, en 1816, la construction d'une tour au point culminant de Terre-de-Haut est envisagée afin qu'une pareille situation ne se reproduise pas. La construction effective n'est cependant ordonnée qu'en 1843 par l'amiral Gourbeyre, gouverneur de la Guadeloupe. Pour le commandant Simon, directeur du Dépôt des fortifications, « le sommet doit être occupé par une tour modèle numéro 2, pouvant loger 36 hommes et armée de 2 pierriers ». La tour de la Vigie s'élève sur trois niveaux, le dernier se présentant comme une plate-forme à mâchicoulis, offrant un panorama sur toutes les îles alentour.

FORT NAPOLÉON
1845-1867
Roche volcanique   A9713110
En 1809, les Anglais détruisent à Terre-de-Haut tout ce que la France compte de forts, de batteries et de bâtiments publics. Malgré la signature du traité de Paris de 1814, qui restitue à la France ses colonies tout en y interdisant les fortifications, un programme de reconstruction est mené entre 1841 et 1870. Il est rendu nécessaire par la crainte d'un nouveau conflit avec l'Angleterre, et par la nécessité de proposer aux colons français des Antilles une base de repli, justifiée en outre par les révoltes et les mouvements d'indépendance observés à la Martinique, à Saint-Domingue et à Haïti. De plus, la rade des Saintes est sûre, le climat sain et la situation géographique intéressante. On reconstruit donc le fort Napoléon, selon les principes de Vauban : front bastionné, chemins de ronde et poternes. Les matériaux et la main-d'œuvre civile et militaire proviennent de l'extérieur de l'île. La population locale est également mise à contribution : les hommes fabriquent la chaux, tandis que femmes et enfants transportent les pierres et le sable. La légende assure qu' «on a vu glisser un louis d'or sous chaque pilier du colossal édifice ». Le départ de la garnison, à partir de 1889, condamne le fort. Pendant la

Seconde Guerre mondiale, celui-ci est transformé en prison politique pour les dissidents gaullistes des Antilles. Les Saintois récupèrent ensuite les bâtiments abandonnés par les militaires, d'abord en utilisant l'eau de la citerne pendant des décennies, puis en aménageant la caserne en musée. *(I. M. H. 1975)*

PORCHE
1867
Roche volcanique
Fort Napoléon   A9713101
L'entrée du fort est caractérisée par un arc encadré de deux pilastres surmontés d'un boulet. La date d'achèvement des travaux, 1867, est gravée dans la pierre. L'accès à l'intérieur des bâtiments se fait par un pont-levis à bascule, construit par l'entreprise Voruz, à Nantes (Loire-Atlantique).

MÂCHICOULIS
1867
Roche volcanique et brique
Fort Napoléon   A9713102

La caserne, dernier élément de défense pour la garnison, est pourvue de six mâchicoulis en briques jaunes du Havre (Seine-Maritime) reposant sur des corbeaux de pierre volcanique d'extraction locale.

MAGASIN À POUDRE
1867
Roche volcanique, pouzzolane et chaux
Fort Napoléon   A9713103

Les huit magasins à poudre du fort, recouverts par une voûte avec flèche, sont protégés par un massif de terre. Leur construction nécessite l'emploi de pouzzolane, découverte près du fort, de roche volcanique locale et de chaux fabriquée sur place, dans des fours où l'on faisait cuire des madrépores avec du bois de mancenillier, riche en latex corrosif.

CITERNE
ET FOUR À PAIN
1867
Roche volcanique
Fort Napoléon   A9713104

Après le retrait de la garnison en 1889, les femmes et les enfants vont à pied jusqu'à la citerne du fort pour y puiser l'eau. Avec sa capacité de 370 m³, celle-ci est l'une des plus grandes réserves d'eau de pluie de l'archipel. La quête de l'eau à Terre-de-Haut, dont le territoire est dépourvu de sources naturelles, reste une contrainte importante jusqu'en 1970, année de la construction d'une usine de dessalement de l'eau de mer.

SOUVENIR DES ANTILLES
1818
Auteur : comte de Montlezun
Éditeur : Gide, Paris
Bibliothèque du fort Napoléon   A9713106

En mars 1815, le comte de Montlezun, officier de l'armée de Louis XVIII, préfère quitter la France plutôt que d'assister au retour de Napoléon. Il embarque à Bordeaux en juillet de la même année pour un long périple qui le conduit à Philadelphie via les Antilles. À son retour, il publie le récit de ce voyage. Il y raconte notamment comment, embarqué en 1782 sur *Le Triomphant* de Vaudreuil, il participe à la bataille des Saintes. Il y relate également les circonstances au cours desquelles il retrouve, en 1816, son « ancien compagnon » Jean Calo, présent lui aussi à cette bataille, sur *Le Sagittaire*. Ce récit est vraisemblablement le plus ancien ouvrage attestant la présence à Terre-de-Haut de Jean Calo, ce héros populaire dont l'existence est encore mise en doute aujourd'hui par quelques historiens guadeloupéens.

CANOT SAINTOIS
1955
Charpentier de marine : Eugène Samson
Bois d'acajou et de poirier-pays
(L. : 5 m)
Musée du fort Napoléon   A9713105
Les Saintois ont mis au point un canot non ponté, léger et rapide, qui se caractérise par sa voilure très particulière, faite d'un foc et d'une grande voile triangulaire soutenue par un gui en bambou. Par ses qualités, cette petite embarcation de pêche a rapidement remplacé à la Guadeloupe la pirogue, ou gommier, d'origine caraïbe, encore utilisée à la Martinique.

EMPREINTE D'UNE INSCRIPTION GRAVÉE DANS UNE CELLULE DE PRISON
1890
Encre sur bois (38 × 38 m)
Musée du fort Napoléon   A9713109
Deux prisonniers, vraisemblablement enfermés au pénitencier de l'Îlet-à-Cabrit, utilisent le mur de leur cellule, au pied du fort Napoléon, pour raconter une tentative d'évasion à bord d'un canot.

SALAKO SAINTOIS
1980
Bambou et tissu
Musée du fort Napoléon   A9713107
Le salako est depuis un siècle environ le chapeau traditionnel des Saintois, et plus spécifiquement celui des pêcheurs. Sa forme trahit des origines asiatiques : les officiers français d'infanterie de marine en poste au Tonkin en 1873 portent le *salacco*.

engagés dans des opérations en Indochine. Ces troupes se composent entre autres de Tagalogs coiffés de leur *salakot*. Reste à savoir exactement quand et comment ce chapeau a quitté ses contrées d'origine et franchi des milliers de kilomètres pour se retrouver aux Saintes. Une première hypothèse en attribue l'introduction aux soldats coloniaux français, dont les régiments étaient basés à la

MÉLOCACTUS INTORTUS
Jardin exotique
Fort Napoléon   A9713108
Cette plante endémique des Antilles, et qui pousse à l'état naturel aux Saintes, est un cactus assez rare et menacé de disparition, présent dans les colonies sur quelques falaises inaccessibles. Son nom vernaculaire, « tête à l'Anglais » ou « tête anglaise », apparaît dans la

Il y a plusieurs types de *salacco* qui présentent des formes très variées et des matériaux divers, comme le bambou, le rotin ou le latanier. Ce nom tire son origine d'une ethnie du nord des Philippines, les Tagalogs, chez qui *salakot* signifie simplement chapeau au large bord. Les Espagnols, basés aux Philippines, envoient des troupes afin de prêter main forte aux soldats français

fois en Indochine et aux Antilles. Une seconde hypothèse rappelle qu'à partir de 1870, le lazaret de l'Îlet-à-Cabrit sert de lieu de quarantaine pour les émigrants fraîchement arrivés à la Guadeloupe. Parmi eux, se trouvent environ cinq cents Annamites ayant un contrat de cinq ans, dont une partie s'installe à Terre-de-Bas, et qui auraient ainsi importé le modèle.

seconde moitié du XIXe siècle, au moment où la plante est encore très présente dans les mornes de l'archipel : cette tête ronde surmontée d'un *céphalium*, sorte de bonnet de poils brun-rouge, sert en effet alors de cible aux soldats français, chargés de viser, au cours des exercices de tirs, les têtes anglaises.

CROIX DE SÉPULTURE
1856
Fer forgé et cuivre
Cimetière marin
A9713119

Le cime-tière marin est consacré tout autant à la population locale qu'aux soldats et marins morts lors de leur passage aux Saintes. Il reste une dizaine de sépultures aux croix blanches ornées de liserés tricolores et portant des plaques de cuivre gra-vées. La plaque de cette croix porte l'inscription suivante : « Amboise Venel, Commissaire de la division navale des Antilles, Officier d'administration, de la frégate Iphigénie, mort de la fièvre jaune, le 30-1-1856 ». Un monument aux morts rend hommage à une trentaine de marins de la Royale, la marine du roi, et une plaque collective rappelle les noms de ceux dont la tombe a disparu. Les dernières tombes traditionnelles sain-toises encore existantes sont des sépul-tures de sable, entourées de conques de lambis.

RÉSERVOIR DE LA CONVALESCENCE
1868
Roche volcanique
Route du Chameau A9713115

Les travaux du fort Napoléon s'achèvent en 1867 quand éclate une épidémie de fièvre jaune véhiculée par des discipli-naires venus de Basse-Terre. Le fort est rapidement évacué et les disciplinaires sont isolés sur la route du Chameau dans un casernement en bois construit par l'État au début du XIXᵉ siècle. Les autorités leur font aussitôt construire un réservoir afin de recueillir les eaux de pluie, en éle-vant un muret de pierre au bas d'un gla-cis rocheux. Ce réser-voir d'eau possède une capacité d'environ 50 m³. Après le départ des disciplinaires, la population saintoise prend l'habitude de venir chercher son eau au réservoir de la Convalescence.

CITERNE (détail)
1870
Entrepreneur : Brunerie
Lazaret
Îlet-à-Cabrit A9713113

Plusieurs grands bâtiments dont une citerne de 120 m³, situés dans un vallon bien ventilé, font du lazaret de l'Îlet-à-Cabrit un établissement exceptionnel où l'on envoie en convalescence les soldats de la colonie. Il sert plus tard de lieu de quarantaine pour les émigrants anna-mites et indiens venus travailler dans les habitations sucrières de la Guadeloupe.

BATTERIE DE LA TÊTE-ROUGE
1869-1870
Roche volcanique (alt. : 28 m)
La Tête-Rouge A9713117

La batterie de La Tête-Rouge est édifiée sur une petite élévation volcanique, « veinée de filons ocreux dont la couleur a donné le nom au morne », selon le chef de bataillon Henriet, directeur du génie, en 1866. Elle complète le système de défense pré-conisé par le ministre de la Marine Chasseloup-Laubat, et constitué du fort Napoléon et de la tour de la Vigie.

COLONNE COMMÉMORATIVE
1889
Acier moulé
(H. : 4 m)
Débarcadère A9713118

Cette colonne est élevée pour commé-morer le centenaire de la Révolution. Elle est surmontée d'une Marianne, appelée à Terre-de-Haut « reine Charlotte ». Son socle porte l'inscription suivante : « Ceperunt cives libertatem 1789 – Nepotes gloriae avorum 1889 », les citoyens s'emparè-rent de la liberté 1789 – Les enfants se souviennent des anciens 1889.

CHAPELLE DES MARINS
Fin du XIXᵉ siècle
Béton   A9713120

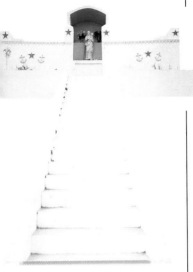

BATEAU DES ÎLES
1942
Béton,
bois et tôle
Rade
des Saintes
                                           A9713126

Cette singulière construction en forme de proue de navire, aujourd'hui souvent appelée « maison-bateau », a été conçue et réalisée par M. Catan, photographe à Basse-Terre. Fermant l'Anse du Mouillage et semblant surveiller la rade, elle est l'une des toutes premières maisons en béton de Terre-de-Haut.

La chapelle des marins, décorée d'ancres de marine bleues et d'étoiles rouges, se situe derrière le calvaire qui, dominant la rade, sert de point de repère aux marins qui y naviguent. Dédiée à la Vierge, elle est l'un des lieux de passage obligés de procession solennelle qui suit la messe du 16 août, lors de la traditionnelle fête des marins pêcheurs. À la fois fête de l'Ascension de la Vierge et anniversaire de la victoire de 1666 sur les Anglais, les 15 et 16 août sont particulièrement célébrés à Terre-de-Haut. C'est souvent l'occasion pour les Saintois expatriés de revenir au pays.

ÉGLISE
Fin du XIXᵉ-XXᵉ siècles
Roche volcanique
                                           A9713116

Située au sommet d'une petite butte, l'église offre une façade de pierres apparentes. L'intérieur de l'édifice présente un plafond en bois en forme de carène renversée. L'église est placée sous le patronage de l'Assomption de la Sainte Vierge.
(*I. M. H. 1979*)

CASE SAINTOISE
XXᵉ siècle
Bois et tôle
Rue Benoît-Cassin   A9713122

La case saintoise traditionnelle est le résultat du savoir-faire des charpentiers de marine installés aux Saintes. Elle possède généralement une charpente de marine chevillée. Sa façade principale ne comporte pas de fenêtres mais des portes percées de jalousies à lames fixes ou mobiles. Sa toiture à deux pentes, puis à quatre, est d'abord couverte d'essentes, puis, au XXᵉ siècle, de tôle ondulée. La case saintoise est claire et bien ventilée par les alizés. Elle assure une bonne protection contre le soleil et la pluie. Bâtie de plain-pied sur la rue ou la plage, elle n'est pas à l'abri des inondations et des raz-de-marée.

Trois-Rivières

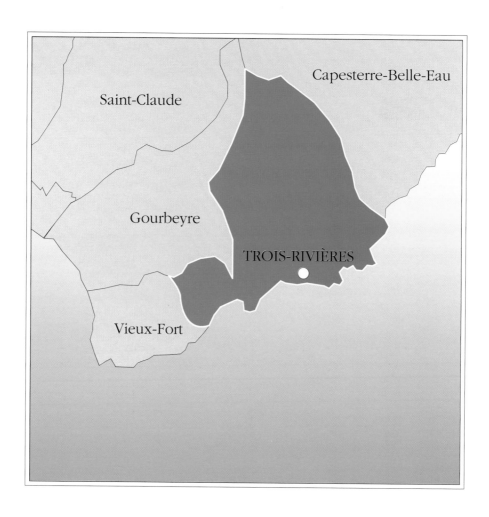

Trois-Rivières

Canton de Trois-Rivières
Arrondissement de Basse-Terre
Superficie : 2 934 ha
Population 1990 : 8 574 hab.
Habitants : les Trois-Riviérains
ou Trois-Riviériens
Cours d'eau : la Rivière du Trou au Chien,
la Rivière du Petit-Carbet et la Rivière de
Grande-Anse

Origine du nom : il vient des trois cours
d'eau qui traversent la commune.

HISTORIQUE

Eaux abondantes, sol fertile, relief facilitant la défense contre l'ennemi : le site sur lequel la commune s'est implantée offre des conditions de développement idéales, qui expliquent son occupation précoce. Le territoire de Trois-Rivières abrite en effet l'un des plus importants témoignages de la civilisation précolombienne des Petites Antilles, un ensemble de pétroglyphes remontant au IVᵉ siècle. Les premiers colons français fondent la paroisse en 1640. Ils se consacrent d'abord à la culture vivrière d'igname ou de manioc, puis plantent coton, vanille, tabac et café. La canne à sucre prend néanmoins rapidement le dessus, comme partout ailleurs à la Guadeloupe. Jusqu'en 1865, cette culture fait la fortune de quelques familles grâce à l'exploitation d'une population servile, avant de péricliter peu à peu, au profit de la banane qui domine à partir de l'après-guerre. Au cours de la Seconde Guerre mondiale, la population est divisée entre légitimistes, partisans du régime de Vichy et défenseurs de la France libre. Les pêcheurs s'illustrent à cette occasion en tant qu'agents de liaison avec les îles britanniques voisines.

LE CACIQUE (détail)
Pierre (H. : 80 cm)
Parc des roches gravées   *A9713246*
La commune de Trois-Rivières possède un ensemble de roches gravées signalé depuis le début du XIXᵉ siècle, qui regroupe près de 80 % des dessins précolombiens connus à la Guadeloupe. Cette concentration unique dans toutes les Petites Antilles témoigne de

l'existence à Trois-Rivières d'un grand pôle amérindien, haut lieu religieux des premiers Guadeloupéens. Dans le parc archéologique des Roches gravées *(Cl. M. H. 1974)*, les dernières recherches inventorient vingt-deux roches portant près de deux cent trente gravures. Cet ensemble n'englobe cependant qu'une partie des roches gravées de la commune de Trois-Rivières, où l'on dénombre plus de huit cents gravures réparties sur une petite zone de 1,5 km². Un des pétroglyphes les plus connus du parc est celui surnommé depuis les années 1930 le « Cacique ». Il représente de façon schématique une figure anthropomorphe, un corps marqué d'une croix avec deux sortes de crochets et une coiffe. Une hypothèse, née de l'analyse comparée entre céramiques et pétroglyphes, évoque la possibilité que les thèmes décoratifs des deux modes d'expression soient élaborés selon les mêmes principes, et se rattachent au même corpus de croyances. La figure du « Cacique », avec ses oreilles bien marquées et ses crochets, représenterait ainsi un homme chauve-souris, thème récurrent dans la décoration des céramiques amérindiennes.

PÉTROGLYPHE
Pierre (H. : 200 cm)
Anse Duquéry   *A9713248*
Le site dit de l'Anse Duquéry est un plateau qui domine la mer et l'anse du même nom. Il comporte une douzaine de roches gravées, souvent de petites dimensions. En avril 1994, plusieurs sondages ont été réalisés sur le plateau. L'un d'eux a permis de dégager deux nouvelles gravures enterrées sur cette roche qui, de toute évidence, a été renversée lors de travaux agricoles. Un important mobilier céramique a été recueilli, avec des motifs polychromes, peints notamment en blanc sur rouge et des adornos zoomorphes caractéristiques d'une phase tardive de la série Cedrosan saladoïde, vers 300-600. Les roches gravées alentour pourraient être contemporaines de cette occupation. Au nord-est de l'Anse Duquéry, la Rivière de la Coulisse, également appelée Petit-Carbet, recèle aussi de nombreuses roches gravées en cinq points au moins de son cours. Sur le site même de son estuaire, un bloc important porte un groupe de gravures similaires représentant des paires d'yeux, soulignés de deux cercles. Les pétroglyphes, dans le lit même du cours d'eau, sont en relation évidente avec la rivière, qui semble être un sanctuaire de premier ordre pour les groupes amérindiens de la région.

PÉTROGLYPHE
Pierre (H. : 140 cm)
Anse des Galets
A9713249

À l'est de la Rivière du Petit-Carbet, deux nouvelles roches gravées exceptionnelles ont été découvertes après le passage du cyclone Marilyn en septembre 1995. Par sa taille, la première constitue l'un des plus grands dessins répertoriés dans les Petites Antilles. Elle représente un homme entier avec, fait rarissime, un sexe masculin très marqué. Deux autres têtes anthropomorphes sont gravées à côté de ce personnage. Une seconde gravure humaine lui fait face, légèrement en contrebas, figurant cette fois un personnage féminin. L'organisation des gravures est manifeste, avec une mise en scène autour d'une source d'eau douce, en bord de mer, dans un amphithéâtre naturel, faisant face à l'archipel des Saintes.

PÉTROGLYPHE
Pierre
(H. : 55 cm)
Vallée d'Or
A9713251

À 150 mètres d'altitude, bordé à l'ouest par la Rivière du Petit-Carbet, le plateau de la Vallée d'Or est un important site d'art rupestre. Dans la seule propriété Derussy, ont été repérées soixante-seize roches comportant deux cent cinquante-huit gravures, ce qui en fait la concentration de pierres gravées la plus dense de la Guadeloupe. Les propriétés alentour devaient également posséder des pétroglyphes, mais les travaux agricoles en ont certainement fait disparaître un grand nombre. Quelques roches sont toutefois préservées dans les jardins des maisons. De nombreuses autres ont été détruites par l'extension de la ville. Parmi les nombreux pétroglyphes, un important bloc porte plusieurs motifs anthropomorphes dont des visages schématiques réduits aux yeux et à la bouche, entourés d'un trait. La Vallée d'Or est une zone très plane, propice à l'habitat. De fait, des sondages réalisés en 1994 ont révélé des occupations précolombiennes rattachées à une période comprise entre 300 et 600. Très perturbés par les labours de l'époque coloniale, les vestiges consistent principalement dans du mobilier céramique et de l'industrie lithique.

SOCLE DE CHEMINÉE
1728
Maçonnerie
Habitation Pautrizel
A9713225

Cet élément de cheminée comporte l'inscription « FECIT PAUTRIZEL, ANNO 1728 ». À peine marié avec une jeune veuve créole, héritière de la sucrerie, J.-B. Pautrizel, cornette de cavalerie récemment arrivé de métropole, s'intéresse aux innovations de l'industrie sucrière. Chaque chaudière à sucre avait jusqu'alors son propre foyer. Désormais, comme c'est le cas ici, un foyer unique est installé, et les gaz qui en émanent chauffent chaque récipient successivement. Ces gaz sont évacués par une importante cheminée.

PIERRE GRAVÉE
1703
Roche volcanique
Habitation Pautrizel
A9713224

Cette pierre rappelle le souvenir de Cardin Loysel, qui crée l'habitation-sucrerie Pautrizel vers 1690. Elle est incluse au pied de l'aqueduc desservant les bâtiments industriels. Le canal lui-même, qui prend sa source sur la Rivière de Grande-Anse, à 3 kilomètres en amont, a été creusé et bâti spécialement pour les besoins de cette sucrerie. Par la suite, des voisins achètent le droit d'utiliser l'eau, et, en contrepartie, se chargent de l'entretien. Le graveur a utilisé les deux faces de la pierre pour citer le couple Cardin Loysel et Marie Reverchon et certains de leurs enfants. La date de 1703 coïncide avec la fin des travaux de l'aqueduc.

ÉQUIPAGE
XVIIIe siècle
Brique, pierre,
maçonnerie et fonte
Habitation Pautrizel

A9713226

L'équipage désigne l'ensemble des chaudières servant à la cuisson du jus de canne, monté dans un massif de maçonnerie. La « grande » reçoit le jus arrivant du moulin, qui se concentre par ébullition, avant d'être transféré à l'aide d'une louche dans les chaudières suivantes, jusqu'à la plus petite, la « batterie », où la cuisson est achevée. Autour de chaque récipient a été

formé « l'euvage », sorte d'entonnoir destiné à reconduire les éclaboussures dans la chaudière.

MOULIN À CANNE
1844
Fonte
Habitation Duqueruy

A9713227

En 1844, François-Xavier Eymar de Jabrun, déjà propriétaire de la sucrerie voisine, acquiert l'habitation Duqueruy. De tempérament novateur, il adopte des solutions modernes pour l'équipement de ses sucreries. Il est donc probablement à l'origine de l'installation de ce moulin en fonte, à rolles horizontaux et lisses. Le châssis reproduit l'ossature en bois des moulins antérieurs. Ses montants sont cependant galbés, afin d'épouser et de soutenir les vis de réglage des rolles, qui constituent une nouveauté technique.

ORATOIRE
XVIIIe siècle
Maçonnerie
Habitation
Duqueruy
A9713201

Chaque habitation possède traditionnellement son oratoire. Avec le développement du culte marial à partir du XIXe siècle, ces lieux de culte sont périodiquement repeints et décorés par le voisinage. L'oratoire privé de l'habitation Duqueruy abrite une statue de la Vierge de petite taille et tourne le dos à la mer. Il est construit conformément aux techniques et matériaux employés sur l'habitation, en pierre de taille et moellon, et implanté sur le morne qui domine les bâtiments industriels.

FONTAINE
XVIIIe siècle
Pierre   *A9713217*

Cette fontaine, réinstallée à la fin des années 1960 dans le jardin de l'hôtel de ville, provient de l'habitation Château-Sœurette, dont il ne subsiste aucun autre vestige. Ensemble baroque, la fontaine, en coquille Saint-Jacques avec escalier à double volée, mêle la pierre et le galet de rivière pour le fond du bassin curviligne.

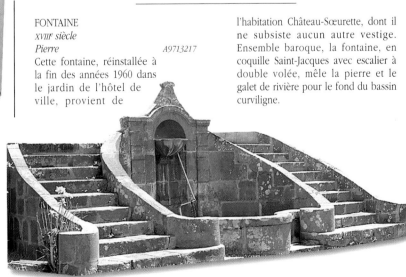

FOUR À POTERIE
XVIIIe siècle

Pierre, brique et maçonnerie
Embouchure de la Rivière
de Grande-Anse   *A9713228*

Il existe au XVIIIe siècle au moins quatre ateliers de poterie à Trois-Rivières, tous situés à proximité de la mer et utilisant la terre argileuse des marigots avoisinants. La cuisson nécessitait beaucoup de bois de chauffage. Les formes à sucre utilisées dans les sucreries constituaient la principale production. Des poteries destinées à la cuisine et des récipients verts pour le service de table étaient également fabriqués. L'établissement auquel appartenait ce four était celui de la famille Coquille-Sainte-Croix, avant d'être acheté par les Fidelin. Les pots étaient toujours acheminés par des « pirogues » à rames, afin d'éviter la casse.

BATTERIE DE GRANDE-ANSE
XVIIIe siècle

Pierre et maçonnerie   *A9713214*

Cette batterie fait partie d'un ensemble de constructions militaires qui couvre la côte, de la Pointe du Vieux-Fort à celle de Goyave, constituant non seulement une ligne de défense, mais aussi un système de surveillance, des coups de canon perpétrés d'une batterie à l'autre pouvant prévenir de l'arrivée de l'ennemi. En 1696, le gouverneur Auger et le révérend père Labat passent une journée à visiter l'endroit, jugé très stratégique : il s'agit de revoir le système de défense de la Basse-Terre, mis à mal par l'attaque anglaise conduite par Codrington père en 1691. Située à l'entrée de plusieurs défilés, l'anse ouvre le chemin vers Basse-Terre en passant par le Dos-d'Ane et

le plateau Palmiste. Les plans prévoient le déplacement en hauteur des trois canons et la construction d'une batterie à barbettes avec embrasures à gabions. S'y ajoutent deux retranchements avec « retirades, le tout en pierres sèches, sauf la barbette en maçonnerie ». L'histoire de cette batterie se conforme à l'évolution des péripéties franco-anglaises. Le capitaine Bowen la détruit en 1794. En 1815, l'unique canon reste muet devant un nouveau débarquement anglais, ces derniers ayant encloué et détruit les autres canons l'année précédente, avant de quitter l'île.

BATTERIE DE LA GRANDE-POINTE (détail)
XVIIIe siècle
Pierre
Pointe de la Taste
A9713238

Cette batterie apparaît sur une carte de 1775, ainsi que sur les travaux de Talcy lors de la campagne de reconstruction des lignes

de défense de la région de Trois-Rivières, menée à la fin du XVIIIe siècle. Face à l'archipel des Saintes, elle constitue un poste avancé pour la surveillance du canal du même nom, et communique avec le fort du Chameau par un système de pavillons et de feux. Elle protège également le Réduit, refuge de la population en cas d'attaque. Elle possède une construction classique, en batterie à barbette et parapet sans embrasure. Les trois bouches à feu en fonte ont été retrouvées *in situ*, et remontées sur des affûts pour deux d'entre elles, datées de 1787 et 1793. Le fait que ces deux canons soient encloués, c'est-à-dire rendus inutilisables par l'obstruction de leur canal de lumière par un clou spécial, rend compte des enjeux suscités par ces défenses côtières, théâtre de violents affrontements au XVIIIe et au début du XIXe siècles, dans une région réputée pour l'abondance de ses richesses agricoles.

POUDRIÈRE DE LA GRANDE-POINTE
Fin du XVIIIᵉ siècle
Pierre et mortier (4 × 5 m)
Pointe de la Taste A9713237

Installée à quelques mètres de la batterie qu'elle dessert, la poudrière possède un toit à encorbellement et quatre embrasures en I. Elle se distingue par le souci esthétique que dénote le chaînage de pierre de taille pour la porte et la corniche. Elle était approvisionnée par le chemin d'une habitation proche, La Coulisse. Le rôle des batteries apparaît à la fin du XVIIIᵉ siècle comme obsolète, et l'historien Lacour écrit même en 1855 qu'elles servent plus à gêner l'ennemi qu'à l'arrêter.

DUGOMMIER
Fin du XVIIIᵉ siècle
Gravure
Collection particulière A9713252

Jacques Coquille, dit Dugommier, serait né en 1736 à Trois-Rivières, sur l'habitation familiale. Il apparaît sur la scène politique à 55 ans avec un passé d'officier s'étant distingué lors du siège de la Guadeloupe par les Anglais, en 1759, puis au cours de celui de la Martinique en 1761. Patriote, il est élu à la première assemblée générale de la Guadeloupe en 1789, à Petit-Bourg. Avec ses trois cents volontaires, il défend les patriotes à la Martinique, puis quitte la Guadeloupe. Bénéficiant de la protection de Marat, il est nommé général en chef des armées d'Italie et reprend Toulon aux Anglais. Il a sous ses ordres Napoléon Bonaparte, qu'il recommande en ces termes au Comité de salut public : « Récompensez et avancez ce jeune homme car si on était ingrat envers lui, il s'avancerait tout seul. » En 1794, il est général en chef des Pyrénées-Orientales, et meurt à la bataille

MOULIN À VENT (détail)
Vers 1810
Maçonnerie
Habitation La Grande-Pointe A9713230

La plaine littorale de La Grande-Pointe se distingue par une longue tradition d'exposition aux attaques, qu'il s'agisse de débarquements militaires ou de dégâts dus aux ouragans. Le site reste longtemps consacré à l'élevage. En 1810 cependant, Mᵐᵉ de Saint-Jours décide d'y installer une sucrerie. L'absence

de Sierra-Negra, en Catalogne, contre les Espagnols. Dans son testament de Sainte-Hélène, Napoléon fait un legs à ses descendants, en rappelant la bravoure du général guadeloupéen.

de rivière et l'exposition du site la poussent à opter pour la construction d'un moulin à vent comme source d'énergie motrice. Le terrible cyclone de 1825 dévaste l'ensemble des bâtiments industriels, et le moulin à vent n'a depuis jamais été réutilisé.

MOULIN À ROUCOU
1878
Fabricant : Établissements Brissonneau frères
Fonte (150 × 120 × 80 cm)
Habitation La Grande-Pointe A9713229

L'extraction de la matière colorante du roucou peut être obtenue par un lent pourrissement des graines. Les moulins à roucou, mis au point vers 1850, permettent un travail plus propre et plus rapide. Ces appareils sont constitués principalement de deux rolles métalliques tournant à des vitesses différentes, entre lesquels les graines et leur pulpe passent plusieurs fois. La machine est entraînée par une roue hydraulique. À partir de 1875, l'industrie française propose des moulins « tout en fer », comme celui-ci. Il y a, à cette date, quarante-huit roucouyères, réparties de Sainte-Rose jusqu'à Bananier, par la Côte-sous-le-Vent, avec une spécialisation à Vieux-Habitants (dix-huit exploitations) et à Gourbeyre (dix exploitations). Au total, 600 hectares étaient consacrés aux roucouyers, et mille cents personnes y travaillaient, pour une production dépassant 1 000 tonnes par an.

TOMBE DE FRANÇOIS JAILLE
XIXᵉ siècle
Marbre et maçonnerie
Cimetière de l'habitation La Sapotille
                                    A9713206

François Jaille est né dans le Périgord, à Terasson, en 1754. Comme l'indique sa plaque mortuaire, il meurt à « 58 ans, 6 mois, 13 jours » dans une Guadeloupe encore anglaise. L'épitaphe se borne à un « De Profundis » en lettres anglaises.

MAISON PRINCIPALE
DE L'HABITATION
DU PETIT-CARBET (détail)
Début du XIXᵉ siècle
Bois, pierre, maçonnerie
et tôle   A9713223
La maison principale de cette habitation comporte un rez-de-chaussée en maçonnerie avec piédroits et linteaux en pierre de taille. Elle est ceinte d'une galerie sur trois côtés, et son niveau supérieur est en bois. Posée sur une terrasse maçonnée, elle domine et surveille la propriété.

CHEMINÉE
Début du XIXᵉ siècle
Pierre et maçonnerie
Sucrerie
Habitation
du Petit-Carbet A9713220
La sucrerie est le bâtiment où s'effectue la cuisson du jus de canne, jusqu'à l'obtention du sucre. Quatre ou cinq grands récipients en fonte nommés chaudières servent à la cuisson. En dessous, un foyer

est allumé, alimenté par la bagasse. Toutes ces constructions sont strictement fonctionnelles, tant par leurs dimensions que par leur maçonnerie. Celle de l'habitation du Petit-Carbet est créée vers 1665, mais subit plusieurs destructions presque totales, dues à des cataclysmes ou aux événements révolutionnaires.

MOULIN À CANNE
1838
Fabricant : D. Cook et Cⁱᵉ
Fonte (230 × 160 × 160 cm)
Habitation du Petit-Carbet   A9713222
Ce modèle à rolles lisses horizontaux est l'un des premiers de ce type installés à la Guadeloupe. Son archaïsme se remarque à la forme du bâti, proche de celle des bâtis de bois antérieurs. Il provient de Glasgow en Écosse, où se trouvent alors les meilleures fonderies britanniques, à une époque où l'industrie lourde française est encore débutante.

Ce modèle n'a cependant pas été installé au Petit-Carbet dès 1838, car la propriétaire d'alors, Mᵐᵉ veuve de Moyencourt, utilise encore un moulin à canne en bois, à rolles verticaux.

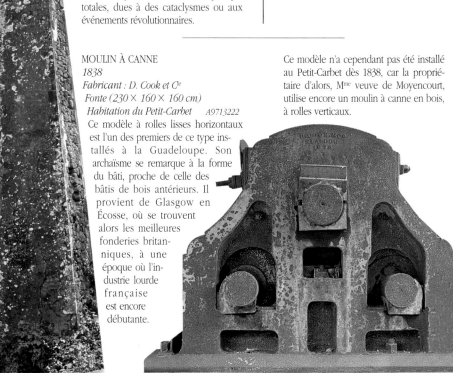

TOMBE DE SOPHIE WERTHER
Seconde moitié du XIXᵉ siècle
Marbre et maçonnerie
Cimetière de l'habitation
La Sapotille A9713239

Entourée d'une grille, cette tombe oratoire porte une plaque mortuaire avec le texte suivant : « Amie fidèle et dévouée sur cette terre, ne m'oublie pas au ciel. » On ne sait si Sophie Werther, morte célibataire en 1858 à l'âge de 43 ans, vivait à l'habitation La Sapotille. Elle partage sa tombe, néo-classique, avec un certain Hippolyte Amédée Lauriol, décédé en 1891.

BASSIN
XIXᵉ siècle
Maçonnerie
Habitation
L'Hermitage A9713235

La source Marthe, toute proche, continue à approvisionner la propriété, à la fois pour la consommation domestique et l'alimentation du canal. Une petite dérivation dirige l'eau vers une construction octogonale couverte. À l'intérieur, la cuve est profonde d'un mètre, et l'accès se fait par quelques marches de pierre. Une vanne de bois permet d'emplir le bassin, pour la baignade, d'une eau vive et fraîche.

CHRIST
Années 1940
Pierre. (H. : 3,5 m)
Habitation L'Hermitage A9713236

Ce christ, placé dans l'enceinte de l'habitation L'Hermitage, correspond au Sacré Cœur de Jésus, culte développé au XVIIᵉ siècle et repris après la guerre de 1870, notamment à la basilique de Montmartre, à Paris. La pose de cette statue est consécutive à un vœu de Ferdinand Petrelluzzi. Représentant d'une entreprise de souche marseillaise, Les Transports maritimes à vapeur, il occupe et paye ses employés durant toute la Seconde Guerre mondiale et promet d'élever un christ dans sa propriété s'il obtient le remboursement de son avance à la fin du conflit. Ce souhait s'étant exaucé, l'entreprise Guizoni et Zanella creuse une fosse dans laquelle est érigé un piédestal tripode de 6 mètres. Sur celui-ci est monté un christ commandé en France, taillé dans la pierre et constitué de trois blocs.

MAISON DE MAÎTRE
DE L'HABITATION L'HERMITAGE
1834

Maçonnerie (15 × 10 m) A9713234

Bien que l'habitation ait été très longtemps une exploitation caféière, elle devient sucrerie au moment de la construction de cette maison. Celle-ci possède un seul niveau, surmonté d'un galetas éclairé par des lucarnes. La maçonnerie est constituée de pierres de la région soigneusement épannelées, et les piédroits sont en pierre de taille. La partie supérieure des ouvertures se caractérise par une voûte surbaissée, formée de briques de champ. Les portes-fenêtres sont typiquement créoles, avec une partie inférieure en bois plein, alors que la partie supérieure est constituée de jalousies en bois. De forts volets permettent de clore hermétiquement les pièces en cas de « coup de vent ». Une galerie spacieuse borde la maison sur les quatre côtés.

Trois-Rivières

MAISON PRINCIPALE DE L'HABITATION GRAND-MAISON
1914
Béton, bois et tôle   *A9713232*

Autour de ce corps principal, la famille Butel avait initialement monté des galeries ouvragées en structure métallique complétées par des clochetons d'angle. Cette ornementation, rongée par la rouille, a disparu, remplacée par du béton.

Cette maison, qui porte le nom de Villa Mérina dans les années 1920, est une grande bâtisse peu transformée par ses différents propriétaires. À cette époque, elle est le centre d'une exploitation caféière. Des familles installées de longue date à Trois-Rivières s'y succèdent, tels les Gobin et Lacaze. Le premier étage est un galetas aménagé avec en façade une série de portes-fenêtres en bow-windows. Le soin apporté à l'esthétique de la demeure transparaît dans le traitement des bandes de rive en zinc ouvragé pour le toit et en bois travaillé en forme de fleur de lis stylisée.

PIERRE GRAVÉE
1707
Pierre (60 × 45 cm)
Habitation Grand-Maison   *A9713233*

Avant de devenir gouverneur de la Guadeloupe en 1705, Roger Cloche de La Malmaison achète des parcelles à Trois-Rivières pour y établir une sucrerie. Le père Labat lui rend visite vers 1700, et, pour lui rendre service, lui trace le profil du futur canal de la sucrerie. Celui-ci est achevé quelques années plus tard, comme en témoigne cette pierre portant cette inscription gravée : « R. de la Malmeson, Lieutenant pour le Roi, 12 février 1707 ».

VILLA MÉRINA
Début du XXᵉ siècle
Bois peint et zinc
Chemin-Neuf   *A9713242*

BOUTIQUE
Début du XXᵉ siècle
Bois, tôle, pierre et maçonnerie *A9713213*

Cette boutique sert à la fois de débit de boisson et d'approvisionnement en denrées diverses. Elle présente le type des boutiques traditionnelles du bourg, devenues rares après qu'un incendie dans les années 1990 en a détruit une bonne partie. Sa position stratégique en fait également un lieu de rendez-vous et de convivialité. Initialement, elle constitue une maison dite « haute et basse » en bois durci ou consolidé, en fonction des rentrées d'argent du propriétaire. Les étages sont réservés à l'habitat. Les murs sont entièrement bardés de tôle, et le blindage et la petitesse des fenêtres

témoignent du climat pluvieux de la région. Cette maison est intégrée dans un réseau de fondations plus anciennes, en pierre de rivière. Des portions de mur apparaissent par endroits, insérées dans des constructions plus récentes.

ANCIEN COLLÈGE DE FILLES
Début du XXᵉ siècle
Maçonnerie et bois
Rue principale   A9713240

École jusque dans les années 1970, cette bâtisse longitudinale, en maçonnerie pour le bas et en bois pour le haut, domine la rue principale. Elle possède une façade à galeries sur lesquelles donnaient les classes. Le dessin des barreaux de la galerie est propre à la région de Trois-Rivières et de Basse-Terre. Le grand toit à auvent est percé de quatre mansardes donnant sur le galetas, qui fait office d'étage intermédiaire afin de protéger la fraîcheur de l'étage. Comme c'est fréquemment le cas dans le centre de Trois-Rivières, la maison a été construite sur des fondations plus anciennes. Dernière représentante d'un pâté de maisons disparu dans un incendie, elle a été détruite en 1998 afin d'être remplacée par des locaux commerciaux.

MAISON DU DOCTEUR SIMÉON
Début du XXᵉ siècle
Bois   A9713209

Le docteur Siméon, qui s'installe dans cette maison en 1929, est maire de Trois-Rivières de 1945 à 1978. La demeure, aux proportions très étudiées, comporte un toit à auvent prolongé, percé de deux chiens-assis entourant une lucarne, au niveau desquels se trouve gravée une étoile, sans doute la marque d'un charpentier. Les fenêtres sont garnies de carreaux et non de persiennes. Une galerie contournante protège la série de portes-fenêtres à persiennes. La maison se distingue également par un raffinement manifeste : aucun pilier de soutien n'est visible. Ils sont tous cachés par une double cloison qui obéit à un critère esthétique et pratique, faisant office de protection thermique.

MAISON LA PASTORALE
Années 1920
Béton armé
La Violette   A9713211

Cette maison est, avec celle de Grand-Maison, l'une des premières villas modernes de Trois-Rivières. Construite par une famille d'origine martiniquaise, les Crassous de Médeuil, elle tranche sur l'habitat traditionnel trois-riviérain. Tout en introduisant des éléments novateurs, l'architecte a intégré des composantes de l'habitat traditionnel, comme les galeries profondes du rez-de-chaussée et du premier étage ou le système de croisillons qui ventile les pièces. Les vitrages remplacent les garde-corps traditionnellement en bois ajouré.

La salle de réception rappelle l'appartenance des commanditaires à la bourgeoisie locale. Après plusieurs changements de propriétaires, la maison est léguée à la commune, qui destine le bâtiment aux activités culturelles.

MAISON
1930
Bois, maçonnerie et tôle
Route de Grande-Anse   A9713210
Cette grande maison à galeries semi-contournantes est caractéristique de la demeure rurale trois-riviéraine avec un toit à quatre pans se terminant en auvent. Une mansarde prolongée en porte-fenêtre avec contrevent s'ouvre sur la Grande-Anse et la mer. La maison repose sur un glacis isolant, et ne comporte pas de fenêtre mais des portes à contrevents s'ouvrant sur une galerie profonde, afin de protéger du soleil et de la pluie les pièces du rez-de-chaussée.

ÉGLISE NOTRE-DAME-DE-L'ASSOMPTION
1933
Architecte :
Ali Tur
Ciment armé
           A9713202

En 1931, en présence de l'évêque Genoud et du maire Jules Butel, un tube en plomb contenant le parchemin de l'inauguration est glissé dans la première pierre de l'église. Le nouvel édifice est construit de façon à laisser la place à une allée en pierre de rivière, dans la tradition trois-riviéraine, et des pelouses qui dégagent l'ensemble. Mal acceptée à ses débuts, l'église tranche avec l'ancienne construction classique. C'est à un « mur de prison » que les paroissiens comparent l'œuvre d'Ali Tur. L'architecte met l'accent sur des volumes simples et sobrement géométriques, percés en façade d'un unique œil-de-bœuf ajouré, où s'insère un vitrail figurant *Jésus apaisant la tempête à Génésareth*. Un porche central, des moulures latérales et un décrochement sont les seules saillies opposées à la verticalité de l'ensemble.

Les côtés sont percés de longues ouvertures à persiennes fixes, surmontées d'œils-de-bœuf. La nef, lumineuse, est finalement acceptée par les paroissiens. Le clocher à persiennes fixes s'élève sur le côté gauche. En 1948, lors des manifestations religieuses de la Vierge du Grand Retour, la paroisse et son église participent activement à la piété populaire.

FRONTON
1938
Ciment armé
Salle paroissiale
de Saint-Paul   A9713203
Cette salle destinée aux fêtes de charité, kermesses ou représentations de la semaine sainte, est située à proximité de l'église. Elle bénéficie des nouvelles techniques du ciment armé qui constitue son matériau privilégié, y compris pour le toit. Une tribune intérieure permet de suivre les activités du rez-de-chaussée. Le fronton, avec ses balustres de style baroque, s'apparente plus à celui d'un théâtre, comme au cinéma-théâtre de La Renaissance à Pointe-à-Pitre, qu'à celui d'une salle paroissiale.

MAISON SALIN
Vers 1950
Bois   *A9713208*

Cette maison de ville aurait été construite par des charpentiers du Moule. Elle possède une galerie contournante et un dessin de barreautage qui se retrouve dans beaucoup de maisons trois-riviéraines. Son originalité provient de sa série de quatre fenêtres en mansarde à vitrage, qui rappelle quelque peu les bow-windows de la villa Mérina. Une grille ouvragée contribue à conférer à l'ensemble une touche citadine d'influence européenne.

MAIRIE
1956
Architecte : Yvon Chérubin
Béton armé   *A9713215*

Construite sous la municipalité conduite par le docteur Siméon, la mairie de Trois-Rivières est installée en partie à l'emplacement d'un ancien cimetière, et présente un plan en T. Yvon Chérubin est un architecte guadeloupéen qui exerce à partir de 1948, après une formation à l'École d'architecture de Paris. À son retour, il subit l'influence d'Ali Tur, parti en 1935, puis développe à son tour son propre style. Ces emprunts à l'architecte du gouvernement se retrouvent ici, au travers des jeux de volumes horizontaux et verticaux, de la gestion de la ventilation par l'entremise d'un porche aéré par des claustras et des vérandas intérieures ou dans le lettrage de façade. Il réinterprète ces bases en multipliant les ouvertures et en traduisant en béton armé la symétrie traditionnelle des portes-fenêtres. Il est marqué par une certaine monumentalité, qui résulte d'une volonté du maire de désenclaver sa commune rurale.

MARCHÉ COUVERT
1956
Architecte :
Yvon Chérubin
Béton armé et verre
A9713216

Cet édifice, qui s'inspire d'un marché du midi de la France, est construit en même temps que l'hôtel de ville et traduit la même volonté de modernité. Il consiste en une dalle soutenue par des piliers ronds. Le centre de cette dalle forme une coupole faite de claustras en verre transparent, qui confère une importante luminosité à l'espace occupé par les marchandes. À l'intérieur, des loges sont réservées à la vente de viande. Une volée de marches sépare de la rue l'espace dévolu à la vente.

Vieux-Fort

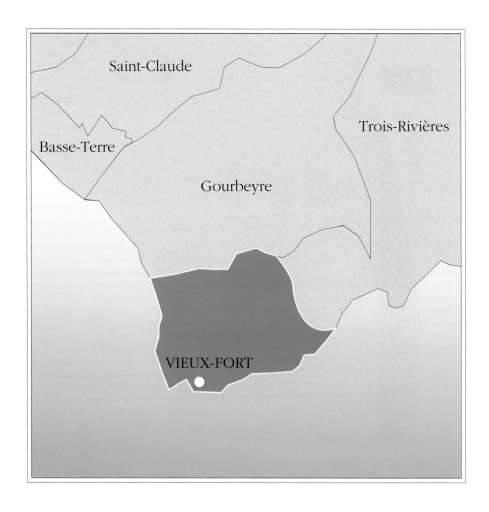

Saint-Claude

Basse-Terre

Trois-Rivières

Gourbeyre

VIEUX-FORT

Vieux-Fort

Canton de Trois-Rivières
Arrondissement de Basse-Terre
Superficie : 714 ha
Population 1990 : 1 479 hab.
Habitants : les Vieux-Fortins
Cours d'eau : la Grande Ravine
et la Ravine Lacroix

Origine du nom : du fort édifié en 1636 par
le gouverneur de L'Olive.

HISTORIQUE

*D'après le révérend père Du Tertre, un important village caraïbe entouré de jardins à vivres se trouve initialement sur la pointe de Vieux-Fort. Ces jardins sont convoités par le gouverneur de L'Olive et les premiers colons français. Poussés par la faim, ils exterminent les Caraïbes, s'emparent des vivres et érigent un fort en 1636. En 1643, le gouverneur de l'île, Charles Houël, lui préfère le site de Basse-Terre, plus favorable au mouillage des navires. Il y construit les bases de l'actuel fort Delgrès, Vieux-Fort ne devenant plus qu'un poste de défense avancé pour la capitale. En 1671, Vieux-Fort fait partie de Basse-Terre extra-muros, et ce quartier n'a son organisation autonome que vers 1730. Pendant la Révolution, seul le plus riche propriétaire de la paroisse, Jean Bruno Mercier, s'engage dans le camp royaliste. Au début du XX*e* siècle, la superficie cultivée rétrécit progressivement devant la concurrence étrangère qui produit un café à meilleur prix, et les caféières sont peu à peu abandonnées, la forêt secondaire reprenant du terrain. L'escarpement des côtes limite les possibilités d'extension de Vieux-Fort, qui reste aujourd'hui, en nombre d'habitants, la plus petite commune de la Guadeloupe.*

CLOCHER
*XVIII*e* siècle*
Maçonnerie et bois
Église Saint-Albert   A9713311

Le clocher de l'église paroissiale de Vieux-Fort est le plus ancien de la Guadeloupe. Il est situé à l'écart de l'édifice reconstruit vers 1830, et ne comprend initialement qu'une cloche. Son érection est vraisemblablement contemporaine du premier sanctuaire du XVIII*e* siècle. Ce dernier était en bois, à l'instar de beaucoup de constructions de cette époque, d'où la forme pyramidale de la charpente de la tour. Lors de la construction de la nouvelle église *(I. M. H. 1978)*, la structure du clocher est conservée mais rehaussée afin de recevoir une seconde cloche, avant d'être consolidée par une maçonnerie qui épouse la forme de la charpente d'origine. L'édifice abrite actuellement deux cloches : *Marie-Joseph*, datant de 1872, et *Hélène-André*, de 1947.

ANCIEN DÉPÔT À POUDRE
*XVIII*e* siècle*
Pierre de taille
A9713308

Le fort Royal, déjà ruiné en 1643, commandait l'entrée du canal des Saintes. Sa localisation initiale reste inconnue. Les batteries, dont il subsiste des vestiges, datent des XVIII*e* et XIX*e* siècles. Le dispositif de défense est attaqué et en grande partie démoli par l'armée anglaise en 1703, puis en 1794. Les vestiges les plus importants, dont cet ancien dépôt à poudre, abritent désormais l'atelier des brodeuses de Vieux-Fort.

BATTERIE DU FORT L'OLIVE
*XVIII*e*-XIX*e* siècles*
Pierre de taille
A9713307

Charles de L'Olive, demeuré seul gouverneur de la Guadeloupe après la mort de Du Plessis, considère que la pointe nord de la Guadeloupe n'est pas saine, et choisit la pointe extrême sud pour s'installer. Au début de l'année 1636, il y construit le fort Royal, qui devient Vieux Fort L'Olive puis Vieux-Fort. Il subsiste de nombreux vestiges de cette construction, entre le phare de Vieux-Fort et l'Anse Dupuy. La batterie du fort L'Olive, encore visible, est consolidée et armée au début du XIX*e* siècle. Il subsiste deux canons Nevers de 1843, et un fragment de canon Ruelle non daté. Vestiges de combats anciens, une vingtaine de boulets de mortiers anglais et de fragments de culasse sont dispersés dans les éboulis, au pied de la falaise.

CASEMATE

XVIIIᵉ-XIXᵉ siècles
Maçonnerie et tôle
Rue de Mazarin   A9713310

Les premières maisons de Vieux-Fort s'élevaient aux secteurs de Mazarin, de l'Anse Dupuy et du Fort. D'importantes ruines de ce qui pouvait être la résidence de Charles de L'Olive sont encore visibles dans la Ravine Mazarin. Il ne reste de l'ancien village, appelé Petit-Vieux-Fort, que quelques

maisons d'habitation et cette casemate, dont la construction initiale pourrait remonter à la fin du XVIIIᵉ siècle. Elle abritait vraisemblablement un escadron chargé de protéger les habitants.

PIERRE SCULPTÉE

Restauration
Maître tailleur : Olivier Abraham
Habitation Blondeau   A9713305

Le visage sculpté fait partie des nombreuses gravures sur pierre qui ornent les encadrements de fenêtre de la sucrerie, et présente des similitudes avec la gravure amérindienne. L'auteur était vraisemblablement inspiré par les pétroglyphes de la commune de Trois-Rivières toute proche.

HABITATION BLONDEAU

Début du XIXᵉ siècle   A9713314

En 1671, la plus grande propriété de Vieux-Fort est celle d'Adrien Blondeau, et s'étend sur 135 hectares. Adrien Blondeau, son épouse, ses deux fils et un seul esclave y travaillent. L'habitation Blondeau a été la résidence du seul noble de Vieux-Fort à s'engager dans le camp royaliste. Il s'agit

de Jean Bruno Mercier, qui s'enfuit avec toute sa famille à l'arrivée de Victor Hugues, et revient sous la Restauration. Il retrouve ses biens et devient commissaire, commandant, maire, et président du conseil de fabrique jusqu'à sa mort, en 1842. Le bâtiment à arcades, dont les voûtes et encadrements de fenêtres sont particulièrement soignés, abritait la

sucrerie construite en 1822. Jean Bruno Mercier est un planteur très soucieux d'obtenir les meilleurs résultats de son domaine, et reçoit une grande médaille d'or, distinction exceptionnelle, du gouverneur de la Guadeloupe, le contre-amiral baron Angot des Rotours, le 3 juin 1826. Il meurt à 84 ans, des suites d'une chute de cheval.

PIERRE SCULPTÉE

Restauration
Maître tailleur : Olivier Abraham
Habitation Blondeau   A9713306

Les deux plaques de l'habitation Blondeau sont l'œuvre d'un tailleur de pierre que Jean Bruno Mercier fait venir pour faire reconstruire son habitation saccagée durant la Révolution. Son titre de maître tailleur de pierre figure d'ailleurs sous son nom.

CIMETIÈRE DUPUY

Fin du XIXᵉ siècle
Maçonnerie et fer forgé
Ravine Matouba   A9713315

Il est de coutume, chez les colons français, de se faire inhumer dans leur propriété. Il subsiste donc des vestiges de cimetières familiaux à l'emplacement d'anciennes habitations. Ce cimetière est celui de la famille Dupuy, qui s'installe à Vieux-Fort vraisemblablement à la fin

aspect géométrique, dû à la direction perpendiculaire de la chaîne et de la trame. Trois semaines sont nécessaires à la confection d'un corsage, et pas moins de trois mois pour une nappe ajourée.

du XVIIIe siècle. Les matériaux utilisés reflètent la condition modeste des défunts : une maçonnerie grossière moulée en forme de coffre, surmontée d'une petite croix en fer forgé. Une plaque commémorative en marbre devait être scellée à sa base.

TORRÉFACTEUR DE CAFÉ À USAGE FAMILIAL
Années 1930
Tôle de fer
Collection particulière   A9713316

Dans les campagnes, le jardin potager traditionnel, ou jardin créole, laisse toujours la place à quelques plants de café. Ce petit torréfacteur permet encore de griller, à la demande, de petites quantités de café vert, à l'occasion de fêtes de famille.

PHARE
1955
Béton   A9713301

Le phare de Vieux-Fort marque l'entrée de la rade de Basse-Terre, et la fin des eaux agitées du canal des Saintes. La pointe de Vieux-Fort est un observatoire avancé de Basse-Terre, qui donne vue sur les Saintes, la Dominique, et, par beau temps, jusqu'à la Martinique.

NAPPERON
Coton
Atelier des brodeuses
A9713312

L'origine de l'art local de la broderie remonterait au début de la colonisation. Mme de Lafayolle, favorite de la reine Anne d'Autriche, obtient de celle-ci des lettres de recommandation pour conduire en Guadeloupe un groupe de jeunes filles orphelines pensionnaires de maisons pieuses, en vue de les marier à des agents de la Compagnie des Isles d'Amérique ou à des officiers de milice. En 1640, douze jeunes filles de l'hôpital Saint-Joseph accompagnent Mme de Lafayolle. On leur attribue l'introduction de cet artisanat. Parmi les divers points employés par les brodeuses, on peut citer carreaux damiers, chardons, croix à bras, croix double et triple, croix sans bras, éventail, filet rose, jour nouvel, mère poule, papillon, rosace, *ti marré* et tranche d'orange. Les compositions présentent systématiquement un

EMBARCADÈRE
Bois et tôle
Anse Dupuy   A9713302

Au moment de la colonisation française, le site de l'Anse Dupuy abrite un important village amérindien, attesté par la présence de tessons de poterie. Il s'agit peut-être du village dont les jardins sont convoités par le gouverneur de L'Olive, dont les troupes sont affamées. Après le décès du pacifique gouverneur Du Plessis, de L'Olive, libéré de l'opposition de son collègue, cherche un motif futile de discorde pour entrer en guerre contre les Caraïbes. Ceux-ci, ayant eu vent de ce projet, quittent leur village, mais un vieillard nommé Capitaine Yance et ses fils ne peuvent s'échapper à temps. Ils sont massacrés dans leur canot par le

gouverneur lui-même. C'est le point de départ de la guerre contre les Caraïbes. L'Anse Dupuy abrite un petit port de pêche, dont l'embarcadère est restauré après le cyclone de 1956. Les pêcheurs de Vieux-Fort se rendent jusqu'aux parages de la Dominique au moment de la pêche au thon et à la dorade. Ils utilisent encore le canot traditionnel en bois appelé « saintoise ».

Vieux-Habitants

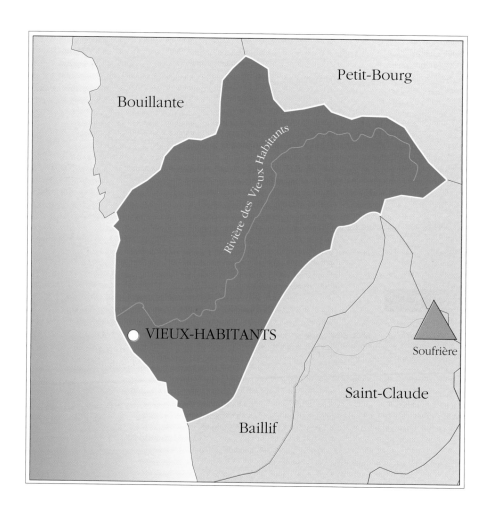

Vieux-Habitants

Canton de Vieux-Habitants
Arrondissement de Basse-Terre
Superficie : 5 870 ha.
Population 1990 : 7 455 hab.
Habitants : les Habissois
Cours d'eau : la Rivière des Vieux Habitants
et la Rivière de Beaugendre

Origine du nom : le terme d'habitant désigne dans les anciennes colonies un propriétaire terrien, et Vieux-Habitants figure parmi les premières communes occupées par les colons français, aussi le père Breton parle-t-il dès 1637 des « vieux habitants libres » établis sur la pointe Saint-Joseph.

Blason : sur un fond paysager de montagne d'où descend la Rivière des Vieux Habitants figurent le portique de l'église et les armoiries de l'ordre des capucins.
A971340b

HISTORIQUE

La découverte de pièces archéologiques isolées, sur les hauteurs de Vieux-Habitants, telles que des haches en pierre polie, et l'existence d'une station de roches gravées dans le lit de la Rivière du Plessis révèlent la présence de populations amérindiennes arawaks et caraïbes dès le début de l'ère chrétienne. La paroisse Saint-Joseph-des-Vieux-Habitants est fondée en 1636, dans l'année qui suit l'arrivée des Français sur l'archipel, par Nicolas Suyllard dit La Ramée, et une chapelle en bois est érigée par les frères dominicains à l'emplacement de l'église actuelle. Les habitations s'y développent rapidement. Les premiers colons y exploitent d'abord le tabac ou pétun, ainsi que le coton et l'indigo, avant de se consacrer à la culture du café, quelques années après son introduction à la Martinique en 1720. Pendant plus d'un siècle, la culture du café est florissante. Au moment de la crise du café, en 1840, un nommé Cachard se consacre à la

production de la pâte de roucou. Cette culture devient prépondérante, et à la fin du XIXᵉ siècle, la commune de Vieux-Habitants vient en tête quant à la superficie consacrée au roucou. Jusqu'en 1922, le seul moyen de communication avec l'extérieur dont bénéficie la commune est la voie maritime, au départ de l'Anse à la Barque. Ce port naturel a d'ailleurs été à plusieurs reprises le théâtre de combats contre les Anglais, en 1691, 1703, 1746 puis en 1809. Après la crise du café, puis du roucou, Vieux-Habitants reste une commune à dominante agricole, consacrée à des cultures essentiellement vivrières.

PÉTROGLYPHES
Iᵉʳ-VIIIᵉ siècles
Roche volcanique
Section de Saint-Robert   *A9713401*
Cette station de roches gravées est l'une des plus éloignées de la côte, et la plus en altitude de toutes les stations connues en Guadeloupe. Elle est située à 200 mètres d'altitude, dans le lit de la Rivière du Plessis, qui marque la limite entre les communes de Baillif et de Vieux-Habitants. Parmi l'ensemble de ces roches, la principale, située dans la commune de Vieux-Habitants, est couverte de gravures représentant des visages de zémis, personnages issus des mythes et croyances amérindiennes. Ce sont généralement des visages très simplifiés, qui ont parfois l'aspect de têtes de morts. En bas et à droite de la roche, se distingue un petit personnage, doté de bras et de jambes, différant en cela des autres gravures. Le choix du site pour ces représentations est significatif : deux bras de rivière se rejoignent en un bassin pour se séparer ensuite,

alors qu'une cascade d'une dizaine de mètres de hauteur est située en amont du site. Il s'agit vraisemblablement d'un lieu de culte qu'il faut rattacher au village amérindien découvert dans la commune de Baillif, à l'embouchure de la rivière du même nom.

HACHE CARAÏBE
350-800
Coquille de lambi
Plage de l'Étang   *A9713402*
Cet outil a été travaillé dans la lèvre d'une coquille de lambi. Ce coquillage a par ailleurs de multiples usages : nourriture principale des Amérindiens du littoral, il servait également de matière première pour la confection d'outils tranchants ou d'éléments de parure. La découverte d'objets comme cette hache confirme la présence de populations amérindiennes sur le littoral de la Côte-sous-le-Vent. Les récits des chroniqueurs font état de populations caraïbes installées dans cette zone, mais la guerre qui leur a été menée n'a laissé que peu de traces de leurs villages.

BATTERIE DE LA POINTE DIBUQUE
XVIIᵉ siècle

Anse à la Barque   *A9713403*

L'Anse à la Barque est un lieu stratégique qu'il a fallu protéger dès le début de la colonisation française. En l'absence de voies terrestres, ce port naturel fut le lieu de mouillage idéal pour les navires de commerce acheminant les denrées agricoles de la région de Vieux-Habitants vers la métropole. Le mur de cette batterie, autrefois appelée Batterie de l'Épinard du nom d'un ancien habitant, est renforcé par un second rempart afin de dissuader l'assaillant. Les vestiges d'une poudrière ont été dégagés à une cinquantaine de mètres à l'est.

CANONS
XVIIᵉ-XVIIIᵉ siècles

Batterie de la Pointe Dibuque   *A9713404*

L'Anse à la Barque est le théâtre de combats sanglants contre les Anglais en 1691, puis à nouveau en 1703. La présence de canons au pied de la falaise est délibérée. Les belligérants avaient en effet coutume, à cette époque, de détruire les canons de l'ennemi pour les remplacer par leur propre armement. Les canons précipités au bas de la falaise témoignent de cette pratique.

ÉGLISE
XVIIᵉ-XVIIIᵉ siècles

Roche volcanique   *A9713406*

L'église de Vieux-Habitants est considérée comme le plus ancien établissement religieux réalisé en Guadeloupe : en 1636, lors de l'édification d'une chapelle à Baillif par les dominicains, le père Breton constate que depuis quelque temps déjà « les vieux habitans libres comme le Sieur de la Ramée [...] avaient habité la pointe nommée Saint-Joseph. Ils y avaient fait une chapelle dédiée à Saint-Joseph ». La paroisse prend en effet d'abord le nom de Saint-Joseph-des-Vieux-Habitants, et il n'y a ✝

en 1636 qu'un abri de planches couvert de paille destiné au culte. Il est amélioré et agrandi en 1639 avec l'arrivée des engagés libérés. Cette église est totalement incendiée par les Anglais en 1703, et reconstruite la même année sous la conduite du père Vincent. Comme beaucoup d'églises de la même époque, elle est de petite taille, avec des murs renforcés par des contreforts afin de résister à d'éventuels assaillants. Le bâtiment initial est agrandi en 1721.
(façade I. M. H. 1975)

PORCHE
Première moitié du XVIIIᵉ siècle

Roche volcanique

Église   *A9713405*

La juridiction sur la mission apostolique de la Guadeloupe est confiée en premier lieu aux pères dominicains, en vertu d'un bref daté du 12 juillet 1635 que le cardinal de Richelieu obtient du pape Urbain VIII. Les capucins, après une longue querelle de juridiction avec les dominicains, obtiennent droit de cité définitif en Guadeloupe en 1681. On leur confie Vieux-Habitants, où ils construisent une église. Le porche de l'église de Vieux-Habitants est réalisé par des tailleurs de pierre venus du Limousin en 1701. Il comporte les armoiries traditionnelles de l'ordre des

capucins, illustrant un épisode de la vie de saint François d'Assise, et plus précisément le jour où le Christ détacha ses bras de la Croix pour embrasser le saint.
(I. M. H. 1975)

CHAPELLE COMMÉMORATIVE

XVIIIᵉ siècle
Roche volcanique et marbre
Église   A9713408

Cette chapelle est dédiée aux pères Breton et Du Tertre, fondateurs de la paroisse. Ces prêtres dominicains sont les deux premiers pasteurs de l'église.

Le père Breton est le tout premier missionnaire dominicain en Guadeloupe, où il exerce de 1635 à 1654. Il fait partie des premiers chroniqueurs du XVIIᵉ siècle : son ouvrage, *Relations de l'isle de la Guadeloupe*, fournit des renseignements précieux sur la faune, la flore et les conditions de sa mission. Il est également l'auteur d'un dictionnaire caraïbe et d'une description de la vie des indigènes qu'il a côtoyés. Il est à l'origine de la fondation, au cours de son sacerdoce, de huit chapelles ou églises en Guadeloupe. Le père Du Tertre vient l'assister à Vieux-Habitants au début de l'année 1640, et ce jusqu'en 1642, date à laquelle il est placé à la tête de la paroisse de Capesterre-Belle-Eau. Il est connu pour son *Histoire des Français aux Antilles*, destinée au grand public, qui est toujours une référence pour les historiens. Les relations entre les pères dominicains et l'autorité civile sont bien souvent tendues, plus particulièrement sous le gouvernement de Charles Houël.

VESTIGES DE MOULIN À VENT

Première moitié du XVIIIᵉ siècle
Pierre de taille
Section de Cousinière   A9713428

L'originalité de ce moulin broyeur de cannes est d'être situé à la Côte-sous-le-Vent, où les alizés sont par définition très rares. Un recensement des moulins datant de 1760 n'en dénombre que trois pour la Guadeloupe proprement dite, c'est-à-dire sur la Basse-Terre. Il n'en subsiste que deux, dont celui-ci, qui est le seul répertorié à la Côte-sous-le-Vent. À Basse-Terre, l'eau des rivières est alors la principale source d'énergie.

MAISON DE MAÎTRE DE L'HABITATION LA GRIVELIÈRE

Seconde moitié du XVIIIᵉ-XIXᵉ siècle
Bois et maçonnerie   A9713412

Après les échecs de l'introduction de la culture du tabac, celle du café se développe en Guadeloupe vers 1726 sur les propriétés impropres à la culture de la canne. Isolée des grands axes, protégée au fond de la vallée de Grande-Rivière, La Grivelière a fonctionné depuis cette époque jusqu'en 1983. Elle porte jusqu'en 1888 le nom de « fabrique de la paroisse Saint-Joseph-des-Vieux-Habitants ». L'habitation conserve de ce fait l'ensemble des bâtiments à usage professionnel et domestique fréquents dans ce type de plantation. Les bâtiments actuellement en place sont essentiellement en bois, et leur construction peut remonter au début du XIXᵉ siècle, mais des sondages archéologiques ont mis au jour des vestiges de structures qui pourraient remonter au XVIIIᵉ siècle. Cette habitation, la maison de maître, qui possède une architecture à colombage, est située en un point culminant offrant au maître des lieux une vue générale de son domaine. La galerie donne sur une vaste cour ou glacis, permettant le séchage du café. Les cloisons et parements intérieurs sont en acajou blanc, la couverture a été reconstituée en essente. Le propriétaire et sa famille vivaient au rez-de-chaussée, l'étage formant un vaste grenier ou *galta*, qui servait également de lieu de séchage du café. *(Cl. M. H. 1987)*

JARRE
*Seconde moitié
du XIXe siècle
Terre cuite
Habitation La Grivelière*   A9713419

Les jarres de ce type, courantes dans les habitations, sont appelées en créole *daubanes*, d'après une mauvaise interprétation de leur appellation d'origine, jarres « d'Aubagne ». Elles servaient autrefois principalement de réserve d'eau potable, souvent placées dans un petit bâtiment où elles recevaient les eaux de pluie de la toiture. Afin de rentabiliser leur transport par bateau, elles arrivent chargées d'huile. Les plus anciennes remontent à la fin du XVIIIe siècle. La rumeur populaire veut que, durant les périodes troubles, les colons déposent leur trésor dans de telles jarres, et que l'esclave chargé de creuser la fosse soit exécuté et enterré avec elle par son maître après sa besogne, afin de supprimer un témoin gênant.

FRAGMENTS DE PIPE
*Fin du XIXe-début du XXe siècle
Terre cuite
Habitation La Grivelière*   A9713418

En Guadeloupe, la culture du tabac fait la richesse des premiers colons, et son déclin, dû à la maladie et à l'introduction de la culture de la canne, plus facile et plus rentable, n'a pas fait disparaître toutes les plantations. Son usage est resté fréquent dans les habitations. On lui prête encore certaines vertus magiques, qui pourraient être une survivance des croyances amérindiennes. Témoignages de cet attachement local à ce produit, de nombreux fragments de pipes en terre parsèment le sol du domaine de La Grivelière. L'usage de la pipe est très courant et non réservé à une certaine élite. Les marques de fabrique encore visibles indiquent leur provenance, et ont permis de déterminer leur date de fabrication. Certains fumeurs peu argentés utilisaient des pipes en bambou de fabrication artisanale.

CASE DE TRAVAILLEURS
*Seconde moitié du XIXe-
début du XXe siècle
Bois
Habitation La Grivelière*   A9713417

Ce type de logement, très sommaire, est destiné au logement des esclaves de l'habitation, qui en compte 40 en 1788. L'abolition de l'esclavage en 1848 conduit les propriétaires d'habitation-caféière à faire appel à une main-d'œuvre saisonnière, particulièrement au moment de la cueillette du café, d'octobre à décembre. Ces travailleurs sont alors rémunérés à la journée ou à la tâche. L'abolition favorise également la mécanisation des procédés de traitement du café, en utilisant l'énergie hydraulique afin d'entraîner les machines à dépulper et à décortiquer le café, auparavant actionnées manuellement. Ces cases en bois couvertes de tôle sont situées en contrebas de la maison de maître, afin d'être plus aisément surveillées et de leur épargner le bruit et les fumées. Un bassin de récupération des eaux de ruissellement subvenait aux besoins domestiques. Le nombre de cases de La Grivelière est passé de onze en 1893 à sept en 1947, puis à cinq en 1980.
(Cl. M. H. 1987)

DÉCERISEUSE MANUELLE
Seconde moitié du XIXᵉ-
début du XXᵉ siècle
Bois

Habitation La Grivelière   A9713415

Les différentes étapes de fabrication du café sont la cueillette, le dépulpage, le séchage, le décorticage, puis la torréfaction. Le dépulpage est la première opération qui consiste à séparer la peau et la chair du fruit des grains de café. Elle s'accomplit à l'aide d'une dépulpeuse appelée déceriseuse, sorte de rape fixée sur un tambour, qui permet de séparer les grains de la pulpe du fruit. *(Cl. M. H. 1987)*

DÉCERISEUSE INDUSTRIELLE
Seconde moitié du XIXᵉ-
début du XXᵉ siècle
Bois

Habitation La Grivelière   A9713416

La première déceriseuse manuelle a été remplacée par une machine plus moderne, actionnée par la roue à aubes. Les cueilleurs de café remettaient leur panier au géreur qui, après contrôle de la cueillette, la versait dans un bac situé au-dessus de la machine ; le café en cerise s'écoulait petit à petit dans la machine. Après ce premier traitement, le café était lavé à grande eau, et mis à sécher dans la cour. *(Cl. M. H. 1987)*

BONIFERIE
Seconde moitié
du XIXᵉ-début
du XXᵉ siècle
Bois
   Habitation
   La Grivelière
             A9713414

La boniferie intervient dans l'opération de décorticage, juste avant la torréfaction. Cette étape consiste à débarrasser le café de son enveloppe, appelée parche. Dans les anciennes habitations-caféières, le décorticage se faisait par pilonnage. Cette méthode est la transposition au plan industriel du pilonnage manuel. D'imposants pilons en fonte sont actionnés par une roue à aubes pour traiter le café déposé dans une cuve. À La Grivelière, le dernier moulin à fonctionner comporte trois pilons en bois très dur, le courbaril, ou *hymenea courbaril*, qui pousse en forêt tropicale. Chaque cuve a une contenance moyenne de 20 kilogrammes. Après pilonnage, la parche est réduite en miettes ; les grains de café vert et les fragments d'écorce sont définitivement séparés après un passage dans un tarare, soufflerie actionnée à la main. *(Cl. M. H. 1987)*

BÂTIMENT DES MACHINES
Début du XXᵉ siècle
Bois et fer

Habitation La Grivelière   A9713413

L'utilisation de l'énergie hydraulique est une dominante des habitations-caféières et sucrières de la Côte-sous-le-Vent.

À La Grivelière, l'eau est captée dans la Ravine Pagesy, située à environ 200 mètres en amont de l'habitation. Cette eau est canalisée et, par un jeu de vannes, orientée suivant les besoins vers la roue à godets, la maison de maître, le hangar à cacao ou les porcheries. Plusieurs types de roues à aubes étaient utilisés. Celles-ci variaient selon la période ou les moyens dont disposaient les habitants. Elles pouvaient être de fabrication locale, en bois renforcé par des ferrures, ou importées d'Europe, en fonte. Ici, la roue est en tôle, et de fabrication locale. Elle entraîne deux machines situées de part et d'autre, à l'abri de deux petits bâtiments adossés à la montagne. Le bâtiment est abrite la boniferie, tandis que le bâtiment ouest contient la déceriseuse ou dépulpeuse. Cette dernière construction comporte un petit grenier à l'étage, depuis lequel le géreur déversait le café en cerise dans la machine. *(Cl. M. H. 1987)*

ORATOIRE
Début du XXᵉ siècle
Maçonnerie
Habitation La Grivelière　　　A9713409

Les croyances religieuses ont occupé et occupent encore aujourd'hui une grande place dans la vie quotidienne des habitations. Un édit du roi de France, daté du mois de mars 1685, impose le baptême et l'instruction dans la religion catholique de tous les esclaves « qui seront dans nos Isles ». Le catholicisme imposé aux esclaves les conduit à y intégrer leurs croyances animistes. La Grivelière possède, comme toute habitation, son oratoire ou sa chapelle votive. Des statues du Christ et de la Vierge sont exposées dans cet

abri constamment garni de fleurs, de bougies ou d'offrandes.
(Cl. M. H. 1987)

impératifs de productivité et de mécanisation ont conduit beaucoup d'habitations sucrières de la Côte-sous-le-Vent à se convertir en caféière au début du XIXᵉ siècle. C'est le cas de l'habitation Vanibel, qui a conservé cette boniferie permettant de décortiquer le café, avec sa roue à aubes en fer, ses pilons et ses cuves.

ÉCUSSON
XIXᵉ siècle
Pierre de taille
Habitation Vanibel　　　A9713423

Ce bâtiment à arcades porte une inscription très lisible : « DAVID M 1827 ». Ce nom ne semble pas être celui du propriétaire du moment, mais la marque du tailleur de pierre. L'édifice était vraisemblablement l'atelier des artisans employés sur l'habitation.

AQUEDUC
XVIIIᵉ siècle
Maçonnerie
Habitation Vanibel　　　A9713422

À la Guadeloupe proprement dite, c'est-à-dire en Basse-Terre, zone montagneuse et humide, l'utilisation de l'énergie hydraulique remonte à la fin du XVIIᵉ siècle. Il subsiste encore à la Côte-sous-le-Vent de nombreux vestiges de canaux d'alimentation d'habitation. Celui de l'habitation Vanibel fait partie des plus anciens.

ROUE À AUBES ET BONIFERIE
Fin du XVIIIᵉ-début du XIXᵉ siècle
Fer, bois et maçonnerie
Habitation Vanibel　　　A9713421

La configuration de la Côte-sous-le-Vent ne se prête pas toujours à la culture de la canne. Ses terrains escarpés ne retiennent pas suffisamment d'eau et ne permettent pas de grandes surfaces d'exploitation. Les

MACHINE À BROYER LE ROUCOU
XIXᵉ siècle
Fer, fonte et laiton
Habitation Vanibel   *A9713424*

Le roucou, plante arbustive déjà utilisée par les Amérindiens comme peinture corporelle, est exploité de façon intensive pour ses qualités tinctoriales par les colons français, notamment à Vieux-Habitants, au cours de la seconde moitié du XIXᵉ siècle. En raison des difficultés qu'il rencontre pour trouver des ouvriers après l'abolition de l'esclavage, Alexandre Auguste Périllat, propriétaire d'une plantation à Vieux-Habitants, conçoit une machine afin d'économiser de la main-d'œuvre. Il fait breveter sa méthode le 2 novembre 1850. L'originalité de la méthode de Périllat est qu'elle réduit la fabrication du roucou en une opération unique consistant à réduire à l'état de pâte marchande les graines fraîchement écossées en les broyant, sans délai, à l'aide de cette machine. Le moulin de Périllat se compose de quatre moulins à deux cylindres en fonte, tournant horizontalement l'un sur l'autre, entraînés par un système de courroies. Les teinturiers sur soie ont été les derniers à abandonner le roucou au profit des colorants chimiques.

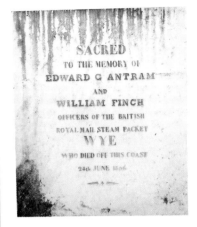

TOMBE D'OFFICIER ANGLAIS
1856
Cimetière   *A9713410*

C'est principalement entre la fin du XVIIᵉ et au XVIIIᵉ siècles que la France et la Grande-Bretagne se disputent la Guadeloupe, occupée à plusieurs reprises par les Anglais. Les rivalités franco-britanniques reprennent durant la Révolution et l'Empire. Dans la plupart des cimetières paroissiaux, des sépultures de soldats anglais tombés au combat ou lors de missions ne sont pas rares. Ici, le défunt est probablement un officier de la marine marchande, car l'année de sa mort, 1856, se situe dans une période de paix entre la France et l'Angleterre.

ESCALIER ET CACHOT
XVIIIᵉ siècle
Pierre de taille
Habitation Vanibel   *A9713425*

L'origine du nom de l'habitation Vanibel proviendrait de celui de l'un de ses premiers propriétaires, M. Vaneybergue ou Van Bell, protestant d'origine hollandaise chassé du Brésil en 1654. De la maison de maître, il subsiste cet ensemble imposant. Sous la voûte constituée par la jonction de ce double escalier, une cellule a été aménagée. Il peut s'agir d'un cachot à esclaves, mais aussi de la chambre forte du maître. Un édit du roi de France du mois de mars 1685, « Touchant la Police des isles de l'Amérique Françoise », formalise les punitions qui doivent être infligées aux esclaves par les juges. Il donne également aux maîtres le droit d'infliger certaines punitions.

Au cours des deux guerres mondiales, les Guadeloupéens participent activement à l'effort national. Durant la Première Guerre mondiale, 1 470 d'entre eux périssent au combat, sur les 8 700 hommes envoyés au front. La Guadeloupe connaît pendant la Grande Guerre une période de prospérité du fait de sa contribution au ravitaillement en alcools de la métropole. Au cours de la Seconde Guerre mondiale, la rupture des liaisons maritimes régulières avec la métropole conduit la Guadeloupe à subsister plutôt qu'à s'engager dans le conflit aux côtés des continentaux.

MAISON DE MAÎTRE DE L'HABITATION GUILLOD
Fin du XIXᵉ-début du XXᵉ siècle
Bois   *A9713426*

Cet édifice est une maison d'habitation à étage, appelée communément « maison haute et basse ». Son style est caractéristique de la Côte-sous-le-Vent. Entièrement en bois, il est flanqué en façade d'une galerie ouverte pavée de roches volcaniques taillées sur place ou carrelée de briques importées ; les poteaux apparents sont ouvragés et le fronton garni d'une frise ; portes et fenêtres sont aérées par des jalousies. Le rez-de-chaussée et la galerie constituent un lieu d'accueil ; l'étage, plus intime, est réservé aux chambres à coucher. La cuisine, ou « potager », est habituellement séparée de la maison proprement dite, par crainte d'un éventuel incendie.

FONTAINE MURALE
Fin du XIXᵉ siècle
Porcelaine
Habitation Guillod   *A9713427*

Cette fontaine murale a conservé sa place dans la salle à manger de la demeure familiale. La plupart des porcelaines du XIXᵉ siècle rencontrées sur les habitations sont originaires de Bordeaux (Gironde), Lunéville (Meurthe-et-Moselle) ou Sarreguemines (Moselle). Les terres cuites d'usage courant proviennent de Vallauris (Alpes-Maritimes) ou Aubagne (Bouches-du-Rhône). Une production locale de tuiles et de formes à sucres a été développée entre le XVIIIᵉ et le XIXᵉ siècles à Trois-Rivières et à Terre-de-Bas, mais la médiocrité des argiles, l'affaiblissement de la demande et plusieurs cyclones particulièrement violents ont mis fin à cette entreprise.

REGISTRE
1904
Habitation Tarare *A9713430*

Sur les exploitations-caféières, le géreur est le contremaître chargé de diriger et de gérer l'exploitation. Il tient une comptabilité très minutieuse des recettes et dépenses effectuées. Le registre des travailleurs journaliers employés sur l'habitation de Tarare en témoigne. Le prix de la journée varie entre 60 centimes pour les enfants et 1,50 franc pour les hommes, et des retenues diverses sont opérées, allant de 20 centimes pour retard au travail à 50 centimes pour refus d'obéissance. L'habitation Tarare a fonctionné de la fin du XVIIIᵉ siècle jusqu'au début du XXᵉ siècle.

PORCHE
Première moitié du XVIIIᵉ siècle
Roche volcanique
Église
Vieux-Habitants

LE CENTRE D'ARCHIVES D'OUTRE-MER, AUTRE MÉMOIRE VIVANTE DES ANTILLES

Dans les années 1960, la Direction des archives de France choisit Aix-en-Provence pour implanter le Dépôt d'archives d'outre-mer. Cette création originale est d'abord destinée à accueillir un certain nombre de documents rapatriés des territoires anciennement placés sous la tutelle française.

Le Dépôt devient, en 1986, le Centre d'archives d'outre-mer (CAOM), entièrement dévolu à la conservation et à la communication des archives de l'ancienne administration coloniale française. Le rôle initial de l'institution se trouve grandement accru par l'arrivée des archives ministérielles modernes en 1986 et anciennes en 1994, jusque-là conservées à Paris, dans lesquelles la région des Antilles est largement représentée.

Le CAOM est désormais sans équivalent pour qui s'intéresse aux papiers de l'histoire coloniale française dans le monde. Formé avant tout de correspondances, rapports et tous documents issus de bureaux ministériels, cet ensemble patrimonial unique rassemble aussi cartes et plans, dessins et photographies anciennes. Les fonds et séries qui l'organisent, héritiers de méthodes de classement spécifiques, sont l'aboutissement de deux siècles de pratiques archivistiques.

DESCRIPTION DES ISLES D'AMÉRIQUE
EN L'ESTAT QU'ELLES ESTOIENT L'ANNÉE 1660
1660 – Auteur anonyme – Manuscrit (20,3 × 30) – Cote : C/8b/1/3

L'espace documentaire caribéen débute au XVIIe siècle, alors que la présence française se concrétise aux Indes occidentales. Il garde la mémoire des tentatives éphémères et des établissements durables, jusqu'à la départementalisation de la Guadeloupe et de la Martinique en 1946.

La répartition des intérêts économiques des particuliers de part et d'autre de l'Atlantique, la nécessité de communiquer entre services, les mesures de sécurité conservatoires adoptées pour pallier les aléas des guerres, des voyages en mer, des catastrophes naturelles et des conditions climatiques antillaises expliquent tout à la fois les duplications, les transferts et les rassemblements qui constituent aujourd'hui ce patrimoine.

Au XIXe siècle, les archives coloniales se séparent des archives maritimes auxquelles elles étaient intimement mêlées. Lors de ce partage, se constituent les séries de correspondance administrative, anciennement conservées à Paris, au sein des Archives nationales : correspondance au départ (série B), dont les premiers volumes, marqués de la couleuvre colbertienne, rappellent tout l'intérêt que ce grand ministre montra pour le domaine colonial français ; correspondance à l'arrivée (série C), qui rassemble chronologiquement de nombreux rapports et lettres des gouverneurs, intendants et ordonnateurs, riches d'informations sur tous les aspects de la vie locale.

BREF ÉTAT DE TOUTES LES HABITATIONS QUI EXISTENT AUX ISLES DU VENT
ET SOUS LE VENT, AVEC LEUR GENRE DE CULTURE
Vers 1783-1803 – Auteur anonyme – Manuscrit (22,5 × 32 cm)
Cote : DFC Amérique 130/326

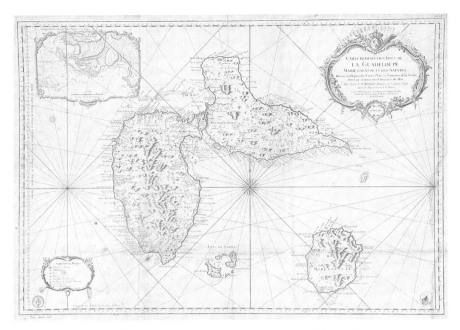

CARTE RÉDUITE DES ISLES DE LA GUADELOUPE, MARIE-GALANTE ET LES SAINTES
1759 – Dessinateur : Bellin, ingénieur de la Marine – Gravure (63 × 91,5). 1/19 1888 – Cote : Atlas Moreau de Saint-Méry, F3/288/41

Issu du Dépôt des cartes et plans de la Marine, créé en 1778, et des différentes directions des fortifications insulaires, le Dépôt des fortifications des colonies (DFC) n'est remis au ministère des colonies qu'en 1914. Impressionnant par son volume, il est particulièrement riche en cartes et en plans. Les nombreux mémoires qu'il contient dépassent largement le sujet militaire.

EN LIBERTÉ COMME TOI
Vers 1789 – Dessinateur : F. Bonneville
Gravure (26 × 18 cm) – Musée, estampes

La formation et l'accroissement des fonds d'archives peuvent être issus de décisions et de circonstances les plus diverses. C'est ainsi qu'en 1776, un édit royal institue le Dépôt des papiers publics des colonies (DPPC) à Versailles. Il est destiné à recevoir copie d'un certain nombre d'actes établis outre-mer : minutes des études notariales et des greffes judiciaires, principalement. Autant de pièces qui forment véritablement la trame de la vie quotidienne de la population créole. Lorsqu'en 1912, l'obligation de dépôt des doubles minutes est supprimée, seul l'état civil y reste assujetti.

La collection Moreau de Saint-Méry regroupe deux cent quatre-vingt sept volumes d'archives, quelques atlas et une riche bibliothèque. Elle est le résultat de la passion qu'éprouva l'érudit Louis-Médéric Moreau de Saint-Méry (1760-1819), conseiller à Saint-Domingue puis député à la Martinique, pour la connaissance des Antilles. Sa collection est le fruit d'emprunts multiples aux archives officielles. Elle est rachetée par Louis XVIII à la chute de l'Empire.

Ce patrimoine est régulièrement enrichi par l'arrivée de documents de provenances diverses : archives privées, archives d'entreprises, acquisitions isolées ou ouvrages de bibliothèques.

INDEX THÉMATIQUE

LEXIQUE

Acoma : grand arbre de la forêt tropicale.

Adorno : modelage ornant les poteries amérindiennes et représentant des animaux ou des visages humains.

Ajoupa : mot d'origine caraïbe désignant un abri ou une hutte provisoire réalisé avec des branchages.

Andésite : roche volcanique, noire ou grise.

Angélique : bois rouge, semblable au teck, issu d'une légumineuse de la Guyane, et employé en charpente, en menuiserie ou en construction navale.

Arawak : ethnie amérindienne qui s'établit aux Antilles au cours des premiers siècles de notre ère.

Atelier : 1. ensemble des esclaves rattachés à une habitation. 2. ensemble des travailleurs libres d'une exploitation (après 1848).

Auget : petit récipient fixé à la périphérie d'une roue hydraulique pour recevoir l'eau motrice.

Azulejo : revêtement décoratif mural, en général de couleur bleue, composé de carreaux de faïence émaillée, d'origine espagnole et arabe.

Bagasse : tige de la canne à sucre après extraction de son jus dans les rolles du moulin. Ce résidu sert de combustible dans les usines à sucre.

Balisier : plante connue aussi sous le nom de canna, originaire de l'Inde et cultivée dans les régions chaudes.

Barbette : plate-forme établie au-dessus du terre-plein d'un ouvrage afin de permettre le tir du canon par-dessus le parapet.

Barboteur : machine utilisée pour le lavage de certains minerais.

Bardeau : petite lame de bois posée perpendiculairement aux solives d'un plancher de manière à former une aire sur laquelle est posé un carrelage ou un parquet.

Béké : mot désignant les Blancs créoles, soit les Européens nés aux Antilles.

Benthique : relatif à l'ensemble des organismes animaux et végétaux qui vivent sur le sol sous-marin.

Bois-debout (en) : boisé.

Bois ti-baume : bois utilisé en tressage pour les parois des cases ou comme armature des nasses.

Bombe : fragment de lave en fusion, projeté par un volcan et qui, par l'effet de son mouvement giratoire, se renfle en son milieu.

Boniferie : bâtiment industriel d'une habitation-caféière, regroupant l'ensemble des machines.

Bossale : esclave né en Afrique, par opposition à l'esclave créole.

Boucan : bâtiment souvent de bois où s'effectue le séchage des grains de café après le décerisage.

Boucaut : tonneau dans lequel sont entreposées des marchandises sèches.

Bouveter : raboter avec un bouvet, outil de menuiserie servant à réaliser des rainures.

Bush : formation végétale adaptée à la sécheresse, constituée de buissons serrés et d'arbres isolés.

Cabrouet ou Kabouré : charrette à deux roues employée pour le transport de la canne à sucre.

Calalou : mot portugais. 1. dans les colonies, nom donné à diverses plantes qui servent à préparer la soupe. 2. soupe composée de gambas et d'herbages.

Campêche : nom donné au bois dur et compact d'un arbre de l'Amérique tropicale. Ce bois, riche en tanin, renferme une matière colorante.

Canari : mot créole désignant les récipients en terre cuite employés pour la cuisson.

Canéficier : arbre tropical, appelé aussi cassier.

Capesterre : région des Antilles située à l'est ou au vent.

Câpre, câpresse : terme désignant une personne métissée, née d'un parent noir et d'un parent mulâtre.

Caraïbes : nomades amérindiens ayant colonisé les Antilles.

Carbet : mot d'origine caraïbe désignant une grande case collective servant d'abri aux gens, aux embarcations et aux ustensiles domestiques.

Carré : superficie de terre arable d'un peu moins d'un hectare.

Case à eau : bâtiment indépendant au sein d'une habitation, voué à la récupération, la conservation et l'utilisation domestique de l'eau. Cette case fait également office de salle de bains.

Cassave ou kassav : galette de farine de manioc, équivalent au pain pour les premiers Amérindiens.

Caye : mot d'origine espagnole. Récif corallien, fréquent au nord des Antilles.

Chandelle : pièce de bois ou de fer verticale sur platine, de hauteur réglable, utilisée dans une construction en guise d'étai.

Chaudière : cuve en métal, dans laquelle, lors de la cuisson, le *vesou* se transforme en sucre.

Cinquante Pas du Roi : désignent la zone qui s'étend sur tout le littoral des colonies et qui constitue un domaine public appartenant à l'État. Ils sont ensuite appelés les « 50 pas géométriques ».

Clisse : planchette, large d'un centimètre environ, découpée dans le tronc de bambou et tressée de façon à obtenir un treillis.

Cl. M. H. : classé à l'Inventaire des Monuments historiques.

Contrevent : 1. volet extérieur en bois ou en métal servant à protéger la fenêtre des intempéries. 2. dans une charpente, pièce de bois oblique, située entre le poinçon et la panne faîtière, destinée à renforcer les fermes.

Coulée : mot créole qui désigne le fond d'une vallée, d'un ravin.

Courbaril : arbre des pays tropicaux, exploité en ébénisterie pour son bois et dans les fabriques de vernis pour sa résine.

Corossolier : arbre tropical produisant des fruits à chair blanche.

Créole : personne de race blanche née aux Antilles

Crossette : pierre d'angle issue du mur et se prolongeant en léger surplomb de la façade.

Da : nourrice.

Décerieuse : petite machine permettant d'enlever la peau rouge, appelée cerise, qui recouvre les grains de café.

Détrempe : peinture composée de poudre de blanc de craie ou de couleurs broyées, délayées dans de l'eau additionnée d'un agglutinant tel que la colle ou la gomme.

Dobann ou daubanne : nom créole donné à des jarres fabriquées à Aubagne (Bouches-du-Rhône) servant principalement de réserves d'eau potable.

Doline : petite dépression fermée dans les régions à relief karstique.

Éclisse : gros osier séparé en deux sur sa longueur, utilisé par les vanniers pour la confection de paniers.

Éparcher : faire perdre aux grains de café leur membrane pelucheuse, appelée parche ou parchemin.

Équipage : ensemble des outils, des instruments et des machines nécessaires à certains travaux ou entreprises. Dans une sucrerie, ensemble des chaudières.

Essente : petite planche de bois utilisée pour la couverture des toits ou des façades.

Filao : mot créole désignant un arbre généralement planté dans les régions littorales. *Syn. casuarina.*

Fire stone : mot anglais désignant une roche d'origine volcanique assez légère qui servait principalement pour les angles des constructions.

Forme à sucre : jarre en terre cuite dans laquelle le sucre est stocké et prend sa forme de pain.

Foudre : fût de grande capacité, dans lequel sont conservés les vins qu'on veut laisser vieillir.

Fusaïole : rondelle utilisée par les Amérindiens pour filer le coton.

Gabion : grand panier sans fond, formé de branchages tressés et de grillage, et rempli de terre afin de servir de protection dans la guerre de siège.

Gaïac : arbre ou arbuste d'Amérique centrale et des Antilles, à fleurs bleues ornementales, à feuilles persistantes et dont le bois dur, qui fournit une résine, est exploité dans l'industrie.

Gaulette : petite branche flexible destinée à être tressée pour l'édification des parois des cases.

Génoise : frise composée de tuiles rondes, superposées pour former la corniche des constructions.

Géreur : régisseur d'une exploitation.

Gommier : embarcation de pêche construite, selon une technique caraïbe, à partir de l'arbre du même nom.

Goulerotte ou goulotte : ouverture carrée ou rectangulaire située à la base du moulin, reliée à la sucrerie, permettant de faire passer la gouttière contenant le *vesou*.

Grage : grosse râpe de cuivre utilisée aux Antilles et en Guyane pour émietter le manioc.

Gwo-ka : genre musical caractérisé par l'improvisation des chanteurs et par la présence de tambours du même nom, faits d'un quart de tonneau.

Habitant : propriétaire d'une exploitation agricole, d'une habitation. Au sens créole, synonyme de colon et donc d'Européen.

Habitation : domaine agricole organisé en village sous la direction d'un colon, constitué de plantations, de bâtiments et, avant 1848, faisant appel à une main-d'œuvre servile.

Huécoïde : période comprise entre 450 av. J.-C. et 100 ap. J.-C., caractérisée par le peuplement des Petites Antilles d'agriculteurs potiers, dont l'origine pourrait se situer dans l'Amazone ou les Andes colombiennes.

I. M. H. : inscrit à l'Inventaire supplémentaire des Monuments historiques.

Indigoterie : manufacture préparant l'indigo, matière colorante bleue.

Lakou : mot créole désignant la cour intérieure de la case créole.

Lambi : gros coquillage marin, très apprécié pour sa chair et pour sa coquille, appelée conque.

Lolo : mot créole désignant une épicerie traditionnelle aux Antilles.

Madrépore : genre de coraux.

Mahogany ou mahogani : mot d'origine caraïbe. Sorte d'acajou utilisé en ébénisterie.

Mancenillier : arbre des Antilles, appelé « arbre de poison » ou « arbre de mort », qui produit un suc laiteux vénéneux, avec lequel les indigènes empoisonnaient leurs flèches.

Mangrove : formation végétale, caractéristique des régions littorales de la zone tropicale, composée de forêts de palétuviers qui fixent leurs racines et croissent dans la vase.

Manioquerie : bâtiment industriel où l'on transforme la tubercule de manioc pour en faire de la farine.

Marigot : dans les pays tropicaux d'Afrique et d'Amérique, bras mort d'un fleuve et lieu bas pouvant être inondé par les pluies.

Morne : mot créole communément utilisé pour désigner une colline ou une petite montagne isolée, de forme arrondie.

Moussache : farine brute de manioc, servant d'amidon.

Mulâtre : terme désignant une personne métissée, née d'un parent noir et d'un parent blanc.

Nasse : casier en filet, en osier ou en métal, permettant de pêcher les gros crustacés.

Ouïcou : boisson fermentée amérindienne à base de manioc, de patate, de banane et de canne à sucre.

Paillote : abri ou hutte de paille, dans les colonies.

Palmiste : palmier dont le bourgeon terminal, appelé « chou palmiste » ou « cœur de palmier », est comestible.

Parche : peau épaisse et cassante, de couleur beige, entourant les grains de café séchés et ayant l'aspect du parchemin.

Pétroglyphe : sorte de hiéroglyphe amérindien gravé sur des rochers.

Pétun : terme emprunté au guarani, langue amérindienne du Brésil, pour désigner le tabac.

Platine à manioc : plat circulaire métallique destiné à la cuisson de la galette de manioc.

Poirier pays : arbre dont les feuilles s'apparentent à celles du poirier continental mais qui ne porte pas de semblables fruits.

Potiche : aux Antilles, équivalent de la gargoulette, vase poreux dans lequel les liquides se rafraîchissent par évaporation.

Purgerie : lieu où sont égouttées les formes à sucre afin de permettre à celui-ci de se débarrasser de la mélasse après l'opération de l'empli.

Quimbois : ensemble de superstitions comprenant des pratiques de médecine par les plantes, mais également de la sorcellerie et de la magie locales. En principe, les séanciers guérissent, tandis que les quimboiseurs jettent des sorts.

Ramie : plante tropicale d'Asie employée pour le tissage car munie de longues fibres fournissant un textile résistant.

Roucou : colorant rouge orangé extrait des graines de roucouyer, arbrisseau originaire de l'Amérique tropicale.

Rolles ou rolls : cylindres du mécanisme de broyage de la canne à sucre, habituellement montés par trois.

Saintoise : canot antillais traditionnel originaire de l'archipel des Saintes.

Saladoïde : type de réalisation céramique amérindienne et, par extension, culture du peuple arawak.

Salako(t) : casque aux larges bords fabriqué à partir de matériaux naturels tels que le bambou, le latanier ou le rotin.

Senne : filet de pêche disposé en nappe, formant un demi-cercle, traîné sur les fonds sableux.

Solage : semelle de matériaux permettant de former le sol d'un bâtiment.

Sucrerie : 1. établissement agricole et industriel qui fabrique du sucre. 2. partie de l'habitation-sucrerie où se cuit le *vesou*.

Tafia : autre nom du rhum, désignant particulièrement les eaux-de-vie distillées à partir du jus ou des mélasses de la canne à sucre.

Tendre-à-cailloux : mot antillais désignant une espèce d'acacia poussant dans les zones sèches.

Tille : 1. outil servant de hache et de marteau aux tonneliers, aux couvreurs et aux charpentiers. 2. instrument utilisé pour fouiller le fond des formes à sucre.

Toloman ou tolomane : fécule alimentaire extraite des racines de divers balisiers.

Tray : plateau en bois à vocation commerciale ou domestique porté sur la tête.

Usine : 1. établissement fabriquant du sucre, synonyme de manufacture. 2. à partir de 1843, établissement qui fabrique du sucre et qui est doté de machines à vapeur.

Usine centrale : après 1843, l'usine centralise, pour les broyer, les cannes fournies par les habitations-sucreries, avec lesquelles elle a passé un contrat. Dans la seconde moitié du XIXe siècle, l'habitation-sucrerie vend ses terres à l'usine centrale avec laquelle elle est liée.

Vesou : mot créole désignant le jus de la canne à sucre broyée.

Vinasse : résidu liquide de la distillation des liqueurs alcooliques ; résidu de la fabrication du sucre.

Wapa : arbre guyanais, au bois lourd et résistant, de couleur rouge foncé. Ce bois peut servir en menuiserie, comme matériel de chemin de fer, et dans la construction navale.

Wet : mot créole désignant une ruelle.

Zémi : esprit ou manifestation des esprits qui peuplent le monde. Par extension, les sculptures qui les représentent.

SOURCES ET REMERCIEMENTS

Nous remercions pour leur accueil, leurs conseils et leur précieuse collaboration :

Mme Lucette Michaux-Chevry, sénateur, présidente du conseil régional de la Guadeloupe, maire de Basse-Terre,
M. Max Frédéric, directeur de cabinet de Madame la présidente du conseil régional de la Guadeloupe,
M. Éric de Lucy de Fossarieu, directeur général du Groupe Bernard Hayot,
et M. Pierre de Bousquet de Florian,

ainsi que :
Mme Ghyslaine Bouchet, conservateur, directeur des archives départementales de la Guadeloupe,
Dr Marcel Chatillon,
M. André Delpuech, conservateur régional de l'archéologie,
M. Wilfrid Demonio, chargé de mission communication, Parc national de la Guadeloupe,
Mme Durand-Évrard, directrice du Centre d'archives d'outre-mer,
M. Jacques Dion, documentaliste, Centre d'archives d'outre-mer,
Mme Josette Fallope, historienne, directrice du service du patrimoine de la ville de Basse-Terre,
M. Christophe Hénocq, conservateur du musée de Marigot,
M. Amédée Huyghues-Despointes,
M. Éric Leroy, éditeur,
M. Christian Montbrun, conservateur de l'écomusée de Marie-Galante,
M. Henry Petitjean-Roget, conservateur en chef du musée Schœlcher, Pointe-à-Pitre et du musée Edgar-Clerc,
M. Gérard Richard, archéologue régional,
Mme Chantal Rio, attachée de conservation du patrimoine, archives départementales de la Guadeloupe,
Mme Sylvie Tersen, conservateur du patrimoine, musée Saint-John-Perse,

COMMUNE DES ABYMES

Nous remercions :
M. Darsin, maire des Abymes,
et ses collaborateurs.
Et pour leur contribution :
M. Cornely,
M. Halley et le personnel de l'office régional du patrimoine guadeloupéen.

COMMUNE D'ANSE-BERTRAND

Nous remercions :
M. Dona, maire d'Anse-Bertrand,
et ses collaborateurs.

• Chanoine BALLIVET, « Nos Paroisses de 1635 à 1912 », *in L'Écho des Antilles*, 1913, 1914.
• VOILLAUME Huguette, *La Famille Ruillier et ses alliés*, Généalogie et Histoire de la Caraïbe, 1990.

Et pour leur contribution :
l'abbé Blanchard,
M. Corbin,
M. Eck,
l'abbé Gauthier,
l'abbé Sanner,
l'abbé Sénéchal,
Mme Strazel,
M. Vongliss.

COMMUNE DE BAIE-MAHAULT

Nous remercions :
Mme Chammougon, maire de Baie-Mahault,
et ses collaborateurs.

Et pour leur contribution :
M. et Mme Donvéze.

COMMUNE DE BAILLIF

Nous remercions :
M. Hatchi, maire de Baillif,
et ses collaborateurs.

Et pour sa contribution :
M. Solon.

COMMUNE DE BASSE-TERRE

Nous remercions :
Mme Michaux-Chevry, maire de Basse-Terre,
et ses collaborateurs.

COMMUNE DE BOUILLANTE

Nous remercions :
M. Chaulet, maire de Bouillante,
et ses collaborateurs.

COMMUNE DE CAPESTERRE-BELLE-EAU

Nous remercions :
M. Beaugendre, maire de Capesterre-Belle-Eau,
et ses collaborateurs.
Et pour leur contribution :
Mme J.-L. Dormois,
Mme L. Dormois.

COMMUNE DE CAPESTERRE-DE-MARIE-GALANTE

Nous remercions :
M. Camboulin, maire de Capesterre-de-Marie-Galante,
et ses collaborateurs.
Et pour leur contribution :
Mme Bégot,
la famille Bordin,
M. et Mme Carabin,
M. Godefroy,
M. Lubino,
MM. Moysan,
Mme Rhoda,
Mme Taillepierre,
M. Vragar,
la direction régionale des affaires culturelles de Basse-Terre,
le service régional d'archéologie,

• REY-HULMAN Diana, *Au Vent du moulin Bézard*, L'Harmattan, Paris, 1996.
• *Moulins de Marie-Galante, inventaire descriptif,* Coll. Traditions et arts populaires, rapport dactylographié, 1978.

COMMUNE DE DESHAIES

Nous remercions :
Mme Marc, maire de Deshaies,
et ses collaborateurs.

Et pour leur contribution :
Mme Laurentin,
M. Némorin et sa famille.

COMMUNE DE LA DÉSIRADE

Nous remercions :
M. Robin, maire de La Désirade,
et ses collaborateurs.

Et pour leur contribution :
M. Lamothe, APEPAD
M. Zamia, APEPAD.

COMMUNE DU GOSIER

Nous remercions :
M. Gillot, maire du Gosier,
et ses collaborateurs.

Et pour sa contribution :
M. Claude Hotton.

COMMUNE DE GOURBEYRE

Nous remercions :
M. Ademar, maire de Gourbeyre,
et ses collaborateurs.

COMMUNE DE GOYAVE

Nous remercions :
M. Louisy, maire de Goyave,
et ses collaborateurs.

COMMUNE DE GRAND-BOURG

Nous remercions :
M. Tirolien, maire de Grand-Bourg,
et ses collaborateurs.

Et pour leur contribution :
Mgr Oualy,
M. Selbonne,
l'ordre de Saint-Paul de Chartres.

COMMUNE DE LAMENTIN

Nous remercions :
M. Toribio, maire de Lamentin,
et ses collaborateurs.
Et pour leur contribution :
Mme Bebel-Gisler
M. Benjamin,
Mme Watcher.

COMMUNE DE MORNE-À-L'EAU

Nous remercions :
M. Chovino, maire de Morne-à-l'Eau,
et ses collaborateurs.

Et pour sa contribution :
M. Galpin, architecte.

COMMUNE DU MOULE

Nous remercions :
Mme Louis-Carabin, maire du Moule,
et ses collaborateurs.

Et pour leur contribution :
M. Anicet,
M. Beuzelin,
M. Clavier,
M. Clerc,
M. Coman,
M. Damoiseau,
M. Siban,
M. Sinapah.

COMMUNE DE PETIT-BOURG

Nous remercions :
M. Larifla, maire de Petit-Bourg,
et ses collaborateurs.

Et pour leur contribution :
M. Batsitide,
M. Broussillon,
M. Fréty,
l'abbé Gourdin,
l'abbé Lasserre,
M. et Mme Parisis,
M. et Mme Tréber,
l'association L'Espérance, aînés de Petit-Bourg,
la bibliothécaire de la bibliothèque municipale.

• BROUSSILLON Ary, *Quelques Habitations de Petit-Bourg en 1848 et leur évolution*, Commémoration de l'abolition de l'esclavage, Petit-Bourg, 1990.

COMMUNE DE PETIT-CANAL

Nous remercions :
M. Mitel, maire de Petit-Canal,
et ses collaborateurs.

COMMUNE DE POINTE-À-PITRE

Nous remercions :
M. Bangou, maire de Pointe-à-Pitre,
et ses collaborateurs.
Et pour leur contribution :
M. Cassin,
M. Laumuno.

• AUTIN Bernard, « Architecture urbaine, Pointe-à-Pitre », *in Grande Encyclopédie de la Caraïbe*, Éd. Sanoli, 1990.
• CLUB DES RETRAITES DE LA MGEN, *Pointe-à-Pitre, ses rues hier et aujourd'hui*, MGEN, 1981.
• ENOFF Émile, *Noms de rue*, compte d'auteur, 1993.
• HOTTON Claude, SIGISCAR Daniel, *Pointe-à-Pitre*, Gallimard, Paris, 1994.

COMMUNE DE POINTE-NOIRE

Nous remercions :
M. Guillaume, maire de Pointe-Noire,
et ses collaborateurs.

Et pour leur contribution :
Mme Beuzelin,
M. Marthelus,
M. Obertan et sa famille.

COMMUNE DE PORT-LOUIS

Nous remercions :
M. Barfleur, maire de Port-Louis,
et ses collaborateurs.
Et pour leur contribution :
Mme Antomides,
M. Arma,
l'abbé Blanchard,
Mme Bourdon,
M. Charles,
M. Corneille,
la famille Edwige,
M. Gama,
Mlle Gene,
M. Gouno,
Mme Haddad,
M. Isimat-Mirin,
M. Jalème,
M. Lalsingué,
M. Luce,
M. Maréchaux,
M. Marie-Claire,
M. Marie-Gabrielle,
M. Mayeko,
M. Moussamy,
Mme Nitusgau,
M. Ramassamy,
Mme Reinette,
M. Roche,
M. Sahaï,
M. Sinan,
le personnel des archives départementales de la Guadeloupe,
le personnel de la bibliothèque municipale,
le personnel de SICADEG.

• EDWIGE Charly, *Port-Louis : ombres et lumières*, mémoire école normale, 1979.
• EDWIGE Roland, « Sports et Loisirs à Port-Louis dans les années sixties », *in Les Cahiers du Patrimoine*, n° 1, 1993.
• EDWIGE Roland, « Port-Louis et la mer : une si longue histoire », *in Les Cahiers du Patrimoine*, n° 2, 1994.
• GAMA Raymond, *Évolution d'un grand domaine sucrier à la Guadeloupe*, thèse de doctorat, université Antilles-Guyane, 1997.
• PLUMASSEAU Eugène, *Port-Louis d'hier à aujourd'hui*, 1996.
The Story of Marrdevirain, Hindu epic song Guadeloupe, album West Indies, CD, 1960.

COMMUNE DE SAINT-BARTHÉLEMY

Nous remercions :
M. Magras, maire de Saint-Barthélemy,
et ses collaborateurs.

Bourdin Georges, *Histoire de Saint-Barthélemy*, Éd. Henry, 1978.

COMMUNE DE SAINT-CLAUDE

Nous remercions :
M. Barlagne, maire de Saint-Claude,
et ses collaborateurs.

COMMUNE DE SAINT-FRANÇOIS

Nous remercions :
M. Moutoussamy, maire de Saint-François,
et ses collaborateurs.
Et pour leur contribution :
Mme Hazael-Massieux,
M. Huyghues-Despointes,
M. Ramassamy,
M. Saint-Prix,
M. Soledha.

COMMUNE DE SAINT-LOUIS

Nous remercions :
M. Paméole, maire de Saint-Louis,
et ses collaborateurs.

COMMUNE DE SAINT-MARTIN

Nous remercions :
M. Fléming, maire de Saint-Martin,
et ses collaborateurs.

COMMUNE DE SAINTE-ANNE

Nous remercions :
M. Lubeth, maire de Sainte-Anne,
et ses collaborateurs.
Et pour leur contribution :
M. Chipotel,
M. Ibène,
M. Kancel,
M. Salinières.

• Élèves du Lycée Poirier de Gissac, *De l'Habitation de Gissac au lycée polyvalent régional*, deux siècles d'histoire, 1992.

COMMUNE DE SAINTE-ROSE

Nous remercions :
M. Bajazet, maire de Sainte-Rose,
et ses collaborateurs.

COMMUNE DE TERRE-DE-BAS

Nous remercions :
M. Faleme, maire de Terre-de-Bas,
et ses collaborateurs.

Et pour leur contribution :
M. Alexis,
M. L'Étang,
Mlle Paquet,
Mlle Vala,
M. Vala,
Mme Valvert.
• Hofman Corinne, « Terre-de-Bas, Grande Anse », *in DRAC, Bilan scientifique*, service régional de l'Archéologie, ministère du Patrimoine, Basse-Terre, 1996.
• Dr L'Étang Eugène, *Bulletin municipal*, n° 1, 1983.
• Parisis Denise et Henri, *Poterie de Terre-de-Bas*, document polycopié, 45 pages.

COMMUNE DE TERRE-DE-HAUT

Nous remercions :
M. Joyeux, maire de Terre-de-Haut,
et ses collaborateurs.

Et pour sa contribution :
l'association saintoise de protection du patrimoine.

• Peron P., Découvrir l'histoire des Saintes, ASPP, 1994.

COMMUNE DE TROIS-RIVIÈRES

Nous remercions :
M. Dorville, maire de Trois-Rivières,
et ses collaborateurs.

Et pour leur contribution :
Mme Botreau-Roussel,
M. et Mme Langlois,
le personnel du Syndicat d'initiative.

COMMUNE DE VIEUX-FORT

Nous remercions :
M. Bourgeois, maire de Vieux-Fort,
et ses collaborateurs.

Et pour leur contribution :
M. Berry,
M. Delacaze.

• Le Gallo C., « Vieux-Fort », *in Bulletin de la société d'Histoire de la Guadeloupe*, n°15, 16, Basse-Terre, 1971.

COMMUNE DE VIEUX-HABITANTS

Nous remercions :
M. Arbau, maire de Vieux-Habitants,
et ses collaborateurs.

Et pour leur contribution :
M. Guillod,
M. Nelson.

• FABRE Camille, « Vieux-Habitants, fondation et fondateurs », *in Bulletin de la société d'Histoire de la Guadeloupe*, n° 9, Basse-Terre, 1968.
• ETNA Max, *Sites historiques de Vieux-Habitants*, Contribution à l'étude de notre patrimoine, Basse-Terre, 1981.

SOURCES GÉNÉRALES

• Archives départementales de la Guadeloupe.
• ABENON Lucien René, *La Guadeloupe de 1671 à 1759*, Éd. L'Harmattan, Paris, 1987.
• ABENON Lucien René, *Petite Histoire de la Guadeloupe*, Éd. L'Harmattan, Paris, 1992.
• ADÉLAÏDE-MERLANDE Jacques, *Les Antilles françaises, XVIᵉ, XVIIᵉ, XVIIIᵉ siècles*, Éd. Bordas, Paris, 1971.
• ADÉLAÏDE-MERLANDE Jacques, *Documents d'histoire antillaise et guyanaise 1814-1914*, 1979.
• ALLAIRE L., *Vers une Préhistoire des Petites Antilles*, Centre de recherches caraïbes, Montréal, 1973.
• ANDRE C.-A., *Les Voyages de découverte et les premiers établissements*, PUF, Paris, 1948.
• BALLET Jules, *Histoire de la Guadeloupe*, Basse-Terre, 1899, réédition 1973.
• BANGOU Henri, *La Guadeloupe, Histoire de la colonisation de l'île*, Éd. du Centre, 1967, réédition L'Harmattan, Paris, 1987.
• BARBOTIN Maurice, « Les Communes et les Bourgs de Marie-Galante », *in Bulletin de la société d'Histoire de la Guadeloupe*, n° 9-10, Basse-Terre, 1967.
• BARBOTIN Maurice, « Arawaks et Caraïbes à Marie-Galante », *in Bulletin de la société d'Histoire de la Guadeloupe*, Basse-terre, 1967.
• BARBOTIN Maurice, « Les Moulins de Marie-Galante », *in Bulletin de la société d'Histoire de la Guadeloupe*, Basse-Terre, 1967.
• BARREY P., *Les Origines de la colonisation française aux Antilles : la Compagnie des Indes occidentales*, Éd. H. Micaux, Le Havre, 1918.
• BENITO ESPINAL É., PAGNEY BENITO-ESPINAL F., *L'Ouragan Hugo, genèse, incidences géographiques et écologiques sur la Guadeloupe*, Éd. Désormeaux, Fort-de-France, 1991.
• BENOIST J., « L'Archipel inachevé », *in Culture et société aux Antilles françaises*, Presses de l'université de Montréal, Montréal, 1972.
• BERTHELOT Jack, GAUME Martine, Kaz-antiyé, *l'Habitat populaire aux Antilles*, Éd. Perspectives créole, Pointe-à-Pitre, 1982.
• BERTHELOT Jack, CLIFF Stafford, GAUME Martine, ROZENSZTROCH Daniel, SLÉSIN Suzanne, *Caribbean Style*, Éd. Perspectives créoles, Pointe-à-Pitre, 1986.
• BERTHELOT Jack, GAUME Martine, *L'Art de vivre aux Antilles*, Flammarion, Paris, 1987.
• BLANDIN-PAUVERT Arlette, *Au Temps des mabos*, Éd. Désormeaux, Fort-de-France, 1986.

• BLERALD Alain-Philippe, *Histoire économique de la Guadeloupe et de la Martinique du XVIIᵉ siècle à nos jours*, Éd. Karthala, Paris, 1986.
• BOGAT Raphaël, « Marie-Galante, colonie indépendante sous la Révolution », *in L'Écho de la Reine de Guadeloupe*, 1947.
• BONNIOL Jean-Luc, *Terre-de-Haut des Saintes, Contraintes insulaires et particularisme ethnique dans la Caraïbe*, Éd. Caribéennes, Paris, 1980.
• BONNIOL Jean-Luc, *La Couleur comme maléfice, une illustration créole de la généalogie des Blancs et des Noirs*, Éd. Albin Michel, Paris, 1992.
• BOYER-PEYRELEAU E.-E., *Les Antilles françaises, particulièrement la Guadeloupe, jusqu'au 1ᵉʳ novembre 1825*, Éd. Ladvocat, 1825.
• BRETA Félix, *Les Saintes*, Éd. Larose, Paris, 1939.
• BRETON R.-P., *Dictionnaire caraïbe-français*, Auxerre, 1665.
• BRETON R., *Relations de l'île de la Guadeloupe*, société d'Histoire de la Guadeloupe, Basse-Terre, 1978.
• BUFFON Alain, *Monnaie et Crédit en économie coloniale, contribution à l'histoire économique de la Guadeloupe*, société d'Histoire de la Guadeloupe, 1979.
• BUISSERET David, *Histoire de la distillerie dans la Caraïbe*, Éd. Caribéennes, Paris, 1980.
• BUISSERET David, *Histoire de l'architecture dans la Caraïbe*, 1980, réédition Caribéennes, Paris, 1984.
• BUDAN A., *La Guadeloupe pittoresque*, Éd. Noblet et Baudry, 1863, réédition société d'Histoire de la Guadeloupe, Basse-Terre, 1972.
• CALLY SULLY, *Musique et Danses afro-caraïbes*, Éd. Sully Cally – Lézin, Martinique, 1990.
• CASAMAYOR P., COLOMBANI M.-J., *Le Livre de l'amateur du rhum*, Éd. Robert Laffont, Paris, 1987.
• CÉSAIRE A., *Toussaint Louverture*, Club français du livre, Paris, 1960.
• CHAUDENSON R., *Les Créoles français*, Nathan, Paris, 1979.
• CHAULEAU Liliane, *La Vie quotidienne aux Antilles françaises au temps de Victor Schœlcher*, Hachette, Paris, 1979.
• COLOMB Christophe, *La Découverte de l'Amérique*, 3 volumes, réédition La Découverte, Paris, 1991.
• CONTOUR Solange, *Guadeloupe, Martinique dans les revues illustrées du XIXᵉ siècle*, compte d'auteur, Paris, 1996.
• CORNEVIN R. et M., *La France et les Français d'outre-mer, de la première croisade à la fin du premier Empire*, Éd. Taillandier, Paris, 1990.
• CORZANI Jack, *Littérature des Antilles*, Coll. Encyclopédie antillaise, Éd. Désormeaux, Fort-de-France, 1971.
• COUSSIN J., *Paysages de la Guadeloupe*, société d'Histoire de la Guadeloupe, Basse-Terre, 1986.
• DESCAS B.-G., *Le Jardin familial créole*, Éd. Désormeaux, Fort-de-France, 1986.
• DESCHAMPS H., *La Flibuste*, Coll. Que sais-je ?, PUF, Paris.
• DUBELAAR C.-N., *South American and Caribbean Petroglyphs*, Floris Publications, USA, 1986.
• DUSSART-VIDALET Bernadette, *Le Meuble en Guadeloupe, le bois, les styles, les techniques*, direction régionale, ONF, Pointe-à-Pitre, 1978.
• DU TERTRE J.-B., *Histoire générale des Antilles habitées par les Français*, 4 volumes, Éd. Kolodziej, Fort-de-France, 1978.

• EADIE E., *Canne, Sucre et Rhum aux Antilles et Guyane françaises du XVIIᵉ au XXᵉ siècle*, 4 volumes, Éd. du Ponant SA, 1987.

• FABRE M., *Esclaves et Planteurs*, Éd. Julliard, Paris, 1970.

• FABRE Camille, *Dans le sillage des caravelles*, annales de l'église en Guadeloupe, Aubenas, 1976.

• FABRE Camille, *De Clocher en clocher*, Aubenas, 1978.

• FALLOPE Josette, « Les Esclaves africains à la Guadeloupe en 1848 d'après les registres d'état civil des nouveaux citoyens conservés aux Archives de la Guadeloupe », *in Bulletin de la société d'Histoire de la Guadeloupe*, n°57-58.

• FARRUGIA Laurent, *Les Indiens de Guadeloupe et de Martinique*, compte d'auteur, Basse-Terre, 1975.

• FARRUGIA Laurent, *Soufrière 76*, Éd. Jeunes Antilles, Basse-terre, 1977.

• FORTUNE F.-H., *Cyclones et autres cataclysmes aux Antilles*, Éd. La Masure, Fort-de-France, 1986.

• GALPIN Christian, *Ali Tur, architecte, itinéraire d'une reconstruction 1929-1937*, conseil général et DRAC de la Guadeloupe, 1991.

• GARGAR DE FORTFALAISE Michelle, *Quelques dates de l'histoire de la Guadeloupe et ses environs*, DF Éditions, 1996.

• GARNIER Alain, LENGLET-CUVELLIER Christiane, *Mémoires de Martinique et de Guadeloupe*, Éd. Exbrayat, Fort-de-France, 1990.

• GIORDANI Jean-Pierre, *La Guadeloupe face à son patrimoine*, Éd. Karthala, Paris, 1996.

• GODDET-LANGLOIS Jean, GODDET-LANGLOIS Denise, *La Vie en Guadeloupe au XVIIᵉ siècle, dictionnaire des familles guadeloupéennes de 1635 à 1700*, Éd. Exbrayat, Fort-de-France, 1991.

• GRILLON Alain, *La Guadeloupe en ce temps-là*, Clio Éditions. Abbé GUILBAUD, *Les Étapes de la Guadeloupe religieuse*, Basse-Terre, 1935.

• HEARN Lafcadio, *Un Voyage d'été aux Tropiques*, Éd. Désormeaux, Fort-de-France, 1977.

• HERSILIE-HELOISE Éric, « Au temps des débits de la régie », *in France-Antilles Magazine*, 1997.

• IMBERT D., BLAND F. RUSSIER F., *Les Milieux humides du littoral guadeloupéen*, ONF/Réserve naturelle du Grand Cul-de-Sac marin, Guadeloupe, 1988.

• JACQUEMONT G. et G., *Le Rhum*, Nathan, Paris, 1990.

• JULIEN-LUNG FOU Marie-Thérèse, *Le Carnaval aux Antilles*, Éd. Désormeaux, Fort-de-France, 1979.

• LABAT Jean-Baptiste, *Nouveau Voyage aux Isles de l'Amérique*, Éd. des Horizons Caraïbes, Fort-de-France, 1972.

• LACOUR Auguste, *Histoire de la Guadeloupe*, 1875, réédition Kolodziej, 1976.

• LAFLEUR Gérard, *Les Caraïbes des Petites Antilles*, Éd. Karthala, Paris, 1992.

• LARA Bruno, *La Guadeloupe dans l'histoire*, Éd. L'Harmattan, Paris, 1979.

• LASSERRE Guy, « Une Plantation de cannes aux Antilles : la sucrerie Beauport », *in les Cahiers d'outre-mer*, 1952.

• LASSERRE Guy, *La Guadeloupe, étude géographique*, Éd. Kolodziej, EDCA, Fort-deFrance, 1978.

• LEIRIS M., *Contacts de civilisation en Martinique et Guadeloupe*, Gallimard, Paris, 1955.

• LEQUENNE M., *Christophe Colomb, Amiral de la mer océane*, Coll. Découvertes, Gallimard, Paris, 1991.

• LEROY Éric, *Images du rhum*, Fondation Clément - Éd. Gondwana, Fort-de-France, 1996.

• LONGIN F., *Voyage à la Guadeloupe*, Le Mans, 1848.

• LOUBER Anatole, *L'Almanach guadeloupéen*, Éd. Lapage, 1990.

• LUDWIG R., POULLET H., MONTBRAND D., TELCHID S., *Dictionnaire créole-français*, Servedit / Éd. Jasor, Pointe-à-Pitre, 1990.

• METRO Henry, « Recouvrer l'identité guadeloupéenne », *in Dictionnaire des communes*, Éd. Presplay, 1986.

• MEYER J., *Esclaves et Négriers*, Coll. Découvertes, Gallimard, Paris, 1986.

• MONTLEZUN M. DE, *Souvenirs des Antilles*, Éd. Gide, Paris, 1818.

• MOREAU J.-P., *Les Petites Antilles de Christophe Colomb à Richelieu*, Éd. Karthala, Paris, 1992.

• MOUTOUSSAMY E., *La Guadeloupe et son indianité*, Éd. Caribéennes, Paris, 1987.

• NOELE P., VEINARD R.-P., *in Les Cahiers du Patrimoine*, Bureau du patrimoine du conseil régional, n° 11 et n° 12, Fort-de-France, 1991.

• OEXMELIN, *Histoire des frères de la côte, Flibustiers et Boucaniers des Antilles*, Éd. Maritimes et d'outre-mer, Paris, 1980.

• OLROG F., « Le Monument d'Auguste Nyman au Musée Schoelcher », *in Bulletin de la société d'Histoire de la Guadeloupe*, 1976.

• ORUNO D.-L., *Les Caraïbes*, Coll. Que sais-je ?, PUF, Paris, 1986.

• PARISIS Denise, PARISIS Henri, *Les Moulins des Antilles françaises*, travaux du groupe de recherche Archéologie industrielle de l'université Antilles-Guyane, Pointe-à-Pitre, 1993.

• PARISIS Denise, PARISIS Henri, *L'Âge de la vapeur ou essai de datation des machines à vapeur et leur annexe aux Antilles françaises en archéologie industrielle*, GRAI-UAG, rapport dactylographié.

• PASTOUREAU Mireille, *Voies océanes de l'ancien aux nouveaux mondes*, Coll. Banque Nationale de Paris, Éd. Hervas, 1990.

• POINTEAU Maurice-Frantz, *Basse-Terre, haut lieu de la Guadeloupe*, Groupe CEP Euro Éditions, 1996.

• PORTECOP J., *Les Mangroves de Guadeloupe et zones annexes*, CDDP, Guadeloupe, 1980.

• POUQUET J., *Les Antilles françaises*, Coll. Que sais-je ?, PUF, Paris, 1971.

• PRUDENT L.-F., *Des Baragouins à la langue antillaise*, Éd. Caribéennes, Paris, 1980.

• RABUSSIER Dominique, « Médard Aribot, artiste ou bagnard ? » *in France-Antilles Magazine*, 1993.

• RENAULT Jean-Michel, « Bons Baisers de la colonie », *in La Guadeloupe en 1900*, Les Éditions du Pélican, Montpellier, 1991.

• RENAULT Jean-Michel, *Bonjour la Guadeloupe*, Les Éditions du Pélican, Montpellier, 1994.

• RICHARD Gérard, *Au Sujet des pétroglyphes de la Guadeloupe, découvertes récentes*, actes du XIVᵉ siècle, congrès d'Archéologie de la Caraïbe, Barbade, 1991.

• RIGNAULT Nicole, RIGNAULT Bernard, *Rapport de l'inventaire du patrimoine*, Le Creusot, 1979.

• ROBERT G., *Les Travaux publics de la Guadeloupe*, 1935.

• ROCHEFORT C. DE, *Histoire naturelle et morale des îles Antilles* de l'Amérique avec un vocabulaire caraïbe, Rotterdam, 1658.

• ROSEMAN J., *La Danse aux Antilles*, Éd. L'Harmattan, Paris, 1990.

• ROSSIGNOL B. et Ph. « Généalogie et Histoire de la Caraïbe ».

• SAUGERA Éric, *Bordeaux port négrier, XVIIe-XXe siècles*, J & D Éditions, Biarritz, Éd. Karthala, Paris.

• SERALINE Y.-M., *Les Pitts et combats de coqs aux Antilles*, Éd. Désormeaux, Fort-de-France, 1978.

• SCHMIDT Nelly, *Victor Schœlcher, une vie, un musée à Pointe-à-Pitre*, conseil général de la Guadeloupe, 1991.

• SCHNAKENBOURG Christian, *Histoire de l'industrie sucrière en Guadeloupe aux XIXe et XXe siècles, la crise du système esclava-giste*, Éd. L'Harmattan, Paris, 1980.

• SCHNAKENBOURG Christian, « Recherche sur l'histoire de l'in-dustrie sucrière à Marie-Galante », *in Bulletin de la société d'Histoire de la Guadeloupe*, n° 48-50, Basse-Terre, 1981.

• SCHNAKENBOURG Christian, « Quelques nouveaux éléments sur l'histoire de l'immigration indienne en Guadeloupe », *in Bulle-tin de la société d'Histoire de la Guadeloupe*, n° 110, 1996.

• SCHŒLCHER Victor, *Le Procès de Marie-Galante*, Éd. de Soye et Cie, 1851.

• SCHŒLCHER Victor, *Vie de Toussaint Louverture*, Éd. Karthala, Paris, 1982.

• SINGARAVELOU, *Les Indiens de la Guadeloupe*, compte d'au-teur, 1975.

• TAZIEF H., WESTERCAMP D., *Martinique, Guadeloupe*, coll. guides géologiques régionaux, Éd. Masson, Paris, New-York, Barcelone, Milan, 1980.

• THÉSÉE F., *Les Ibos de l'Amélie*, Éd. Caribéennes, Paris, 1986. TOUCHARD M.-C., *L'Aventure du rhum*, Éd. Bordas, Paris, 1990.

• VALAT Françoise, *Guadeloupe vue du ciel*, Times Éditions, 1990.

• VANONY-FRITSCH Nicole, « Les Esclaves de la Guadeloupe à la fin de l'Ancien Régime d'après les sources notariales (1770-1789) », *in Bulletin de la société d'Histoire de la Guadeloupe*, n° 63-64, 1985.

• WILLYAMS C., *An Account of the Campaing in the West Indies in the Year 1794*, société d'Histoire de la Guadeloupe, Basse-Terre, 1990.

• *Les Anneaux de la mémoire*, Corderie Royale, 1994.

• « Antilles, Espoirs et déchirements de l'âme créole », *in revue Autrement*, n° 41, 1989.

• *Antilles, Guyane, Circuit des Caraïbes*, sous la direction de Francis Ambrière, Guides bleus, Hachette, Paris, 1963.

• *Antilles, Guyane, Mer des Caraïbes*, sous la direction d'Adé-laïde Barbey, Guides bleus, Hachette, Paris, 1992.

• *Antilles, Haïti, Guyane*, Guides bleus, Hachette, Paris, 1992.

• *Antilles d'hier et d'aujourd'hui, tout l'univers antillais du début de la colonisation à nos jours*, 10 volumes, Éd. Désor-meaux, Fort-de-France, 1979.

• *Architectures d'outre-mer*, Coll. Monuments historiques de France, Éd. CNMHS, n° 117, Paris, 1981.

• *L'Architecture et la Mort*, Coll. Monuments historiques de France, Éd.CNMHS, n° 124, Paris, 1983.

• *Atlas des départements d'outre-mer*, Éd. CNRS/CEGET, Bor-deaux, 1982.

• « Les Bijoux créoles », *in Les Cahiers du Patrimoine*, Bureau du patrimoine du conseil régional n° 4, Fort-de-France, 1989.

• *Bilan scientifique de la région de la Guadeloupe*, ministère de la Culture, service régional de l'Archéologie, DRAC, 1995.

• *Bordeaux, le Rhum et les Antilles*, catalogue exposition du musée d'Aquitaine, Bordeaux, 1981-1982.

• « Caribena », *in les Cahiers d'études américanistes de la Caraïbe*, ministère de la Culture, conseils régional et général de la Martinique.

• *Cour d'assises de la Pointe-à-Pitre*, Blondeau, 1841.

• *Encyclopédie des Antilles et de la Guyane*, sous la direction de Jack Corzani, Éd. Désormeaux, Fort-de-France, 1992.

• *Un Flibustier français dans la mer des Antilles en 1618-1620*, Éd. Seghers, Paris, 1990.

• *La Grande Encyclopédie de la Caraïbe*, tome 8 : *Architecture*, sous la direction de Danielle Bégot, 10 volumes, Éd. Sanoli, Fort-de-France, 1990.

• *Guadeloupe*, sous la direction de Pierre Marchand, Coll. Guides Gallimard, Éd. Nouveaux Loisirs, Paris, 1994.

• « Guadeloupe 1875-1914, les soubressauts d'une société pluri-ethnique ou les ambiguités de l'assimilation », *in revue Autrement*, série Mémoires n° 28, 1994.

• « Habitat d'hier et d'aujourd'hui », *in Femme Antillaise*, 1980. *Histoire des communes Antilles-Guyane*, 6 volumes, Éd. Press-play, 1986, sous la direction de Jacques Adélaïde-Merlande, réédition G. Naef, 1993.

• *Histoire générale des techniques*, 6 volumes, sous la direc-tion de Maurice Daumas, PUF, Paris, 1979.

• *Historial antillais*, 6 volumes, Éd. Dajani, Pointe-à-Pitre, 1981-1982.

• *Hommes célèbres de la Caraïbe*, sous la direction de Jacques Adélaïde-Merlande, Éd. Caraïbe-Amicale Pizzi.

• *Iconographie caraïbe, de l'Amérindien au paysage*, musée départemental d'Archéologie, Éd. Gondwana, Fort-de-France, 1991.

• *Images de la Révolution aux Antilles*, catalogue d'exposition fort Saint-Charles, société d'Histoire de la Guadeloupe, Basse-Terre, 1989.

• « Le Mobilier créole », *in Les Cahiers du Patrimoine*, Bureau du patrimoine du conseil régional, n° 15 et n° 16, Fort-de-France, 1997.

• *Présents caraïbes, 5 000 ans d'histoire amérindienne*, minis-tère de la Culture, service régional de l'Archéologie de la Gua-deloupe, 1994.

• *La Sculpture française au XIXe siècle*, réunion des musées nationaux, 1986.

• *Un Siècle de banque à la Guadeloupe*, conseil général de la Guadeloupe et DRAC de la Guadeloupe, 1996.

• *Voyage aux îles d'Amérique*, catalogue exposition hôtel de Rohan, 1992, Archives nationales, Paris.

• « Du Voyage que j'ai fait aux Indes occidentales avec Mon-sieur de Cahusac », *in PJR*, Archives affaires d'Amérique, 4F° 69/87.

• *1492-1992, Des Normands découvrent l'Amérique*, sous la direction de J.-P. Chaline, Société de l'histoire de Normandie, Rouen, 1992.

CRÉDIT PHOTOGRAPHIQUE : M. A. Ameslon – M. A. Delpuech – DRAC de la Guadeloupe – M. A. Gilbert – © M. Ph. Hochart –
M. et Mme Parisis – M. P. Péron – Mme V. Phalente – Service historique de la Marine, Vincennes – Ville de Nantes, Musée du Château.

Flohic Studio GIE

Impression et reliure : **Partenaires-Livres**®

© FLOHIC Éditions
28, avenue Jean-Jaurès
94220 Charenton-le-Pont

ISBN : 2-84234-031-0

Achevé d'imprimer en juin 1998
Dépôt légal : mai 1998